匡时 商学文库

# 债券投资会计计量与业绩归因分析

余　坚◎著

Accounting Measurement and

Performance Attribution for

Bond Investment

上海财经大学出版社

**图书在版编目(CIP)数据**

债券投资会计计量与业绩归因分析/余坚著.—上海:上海财经大学出版社,2019.4
(匡时·商学文库)
ISBN 978-7-5642-3187-3/F·3187

Ⅰ.①债… Ⅱ.①余… Ⅲ.①债券投资-会计计量-研究 Ⅳ.①F830.59②F230.9

中国版本图书馆CIP数据核字(2018)第293143号

□ 策划编辑 王永长
□ 责任编辑 刘 兵
□ 封面设计 张克瑶
□ 版式设计 贺加贝

**债券投资会计计量与业绩归因分析**

余 坚 著

上海财经大学出版社出版发行
(上海市中山北一路369号 邮编200083)
网 址:http://www.sufep.com
电子邮箱:webmaster@sufep.com
全国新华书店经销
上海华教印务有限公司印刷装订
2019年4月第1版 2019年4月第1次印刷

710mm×1000mm 1/16 28印张(插页:2) 389千字
定价:68.00元

# 前　言

近十年以来，随着我国固定收益产品规模的快速发展，产品类别的不断创新，利率市场化进程的不断推进，以债券为代表的固定收益类产品投资正日益成为银行、保险、证券、投资基金等金融机构的核心业务和重要配置资产类别之一。

但与此同时，债券投资在不少投资者的心目中存在一定程度的误解和误用，甚至将债券当作无风险投资的代名词。事实上，固定收益产品投资一点也不固定，弄不好还可能酿成极大的风险损失！“权益投资是艺术，债券投资是技术”，债券投资尤其需要定量分析，犹如精算师般对待风险和收益，方能策略致胜。

以近几年债券市场运行周期为例。在 2014 年初开始一直延续至 2016 年 10 月将近三年的债券市场大牛市，让参与其中的金融机构获利匪浅，不少机构在牛市末端加码入市。但牛熊反转突如其来，自 2016 年 10 月开始一直持续至 2018 年初，持续四个季度的熊市让深陷其中的投资者尝尽苦头！就在国内加速去杠杆、美国持续加息的大背景下，投资者悲观情绪延续的氛围下，债市悄然回暖，不断翻越忧郁之墙，小牛行情一直持续到本书截稿之时（2018 年 11 月）。

撰写本书的动机缘起于笔者在前几年兼任某金融服务机构首席投资顾问的实务经历。在为一些中小银行提供债券投资顾问服务的过程中，发现不少客户的高级管理人员、业务人员和财务人员对债券市场和债券投资知识存在一定程度的短板，具体表现在对债券投资策略的单一片面理解、对债券投资的风险认知不够深入、对债券投资业务会计处理存在误解误用等。为了手把手教会客户相关知识要点，也为了提高我们团队成员自身的业务能力水平，笔者组织开展了关于债券投资分析、财务处理与业绩归因主题研究。其间恰逢 2017 年我国金融工具会计准则进行了重大修订，并于 2018 年正式执行。作为财务背景出身、并对金融投资有一定经验的笔者，觉得结合最新金融工具、会计准则，将业务与财务结合在一起，以收相互促进之功，也是对自己近几年所为、所学、所思的一个初步总结，因此才有了本书的诞生。

本书的结构安排及主要内容介绍如下：

第一章：债券市场与交易规则概览。作为全书的导论部分，从实务操作角度梳理我国债券市场的基本要素，为后续主题研究提供背景性知识，本章主要围绕以下四个方面对债券市场做概要性回顾：(1)固定收益产品(债券)的特征、类型与投资风险；(2)用统计数据描述我国债券市场的发展现状；(3)债券市场的运行规则制度体系；(4)债券投资交易中的主要操作规则与流程。

第二章：债券估值定价与收益风险计量分析。不懂业务就难言真懂财务，因此，我们首先从债券投资业务分析入手展开论述。债券投资业务的基础在于估值与定价，核心在于风险与收益的认知与计量，关键在于策略的规划与执行。尤其是对债券风险因子的深入认知与准确把握，更成为决定收益率与估值，乃至策略制定的核心驱动因素。本章围绕以下四个方面展开论述：(1)单利规则下的贴现债券的估值与收益率计量分析；(2)复利规则下的附息债券的估值与收益率计量分析；(3)风险溢价与收益率曲线；(4)债券风险指标计量分析，分别介绍了基点价值、久期和凸性的具体应用；(5)随机利率二叉树模型与含权债券定价。本章的一大特色是，利用实例计算对各种债券风险定价模型进行了相对全面的集成与对比应用，具体包括：单利定价模型、复利定价模型、单因子（到期收益率）贴现模型及其衍生出的溢折价模型和本息分离模型（麦克汉姆公式）、多因子（即期收益率、远期收益率）贴现模型、随机利率（二叉树）贴现模型等。

第三章：金融工具会计准则框架体系介绍。2017 年，我国根据国际会计准则最新变化对金融工具会计相关准则进行了重大调整，并要求在 2018 年开始分批正式执行。本章对最新修订的金融工具会计准则的概念性框架体系做简要梳理。金融工具会计准则体系主要包括以下四个具体会计准则：《企业会计准则第 22 号：金融工具确认和计量（2017 年修订）》《企业会计准则第 23 号：金融资产转移（2017 年修订）》《企业会计准则第 24 号：套期会计（2017 年修订）》《企业会计准则第 37 号：金融工具列报（2017 年修订）》。此外，作为金融工具计量之基础，《企业会计准则第 39 号：公允价值计量（2014 年修订）》也是金融工具会计不可或缺的组成部分。本章依次对公允价值计量、金融工具确认和分类、金融工具的计量与减值、金融资产转移、套期会计、金融工具的信息披露，共六个主题进行介绍，为下一章债券投资会计实务操作解析提供背景知识。

第四章：债券投资会计核算实务。根据最新修订的金融工具会计准则的框架体系，本章在介绍 2018 年最新修订的会计科目与财务报表格式调整的基础上，围绕具体债券投资业务，探讨具体的会计核算操作规则，配以实例进行解析。探讨的主要业务类型包括：(1)现券交易，具体分为三类业务：以摊余成本计量的债券投资（债权投资）、以公允价值计量且其变动计入其他综合收益的债券投资（其他债权投资）、以允价值计量且其变动计入当期损益的债券投资（交易性金融资产）；(2)回购交易，具体分为质押式回购、买断式回购;(3)债券借贷业务。

第五章:投资业绩归因分析评价框架方法。承接财务核算之后,本章与第六章探讨债券投资组合业绩归因分析与评价这一重要主题,业绩归因分析与评价是会计计量不可或缺的组成部分,是债券投资业务与财务的综合应用。本章首先探讨投资组合业绩中的两个核心维度:投资收益以及投资风险的计量。在此基础上,主要讨论投资业绩评价与业绩归因分析的基本框架及各种主流分析模型,为下一章的实际案例研究提供基础知识背景。具体内容包括:(1)投资组合业绩评价框架要素;(2)投资组合收益率计量,包括封闭式和开放式两种不同的情形;(3)投资组合风险计量;(4)投资组合业绩归因分析模型;(5)债券投资组合业绩归因分析Compisi 模型。所有指标和模型的计量应用均配以例子演算。

第六章:业绩归因分析应用案例研究。本章是全书中最有价值的内容,由两个与债券投资相关的业绩归因分析案例组成。是对上一章债券投资业绩归因分析方法的实际应用。第一个案例采用 Compisi 业绩归因模型,对某债券投资基金的 2017～2018 年的投资业绩进行分析评价,为债券投资业绩归因分析评价提供了可操作性的应用范例。第二个案例采用 Brinson 业绩归因模型,结合我国货币市场变动规律分析,对某银行在债券投资过程中利用债券回购进行杠杆融资的资金成本控制的有效性进行归因分析,以及在此基础上进行的融资策略优化,为我国金融机构加强融资成本管控提供精细化分析工具。

第七章:资产负债与金融风险管理案例研究。在本章中,我们以案例研究的方式探讨与风险管理相关的两个主题:(1)基于久期缺口的资产负债管理,以国家开发银行为例,主要涉及利率风险;(2)基于资产配置策略的金融风险管理，以中信泰富衍生品交易风险为例，主要涉及外汇风险。所研究的两个风险计量模型对实务应用具有一定的借鉴意义。

第八章：宏观利率与信用风险分析框架专题研究。本章对债券投资计量分析过程中非常重要的两个主题做专题性研究，梳理出其主要的分析框架逻辑，以可量化的模型计量为债券投资实务操作提供依据。这两个主题分别为：宏观层面的利率分析框架，以及微观层面的企业信用评级分析框架体系。

由于宏观利率分析的复杂性，我们主要从经济周期分析、利率分析、宏观审慎监管框架这三个方面进行梳理介绍。最后部分我们从微观角度选择国际主流评级机构（标准普尔）与国内主流评级机构（中诚信）这两家机构的评级框架体系和方法进行对比分析，为信用债投资以及信用风险防范提供借鉴分析思路。

本书的几个特色。一是采用业务与财务相结合的逻辑思路，对债券投资的决策分析、会计计量、业绩归因评价展开系统论述，在了解业务中掌握会计规则，在掌握会计规则后加深对业务的灵活变通。二是强调实务应用和可操作性。在论述过程中尽量采用实际算例和案例对各类模型和指标进行详细地推演计算，以加深其理解和应用。

本书的不足之处也须提及，主要体现在以下几个方面。一是由于时间仓促，原先写作规划中的“债券投资策略与损益分解”这一重要主题只好忍痛割爱了，而债券投资策略（及其与会计计量之间的关系）无疑是极其重要的内容。二是对信用债券投资所涉及的信用风险及信用减值损失的计量模型及会计核算规则的具体应用缺乏案例分析。希望今后有机会再加以补充完善吧。三是对债券投资业务中的非标业务以及含权债券、债券衍生工具等复杂业务情形没有进一步展开论述。这一部分内容由于业务操作以及会计规则的复杂性，再加上案例缺乏，所以干脆略而不论，留待高明。

最后，由于笔者能力和经验所限，书中不当之处在所难免，还望大家见谅和不吝指正！

余　坚

2018年11月18日

于上海国家会计学院

# 目 录

# 第一章　导论：债券市场与交易规则概览

本章作为本书导论，为后续研究主题提供背景性知识，主要围绕以下四个方面对债券市场做概要性回顾：(1)固定收益产品(债券)的类别、特征与投资风险；(2)债券市场的发展现状统计分析；(3)债券市场的运行规则；(4)债券投资交易中的主要操作规则。

## 第一节　固定收益产品(债券)的类别、特征与投资风险

基础金融工具(不包括衍生工具)主要由债务工具(Debit Instruments)和权益工具(Equity Instruments)这两类最基本的金融工具构成。债务工具是从发行人(融资者)角度定义的，对债务工具的持有人(投资者)而言，即为债权投资。债务工具是会计领域中的专业称谓，在金融投资界一直沿用"固定收益产品"(Fixed Income Instruments)这一实际上并不十分准确的旧称。债券(Bond)事实上就是契约化的债务凭证，是固定收益产品中最重要的组成部分。因此，除非特别说明，一般而言，可以将固定收益产品、债券、债务/债权工具这三个专业词汇混同使用，反映的是债权债务关系这一经济和法律事实。

### 一、固定收益产品的类别

固定收益产品(债权)代表拥有对合同中约定的未来发生的现金流的要求权，是一种要求借款人按预先规定的时间和方式向投资者支付利息和偿还本金的债务合同。根据合同约定的未来现金流支付的期限、频率以及风险等特征的不同，固定收益产品可分为货币市场工具、债券、含权

债券、固定收益衍生品等多种债务工具。固定收益产品的基本类型具体介绍如下：

### （一）货币市场工具

货币市场工具事实上可以理解为超短期债券，一般是指期限在 1 年（含 1 年）以内的债务工具，具体品种包括：商业票据（银行承兑汇票、商业承兑汇票），同业存单，回购协议，信用拆借等。

### （二）债券

债券是要求发行人（债务人或借款人）在规定期限内向债权人（债券持有人或投资者）偿还借入本金并支付约定利息的债务工具。具体而言，按是否含有信用风险可划分为：利率债（国债、地方政府债、央行票据、政策性金融债等）和信用债（金融债、企业债、公司债、中期票据、短期融资券等）；按付息方式可划分为：附息债券、零息债券、到期一次还本付息债券等；按利率是否预先锁定可划分为：固定利率债券和浮动利率债券。除此之外，其他的基础固收类产品还包括：资产支持证券（ABS）、资产支持票据（ABN）、城投债、可转换债券、可交换债券、永续债、绿色债、（强制分红）优先股等。

### （三）固定收益类衍生品

随着固定收益市场的不断创新发展，挂钩基础固定收益产品的衍生品不断推陈出新，目前国内具有代表性的固收类衍生品包括：债券远期，远期利率协议，利率期货（2 年期国债期货、5 年期国债期货、10 年期国债期货），利率互换，信用违约互换（CDS），担保债务凭证（CDO），信用风险缓释工具（CRM）等。

## 二、固定收益产品（债券）的基本特征

以债券为例，固定收益产品具有以下特征，以区别于权益类产品（股权）：

### （一）债券发行主体类型

具体包括：中央政府（财政部具体承担国债发行）、地方政府、政策性

金融机构、商业金融机构、企业、特殊目的主体(SPE)等。不同的发行主体履行其债务合同义务的能力存在显著差异。

### (二)到期期限

债券的到期期限(Term to Maturity)也称为剩余期限和待偿期限(简称期限)，是债券发行人承诺履行偿债义务的有效期间，通常以年数表示。在债券的有效期内，发行人必须定期支付债权人利息，并在到期日偿还债券本金面值。

一般而言，发行初始期限在1年(含)以内的债券被归类为货币市场工具；发行初始期限在1年以上，但剩余期限短于1年的债券被归类为超短期债券(超短债)；剩余期限在1～5年的债券为短期债券(短债)；剩余期限在5～10年的债券为中期债券(中债)；剩余期限长于10年的债券为长期债券(长债)。关于短中长划分的具体年限标准，各国惯例有所不同。

债券的剩余期限之所以重要，有三个原因：一是剩余期限显示债券持有人预期收到票息支付的时间跨期以及本金偿还的年限；二是债券的收益率/利率取决于债券的剩余期限，收益率曲线的形状决定了期限如何影响债券的收益率及其价格；三是债券价格的波动性取决于剩余期限，当其他因素不变时，债券的到期期限越长，市场利率变化导致的债券价格波动性就越大。

### (三)本金和票面利率(票息率)

债务合同的现金流通常由本金和利息两部分组成。本金(Principal)也称为面值(Par Value 或 Face Value)。票面利率或票息率(Coupon Rate)是债务合同约定的利率，票息率乘以本金或面值即为利息或票息(Coupon)。零息债券或贴现债券期间不支付利息，通过本金折价出售，到期获取资本利得的方式实现类似票息收益。债券票面利率通常为固定利率，但也存在浮动利率的情形，每期(1M、3M、6M、1Y)利率须按照预先约定的调整公式(参考利率＋报价利差，如 SHIBOR_3M＋150BP)修正当期利率，称为浮息债券。

### （四）特殊条款

与标准债券不同，有些债券可能会设定一些特殊条款。分期偿还债券预先约定分期偿还部分本金，类似于按揭贷款的付款安排。有些债券还嵌入期权特征条款，如可赎回条款（Callable）、可回售条款（Puttable）、可转换条款（Convertible）、可交换条款（Exchangeable）、结构化条款（Structured）、资产或抵押支持条款（Asset-backed 或者 Mortgage-backed）等。这些特殊条款的嵌入，极大地增加了债券计量分析的难度。

## 三、债券投资的相关风险

金融投资本质上是对风险的交易，金融产品的估值本质上是对风险的认知与定价。资本资产定价（CAPM）模型告诉我们，在正常情况下，超额收益事实上是一种风险溢价。因此，深入认识其中暗含的风险因素并尽量量化分析，是有效投资的前提条件。与债券投资相关的风险类型主要有：（1）利率风险；（2）信用风险；（3）再投资风险；（4）流动性风险；等等。

### （一）利率风险（Interest-rate Risk）

债券价格通常与利率成反向变动，当利率上行时，债券价格下跌；当利率下行时，债券价格上涨。如果投资者必须在债券到期日前卖出，那么利率上行意味着资本损失，这种风险称为利率风险或市场风险（Market Risk）。债券价格对市场利率的敏感度取决于债券的各种特征，如票息率、剩余期限、嵌入式期权条款等。

从图 1—1 中可以看出，作为所有债券定价之锚的基准利率——短期（1 年期）、中期（5 年期）和长期（10 年期）的国债收益率在近 8 年（2010.1～2018.9）中，经历了三起三落，波动幅度不小。尤其是短端利率，波动更加厉害，最大最小值之间相差 2.75%，是其标准差的 4.4 倍。

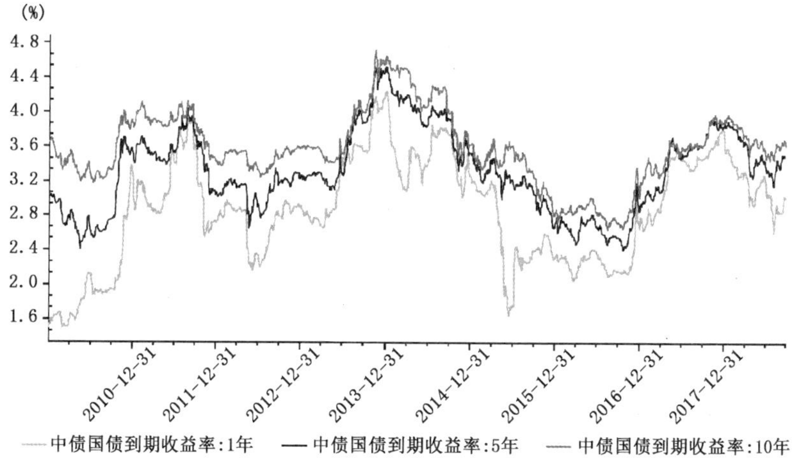


| 基准利率类型 | 统计期间 | 均值 | 标准差 | 最大值 | 最小值 |
|---|---|---|---|---|---|
| 国债 YTM_1Y | 2010.1～2018.9 | 2.87% | 0.62% | 4.25% | 1.5% |
| 国债 YTM_5Y | 2010.1～2018.9 | 3.32% | 0.47% | 4.53% | 2.4% |
| 国债 YTM_10Y | 2010.1～2018.9 | 3.58% | 0.42% | 4.72% | 2.64% |

**图1—1　国债利率(1Y、5Y、10Y)历史走势**

## (二)信用风险(Credit Risk)

信用风险也称违约风险(Default Risk)，是指债券发行人无法按时足额支付利息和本金义务的风险。除了实际发生的违约风险以外，还有一些风险也属于信用风险。通常，债券的收益率由两部分组成：(1)类似期限的国债收益率(代表无风险收益率)；(2)用来弥补所投信用债券中可能存在的风险溢价(Risk Premium)，这种风险溢价也被称为信用利差(Credit Spread)。信用债在某个投资期限内的价格变化和收益率取决于该债券的信用利差如何变化。如果信用利差扩大，那么债券的市场价格将会下跌。由于信用利差扩大而导致债券价格下跌的风险称为信用利差风险。信用评级机构会对信用债项和发行主体进行评级和跟踪调整。如果债券或债券发行人的信用质量恶化，将会被调低信用等级，称为信用降级(Downgrade)。由于未预期到的债券或债券发行人的信用降级将会导致信用利差扩大，从而造成债券价格下跌，这种风险称为信用降级风险。因此，信用风险如果要细分的话，可以拆解为三类风险，即违约风险、信用利差风险和信用降级风险。此外，在具体金融交易过程中，交易对手的信用风险尤为关键，称为对手风险(Counterparty Risk)。

从图1—2并对照图1—1可以看出，在近8年中，信用利差随着基准利率的上行(下行)而同向走扩(收窄)，但也存在走势背离的情形，这主要与当时的其他影响因素如宏观经济兴衰和信贷周期等紧密相关。而且，高信用等级(AAA)的信用利差无论是绝对水平还是波动幅度都相对较小。相对而言，较低信用等级(AA)的信用利差在绝对值水平和波动幅度上都要大得多，信用风险因素更加凸显。

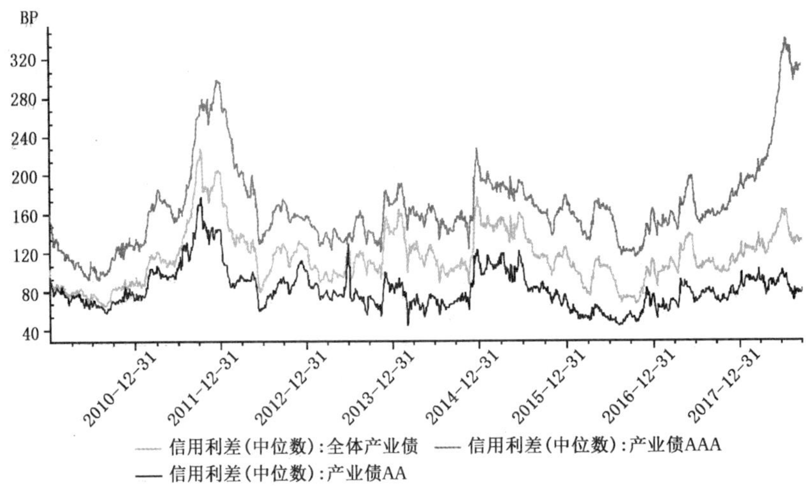


| 信用利差类型 | 统计期间 | 均值 | 标准差 | 最大值 | 最小值 |
|---|---|---|---|---|---|
| 信用利差:综合 | 2010.1～2018.9 | 1.15% | 0.28% | 2.28% | 0.65% |
| 信用利差:AAA | 2010.1～2018.9 | 0.82% | 0.21% | 1.78% | 0.44% |
| 信用利差:AA | 2010.1～2018.9 | 1.68% | 0.46% | 3.40% | 0.92% |

**图1—2　信用利差历史演变(2010.1～2018.9)**

### (三)再投资风险(Reinvestment Risk)

在债券投资中，我们一般假定期间收取的现金流收入被用于再投资，这种再投资带来的额外收益（Interest-on-interest）取决于再投资时的利率水平和再投资策略。市场利率变动引起的既定策略的再投资收益率变动称为再投资风险。这种风险是指在以市场利率对期间现金流进行再投资的时期内，再投资时的市场利率下降的风险（减少潜在票息收入）。持有附息债券的时间越长，再投资风险越高。期间收到的现金流越早、金额越大，再投资风险也越高。值得注意的是，利率风险与再投资风险之间存在相互抵消效应。也就是说，利率风险是由于利率上升导致债券价格下跌的风险（资本亏损）；相反，再投资风险是由于利率降低导致再投资部分票息收入较少的风险。债券总收益在价差收益与票息收益的一增一减中被对冲。根据这种抵消效应而制定的投资策略称为免疫策略（Immunization Strategy）。

**（四）流动性风险（Liquidity/Marketability Risk）**

流动性风险取决于债券以等于或接近于债券估值的价格出售的难易程度。衡量流动性风险的基本指标是交易商报出的买价和卖价之间的价差大小。交易商报出的价差越大，流动性风险越高。市场流动性往往受当时市场情绪的影响，尤其是在市场恐慌或者市场危机时刻，往往由于投资者的羊群效应和恐慌情绪，市场中的买方突然消失，市场流动性瞬间冻结。与美国相比，在我国债券市场交易活跃度不够，尤其是在交易所债券交易平台，由于是匿名净价交易，经常会发生由极小的卖单瞬间将交易价格打至跌停的“黑天鹅”事件。由于债券投资普遍存在买入容易卖出难的现象，因此，制定完善的投资交易策略尤为重要。“老”券属于非活跃券，由于缺乏交易流动性，适合做持有至到期投资，以获取票息收益为主要目的；“新”券属于活跃券，由于交易活跃程度较高，适合做短线交易，以获取价差收益为主要目的；对于新券随着时间流逝而逐渐“变老”，需要早做准备，以防在“新老换券”过程中，由于收益率大幅上升（价格快速下跌）和流动性快速萎缩，造成严重亏损和难以变现的尴尬局面。

## 第二节　债券市场发展现状分析

我国债券市场始于20世纪80年代末，经过近30年，尤其是2005年以来，债券市场快速发展，债券品种不断推陈出新，一级市场的发行量和存量不断扩大，发行主体和市场交易主体不断扩充，交易规模快速增长。债券市场从原先以国债为天下，逐渐发展为利率债（国债、地方政府债、政策性金融债），金融债（含同业存单），非金融信用债三足鼎立的市场格局。尤其是公司信用类债券市场的快速发展，为实现金融服务实体经济，融资模式从银行间接融资向直接融资转变，推进利率市场化改革，发挥了重要作用。目前，信用债市场已经成为我国债券市场的一个重要组成部分，信用债券品种中的中期票据、短期（超短期）融资券、企业债、公司债、城投债5个主要品种共同构成了我国信用债市场的主体。

以下将从发行量、存量、交易量、主要投资者等方面，以2018年9月30日为基准日，回顾近10年（2008～2018年）数据，对我国债券市场做简要统计分析。

### 一、债券发行概况（一级市场）

近10年以来，我国债券发行总量和净融资总量呈快速增长态势，尤其从2015年开始更是呈现爆发式增长（见图1－3）。这与我国近些年大力发展资本市场、加强直接融资比重、推进利率市场化发展等重大政策举措密切相关。2017年，各类债券发行总量和净融资总量分别为40.8万亿元、11万亿元，较2008年分别增长13.5倍、7.2倍，年均复合增长率分别为33.5％、24.5％。

但随着2016年下半年开始的防范金融系统性风险、资产管理行业新规的逐步出台，以及企业信用债券的违约事件的连续爆发，债券发行受到较大冲击，净融资总量在2016年见顶并大幅回落，债券发行总量则紧随其后于2017年阶段见顶。从2018年1～9月份数据看，当年净融资总量

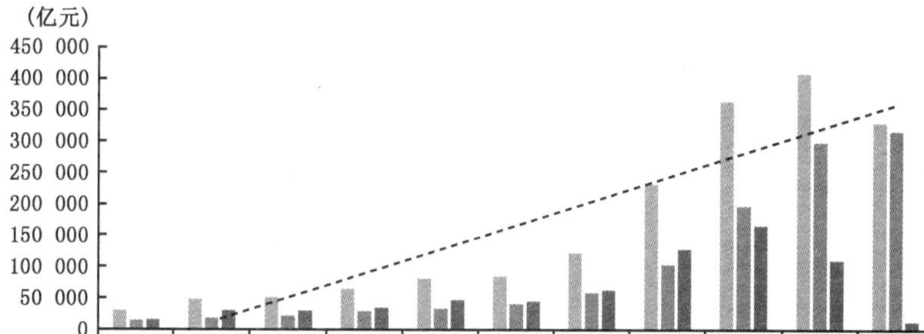


| | 2008 | 2009 | 2010 | 2011 | 2012 | 2013 | 2014 | 2015 | 2016 | 2017 | 2018.1～9月 |
|---|---|---|---|---|---|---|---|---|---|---|---|
| 总发行量 | 30 198 | 48 686 | 51 176 | 64 203 | 80 981 | 85 163 | 121 861 | 231 664 | 363 574 | 407 978 | 330 134 |
| 总偿还量 | 14 916 | 18 230 | 21 303 | 28 934 | 34 130 | 40 527 | 58 629 | 103 583 | 197 517 | 298 092 | 317 003 |
| 净融资额 | 15 282 | 30 455 | 29 873 | 35 269 | 46 851 | 44 636 | 63 231 | 128 082 | 166 056 | 109 886 | 13 131 |

资料来源：Wind资讯，经笔者整理制作（以下图表资料来源除具体注明外，均同）。

**图1—3　历年债券发行、偿还与净融资总量(2008～2018.9)**

大幅回落已不可避免。

在债券发行总量和净融资总量快速增长的同时，在近10年里，债券发行的内部结构发生了很大变化，值得关注：

(1)国债作为债券市场的基石稳步增长，年复合增长率18.7%，但结构占比从2008年的28.3%逐步下降至2017年的9.8%。

(2)作为利率债的地方政府债，承担了转移和化解地方债务和城投债务的历史重任，诞生于2010年，爆发于2015年，结构占比从0快速上升至10.7%。

(3)同样，作为利率债的政策性银行债，包括国家开发银行债、中国进出口银行债、中国农业发展银行债，年增长13.1%，结构占比从35.8%下降至8.1%。

(4)金融机构信用债，包括同业存单和各类金融机构债券，稳步快速增长，尤其是同业存单作为银行间短期流动性融资工具，诞生于2013年，爆发于2015年，结构占比从0快速上升至49.4%，几乎占了债券发行量的半壁江山。相对而言，其他类型金融债的发展就逊色许多，结构占比仅从3.6%上升至4.1%。显然,近10年间我国金融机构的短期资金来源以金融系统内部融资模式为主。

(5)非金融机构(企业类)信用债,包括企业债、公司债、中期票据、短期融资券、定向工具(私募债)等,在近10年间处于创新活跃期(见图1—4、图1—5),大量创新型的债务工具陆续面世并取得快速发展,为实体经济持续注入新鲜血液,复合年增长率达21.7%,结构占比从26.3%下降至11.4%。

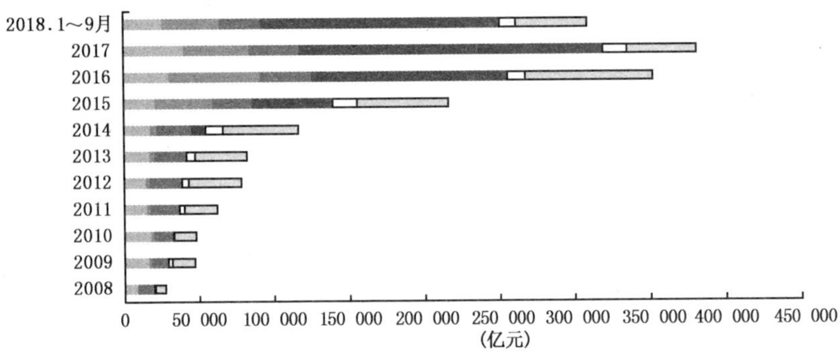


| | 2008 | 2009 | 2010 | 2011 | 2012 | 2013 | 2014 | 2015 | 2016 | 2017 | 2018.1～9月 |
|---|---|---|---|---|---|---|---|---|---|---|---|
| 国债 | 8 558 | 16 229 | 17 778 | 15 398 | 14 362 | 16 944 | 17 747 | 21 075 | 30 658 | 40 042 | 26 061 |
| 地方政府债 | 0 | 2 000 | 2 000 | 2 000 | 2 500 | 3 500 | 4 000 | 38 351 | 60 458 | 43 581 | 37 994 |
| 政策银行债 | 10 811 | 10 678 | 12 425 | 19 072 | 21 237 | 20 589 | 23 281 | 25 824 | 33 527 | 32 845 | 27 224 |
| 同业存单 | 0 | 0 | 0 | 0 | 0 | 340 | 8 986 | 53 045 | 130 211 | 201 676 | 158 402 |
| 金融信用债 | 1 086 | 3 162 | 1 145 | 4 153 | 5 273 | 6 225 | 12 392 | 16 959 | 12 730 | 16 677 | 11 541 |
| 非金融信用债 | 7 930 | 15 512 | 15 201 | 22 154 | 35 664 | 35 225 | 50 264 | 61 242 | 84 741 | 46 377 | 47 905 |

**图1—4 主要类别债券历年发行量**

从债券发行期限结构分析,我国债券发行期限结构普遍较短,以5年以内期限居多。近两年(2016.9～2018.9)发行的债券中,1年以内期限的债券发行金额占比超过六成(60.2%),5年以内期限的债券发行占比高达85%以上,10年以上的长期债券发行占比仅为1.45%。1年以内债券发行量占比畸高的一个原因是,由于期限较短,所以需要不断地滚动发行以新换旧,如果从存量角度分析,1年以内债券的占比就没那么突兀了(见图1—6)。

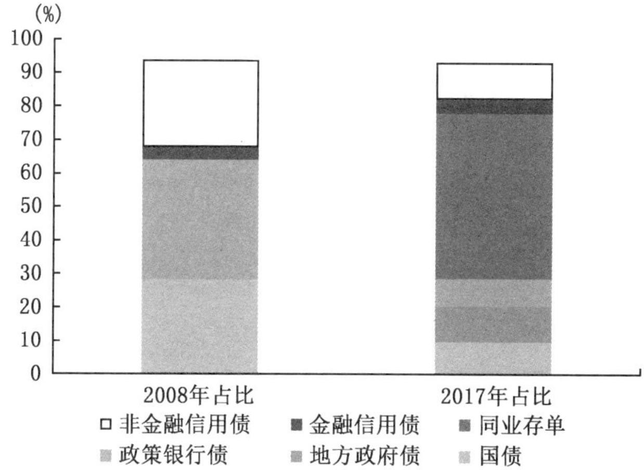


图 1—5　债券发行类别结构变化

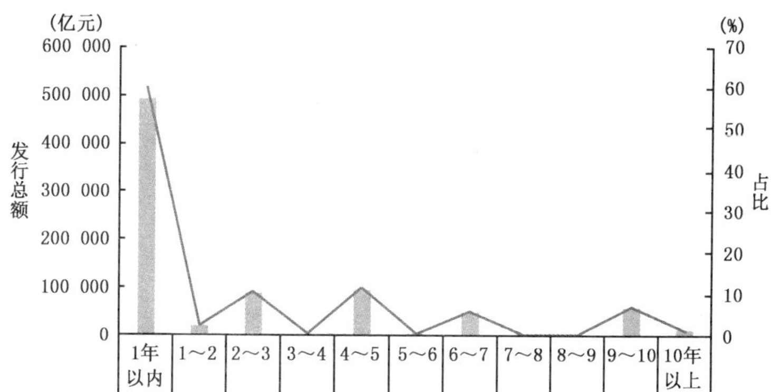


| | 1年以内 | 1～2 | 2～3 | 3～4 | 4～5 | 5～6 | 6～7 | 7～8 | 8～9 | 9～10 | 10年以上 |
|---|---|---|---|---|---|---|---|---|---|---|---|
| 发行总额 | 419 735 | 19 366 | 87 212 | 2 699 | 94 800 | 3 218 | 47 664 | 392 | 370 | 57 510 | 11 806 |
| 金额比重 | 60.20 | 2.37 | 10.68 | 0.33 | 11.61 | 0.39 | 5.84 | 0.05 | 0.05 | 7.04 | 1.45 |

图 1—6　债券发展期限结构

## 二、债券存量概况

近 10 年以来,我国债券市场存量余额持续快速增长(见图 1—7),从 2008 年年末的 11.07 万亿元,增长至 2017 年末的 74.68 万亿元,年均增长率高达 23.6%。尤其是 2015 年、2016 年更是呈现爆发性增长势头。

但从 2017 年开始至今，随着国家推行“降杠杆，防风险”的紧缩货币与信贷政策，债券余额增速有所回落。截至 2018 年 9 月 30 日，债券存量余额 82.25 万亿元。

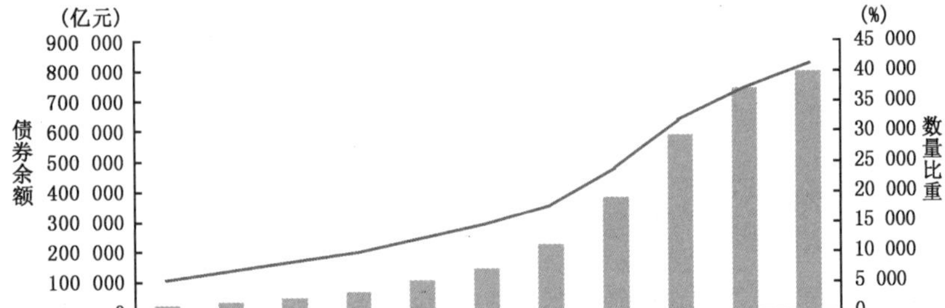


| | 2008 | 2009 | 2010 | 2011 | 2012 | 2013 | 2014 | 2015 | 2016 | 2017 | 2018.9 |
|---|---|---|---|---|---|---|---|---|---|---|---|
| 债券数量 | 1 211 | 1 744 | 2 431 | 3 404 | 5 343 | 7 276 | 11 250 | 19 044 | 29 393 | 37 072 | 39 884 |
| 债券余额 | 110 669 | 140 133 | 169 647 | 203 493 | 251 222 | 294 544 | 355 653 | 480 614 | 642 398 | 746 789 | 822 512 |

**图 1—7　历年债券存量(2009.1～2018.9)**

按债券类别(利率债与信用债)分类统计(截至 2018 年 9 月 30 日)，我国债券市场中所有未到期债券的存量余额总量 82.25 万亿元，其中：利率债(国债、地方政府债、政策银行债)余额 46.36 万亿元，占比 56.4%；信用债(同业存单、金融债、企业债、公司债、中期票据、短期融资券、定向工具等)余额 35.9 万亿元，占比 43.6%，其中同业存单余额 8.88 万亿元，占比 10.8%。

具体而言，存量占比排名前六位的债券类别分别为(见图 1—8、表 1—1)：(1)地方政府债(21.9%)；(2)非金融信用债(企业债、公司债、中期票据、短期融资券、定向工具等，21%)；(3)国债(17.4%)；(4)政策银行债(国开债、口行债、农发债，17.1%)；(5)同业存单(10.8%)；(6)金融信用债(6.7%)。

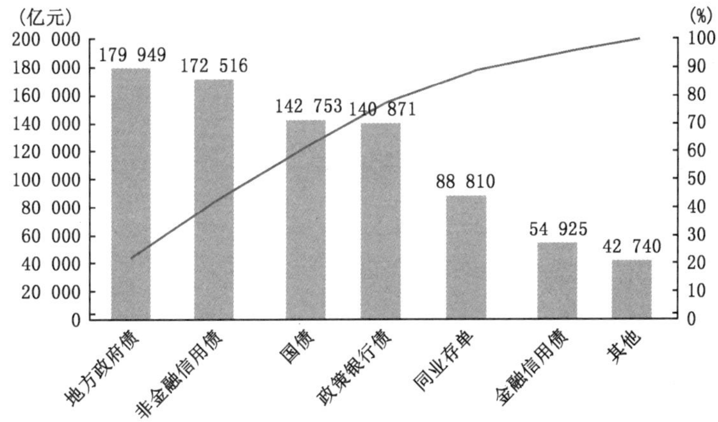


**图 1—8　债券存量品种结构分布（2018.9）**

**表 1—1　　存量债券类别结构（2018.9.30）**

| 债券类别 | | 债券数量（只） | 债券余额（亿元） | 余额比重（%） |
|---|---|---|---|---|
| 利率债 | 国债 | 277 | 142 753.14 | 17.4 |
| | 地方政府债 | 4 014 | 179 949.32 | 21.9 |
| | 政策银行债 | 350 | 140 870.58 | 17.1 |
| | 利率债合计 | 4 641 | 463 573.04 | 56.4 |
| 信用债 | 金融债 | 1 423 | 54 925.16 | 6.7 |
| | 同业存单 | 13 161 | 88 810.20 | 10.8 |
| | 企业债 | 2 520 | 25 892.04 | 3.2 |
| | 公司债 | 4 967 | 55 226.42 | 6.7 |
| | 中期票据 | 4 044 | 53 883.73 | 6.6 |
| | 短期融资券 | 1 834 | 18 565.80 | 2.3 |
| | 定向工具 | 2 343 | 18 948.28 | 2.3 |
| | 国际机构债 | 13 | 264.6 | 0.0 |
| | 政府支持机构债 | 156 | 16 795.00 | 2.0 |
| | 资产支持证券 | 4 527 | 22 058.87 | 2.7 |
| | 可转债 | 115 | 1 640.59 | 0.2 |
| | 可交换债 | 145 | 1 980.89 | 0.2 |
| | 信用债合计 | 35 248 | 358 992 | 43.6 |
| 合　计 | | 39 889 | 822 564.61 | 100.0 |

资料来源：Wind 资讯。

按债券所托管与交易市场（银行间市场、交易所市场、柜台）分类统计，我国大部分债券采取在银行间市场托管交易（中债登、上清所），存量 42 万亿元，占比 51.1%；部分债券采取银行间＋交易所跨市场交易托管模式，存量 27.5 万亿元，占比 33.4%；纯粹通过交易所（上交所、深交所）托管（中证登）交易的债券非常之少，存量 8.5 万亿元，占比仅为 10.4%。

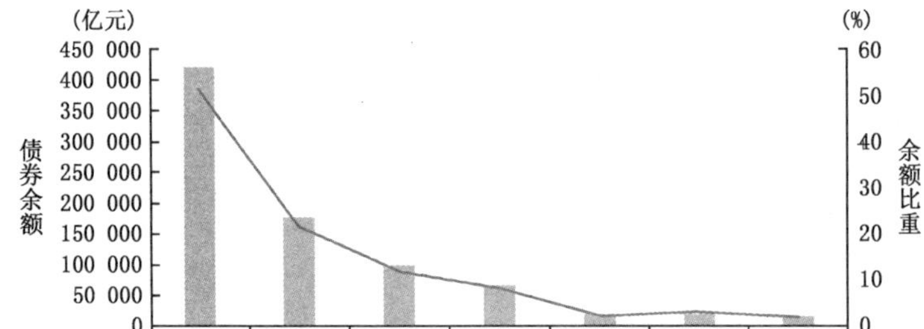


| | 银行间 | 银行间、交易所 | 银行间、交易所、柜台 | 上交所 | 深交所 | 银行间、柜台 | 其他 |
|---|---|---|---|---|---|---|---|
| 债券余额 | 420 467 | 176 498 | 98 980 | 66 398 | 18 691 | 25 426 | 16 103 |
| 余额比重 | 51.12 | 21.46 | 12.03 | 8.07 | 2.27 | 3.09 | 1.96 |

**图 1—9　存量债券托管交易市场结构(2018.9)**

按存量债券期限结构分类统计，我国存量债券的剩余期限普遍较短，1 年以内到期的债券（同业存单、超短融等）存量占比将近 1/4(24.6%)，5 年以内的债券存量占比将近 3/4(73.1%)，10 年以上的债券存量占比仅为 4.6%（见图 1—10、表 1—2）。

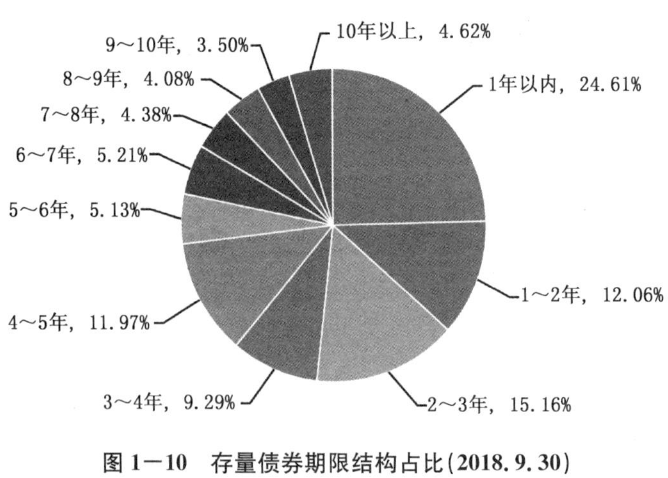


**图 1—10　存量债券期限结构占比(2018.9.30)**

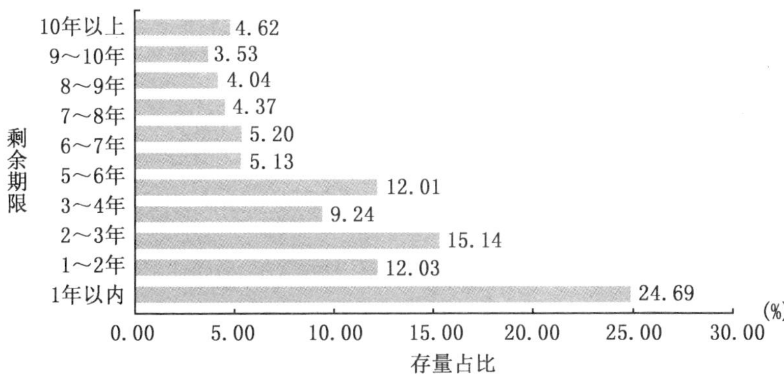


**图 1—11　存量债券期限结构（2018.9.30）**

按债券利率类型分类统计，附息债券占绝对主导地位，余额 69.36 万亿元（占比 84.3％）；贴现债券余额 8.92 万亿元（占比 10.8％）；利随本清债券（到期一次性还本付息）余额 3.98 万亿元（占比 4.8％）（见图 1—12）。

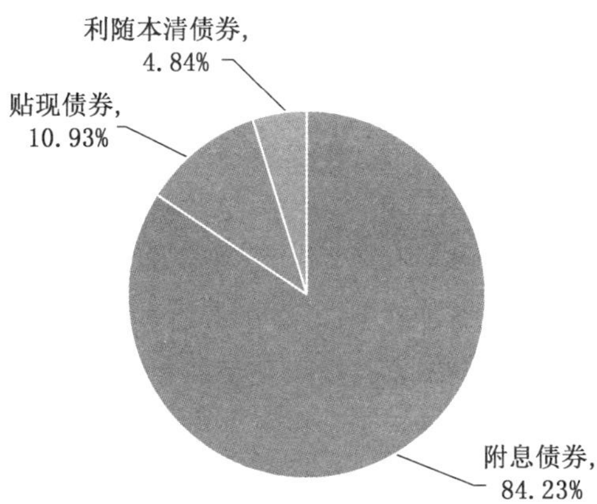


**图 1—12　债券利率类别结构**

附息债券中，固定利率债券又占绝对主导地位，余额 61.88 万亿元，占总存量的 75.2％；浮动利率债券余额 1.38 万亿元，占比仅为 1.7％；累进利率债券[①]余额 6.1 万亿元，占比 7.4%(见图 1—13)。

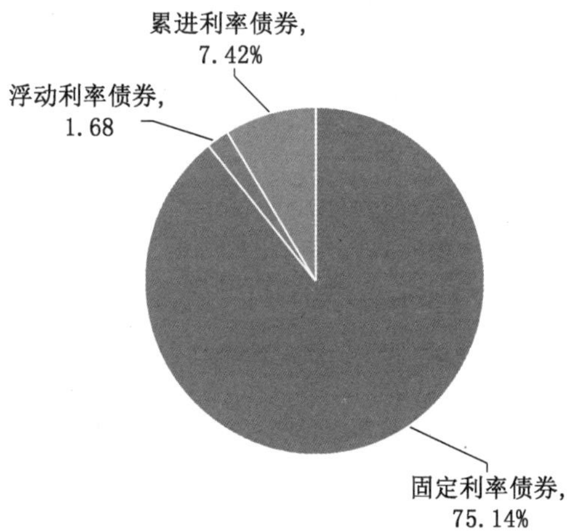


**图 1—13　附息债券利率类别结构**

**表 1—2　　存量债券利率类型结构分类(2018.9.30)**

| 类　别 | 债券数量(只) | 债券数量比重(%) | 债券余额(亿元) | 余额比重(%) |
|---|---|---|---|---|
| 附息债券 | 23 481 | 58.88 | 693 620.14 | 84.32 |
| 固定利率债券 | 17 401 | 43.63 | 618 778.01 | 75.23 |
| 浮动利率债券 | 638 | 1.60 | 13 794.87 | 1.68 |
| 累进利率债券 | 5 442 | 13.65 | 61 047.26 | 7.42 |
| 贴现债券 | 12 944 | 32.46 | 89 180.30 | 10.84 |
| 利随本清债券 | 3 456 | 8.67 | 39 756.07 | 4.83 |
| 合　计 | 39 881 | 100.00 | 822 556.51 | 100.00 |

资料来源：Wind 资讯。

① 累进利率债券又称利率递增债券，是指以利率逐年累进方法计息的债券。债券利率按事先约定的累进利率的档次进行累进，随着时间的推移，后期利率将比前期利率更高。通常为可赎回债券。例如第 1 年为 5%，第 2 年为 6%，第 3 年为 7%，等等。累进利率债券的期限一般是浮动的，投资者可以自行选择，但须符合最短持有期和最长持有期的限制。

## 三、债券交易概况(二级市场)

近 10 年来,随着我国债券市场投资者实力和数量的激增,债券产品的不断创新和丰富,债券交易日益活跃,交易量屡创新高。

从交易产品来看,回购交易一直处于主导地位,从 2008 年的 60.56 万亿元,持续快速增长到 2017 年的 874.39 万亿元。回购交易活跃的背后说明投资者主要将债券当作基础抵押品来进行市场化资金拆借融通。通过回购交易形成的市场化的回购利率逐渐成为衡量我国短期利率的基准利率指标,其市场化有效程度已超越银行间同业拆借利率(SHIBOR)、政策基准利率,以及互换利率(由于成交量稀少影响定价)。

与债券回购交易相比,作为通常意义上的债券市场的现券交易虽然也增长显著,但占比要小很多,且波动明显。现券交易量从 2008 年的 37.03 万亿元增长至 2017 年的 99.26 万亿元(见图 1—14)。其间,2013～2014 年还出现交易量明显萎缩的现象。

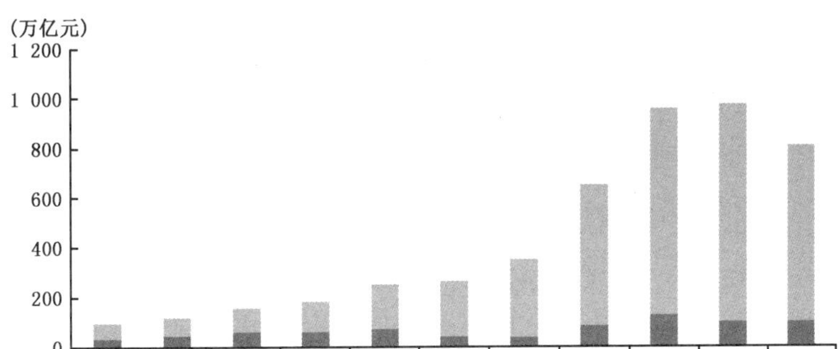


| | 2008 | 2009 | 2010 | 2011 | 2012 | 2013 | 2014 | 2015 | 2016 | 2017 | 2018 1～9月 |
|---|---|---|---|---|---|---|---|---|---|---|---|
| 回购 | 60.56 | 73.83 | 94.22 | 119.93 | 178.55 | 221.24 | 312.11 | 566.20 | 830.38 | 874.39 | 705.07 |
| 现券 | 37.03 | 46.89 | 63.65 | 63.26 | 74.38 | 41.43 | 40.33 | 85.61 | 125.24 | 99.26 | 101.43 |

**图 1—14　历年债券(现券+回购)交易**

从债券交易场所分布分析,由于制度因素(银行被禁止参与交易所债券交易,只能参与银行间市场)等原因,我国债券交易巨大部分发生在银行间债券交易市场。以 2017 年为例,银行间市场债券交易量高达 97.72

万亿元，交易所市场成交量不足 1.54 万亿元(见图 1—15)。

| | 2008 | 2009 | 2010 | 2011 | 2012 | 2013 | 2014 | 2015 | 2016 | 2017 | 2018年1~9月 |
|---|---|---|---|---|---|---|---|---|---|---|---|
| 交易所成交额 | 3 684 | 3 414 | 3 653 | 4 699 | 5 888 | 10 091 | 14 135 | 16 200 | 12 517 | 15 375 | 12 799 |
| 银行间成交额 | 366 659 | 465 484 | 632 821 | 627 859 | 737 933 | 404 256 | 389 123 | 839 910 | 1 239 862 | 977 260 | 1 001.547 |

**图 1—15　历年现券交易市场分布(2008～2018.9)**

从债券具体交易品种来看，以 2017 年为例，前三大主力交易品种分别为：同业存单(35.83 万亿元，占比 36.1%)；金融债(32.75 万亿元，占比 33%)；国债(12.02 万亿元，占比 12.1%)。从图 1—16 中可以看出，我国债券交易主要集中在无信用风险的利率债以及风险极低的金融债上，非金融机构信用债交易不活跃。同业存单的高占比主要是由于其短期限高周转以及银行间内部融资活跃导致的。此外，与美国等国际市场相比，作为债券市场定海神针的国债交易活跃度相对不足，会影响基准利率及其期限结构的有效定价。

## 四、主要投资者概况

从托管在中债登和上清所的债券投资者结构可以看出，我国债券主要投资者分别为：各类商业银行(23.1 万亿元，占比 46.0%)；非银行金融机构(11.72 万亿元，占比 23.4%)；理财、资管产品等非法人主体(9.7 万亿元，占比 19.3%)。三者合计占比高达 88.7%。一个有趣的现象是，与国际发达的债券市场相比，我国投资者主体中商业银行投资债券比例偏

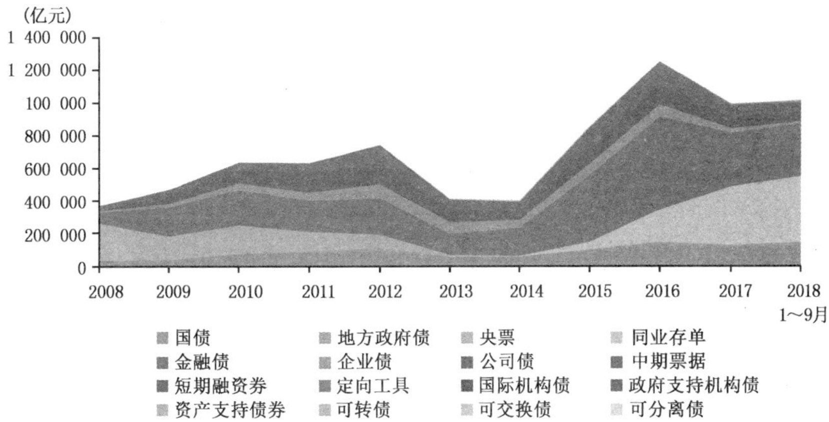


**图 1—16　历年各券种现券交易量**

大,而作为固定收益投资传统主力的保险公司(以持有至到期为主)和投资银行(证券公司,以交易为主)反而占比较低。这也从一个侧面反映我国债券市场的相对不成熟。

需要说明的是,在上交所和深交所上市并托管在中证的投资者信息这里未包括(规模较小)。中债登和上清所对投资者分类口径存在一定差异。具体数据见表 1—3、表 1—4。

**表 1—3　　　　主要券种投资者结构(中债托管,2018.8.30)**

| 投资者结构 | 持券托管总量(亿元) | 占比(%) |
|---|---|---|
| 特殊结算成员 | 18 700.18 | 5.5 |
| 商业银行 | 187 622.65 | 55.6 |
| 全国性商业银行 | 126 438.85 | 37.5 |
| 外资银行 | 3 923.62 | 1.2 |
| 城市商业银行 | 32 557.55 | 9.6 |
| 农村商业银行 | 24 420.94 | 7.2 |
| 农村合作银行 | 126.40 | 0.0 |
| 村镇银行 | 50.50 | 0.0 |
| 其他商业银行 | 104.80 | 0.0 |
| 信用社 | 6 227.17 | 1.8 |

续表

| 投资者结构 | 持券托管总量(亿元) | 占比(%) |
|---|---|---|
| 非银行金融机构 | 910.98 | 0.3 |
| 证券公司 | 4 794.24 | 1.4 |
| 保险机构 | 13 460.44 | 4.0 |
| 基金 | 77 203.35 | 22.9 |
| 商业银行理财产品 | 12 963.02 | 3.8 |
| 非金融机构 | 190.27 | 0.1 |
| 个人投资者 | 385.27 | 0.1 |
| 交易所 | 14 000.77 | 4.1 |
| 其他 | 13 907.39 | 4.1 |
| 境外机构 | 13 903.87 | 4.1 |
| 合　计 | 337 402.70 | 100.0 |

资料来源:中债登、Wind。

**表 1—4　　上清所托管主要券种投资者结构(2018.8.30)**

| 投资者结构 | 持券托管总量(亿元) | 占比(%) |
|---|---|---|
| 政策性银行及国家开发银行 | 6 773.90 | 4.1 |
| 商业银行 | 43 360.02 | 26.3 |
| 国有商业银行 | 12 372.98 | 7.5 |
| 股份制商业银行 | 5 758.38 | 3.5 |
| 城市商业银行 | 7 566.85 | 4.6 |
| 农商行及农合行 | 14 662.37 | 8.9 |
| 村镇银行 | 69.80 | 0.0 |
| 外资银行 | 573.99 | 0.3 |
| 邮政储蓄银行 | 2 355.65 | 1.4 |
| 非银行金融机构 | 14 620.81 | 8.9 |
| 证券公司 | 4 505.91 | 2.7 |
| 保险机构 | 2 895.53 | 1.8 |
| 财务公司 | 1 892.37 | 1.1 |
| 信托公司 | 33.09 | 0.0 |

续表

| 投资者结构 | 持券托管总量(亿元) | 占比(%) |
|---|---|---|
| 信用社 | 5 114.95 | 3.1 |
| 其他 | 178.97 | 0.1 |
| 非金融机构法人 | 48.70 | 0.0 |
| 非法人机构 | 97 040.82 | 59.0 |
| 人民银行批准的境外机构 | 2 718.34 | 1.7 |
| 合　计 | 164 577.69 | 100.0 |

资料来源:上清所、Wind资讯。

## 第三节　债券市场运行规则

### 一、债券市场运行参与主体

债券市场是由交易主体、交易平台、清算结算平台、其他中介服务机构等要素组织而成的有机整体。交易主体是这个市场最重要的参与主体,决定各品种的真实需求结构;而交易平台、清算结算平台以及其他中介服务机构是支撑债券产品发行、流通以及各项业务开展的硬件基础设施。

#### (一)交易平台

交易平台是支持债券交易流通、买卖报价的综合电子系统,通过电子化的交易机制和交易方式,提高交易和交易后处理效率、降低交易成本、提升市场透明度,是债券市场最重要的基础设施之一。随着金融市场的发展和计算机技术的进步,电子交易平台在债券市场的重要性日益提升,目前几乎所有的债券交易都是通过电子交易平台进行操作的。

国内债券市场交易平台主要包括银行间市场交易平台和交易所市场交易平台。前者即中国外汇交易中心暨全国银行间同业拆借中心(以下简称交易中心)提供的本币交易系统;后者包括上交所和深交所的债券交易系统。

目前，交易中心本币交易系统支持包括信用拆借、质押式回购、买断式回购、现券买卖、资产支持证券、债券远期、债券借贷、利率互换、远期利率协议、信用风险缓释凭证等交易品种，提供多样化的交易机制，支持做市商制度，提供询价、点击成交等交易方式，并通过竞争性的最优报价展示来促进价格形成，同时提供类撮合的限价报价自动成交机制，有效提升市场的流动性和交易效率。债券交易系统服务对象涵盖中外资商业银行、政策性银行、信用社、保险公司、证券公司、基金公司、财务公司、信托投资公司、金融租赁公司和汽车金融公司等在内的几乎所有类型的金融机构，以及基金、企业年金、保险机构产品、信托产品、基金公司特定客户资产组合和证券公司资产管理计划等非法人机构投资者。

### （二）清算、结算平台

清算是指计算结算日交易双方所需要交割证券或支付资金数额的过程。结算是指证券与资金的最终转移，具体包括交割和支付。交割是指证券从卖方向买方的最终转移，而支付是指资金的转移。债券市场的基础设施除了交易平台外，还包括清算、结算平台。

目前，银行间债券市场实行债券一级托管，即银行间债券市场的机构投资者在中债登和上海清算所直接开立债券账户，依托此账户实现债券交易的清算和结算。交易所债券市场实行二级托管，投资者可在中证登开立托管账户，中证登在中债登开立代理总账户，相对于中债登而言是分托管人。商业银行国债柜台交易市场也实行二级托管，柜台债券市场的经办银行在中债登开立代理总账户，作为二级托管人，商业银行柜台债券市场的全部流通的债券托管于中债登。

#### 1. 中央国债登记结算有限责任公司（简称中债登）

1996 年 12 月，中债登正式挂牌成立，标志着我国债券市场集中统一托管的中央托管机构的建成。中债登的成立，改变了我国国债分散托管的状况，承担起我国国债等固定收益证券的中央证券托管的职能。目前，中债登为全国债券市场提供国债、金融债券、企业债券和其他固定收益证

券的登记、托管、交易结算等服务的国有独资金融机构,其主要业务范围和承担的职责:

(1)国债、金融债券、企业债券和其他固定收益证券的登记、托管、结算、代理还本付息;

(2)为人民银行公开市场业务系统和债券发行系统提供技术支持;

(3)担任债券基金及货币市场的托管人并办理基金单位的登记、托管、结算;

(4)债券市场与货币市场中介服务及信息服务;

(5)债券市场及货币市场的研究、咨询、培训与宣传;

(6)根据管理部门授权对债券次级托管进行监督;

(7)经人民银行、财政部批准的其他业务。

按照参与债券结算业务资格和办理方式的不同,结算成员分为甲类结算成员、乙类结算成员和丙类结算成员。其中,甲类结算成员可办理自营结算业务,也可代理丙类结算成员进行债券结算;乙类结算成员只能办理债券自营结算业务;丙类结算成员需委托甲类结算成员代为办理债券结算业务。

2. 银行间市场清算所股份有限公司(简称上海清算所)

上海清算所于 2009 年 11 月 28 日成立,是人民银行认定的合格中央对手方,是我国公司信用债券登记托管结算中心。上海清算所为金融市场直接和间接的本外币交易及衍生产品交易提供登记、托管、清算、结算、交割、保证金管理、抵押品管理,以及信息服务、咨询业务等服务。

(1)中央对手净额清算业务。2017 年,上海清算所全年清算业务总量 265.1 万亿元,同比增长 21%。其中,中央对手清算量 88.4 万亿元,同比增长 35%。按业务类别,利率衍生品中央对手清算 14.3 万亿元,同比增长 46%;外汇中央对手清算 9.9 万亿美元,同比增长 29%;债券净额清算 7.4 万亿元,同比增长 79%;大宗商品衍生品中央对手清算 476.6 亿元。上海清算所积极探索中央对手清算业务创新和功能优化:一是完成中长期利率互换集中清算业务上线,在不改变现有利率互换清算规则和方案基础上将清算产品期限延长至10年,拓宽利率互换集中清算产品期限;二是正式启用利率互换合约压缩功能,在符合集中清算风险控制要求和清算参与者自愿申请的条件下,对清算参与者已纳入中央对手方清算的存续期合约进行匹配和计算,减少清算参与者存续期合约数量及名义本金,提高集中清算效率;三是完成外汇24小时交易清算处理、外汇期权业务计费改造等,优化外汇清算业务功能;四是上线上海碳配额远期中央对手清算业务。

(2)登记托管和全额结算业务。上海清算所主要托管短融、中票等公司信用债券,同业存单、大额存单等货币市场工具,以及金融机构债券和结构性产品等创新金融产品,目前已成为全国公司信用债券登记托管结算中心,实现了对非金融企业债务融资工具的全券种服务。托管产品包括信用风险缓释凭证(CRMW)、超短期融资券(SCP)、非公开定向债务融资工具(PPN)、短期融资券(CP)和中小企业集合票据(SMMIN)、信贷资产支持证券(MBS)、资产管理公司金融债等。截至2017年年底,全国债券市场新发债券62%托管在上海清算所,全国公司信用债券新发债券67%托管在上海清算所。

3. 中国证券登记结算有限责任公司(简称中证登)

中证登于2001年3月30日组建,由上交所和深交所控股,两股东各持50%的股份。中证登的主要职能包括:交易所证券账户、结算账户的设立和管理,证券的存管和过户,证券持有人名册登记及权益登记,证券和资金的清算交收及相关管理,受发行人委托派发证券权益,依法提供与证券登记结算业务有关的查询、信息、咨询和培训服务等。

### (三)其他中介服务机构

除交易平台和清算、结算平台外,货币经纪公司、信用评级机构以及信用增进机构等中介服务机构也是债券市场基础设施的重要组成部分,在债券的发行、流通、交易、定价等方面发挥着不可或缺的作用。此外,承销机构、会计师事务所和律师事务所等中介服务机构在市场中也发挥着重要的服务作用。

1. 货币经纪公司

大部分债券交易是通过(银行间市场)场外交易完成的,因此需要货币经纪公司作为中间商来询价和撮合交易。货币经纪公司最早起源于英国外汇市场,是金融市场的交易中介。国际金融市场三大货币经纪公司,即毅联汇业集团(ICAP)、德利万邦集团(Tullett Prebon)和利顺集团(CFT),从2005年开始通过合资方式开始进入中国经纪市场。

2005年,德利万邦与上海国际信托投资有限公司共同出资申请设立首家合资货币经纪公司——上海国利货币经纪有限公司;2007年,毅联汇业与交易中心达成合作,成立上海国际货币经纪有限责任公司;2009年,瑞士利顺集团与平安集团旗下的平安信托共同组建平安利顺货币经纪公司;加上中诚BGC货币经纪有限公司、天津信唐货币经纪有限公司分别于2011年和2012年成立,形成当前我国五大货币经纪公司并立的格局。经过近几年的发展,国内货币经纪公司在降低交易成本、提高市场交易效率、形成公平市场价格以及提高市场流动性等方面发挥着日益重要的作用。

2. 信用评级机构

要想在国际金融市场进行债务融资,就需要经公认的独立第三方信用评级机构的外部信用评级。目前,国际三大信用评级巨头分别是标准普尔(Standard & Poor,S&P)、穆迪(Moody)和惠誉(Fitch),几乎垄断了国际信用评级市场。

目前,按照评级费用支付人的不同,我国银行间市场主要评级机构可以划分为两类,第一类由债券发行人付费,第二类由投资者付费。现阶段我国第一类评级机构主要包括:中诚信国际信用评级有限公司、联合资信评估有限公司、大公国际资信评估有限公司和上海新世纪资信评估投资服务有限公司等;第二类评级机构目前有中债资信评估有限责任公司(简称中债资信)。中债资信成立于2010年,由交易商协会代表全体会员出资,是国内首家采用投资者付费业务模式的新型信用评级公司。

#### 3. 信用增进机构

国际上，债券保险是信用增进业务的主要表现形式。目前，债券保险公司主要有通过保单和信用违约互换（CDS）两种模式，为市政债、结构融资和国际业务提供担保。我国首家专业债券信用增进机构——中债信用增进投资股份有限公司（简称中债增进）于2009年成立。

信用增进是指采取一定措施提高融资主体信用等级的行为。信用增进可以分为两种，即外部信用增进和内部信用增进。内部信用增进主要依靠融资主体自身拥有的资产池为潜在信用损失提供保证；外部信用增级的主要方式有备用信用证、相关方担保、单线保险和多线保险等。

在目前我国金融市场化程度较低及规范的信用体系尚未建立的情况下，市场风险与信用风险是金融机构面临的两种主要风险，信用风险在其中占据了绝对的主导地位。建立债券市场信用风险分散、分担机制，解决中低信用等级的企业特别是中小企业发行直接债务融资工具等问题成为制约我国债券市场健康可持续发展的主要障碍之一。

## 二、债券市场运行机制

债券市场的运行机制包括交易机制和清算、结算机制两部分构成。交易机制能够真实反映交易主体的需求和报价，汇集起来形成市场价格；清算、结算机制能够保证交易证券和资金的有效划拨以及交易双方权利和义务的准确执行。完善的市场运行机制可以保证市场交易的顺利进行，也能促进交易主体与交易平台等基础设施的有效结合。

### （一）债券市场交易机制

交易机制是指将与交易有关的各方指令汇集起来以形成市场价格规则的总和，实质是市场价格的形成方式。交易机制的核心是将交易者的买卖指令转化为实际交易，从而发现市场的均衡出清价格。场外市场和场内市场的交易机制存在较大差异。

场外市场交易较为分散，没有固定的交易场所，一般分为交易商间的市场和交易商与客户的市场。交易商间市场的主要参与者是众多做市商和一般交易商,单笔交易规模较大,是一个批发市场。交易商与客户市场中,终端投资者与做市商、一般交易商进行交易,由做市商、一般交易商对债券进行买卖报价,最终投资者是债券价格的接受者,是一个零售市场。目前几乎所有的场外市场都采用了由交易者自主报价、一对一谈判的交易方式。按流动性提供方的不同,报价驱动制可以分为询价交易制度和做市商交易制度。

(1)询价交易机制。询价交易是报价驱动的最基本方式,基本交易流程为"询价——报价——确认成交",具备真实需求的投资者之间一般采取询价交易的方式。询价交易需要投资者具有一定的分析能力,并花费一定的信息搜寻成本,因此适用于机构投资者之间的大宗交易。

目前银行间债券市场主要采取询价交易,绝大多数交易是通过一对一询价方式达成的。在实际操作中,市场参与者主要通过电话或即时通信系统如 QQ、路透即时通信系统(RM)等进行。通过货币经纪公司进行询价撮合的运作模式为:金融机构向经纪公司提出交易需求;经纪公司通过电话以及 QQ、路透即时通信系统(RM)等网络信息交流平台发布交易需求,寻找最符合需求的交易对手;根据反馈的报价进行综合筛选,向客户报出最优价格;客户根据报价决定交易是否执行;经纪公司告知交易双方对手名称后退出,并由交易各方自行完成清算交割。货币经纪公司的出现,能够汇集市场上大量交易信息,使达成交易更为便捷,且价格更优。

(2)做市商交易制度。做市商制度是指由做市商不断向投资者报出特定债券的买入价和卖出价,并承诺在该价位上接受交易者的买卖要求,投资者根据报价直接提交指令并确认成交的制度。面对做市商的报价,投资者是被动的价格接受者,做市商的价格一旦报出,就有义务接受投资者按此价格提出的买卖要求。做市商既报买入价,也报卖出价,通过买卖报价的适当差额来补偿提供做市服务所发生的成本,并实现一定利润。做市商制度有助于促进大量高度分散的场外市场参与者顺利达成交易。

做市商制度具有活跃市场、稳定市场的功能,其公开、有序、竞争性的报价驱动机制,是提高市场流动性和稳定市场运行的有效手段。具体而言,做市商制度具有以下功能:一是促进市场均衡价格的发现。做市商可以将分散的场外交易在一定程度上连接集中起来,其对各种债券进行连续的双边报价,投资者按该报价与做市商达成交易,有效降低投资者的信息搜寻成本,其报价也可以为其他交易商提供参考。二是增强市场的流动性和活跃性。由于投资者的交易对象就是做市商,交易价格就是做市商报出的价格,投资者无须担心提交的委托找不到交易对手。正是通过做市商不断地进行双向报价并时刻准备接受交易,使得交易品种的流动性得以维持。三是平抑市场投机,稳定市场价格。当市场出现过度投机时,做市商通过在市场上与其他投资者相反方向的操作,努力维持价格的稳定,降低市场泡沫成分。

做市商制度是我国银行间市场重要的制度安排。2000 年,中国人民银行在《全国银行间债券市场债券交易管理办法》中列入了双边报价规定,鼓励金融机构进行债券双边报价的尝试。2007 年 1 月,中国人民银行发布《全国银行间债券市场做市商管理规定》(中国人民银行公告〔2007〕第 1 号),从降低做市商准入标准、加大对做市商的政策支持力度、放宽做市商的相关业务要求和加强对做市商的考核管理等方面对现有做市商制度框架做了进一步完善,使更多数量的不同类型金融机构有机会参与银行间债券市场的做市业务,同时有利于增强做市商的做市能力,提高做市商业务开展的主动性和灵活性,并有效强化对做市商的激励约束。上述文件的发布重新确定了银行间债券市场做市商制度的基本框架,全面规范了对银行间债券市场做市商的管理,对提高债券市场流动性、促进债券市场价格发现及推动我国债券市场的发展具有深远意义。

除场外市场交易机制外,还存在另一种场内集中交易机制。场内市场的交易模式是以“竞价撮合、时间优先、价格优先”为特征的指令驱动制;随着场内市场的发展,有的场内市场也提供大宗交易机制以满足大宗交易的需求。指令驱动制又称竞价制度,指投资者下达交易指令并等待在交易过程中执行,交易系统根据一定的指令匹配规则撮合买卖双方的交易指令以决定成交价格的交易方式。根据成交的连续性,竞价制度又可以分为集中竞价制度和连续竞价制度。

(1)集合竞价制度。在集合竞价制度中,交易系统在一个期间内持续收集交易者提交的指令,指令收集结束时产生成交价格。成交价格的确定满足三个条件:一是成交量最大;二是高于成交价格的买入指令和低于成交价格的卖出指令全部成交;三是与成交价格相同的买入指令和卖出指令至少有一方全部成交。集中竞价制度的成交价格能够最大限度地反映市场的真实供求状况,但其目的不在于为市场提供流动性、为交易者提供即时性,因此集合竞价制度更多被用于对价格有效性要求较高的市场,如确定每天的开盘价和收盘价。

(2)连续竞价制度。在连续竞价制度中,交易指令进入系统后立即与系统获得的其他指令匹配,成交价格的确定采用对手价原则:即新指令进入时,若该指令的买价高于已有的最低卖价,或者卖价低于已有的最高买入价格,则该指令成交,成交价格分别为已有的最高买入价格和已有的最低卖出价格。若新指令为市价指令,则取对方限价指令的限价为成交价格。但若该指令不能成交,则会按照"价格优先、时间优先"的原则,与原有指令一起等待新指令的进入,进行下一次撮合。连续竞价制度能够为交易者提供即时性,更多地被用于流动性较高的市场,如开盘后的连续交易。

我国的交易所债券市场最初主要指交易所场内交易市场,采取指令驱动、竞价撮合、价格优先、时间优先的交易方式。2007 年,上交所和深交所分别增加了固定收益证券综合电子平台以及协议转让平台,采用与银行间债券市场类似的交易方式。

(1)交易所的竞价撮合交易机制。上交所和深交所的主要交易工具是现券交易和债券回购,其所采用的竞价撮合交易方式与前面介绍的指令驱动的交易方式相同,主要采用两种竞价方式:在每日开盘时采用集合竞价方式;在日常交易中采用连续竞价方式。竞价交易原则的主要内容是"价格优先、时间优先、客户委托优先"。价格优先原则是指价格较高的买进申报先于价格较低的买进申报;价格较低的卖出申报优先于价格较高的卖出申报。时间优先原则是指同价位申报,依照申报时序决定优先顺序,即买卖方向、价格相同的,先申报者优先于后申报者。先后顺序按交易所交易电脑主机接收申报的时间确定。客户委托优先原则主要是指要求证券公司在自营买卖和代理买卖之间,首先进行代理买卖。

(2)交易所的综合电子平台交易机制。2007 年,上交所和深交所分别开发了电子平台,采取了以做市商为核心的报价驱动的交易机制。上交所的固定收益证券综合电子平台将参与者分为一级交易商、普通交易商和间接参与人。一级交易商(即做市商)在平台交易中提供双边报价,并对询价提供成交报价。一级交易商也可以组织自己的投资者,通过中证登签署债券买卖协议的方式,投资者与交易商进行协议交易来投资电子平台的固定收益证券,间接进入电子平台,成为间接参与人。普通交易商也可以在平台上进行报价和交易,是平台的一般参与者。

### (二)清算和结算机制

清算和结算是交易实现的关键环节。统一的证券中央托管机制、科学的清算结算机制以及高效的清算结算系统,可以提高证券清算结算的效率和安全性,降低证券清算结算的信用风险和流动性风险。

清算是指计算结算日交易双方所需要交割债券或支付资金数额的过程。清算一般包括两种方式:一是分别计算每笔交易的全额清算方式(也称逐笔清算方式);二是将某一时期内每一证券的所有交易进行轧差,计算出多头或空头头寸的净额清算方式。

(1)全额清算结算。全额清算结算(以下简称全额结算)也称逐笔清算结算(以下简称逐笔结算),指对每笔债券交易均单独清算,当遇买卖一方券或款不足时,系统不进行部分清算;在最终结算环节,也逐笔交割支付。全额结算是最基本的结算方式,适用于单笔交易规模较大的市场;全额结算过程中,结算机构不对结算完成进行担保。其优点在于,由于买卖双方一一对应,每个市场参与者都可以监控自己参与的每一笔交易的结算进展情况,评估自身对不同对手方的风险暴露;逐笔全额结算还有利于保持交易的稳定性和结算的及时性,降低结算本金风险。

(2)净额清算结算。净额清算结算（以下简称净额结算）是指在设定的时间段内，结算系统对市场参与者证券买卖的净差额和资金净差额进行交收。由于在净额结算中，在指定时间段内只有一个结算净额，从而降低市场参与者的流动性需求、结算成本和相关风险，也提高了做市商投资运用和市场运作的效率。

结算是指债券与资金的最终转移，具体包括交割和支付。交割是指债券从卖方向买方的最终转移，而支付是指资金的转移。结算方式是指交易双方的券与款相互进行交收转移的方式。国际上一般将证券结算方式分为 FOP 和 DVP 两类。FOP（Free of payment）称为“纯券过户”，是不以资金支付为条件的证券交割结算。在“纯券过户”下，证券结算机构只为结算双方办理证券的交割，而资金结算由付款方自行向收款方划拨支付。DVP（Delivery versus payment）称为“券款对付”，指证券与资金同步交收并互为交收条件。在“券款对付”结算中，券和款的转移过程基本是同步且可控的，而最后的转移是不可撤销的。

在我国，主要的结算方式包括纯券过户、见券付款、见款付券、券款对付四种。但 2013 年，中国人民银行《银行间债券市场债券交易券款对付结算有关事项的公告》（中国人民银行公告〔2013〕第 12 号）规定，全国银行间债券市场参与者进行债券交易，应当采用券款对付（DVP）结算方式办理债券结算和资金结算。自此，除非特殊情况，否则见券付款、见款付券和纯券过户这三种银行间债券市场清算结算机制正式退出历史舞台。

目前，我国银行间债券市场的债券清算和结算业务目前主要由中债登负责，采用实时逐笔全额结算。每个营业日日间，中债登的中央债券簿记系统根据结算指令的先后顺序依次进行实时结算处理，交易双方一一对应，即时办理债券交割。2009 年年底，为降低交易对手方风险，由交易中心、中债登等 4 家机构共同发起成立上海清算所，为银行间市场提供以中央对手净额清算为主的直接和间接的本外币清算服务。截至目前，通过净额结算的交易仍然较少。

目前，我国交易所债券市场的债券清算和结算主要采取中央对手方的净额结算机制。中证登既是债券登记托管结算机构，也是清算机构，负责办理交易所债券交易的清算、托管和结算。

交易所清算结算制度主要有以下特点：一是二级结算制度，即中证登与结算参与人进行清算交收，结算参与人与其名下的客户进行清算交收，中证登与客户之间没有直接的结算关系；二是中央担保交收制度，即中证登作为各结算参与人的共同交收对手方，承接了各参与人之间证券和资金的交收权利义务关系，各结算参与人之间的多重证券和资金交收关系，集中转化为各自对中证登的单一交收关系，各参与人双方无交收关系；三是净额结算制度，即各结算参与人包括债券质押式回购交易在内的所有证券交易最终轧成一个净额，与中证登结算，而资金清算支付基本上是通过交易所与各结算参与人指定的清算银行实施；四是债券过户当日完成，资金交收在次日（T＋1）完成，即资金结算采用证券过户在先、资金交收在后的模式。

对于交易所的债券交易综合电子平台，中证登提供了两种清算模式，即：对于交易商间的交易，中证登作为中央担保并根据交易所成交结果与交易商进行净额结算；对于交易商与客户达成的协议交易，则实行纯券交割的结算模式，由交易方自行负责证券和资金的结算，并向中证登申请办理证券变更登记。

## 第四节　债券交易操作规则

### 一、现券交易操作规则

现券交易是一种债券的即期买卖行为，交易双方以债券为交易标的，一方出让资金，一方出让债券。在我国，现券交易清算交割速度通常为“T＋0”或“T＋1”（美国的惯例为“T＋3”），超过现券交割清算速度惯例的即可视为远期交易。现券交易是债券市场中最基础、最重要的交易类别。

从交易品种来看，目前我国债券种类包括国债、央行票据、政策性银行债券、金融债券、公司信用类债券等众多品种。随着债券交易品种日渐丰富、市场规模日益扩大,我国也逐步建立了较为完善的债券市场发行和交易机制。

债券发行市场,又称一级市场,是发行主体首次向投资者出售新债券的场所。债券发行方式主要包括系统招标发行和簿记建档发行两种。随着债券发行业务市场化程度不断提高,系统招标发行已经成为债券发行的主流模式。债券发行的主体从最初的财政部和政策性金融机构扩展到涵盖政府、中央银行、企业、商业银行、国际机构、非银行金融机构等几乎所有的市场主体。

债券交易市场,按交易场所划分,可分为场内交易市场和场外交易市场。其中,上海证券交易所和深圳证券交易所是现券交易的场内交易市场;银行间市场是现券交易的场外市场。

### (一)现券交易要素

根据现券交易产品的特点,目前现券交易形成了以询价交易为主体、点击成交交易方式为辅的交易格局。目前银行间现券交易采用格式化的询价模式,交易员根据交易中心本币交易系统定制的标准格式,进行交易要素的填报,形成正式的询价交易指令。

现券交易的交易要素及其含义如表1—5所示。

**表1—5　　现券交易的主要交易要素与释义**

定义:现券买卖是指交易双方约定以某一价格转让其持有债券的交易行为。

| 要素名称 | 要素释义 |
| --- | --- |
| 交易方向 | 买入或卖出 |
| 对手方 | 交易对手方成员简称;交易员姓名 |
| 交易标的 | 债券名称和代码 |
| 报价与计息规则 | 净价交易(净价/收益率报价),全价结算。日计数基准由“ACT/365”调整为“ACT/ACT”,即应计利息天数按当期的实际天数计算,付息区间天数按实际天数计算(算头不算尾)(2007年修改规则) |

续表

| 要素名称 | 要素释义 |
|---|---|
| 净价 | 不含应计利息的债券价格，单位为元/百元面值 |
| 全价 | 全价＝净价＋应计利息，单位为元/百元面值 |
| 应计利息 | 上一付息日（或起息日）至结算日之间累计的按百元面值计算的债券发行人应付给债券持有人的利息，单位为元/百元面值 |
| 收益率 | 报价参考利率。到期收益率，以全价买入并持有至到期的投资内含收益率。行权收益率，含权债券的嵌入式期权被行权时的收益率 |
| 待偿期 | 债券剩余期限。成交日至债券到期日的期间 |
| 券面总额 | 交易债券的总面额，单位为万元 |
| 交易金额 | 交易金额＝净价/100×券面总额×10 000，单位为元 |
| 应计利息总额 | 应计利息总额＝应计利息/100×券面总额×10 000，单位为元 |
| 结算金额 | 结算金额＝交易金额＋应计利息总额，单位为元 |
| 清算速度 | 成交日（T）与结算日之间的工作日天数（N），有“T＋0”和“T＋1”两种 |
| 结算日 | 债券交割和资金支付的日期。结算日＝成交日＋清算速度 |
| 结算方式 | 交易双方约定采用的资金支付和债券交割方式。包括券款对付、见款付券和见券付款 |
| 账户 | 本方用于清算的债券托管账户和资金账户 |
| 现券买卖成交单 | 成交日期、成交编号、交易双方机构信息、债券代码、债券名称、净价、券面总额、收益率、交易金额、应计利息、应计利息总额、全价、结算日、结算金额、结算方式、补充条款（若有）、成交序列号、交易双方账户信息等。资产支持证券买卖成交单除上述内容外，还包括每百元本金额和本金额，不包含收益率 |

资料来源：《全国银行间债券市场债券交易管理办法》（中国人民银行，2000）、《全国银行间市场债券交易规则》（中国外汇交易中心，2010），经作者整理。

### （二）现券报价成交

现券买卖可采用询价交易和点击成交两种交易方式，其中做市业务必须通过点击成交交易方式进行。

询价交易方式，是指由交易双方通过电子交易平台自行商定交易要素的交易行为。询价交易方式下有意向报价、双向报价和对话报价三种报价类型。

(1)意向报价。意向报价是向一定范围内的交易成员发送的、表明自身交易意向的报价。意向报价对报价方无约束力，报价方无须承担必须以报价成交的义务。报价方只需填写交易方向、标的等关键性要素即可发送意向报价，无须填写完整的交易要素。

(2)双向报价。双向报价是交易员同时报出买方向和卖方向交易意向的报价方式。双向报价对报价方同样不具约束力，报价方无须承担必须以报价成交的义务。因此本质上是一种特殊形式的意向报价，但与意向报价不同的是，双向报价包括买和卖两个方向的报价，且不能选择报价发送范围，是针对整个市场发出的报价。

(3)对话报价。对话报价是针对单个交易成员发送的实价报价，所有采用询价交易方式的交易最后都必须经由对话报价成交。对话报价对报价方具有约束力，对手方交易成员确认即可成交。由于是实价报价，因此在发送对话报价时必须填写所有达成交易必需的交易要素。本币交易系统针对对话报价提供有效时间设置功能，便于报价方管理对话报价。

本币交易系统以格式化询价的模式支持银行间本币市场现券交易的询价交易，即交易成员根据系统指定的格式，进行交易要素的填写和选择，包括报价、询价和确认成交三个交易环节。

(1)报价。交易成员发出意向或双向报价，向市场表明交易意图。意向报价和双向报价并非询价交易的必经环节。

(2)询价。询价是交易双方达成最终交易的交谈过程，也是成交的必经环节。交易成员可选定对手方交易成员的意向报价和双向报价，填写完整交易要素(原报价中交易方向、合约标的不可修改)后，向报价方发送对话报价，也可直接选定对手方交易成员发送对话报价，开启询价环节。对手方交易成员在收到对话报价后，可在对话报价有效时间内接受成交，也可拒绝成交，或者进一步修改交易要素后以对话报价的形式发回原报价方。

(3)确认成交。确认成交环节表现为交易一方对另一方所发对话报价的接受(确认成交)。成交确认后,交易双方可打印成交通知单,并据此办理清算。

点击成交方式,是指报价方发送点击成交报价,受价方点击报价、填写交易量后直接成交的交易方式,本质是对交易双方询价过程的简化。

点击成交方式下有双边报价、单边报价和限价报价三种报价类型。

(1)双边报价和单边报价。现券交易双边报价是指做市商(包括尝试做市商)向全体交易成员发送的,同时指定了买价和卖价,以及相应价格下所能接受的交易金额的点击成交报价。现券市场只有做市商(包括尝试做市商)才能发送双边报价。双边报价是实价报价,一经点击即可成交,其报价标的债券、存续时间、买卖价差都是有限定的,是做市商为市场提供流动性义务的具体体现。

现券交易单边报价则是交易成员向其他全体成员发送的、列明了交易价格和交易量的点击成交买价或卖价。所有市场成员都可以发送单边报价。单边报价可以是买价或卖价,也是实价,交易成员点击即可成交,但没有标的债券、存续时间、买卖价差的限定。

单边报价和双边报价都具备有效时间的设定功能。此外,市场成员可分别设定本方双边报价和单边报价的报价参数,包括报价最大显示券面总额、最小成交券面总额、最小成交变动单位等。

(2)限价报价。限价报价是指在现券交易时,交易成员发送的约定了交易价格、交易数量、交易方向等交易要素的指令,当有优于或等于该限价报价的双边报价或单边报价出现时,指令以双边报价或单边报价的价格成交。

限价报价中可指定报价有效时间,约定是否允许拆分。所有的限价报价按时间优先、价格优先的顺序在系统中排队成交。

在点击成交交易方式中,交易成员可点击合适的双边或单边报价,输入本方意愿成交量(小于或等于原双边报价或单边报价量;大于原双边或单边报价量的,以原双边或单边报价量成交),直接确认成交。

交易成员发送限价报价的,报价发出后在系统进行排队等待,双边报价或单边报价一旦满足限价报价，即可自动成交。不可拆分的限价报价只有当双边报价或单边报价的报价量大于限价报价时，才以双边报价或单边报价的价格、以限价报价的量成交；可拆分的限价报价，只要双边报价或单边报价的价格符合要求，即以双边报价或单边报价的价格、以双边报价或单边报价的报价量和限价报价的报价量中较小者成交。

点击成交流程包括报价方发送点击报价和受价方点击确认成交两个环节，报价一经点击即成交。

### （三）现券交易内部操作流程

按照我国金融机构内部业务管理惯例，从专业分工和风险内控角度，将业务操作流程划分为前中后台。前台主要涉及与外部接触的交易业务操作；中台主要涉及对前台交易业务的支持和管控；后台主要涉及清算、财务等后勤服务保障性工作。

现券交易业务的前中后台各自涉及的主要业务内容见表1—6：

**表1—6　　现券交易前中后台业务划分与操作流程**

| | |
|---|---|
| 前台操作 | 1. 交易前准备 |
| | 2. 交易询价 |
| | 3. 交易确认 |
| | 4. 交易录入 |
| | 5. 交易撤销和更改 |
| 中台操作 | 1. 交易监控 |
| | 2. 交易评估 |
| 后台操作 | 1. 交易清算 |
| | 2. 账务处理 |

前台业务流程主要包括：交易前准备、交易询价、交易确认、交易录入、交易撤销与变更等。各环节的具体内容如表1—7所示：

**表 1—7　　现券交易前台操作流程**

| | |
|---|---|
| 1. 交易前准备 | (1)根据交易账户的年度投资指引与风险限额等,确认每笔交易符合既定投资策略、可投资产品、期限、集中度、发行量等要求。 |
| | (2)确认每笔交易前后各项业务指标均处于既定风险限额内。 |
| | (3)确认每笔交易完成前,相关业务人员均已获得充分授权。 |
| 2. 交易询价 | (1)前台交易员通过网上、电话等询价方式与市场成员进行二级市场交易意向沟通,也可通过本币交易系统发送意向报价、双向报价和对话报价进行交易询价。 |
| | (2)买卖意向达成后,前台交易员可通过本币交易系统完成交易。意向报价和双向报价不可直接确认成交,受价方应答后转入对话报价进行询价,对话报价属于要约报价,经对手确认后可直接成交。 |
| 3. 交易确认 | 交易员完成交易,应及时对有关交易要素进行核对,确保交易的各项指标符合授信、授权、额度等人民银行以及交易成员自身设定的风险控制要求。 |
| 4. 交易录入 | 前台交易员在完成交易确认后,需要在本方交易管理系统输入交易要素。交易录入须在交易当日完成。交易管理系统是各家金融机构自行开发或购买的用于录入交易、监控头寸、计算风险值和盯市价值的交易与风险管理系统。 |
| 5. 交易撤销或更改 | 前台交易确认以后,交易双方如果想更改交易要素或是撤销交易,均须向交易中心发出书面申请,注明更改或撤销原因。如无特殊情况,交易双方必须在交易系统收市之前提交申请。交易中心收到交易双方各自申请以后,会帮助交易成员更改、撤销交易。 |

中后台业务流程主要涉及:交易监控、交易评估、交易清算、账务处理等环节。具体内容如表 1—8 所示:

**表 1—8　　现券交易中后台操作流程**

| | |
|---|---|
| 1. 中台交易监控 | (1)交易员授权情况;(2)风险指标及其变化、限额使用情况;(3)组合规模、久期、收益率、估值及其变化;(4)组合的发行人类型、期限、利率、会计分类、评级等结构;(5)债券买入、卖出情况;(6)特殊类型债券(含结构、定向私募、ABS/MBS);(7)遵守投资指引及其他监管制度的合规性;(8)收益率及信用评级变动;(9)市场重要消息及政策动向。 |

续表

| | |
|---|---|
| 2. 中台交易评估 | (1)公允价值评估(估值),价格与收益率评估监控。 |
| | (2)风险评估,风险指标监控,市场变动影响分析,交易行为合规性评估监控。 |
| 3. 后台清算结算 | (1)后台运营部门通过从前台交易管理系统接收的数据,对照交易单或买卖协议进行审核。如审核无误,后台则在交易清算交割当日通过中国人民银行大额实时支付系统,对需要支付的清算金额进行支付。后台必须对所有需要在该清算交割日进行收付的交易及时核销,确保所有的交易收付按时准确。 |
| | (2)在债券付息和到期日,后台需要在当日通过支付系统,对需要收付的金额进行确认。如有任何未能及时或者准确得到收付清算的利息,后台须立即展开调查,并与交易对手、前台交易员联系沟通,确保利息能够得到接收;如有损失,后台需进行追索或赔偿。 |
| 4. 后台账务处理 | 后台对经审核无误后的交易事项及时进行会计核算。账务处理应严格遵守金融工具会计准则,并与前台交易策略和意图以及中台估值和风险评估标准相统一。 |

## 二、债券回购与债券借贷业务操作规则

我国银行间货币市场包括同业拆借市场和回购市场,是金融机构之间进行短期资金融通和流动性管理的市场。同业拆借市场是指由各类金融机构相互间进行无担保短期资金借贷活动而形成的市场,是货币市场的重要组成部分。由于同业拆借业务不涉及债券,这里不予论述。

债券回购市场包括质押式回购市场和买断式回购市场。债券回购是指交易的一方将持有的债券卖出,并在未来约定的日期以约定价格买回的交易行为。债券回购业务可进一步分为质押式回购和买断式回购两种方式。

质押式回购市场是交易双方以债券为质押进行短期融资交易的市场,回购期间债券所有权不发生改变。债券质押式回购交易期限最短为1天,最长为365天,回购到期应按照合同约定金额返还回购项下的资金并解除质押关系,不得以任何方式展期。正回购方应在首期结算日提供足额质押债券,质押债券的折算比例应符合中国人民银行规定。

买断式回购市场是金融机构之间开展短期融资、融券活动的场所，回购期间债券所有权转移至逆回购方。同现券买卖业务一样，银行间债券市场债券买断式回购业务也实行净价交易、全价结算。

此外，还有一种以债券为基础的债券借贷业务，是对债券回购业务不可或缺的重要补充。债券借贷是指债券融入方以一定数量的债券为质物，从债券融出方借入标的债券，同时约定在未来某一日期归还所借入标的债券，并由债券融出方返还相应质物的债券融通行为。借贷债券的借贷期限由借贷双方协商确定，但最长不得超过 365 天。用作质物的债券在借贷期限内不能买卖，不能再用于质押。

2006 年 11 月 2 日，中国人民银行颁布《全国银行间债券市场债券借贷业务管理暂行规定》(中国人民银行公告〔2006〕第 15 号)，标志着债券借贷业务在银行间市场正式推出。我国债券借贷交易主要采取询价交易方式，按借贷期限可分为 1 天、7 天、14 天、21 天、1 个月、2 个月、3 个月、4 个月、6 个月、9 个月、1 年共 11 个统计品种，期限最长为 365 天。债券借贷的标的债券应为融出方自有的、可以在全国银行间债券市场交易流通的债券。债券融入方应向债券融出方提供足额的债券用于质押，允许使用单个或多个质押债券。

现将债券质押式回购、买断式回购以及债券借贷，这三种业务各自涉及的交易要素及其含义，以表格的形式解析，如表 1－9、表 1－10、表 1—11 所示：

**表 1—9　　债券质押式回购交易的主要交易要素与释义**

定义：质押式回购是交易双方进行的以债券为权利质押的一种短期资金融通业务，指资金融入方(正回购方)在将债券出质给资金融出方(逆回购方)融入资金的同时，双方约定在将来某一日期由正回购方按约定回购利率计算的资金额向逆回购方返还资金，逆回购方解除在出质债券上的质权的融资行为。

| 要素名称 | 要素释义 |
| --- | --- |
| 交易品种 | 交易系统定义的回购期限品种。具体品种包括：R001、R007、R014、R1M、R2M、R3M、R4M、R6M、R9M、R1Y。 |
| 回购方向 | 正回购(融入资金)或逆回购(融出资金)。 |

续表

| 要素名称 | 要素释义 |
| --- | --- |
| 交易对手 | 交易对手方成员简称，对手方交易员姓名。 |
| 报价与计息规则 | 附加利率（AOR）报价，名义年利率。日计数基准为“ACT/ACT”，即应计利息天数按当期的实际天数计算（算头不算尾），闰年2月29日计算利息，付息区间天数按实际天数计算（算头不算尾）（2007年修改规则）。 |
| 回购利率 | 报价和成交利率。以年利率形式表示的资金成本（或收益率）。 |
| 回购期限 | 交易双方约定的资金使用期限，质押式回购期限最短为1天，最长为365天，中国人民银行调整回购期限限制的，交易系统将相应做出调整。 |
| 质押债券 | 正回购方向逆回购方出质的债券，在成交单中以债券代码和债券简称标识。 |
| 券面总额 | 质押债券的总面额，单位为万元，最低为10万元，最小变动单位为10万元。 |
| 折算比例 | 每只质押债券可融入金额占质押债券券面总额的百分比。 |
| 交易金额（首次结算金额） | 融入/融出资金金额，单位为元。交易金额≤质押债券1券面总额×折算比例1＋质押债券2券面总额×折算比例2＋…＋质押债券N券面总额×折算比例N。 |
| 到期结算金额 | 到期日正回购方返回的金额，到期结算金额＝首次结算金额＋应计利息。单位为元，精确到分。 |
| 清算速度 | 成交日（T）与首次结算日之间的工作日天数（N），“T＋0”（成交日清算）或“T＋1”（成交日次日清算）。 |
| 首次结算日 | 办理债券质押登记和逆回购方将资金划至正回购方指定账户的日期，同时也是开始计息的日期，首次结算日＝成交日＋清算速度（遇到节假日顺延到下一个交易日）。 |
| 到期结算日 | 正回购方将资金划至逆回购方指定账户并解除债券质押关系的日期，到期结算日＝首次结算日＋回购期限（遇到节假日顺延至下一个交易日）。 |
| 实际占款天数 | 实际占款天数＝到期结算日－首次结算日。 |
| 应计利息 | 正回购方对融入资金支付的利息总额。单位为元，精确到分。应计利息＝交易金额×回购利率×实际占款天数/365。 |
| 结算方式 | 交易双方约定采用的资金支付和债券质押/解除质押方式。包括首次结算方式和到期结算方式；券款对付、见券付款、见款付券。 |

续表

| 要素名称 | 要素释义 |
| --- | --- |
| 账户信息 | 本方用于清算的资金账户和债券托管账户。 |
| 质押式回购成交单 | 成交日期、成交编号、交易双方机构信息、回购利率、回购期限、债券代码、债券名称、券面总额、折算比例、券面总额合计、交易金额、回购期限、应计利息、到期结算金额、首次结算方式、到期结算方式、首次结算日、到期结算日、实际占款天数、补充条款(若有)、交易品种、成交序列号、交易双方账户信息等。 |

资料来源:《全国银行间市场债券交易规则》(中国外汇交易中心,2010)、《中国银行间市场债券回购交易主协议文本》(中国银行间市场交易商协会,2013),经笔者整理。

**表 1—10　　债券买断式回购交易的主要交易要素与释义**

定义:债券买断式回购业务,是指债券持有人(正回购方)将债券卖给债券购买方(逆回购方)的同时,交易双方约定在未来某一日期,正回购方再以约定价格从逆回购方买回相等数量同种债券的交易行为。

| 要素名称 | 要素释义 |
| --- | --- |
| 交易品种 | 交易系统定义的期限品种;回购期限所属的统计区间。 |
| 交易对手 | 交易对手方成员简称;对手方交易员姓名。 |
| 回购期限 | 买断式回购期限最短为 1 天,最长为 91 天;交易双方可在此区间内决定期限;中国人民银行调整回购期限限制的,交易系统将做相应调整。 |
| 回购债券 | 买断式回购的标的债券,在成交单中以债券代码和债券简称标识。 |
| 报价与计息规则 | 净价交易报价,全价结算。日计数基准为“ACT/ACT”,即应计利息天数按当期的实际天数计算(算头不算尾),闰年 2 月 29 日计算利息,付息区间天数按实际天数计算(算头不算尾)。(2007 年修订)。 |
| 首次净价 | 正回购方向逆回购方卖出债券的净价,单位为元/百元面值。 |
| 到期净价 | 正回购方向逆回购方买回债券的净价,单位为元/百元面值。报价成交时提前锁定。 |
| 首次收益率 | 根据首次净价计算的卖出债券对应的到期收益率。 |
| 到期收益率 | 根据到期净价计算的回购债券对应的到期收益率。在买断式回购报价成交时提前锁定。 |

续表

| 要素名称 | 要素释义 |
|---|---|
| 回购利率 | 根据首次结算金额、到期结算金额和回购期限等要素计算的报价成交参考收益率（或资金成本），回购利率不可为负。回购收益率＝（到期结算金额/首期结算金额－1）×365/回购期限。 |
| 券面总额 | 交易债券的总面额，单位为万元。 |
| 交易金额 | 交易金额＝净价/100×券面总额×10 000，单位为元。 |
| 首次应计利息 | 上一付息日（或起息日）至首次结算日之间累计的按百元面值计算的债券发行人应付给债券持有人的利息，单位为元/每百元面值。 |
| 首次全价 | 首次全价＝首次净价＋首次应计利息单位为元/每百元面值。 |
| 到期应计利息 | 上一付息日（或起息日）至到期结算日之间累计的按百元面值计算的债券发行人应付给债券持有人的利息，单位为元/每百元面值。 |
| 到期全价 | 到期全价＝到期净价＋到期应付利息，单位为元/每百元面值。在买断式回购报价成交时即已锁定，到期净价加上债券在回购期间的新增应计利息应大于首次净价。 |
| 清算速度 | 成交日（T）与首次结算日之间的工作日天数（N），有“T＋0”和“T＋1”两种。 |
| 首次结算日 | 正回购方向逆回购方卖出债券且融入资金的日期，首次结算日＝成交日＋清算速度。 |
| 到期结算日 | 正回购方向逆回购方买回债券且归还融入资金的日期，到期结算日＝首次结算日＋回购期限（遇到节假日顺延至下一工作日）。 |
| 实际占款天数 | 首期结算日至到期结算日的实际资金占用天数（算头不算尾），最长不得超过 91 天。实际占款天数＝到期结算日－首次结算日。 |
| 首次应付利息总额 | 首次应计利息总额＝首次应计利息/100×券面总额×10 000，单位为元。 |
| 到期应付利息总额 | 到期应计利息总额＝到期应计利息/100×券面总额×10 000，单位为元。 |
| 首次结算金额 | 首次结算金额＝首次净价/100×券面总额×10 000＋首次应计利息总额，单位为元。 |
| 到期结算金额 | 到期结算金额＝到期净价/100×券面总额×10000＋到期应计利息总额，单位为元。 |
| 结算方式 | 交易双方约定采用的资金支付和债券交割方式，包括首次结算方式和到期结算方式，券款对付、见券付款、见款付券。 |

续表

| 要素名称 | 要素释义 |
| --- | --- |
| 账户信息 | 本方用于清算的资金账户和债券托管账户。 |
| 买断式回购成交单 | 成交日期、成交编号、交易双方机构信息、债券代码、债券名称、首次净价、到期净价、回购期限、券面总额、折算比例、交易金额、回购利率、回购期限、首次应计利息、到期应计利息、首次收益率、到期收益率、首次全价、到期全价、到期结算金额、首次结算方式、到期结算方式、首次结算日、到期结算日、实际占款天数、补充条款(若有)、保证金/券变动标识、交易双方账户信息、成交序列号、交易双方保证品信息等。 |

资料来源:《全国银行间债券市场债券买断式回购业务管理规定》(中国人民银行,2004)、《全国银行间市场债券交易规则》(中国外汇交易中心,2010)、《中国银行间市场债券回购交易主协议文本》(中国银行间市场交易商协会,2013),经笔者整理。

**表 1—11　　　　债券借贷的主要交易要素与释义**

定义:债券借贷是指债券融入方以一定数量的债券为质物,从债券融出方借入标的债券并向其支付债券借贷费用,同时约定在未来某一日期归还所借入标的债券,并由债券融出方解除在出质债券上的质权的债券融通行为。

| 要素名称 | 要素释义 |
| --- | --- |
| 交易品种 | 交易系统根据债券借贷期限归类形成的统计品种。 |
| 借贷方向 | 融入或融出。 |
| 交易对手 | 交易对手方成员简称,对手方交易员姓名。 |
| 报价与计息规则 | 利率/费率报价与计息。日计数基准为“ACT/ACT”,即应计利息天数按当期的实际天数计算(算头不算尾),闰年 2 月 29 日计算利息,付息区间天数按实际天数计算(算头不算尾)(2007 年修订)。 |
| 借贷费率 | 以年利率形式表示的债券借贷成本,债券借贷交易以借贷费率报价。 |
| 借贷期限 | 交易双方约定的债券借贷期限。借贷期限最短为 1 天,最长为 365 天。中国人民银行调整借贷期限限制的,交易系统将相应做出调整。 |
| 标的债券 | 债券融出方向债券融入方借出的债券,成交单中以债券代码和债券简称标识。 |
| 券面总额 | 借贷债券的总面额,单位为万元。 |
| 借贷费用 | 到期时债券融入方向融出方支付的费用,借贷费用=借贷费率×券面总额×10 000×实际占券天数/365。单位为元。 |

续表

| 要素名称 | 要素释义 |
| --- | --- |
| 质押债券 | 债券融入方出质给债券融出方以担保其到期归还标的债券的债券。 |
| 清算速度 | 成交日(T)与首次结算日之间的工作日天数(N),有“T+0”和“T+1”两种。 |
| 首次结算日 | 标的债券从债券融出方向债券融入方过户、质押债券登记的日期。首次结算日=成交日+清算速度。 |
| 到期结算日 | 标的债券从债券融入方向债券融出方过户、债券融入方向债券融出方支付借贷费用且质押债券解押的日期。到期结算日=首次结算日+借贷期限(遇到节假日顺延至下一个工作日)。 |
| 实际占券天数 | 债券融入方实际持有标的债券天数。实际占券天数=到期结算日-首次结算日。 |
| 首次结算方式 | 券券对付。 |
| 到期结算方式 | 返券付款解券、券券对付或券费对付。 |
| 账户信息 | 本方用于清算的资金账户和债券托管账户。 |
| 债券借贷成交单 | 成交日期、成交编号、交易双方信息、标的债券代码、标的债券名称、标的债券券面总额、借贷期限、借贷费率、借贷费用、争议解决方式、补充条款(若有)、首次结算日、到期结算日、首次结算方式、到期结算方式、交易品种、付息信息、质押品明细、交易双方账户信息、成交序列号等。 |

资料来源:《全国银行间债券市场债券借贷业务管理暂行规定》(中国人民银行,2006)、《全国银行间市场债券交易规则》(中国外汇交易中心,2010),经笔者整理。

债券质押式回购、买断式回购交易以及债券借贷交易均采用询价交易方式。交易成员可发出意向报价、双向报价和对话报价。意向报价和双向报价不可直接确认成交,受价方应答后可转入对话报价进行询价;对话报价属于要约报价,经对手方确认即可成交。

交易成员通过格式化询价就交易要素达成一致后可向本币交易系统提交确认成交的请求。请求确认成交的交易符合人民银行风险管理要求及交易成员自身设定的风险控制额度的,本币交易系统予以确认成交并生成成交单。交易双方根据成交单进行资金清算和债券交割,成交单对交易双方具有法律约束力,交易双方不得擅自变更或者解除。

债券回购业务和债券借贷业务的前中后台操作流程与现券业务类

似，不再赘述。

此外，与债券相关的大量复杂的衍生品交易业务，如债券远期、远期利率协议、国债期货、利率互换、利率期权、信用风险缓释工具等，限于本书研究范围，从略。

# 第二章　债券估值定价与收益风险计量分析

本章探讨债券投资实务操作中最需要熟悉理解的基本知识点，包括：债券是如何定价和估值的？利率/收益率为什么会不时变动？为什么会存在利差？收益率曲线(利率期限结构)和利差曲线(信用利差结构)意味着什么？基点价值、久期和凸性等债券风险参数对债券投资交易有什么影响？等等。

我们将债券投资分析的逻辑思路与次序步骤归纳为“四看，三做”：

四看：

一看报价。交易报价中的收益率和净价是怎么产生的？

二看收益。查看票面利率、当期收益率(及其他收益率)、到期收益率、有效收益率及之间关系。

三看利差。到期收益率与基准利率之基准利差；不同期限之期限利差，收益率曲线；到期收益率与货币市场(回购或 SHIBOR)之跨市利差，息差交易策略；不同信用等级之信用利差；税收差异之税收利差。监管资本规则下的资本占用不同之监管利差。

四看弹性。价格对利率敏感度。利率历史波动率、久期、PV01、凸度。

三做：

一做预期。最难，基本靠猜测。大胆设想，小心求证。利率分析要素与分析框架(泰勒规则)。未来利率曲线变动预期(不变、平移、扭转、弯曲)；理论即期利率、隐含远期利率、未来预测利率及之间关系。

二做推算。“多算胜，少算不胜，而况无算乎”。综合以上所有因素，预先设定投资期限进行持有期量化分析，情景分析模拟测算，计算持有期收益(HPR)和总收益(TR)。

三做决策。交易策略设计(票息策略、价差策略、对冲策略)。按照风险偏好和承受度、判断自信度、公司风控标准、投资期限约束、投资交易策略,选择性价比最高的投资标的进行投资交易。

作为债券交易分析逻辑第一步:看报价。交易报价中的收益率和净价是怎么产生的?理解这个问题是做债券投资交易的起点,也是算清债券投资这本账的关键之所在。

债券交易报价要素包括以下几个组件:报价收益率或净价。

交易场景设置:2018 年 2 月 22 日,是 2018 年中国农历春节假期后正式上班的第一天,银行间市场开市交易。让我们设想某金融机构的债券交易员,根据事先拟定的年度债券投资组合策略与配置方案,需要在今天选择并配置一部分不同类别的债券头寸。拟配置的大类债券品种包括:

(1)超短期(6 个月)的银行同业存单。采取票息策略(Carry Trade)。拟持有至到期,以赚取息差为目的。

(2)中期(5 年)国债。采取票息收益与价差收益并重的投资策略,进可攻退可守。根据市场变化情况,灵活选择继续持有还是适时获利了结。

(3)长期(10 年)政策性金融债。采取择时交易策略,通过对未来中长端利率的有效预测判断,赚取由于价格中短期波动带来的价差收益,即资本利得(或资本损失)。

## 第一节　贴现债券的定价与收益率计量(单利规则)

货币市场(1 年及以内)与债券市场(1 年以上)存在诸多差异,如计息规则、定价与收益率计算规则等。与中长期债券定价和收益率计算普遍遵循复利规则不同,1 年及以内期限的货币市场工具的定价和收益率(或贴现率)遵循单利规则。本节主要介绍针对货币市场工具的定价与收益率(贴现率)计算规则。

## 一、贴现债券的定价与收益率计量规则

我们先从最简单(其实并不简单)的短期银行同业存单(NCD)开始分析。通过交易金融终端的债券筛选功能,输入以下筛选条件:(1)基准日:2018年2月22日;(2)AAA级信用等级(同业存单只有发行主体评级,没有债项评级);(3)剩余期限在6个月左右[0.49Y≤T(6M)≤0.51Y]。筛选的结果:共有83只NCD入选。主要描述性统计指标如表2—1所示:

**表2—1　描述性统计指标**

筛选基准日:2018/2/22

筛选标准:NCD+AAA+6M

| 统计值 | 发行总额(亿元) | 债券期限(年) | 待偿年限(年) | 发行收益率(%) | 现行收益率(%) | 净价 | 应计利息 | 全价 |
|---|---|---|---|---|---|---|---|---|
| 总和 | 490.000 0 | | | | | | | |
| 算术平均 | 5.903 6 | 0.893 6 | 0.496 6 | 4.791 5 | 4.867 6 | 95.936 5 | 1.732 0 | 97.668 5 |
| 中位数 | 3.200 0 | 1.000 0 | 0.495 9 | 4.800 0 | 4.870 0 | 95.402 9 | 2.237 7 | 97.642 0 |
| 加权平均 | 13.138 7 | 0.946 2 | 0.497 1 | 4.761 4 | 4.860 8 | 95.689 7 | 1.975 3 | 97.665 0 |
| 最大 | 40.500 0 | 2.000 0 | 0.509 6 | 5.050 0 | 4.971 5 | 99.962 7 | 2.321 5 | 100.003 6 |
| 最小 | 0.200 0 | 0.495 9 | 0.490 4 | 2.944 0 | 4.752 3 | 95.284 2 | 0.000 0 | 97.552 1 |
| 标准差 | 6.575 2 | 0.204 5 | 0.004 4 | 0.252 0 | 0.057 9 | 0.854 3 | 0.737 8 | 0.261 8 |
| 方差 | 43.233 8 | 0.041 8 | 0.000 0 | 0.063 5 | 0.003 4 | 0.729 8 | 0.544 4 | 0.068 5 |

资料来源:中国债券信息网(中债估值),Wind资讯,经笔者整理。

从筛选结果的统计结果来看,在交易日(2018年2月22日),剩余期限在6个月左右的AAA级同业存单(NCD/AAA+6M)的市场利率(到期收益率)加权平均值约为4.86%。

我们再缩小范围并从中挑选出以下两只感兴趣的存单:

(1)现行收益率最高+净价最低:"17华融湘江银行CD097"(证券代码:111783592.IB);

(2)票面利率最高+全价最低:"17哈尔滨银行CD232"(证券代码:111789691.IB)。

现在我们面临着两难选择，应该选择买入现行收益率高还是票面利率高？更让人困惑的是，如果按照价格折价率最高的选择标准，两只存单各占其一。要有效解决这个看似两难选择的问题，就需要我们深刻理解关于债券交易的第一个基本问题：如何看报价，以及价格、收益率与票面利率之间的逻辑关系。

同业存单（大部分期限少于1年，且采用贴现式发行）虽然归类为货币市场工具，但在我国实务交易中，往往是以追加利率AOR（参考收益率）而不是贴现利率（DR）进行报价交易的。所谓追加利率，是指利息部分额外叠加至本金部分，做的是加法。实务中普遍采用追加利率。而贴现利率则是指利息已包含在原有本金之内，做的是减法。其中的关键差异，就是计算利率的分母基数不同，追加利率分母基数为期初本金，贴现利率分母基数为期末面值（本利和）。

我们也可以形象直观地理解其中的异同，即追加利率采用期末付息，因此，实际占用的本金为期初值；而贴现利率采用期初付息，因此，实际占用的本金为期末值扣减提前支付的利息，实务中形象地称之为“收益前置”。

根据最新修正的同业存单收益率（追加利率）计算规则[《关于调整同业存单参考收益率计算方式的通知》（银行间同业拆借中心，2015）]，同业存单根据付息特征和期限长短，适用不同的计算规则。归纳起来核心规则有以下几点：

（1）对1年（含）以内期限同业存单的收益率计算按单利规则，对1年以上期限同业存单的收益率计算按复利规则；

（2）贴现率（票面利率）的计日规则采用货币市场国际惯例“ACT/360”标准；

（3）参考收益率的计日规则采用中国银行间市场债券交易惯例“ACT/ACT”标准。

我国对贴现式货币市场工具仍按贴现率报价交易的代表性品种为商业票据，包括银票和商票，在上海票据交易所集中交易。遵循惯例，除非特别说明，收益率一般是指到期收益率（YTM）。贴现利率严格按照贴现式债券规定的计息规则（ACT/360）计算。但为了与标准债券的计息规则（ACT/ACT）相统一，方便交易时比较判断，对贴现率进行转换计算，得出的等价收益率称之为“参考收益率”。

接下来，剖析同业存单的发行收益率和发行价格的确定过程。发行方选择首先确定 CD 的发行期限等要素，通过招投标平台，选择利率招标或价格招标方式进行。最终确定中标利率（参考收益率）和发行价格。参考收益率一般参照当时同期市场利率决定。

根据单利规则下的现值（$P$）与终值（$M$）之间的关系，可得贴现式同业存单的定价公式：

$$M=P\times\left[1+y\times\frac{\mathrm{D}(T)}{\mathrm{D}(Y)}\right]$$

经整理可得：

$$P=\frac{M}{1+y\times\mathrm{D}(T)/\mathrm{D}(Y)}$$

其中：$P$：发行价格或交易价格；

$M$：贴现式存单的单位面值（100 元）；

$y$：参考收益率，即到期收益率（单利年化）；

$D(T)$：从起息日或结算日至预计兑付日（即剩余期限）的实际天数（算头不算尾）。

$D(Y)$：从起息日或结算日开始到下一年同一日的实际天数（算头不算尾）。正常年份实际天数为 365 天，闰年加 1 天（2 月 29 日）为 366 天。

$D(T)/D(Y)$：表示以年为单位（年化）的剩余期限。

对上述公式进行调整，可得贴现式同业存单的参考收益率计算公式：

$$y=\frac{(M-P)}{P}\times\frac{\mathrm{D}(Y)}{\mathrm{D}(T)}$$

注意，$(M-P)/P$，分母为发行价格或初始投资本金，得出期间收益率。如果采用贴现率表示，则为 $(M-P)/M$，分母为到期日面值。

D(Y)/D(T)表示年计息次数(年计息频率)。期间收益率乘以年计息次数即为年化的收益率(y)。

发行价格和参考收益率一经确定,就可以在此基础上计算并确定贴现式存单的票面利率或初始贴现率。作为贴现式债券,理解并正确运用贴现率是非常有价值的。

假如贴现率与收益率的计息日规则相同,比如都采用 ACT/360 或者 ACT/ACT,那么,两者之间的关系就非常简单明确。因为,根据贴现率的定价公式如下:

$$P=M\times\left[1-\left(d\times\frac{D(T)}{D(Y)}\right)\right]$$

经调整可得,贴现率的计算公式:

$$d=\frac{(M-P)}{M}\times\frac{D(Y)}{D(T)}$$

因此,收益率与贴现率之间的转换关系如下:

$$d=\frac{y}{M/P}=\frac{y}{1+y\times[D(T)/D(Y)]}$$

但如果两者之间分别采用不同的计息日规则(贴现式存单实务操作中就是如此),例如贴现率采用货币市场惯例"ACT/360",而收益率则采用银行间债券市场惯例"ACT/ACT",则两者之间的转换关系就复杂得多,在实务中经常被误用。为简化表述,令 $D(Y)=365$(闰年为 366),表示在收益率计息日规则下 1 年的基础天数;$D(Y')=360$,表示在贴现率计息日规则下 1 年的基础天数。两者之间的转换关系修正如下:(数学推导参见本章附录)

$$d=\frac{y}{365/360+y\times D(T)/360}=\frac{360\times y}{365+y\times D(T)}$$

分析到这里,我们能感觉到就是最简单的贴现债券其实也不简单了吧。事实上,贴现债券应该用贴现率计算和报价交易最符合逻辑(后文会进一步说明),但为了保证交易利率的可比性,便于分析决策,考虑到到期收益率与贴现率的计息日规则存在差异等因素,所以将与报价价格相对应的到期收益率称之为“参考收益率”，仅作为交易报价参考之用。

根据上述分析，同业存单的收益率（或贴现率）、价格、剩余期限，这三者之间存在对应关系，知道了其中的两个，第三个变量就被锁定。那么，在贴现式存单实际运作当中，到底谁是决定性因素呢？答案是：先定收益率，后定发行价格。这也是债券等固定收益类产品的主要特征之一。也就是说，在债券定价或估值过程中，利率或收益率（贴现率）是决定性因素。具体而言，在存单发行阶段，发行方先决定产品期限，然后发行方和投标竞购方根据发行时刻市场上与该存单具有类似期限和信用等级的市场利率作为参考基准，在此基础上决定（折价）发行价格。

## 二、贴现债券定价与收益率实例解析

让我们演示实际应用。实例中的两只同业存单的发行基本信息如下：

**表 2—2　　贴现式同业存单发行定价基本要素**

| 证券简称 | 起息日期 | 到期日期 | 债券期限（天） | 息票品种 | 计息基准 | 发行价格 | 发行参考收益率% | 发行贴现率/票面利率% |
|---|---|---|---|---|---|---|---|---|
| 111789691. IB | 2017—11—27 | 2018—08—27 | 273 | 贴现 | A/360 | 96.360 4 | 5.050 0 | 4.799 5 |
| 111783592. IB | 2017—08—24 | 2018—08—24 | 365 | 贴现 | A/360 | 95.419 8 | 4.800 1 | 4.517 5 |

注：Wind 数据库将发行参考收益率作为发行票面利率，没有提供发行贴现率（票面利率）的相关数据，数据为笔者所加。

资料来源：中国债券信息网（中债登）Wind 资讯。

以“17 哈尔滨银行 CD232（111789691. IB）”为例，发行起息日为 2017 年 11 月 27 日，到期日为 2018 年 8 月 27 日；初始期限 D($T$)为 273 天（9M）；采取利率招标方式发行，发行参考收益率 $y$ 为 5.05%，反映当时的市场利率；发行价格为 96.360 4（元/百元面值）；发行贴现率（票面利率）为 4.7995%。计算验证如下：

1 年基础天数 D($Y$)＝DAYS("2019/2/22","2018/2/22")＝365（天）

DAYS（终止日，起始日），为 EXCEL 函数，可计算从起始日至终止日之间的实际天数。

$$发行价格\ P_0=\frac{100}{1+5.05\%\times 273/365}=96.3604(元/百元面值)$$

我们再补充计算贴现率参数。由于贴现率计息规则(A/360)与参考收益率计息规则(A/A)不一致,在计算发行贴现率时需要进行修正调整。

$$发行贴现率\ d=\frac{5.05\%}{365/360+5.05\%\times 273/360}=4.7995\%$$

发行贴现率(即票面利率,分母为面值)为 4.799 5%。Wind 数据将发行参考收益率 5.05%当成是票面利率,反映在"发行票面利率"栏下,而真实的贴现率数据没有提供,容易造成误解而误用。

至此,我们已回溯至发行环节,弄清楚了贴现式存单的发行定价逻辑。现在,让我们回到交易基准日(2018 年 2 月 22 日),看看其中的变化情况。

**表 2—3　　贴现式同业存单交易报价要素**

交易基准日:2018/2/22

| 证券代码 | 债券期限(天) | 待偿期限(天) | 收益率(%) | 净价 | 应计利息 | 全价 |
|---|---|---|---|---|---|---|
| 111789691. IB | 273 | 186 | 4.924 2 | 96.392 3 | 1.159 9 | 97.552 1 |
| 111783592. IB | 365 | 183 | 4.971 5 | 95.284 2 | 2.283 8 | 97.568 1 |

资料来源:中国债券信息网(中债登)Wind 资讯。

同样以"17 哈尔滨银行 CD232(111789691. IB)"为例,随着时间的流逝,在交易日(2018 年 2 月 22 日),该存单距离到期日的剩余期限(又称待偿期限)已从初始的 273 天(9M)缩短至 186 天,已过计息天数为 87 天;当日交易报价的收益率为 4.924 2%;报价净价为 96.392 3;应计利息 1.159 9;全价为 97.552 1。以上均为百元面值百分比数。让我们逐一验证一下这些报价数据的计算过程。

### (一)应计利息

先看应计利息($AI$)。从交易角度理解,应计利息的经济含义是,卖方在持有债券期间由于时间价值所应得的利息收益,但由于在交易时刻尚未实际兑付，买方在之后实际兑付时将获得全部的利息收益，因此需要买方在交易时给予补偿（或者说是提前支付）。

作为交易员，大家可能觉得困惑，既然是贴现债券，就没有任何实际利息支付，哪来的利息收入和应计利息？从投资角度理解，假设持有至到期，购买零息或贴现债券的实际获利来源是在最后兑付面值时的一次性价差收益。这种理解思路无疑是正确的。

但我们也可以从另一种角度和逻辑来看待该问题。假设你有另外一种等价的替代选择，即存在另一只到期收益率相同的附息债券（到期一次性付息，利随本清），再假设你在两只债券上投入相同金额的初始本金，并持有至到期。既然实际利率（投资回报率）相同，那么这两项投资对你而言经济结果应该是无差异的或者说是等价的。那么问题就来了，投资贴现债，你获得了价差收益；而投资附息债券，你获得了利息收益。同样的开始和结果，却产生了完全不同的盈利来源表现形式。这在会计上、在税务上，甚至在经济学上，都产生了逻辑的不一致性，因此需要统一口径。

有鉴于此，会计学从“实质重于形式”的基本原则出发，认为只要是仅仅由于时间因素（其他因素不变）导致的利益（纯时间价值），就应该认定为利息收入。进而言之，凡是由于实际利率[或者“内含收益率”（IRR），或者“到期收益率”（YTM）]变化所导致的利得，均应界定为资本利得（或损失）。税务实践也基本上遵循了上述会计规则。

会计规则对利息问题的界定逻辑无疑更加科学合理。但同时也带来了技术处理上的复杂性，比如对利息收入的确认就不能仅看票面利息收入，还必须综合考虑所谓的时间价值，导致需要处理诸如溢折价摊销等复杂的技术问题。

需要提醒注意的是，贴现债券的应计利息与附息债券的应计利息（后文会详细解析）表达的口径其实是不同的，极容易混淆。大家知道，附息债券的应计利息是指在本付息期内已累积但尚未支付的票面利息，不包含溢折价摊销。但对于贴现债券，应计利息实际上反映的却是溢折价的摊销，并将其当成利息。这方面的问题我们留待下文再仔细探究。

贴现债券的应计利息的三种算法的计算公式如下：

$$AI=(M-P_0)\times\frac{D(t)}{D(T)}$$

$$=M\times d\times\frac{D(t)}{D(Y')=360}$$

$$=P_0\times y\times\frac{D(t)}{D(Y)=365\text{ 或 }366}$$

其中：$P_0$ 为初始发行价格；D($t$)为已过计息天数，即从起息日至交易日实际已过天数；D($T$)为初始剩余期限；$d$ 和 $y$ 分别为发行时确定的贴现率(票面利率)和参考收益率(到期收益率)；D($Y$)＝365 或 366，为参考收益率计息规则规定的 1 年的基础天数；$D(Y')=360$，为贴现债券计息规则规定的 1 年的基础天数。

应计利息的三种算法：一是“直线摊销法”，二是“贴现率法”，三是“收益率法”。只要使用正确，三种算法得出的应计利息结果应该是一致的。

回到案例中来，“17 哈尔滨银行 CD232(111789691. IB)”截止至交易日的应计利息为：

计息天数 $D(t)=DAYS(''2018/2/22'',''2017/11/27'')=273-186=87$(天)

按贴现率计算的应计利息 $AI(d)=100\times4.7995\%\times87/360=1.1599$

按收益率计算的应计利息 $AI(y)=96.3604\times5.05\%\times87/365=1.1599$

按时间线性摊销计算的应计利息 $AI(t/T)=(100-96.3604)\times87/273=1.1599$

注意，按贴现率计算和按收益率计算应计利息的年基础天数是不同的，分别为 360 天和 365 天，非常容易搞错。实例验证了以上三种算法得出的应计利息的结果是一致的。

**(二)全价与净价**

分析完应计利息后，接下来分析全价和净价。在债券市场，我国遵照美国等国际惯例，采用“净价交易，全价结算”的交易规则。净价($p$)与全价($P$)之间的关系如下：

$$全价(P)=净价(p)+应计利息(AI)$$

首先说明一下，我们之前讨论的债券定价公式和收益率计算公式中的价格都是指全价。之所以在理论和实践中要将债券全价进一步剥离拆分成净价和应计利息，最主要的原因实际上已经在阐述应计利息背后的逻辑时已经解释过了。如果不同债券之间的到期收益率相同，但由于累积的应计利息不同，从而造成全价不同，投资者就难以根据全价来做判断选择。再次强调一遍，债券的收益率才是真正的内含的“价格”！另一个原因是，从交易角度来看，即使收益率维持不变，全价由于应计利息的不断累积，价格不断抬升，等到实际兑付票息后，价格又产生跳跃式下降，这些不连续点容易造成观察和分析的困难。但净价由于剥离了应计利息因素，其价格曲线光滑平整，易于观察和分析判断。

回到案例中来，“17 哈尔滨银行 CD232(111789691. IB)”在交易日的全价和净价分别为：

$$
\begin{aligned}
(全价)P &= \frac{M}{1+y\times \mathrm{D}(T)/\mathrm{D}(Y)} = \frac{100}{1+4.924\ 2\%\times(186/365)} \\
&= 97.552\ 1 \\
(净价)p &= 全价\ P-应计利息\ AI \\
&= 97.552\ 1-1.159\ 9=96.392\ 3(尾差四舍五入)
\end{aligned}
$$

可以发现，随着时间的流逝(过去 87 天)，该贴现存单的报价收益率和价格均发生变化。造成全价变化的原因有两个：一是收益率随市场利率变化而发生变化(从初始的 5.05%变为现在的 4.924 2%)；二是随着时间的流逝，剩余期限缩短了(从初始的 273 天变为 186 天)。那么，造成净价变化的原因是什么呢？在初始发行日，净价等于全价(发行价)，因为还没有应计利息。但随着时间的推移，由于净价不包含时间价值因素，因此，造成净价变动的原因只能是收益率的变动所造成的。

假设我们在发行日按照发行价格买入该贴现存单并持有至交易日，

那么，由于收益率变动产生的价差收益（资本利得）为：

价差收益＝交易日净价－初始发行价

＝96.392 3－96.360 4＝0.031 8（尾差）

这里引入一个非常重要的概念——持有价值（Carrying Value），即假设仍维持初始利率不变，在交易日的交易价格，该价格基于到期面值按剩余期限进行单利贴现获得。我们假设基于发行收益率和发行贴现率固定不变，分别计算持有价值：

基于发行收益率计算的持有价值 $CV$ ＝到期面值/（1＋发行收益率×剩余期限/365）

＝100/（1＋5.05%×186/365）＝97.491 1

基于发行贴现率计算的持有价值 $CV$ ＝到期面值×（1－发行贴现率×剩余期限/360）

＝100×（1－4.799 5%×186/360）＝97.520 3

现在问题来了，两种算法的结果为什么会不一样呢?！到底哪一个是正确的？答案是：基于发行贴现率计算的持有价值才是正确的答案。其背后的逻辑是，要想维持初始贴现率不变，随着时间的流逝，其等价的收益率却不是固定不变而是需要修正调整的。笔者称之为“收益率漂移”，遵循的逻辑就是之前介绍过的基于剩余期限的收益率与贴现率的转换关系公式。从该公式可以看出，在贴现率（$d$）锁定的情形下，随着剩余期限D（$T$）的缩短，与之等价的收益率将逐渐变小。因此，上述基于发行收益率计算的持有价值不正确。贴现率与收益率之间的转换关系如图 2－1、图 2－2 所示。

从图 2－1、图 2－2 可以看出，由于分母基数的不同，贴现率要大于收益率。但随着剩余期限的缩短，等价收益率逐级下调，逐渐趋向贴现率。如果贴现率和收益率的计息日规则相同（实务不是这样），最终两者将趋于一致。弄清楚了这一点，我们就能发现，交易日与发行日之间的收益率利差（－0.125 73%），其实并非全部归因于市场利率变动而导致的，其中部分收益率变动（锁定贴现率）是随着时间变动而自然向下调整修正

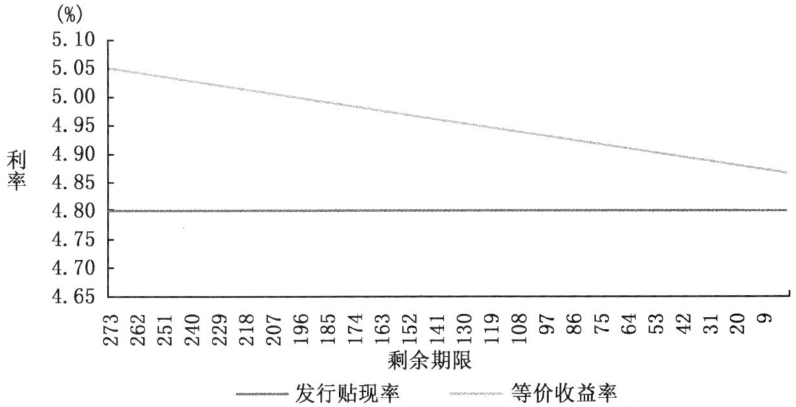


**图 2—1　收益率与贴现率转换关系**

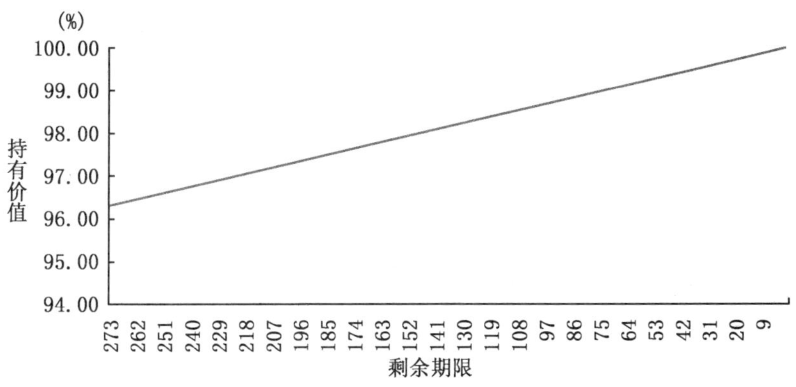


**图 2—2　持有价值随剩余期限缩短逐渐趋近面值**

的，这部分等价修正利差为(－0.060 06％)，因此，真正属于市场利率变动的收益率利差为(－0.065 67％)。贴现债券用收益率来分析真的令人晕头转向，还好我们拥有持有价值这一有力的分析工具。

持有价值反映在初始利率(贴现率)不变的情况下，本息累积的价值。因此，将交易日的持有价值减去发行价格，就是应计利息。由于在交易日的全价和持有价值均包含在同样规则下计算出来的应计利息，因此，全价减去持有价值，就是由于利率(收益率)变动产生的价格差异，即价差收益

(资本利得)。因此,实例中按持有价值计算的应计利息和价差收益如下:

应计利息 AI =交易日持有价值－发行价格

=97.520 3－96.360 4=1.159 9

价差收益=交易日全价－交易日持有价值

=97.552 1－97.520 3=0.031 8

可以发现,应计利息和价差收益的计算结果与之前用另一种算法计算的结果完全相同。值得一提的是,持有价值在会计处理中非常重要,在后面解析债券溢折价摊销和摊余成本时会讲到,摊余成本的本质其实就是这里介绍的持有价值。

至此,我们对贴现式存单的报价(价格与收益率/贴现率)逻辑基本分析完毕,还留下最后一个问题有待回答。在实例中,如果在交易日需要买入贴现式存单,如果从利率角度挑选,是选择票面利率(发行贴现率)还是现行收益率最高?如果从价格角度挑选,是选择净价折价还是全价折价最高?

答案非常简单:如果打算买入并持有到期,就应该挑选现行收益率最高的标的。票面利率以及初始贴现率只是决定了发行时刻的收益率,而你买入时的现行收益率才是你真正能获得的收益率。因此,实例中假设其他因素(如真实信用违约风险、可获得性等)相同,我们应该选择现行收益率较高的“17 华融湘江银行 CD097”(现行收益率为 4.971 5%),而不是“17 哈尔滨银行 CD232”(4.924 2%)。

全价折价率的高低,除受现行收益率影响外,还受剩余期限因素的影响。如果剩余期限相同,则按照全价与按现行收益率判断标准所做出的选择应该是等价的。本例中之所以产生按收益率与按全价判断结果出现差异,主要是由于两只存单的剩余期限的差异(差 3 天)所造成的。净价对标的是发行价格,如果交易日的真实贴现率等于发行贴现率,净价就等于发行价格,否则就会出现溢折价情况。但由于之前分析过的收益率漂移因素,净价与现行收益率之间的逻辑关系不够简明,因此,笔者认为,与分析标准的附息债券不同,净价对于贴现债券决策分析价值不大,最终还是要以收益率（或全价）作为判断依据。

当然，如果你不打算持有至到期，那么决策的标准就复杂得多，除了要考虑现行收益率外，还必须综合考虑持有期限、债券剩余期限、出售日的预期收益率等因素。这些问题我们将在后续章节中进一步解析。

## 第二节 附息债券的定价与收益率（复利规则）

前文解析了单利规则下的贴现债券的定价与收益率背后的逻辑，要点在于单利规则下的贴现率与收益率之间的转换关系，其中由于两者采用不同的计息日规则，造成理解和应用过程中的困难。现在我们进入更加标准化的附息债券的定价与收益率产生过程，解析报价环节的逻辑思路，为交易和财务处理奠定基础。在某些方面，标准的附息债券比贴现债券更好理解，比如，利息是附加的，即采用追加利率；银行间债券市场计息规则统一为“ACT/ACT”（注：我国交易所债券交易的计息规则仍采用“ACT/365”，造成同一只债券在两市同时交易，但产生的到期收益率和应计利息可能存在差异）。

### 一、标的券的筛选与基本信息

回到我们之前设定的交易场景。根据年初制定的债券配置计划，我们已经完成了第一类资产[超短期（6 个月）的银行同业存单]的配置。接下来我们继续完成剩下的两类资产配置：中期（5 年左右）利率债（票息收益与价差收益并重策略）；长期（10 年左右）利率债（择时交易策略）。利率债包括国债、央票、地方政府债、政策性金融债等券种，市场约定俗成认为利率债由国家担保（或隐性担保），因此无信用风险。为便于阐述，我们挑选其中最具代表性的国债和国开债这两个券种进行实例解析。

首先，进行 5 年期利率债选择。为使分析的标的券更具实战性，这里分别针对国债和国开债，从交易活跃程度角度，挑选新券/活跃券和老券/非活跃券各 1 只作为对比分析。通过 Wind 终端进行查询筛选得到的 4

只标的券(国债、国开债各 2 只,一老一新)结果如表 2—3 所示:

**表 2—3　　5Y 国债、国开债标的券基本信息**

基准日:2018/2/22

| 证券简称 | 08 国债 02 | 18 附息国债 01 | 16 国开 07 | 17 国开 12 |
| --- | --- | --- | --- | --- |
| 证券代码 | 080002. IB | 180001. IB | 160207. IB | 170212. IB |
| 交易特征 | 老券/非活跃 | 新券/活跃 | 老券/非活跃 | 新券/活跃 |
| 债券期限(年) | 15.000 0 | 5.000 0 | 7.000 0 | 5.000 0 |
| 待偿年限(年) | 5.016 3 | 4.904 1 | 5.008 2 | 4.712 3 |
| 起息日期 | 2008-02-28 | 2018-01-18 | 2016-02-25 | 2017-11-09 |
| 到期日期 | 2023-02-28 | 2023-01-18 | 2023-02-25 | 2022-11-09 |
| 利率类型 | 固定利率 | 固定利率 | 固定利率 | 固定利率 |
| 票面利率% | 4.160 0 | 3.810 0 | 3.240 0 | 4.440 0 |
| 计息基准 | ACT/ACT | ACT/ACT | ACT/ACT | ACT/ACT |
| 息票品种 | 附息 | 附息 | 附息 | 附息 |
| 每年付息次数 | 2 | 1 | 1 | 1 |
| 到期收益率(%) | 3.818 7 | 3.810 0 | 4.943 6 | 4.857 3 |
| 净价 | 101.544 0 | 99.993 7 | 92.601 5 | 98.257 6 |
| 全价 | 103.556 1 | 100.359 0 | 95.814 8 | 99.534 9 |
| 应计利息 | 2.012 2 | 0.365 3 | 3.213 4 | 1.277 3 |
| 日终应计利息 | 2.023 5 | 0.375 8 | 3.222 2 | 1.289 4 |
| 日终估价全价 | 103.567 4 | 100.369 4 | 95.823 7 | 99.547 0 |

资料来源:中国债券信息网(中债估值)、Wind 资讯。经笔者整理。

按照同样的思路和方法,筛选得到的 4 只 10 年期标的券(同样是国债、国开债各 2 只,一老一新)基本信息如表 2—4 所示:

**表 2—4　　10Y 国债、国开债标的券基本信息**

基准日:2018/2/22

| 证券简称 | 08 国债 13 | 18 附息国债 04 | 08 国开 09 | 18 国开 05 |
| --- | --- | --- | --- | --- |
| 证券代码 | 080013. IB | 180004. IB | 080209. IB | 180205. IB |
| 交易特征 | 老券/非活跃 | 新券/活跃 | 老券/非活跃 | 新券/活跃 |

续表

| 证券简称 | 08 国债 13 | 18 附息国债 04 | 08 国开 09 | 18 国开 05 |
|---|---|---|---|---|
| 债券期限(年) | 20.000 0 | 10.000 0 | 20.000 0 | 10.000 0 |
| 待偿年限(年) | 10.469 6 | 9.942 0 | 10.296 7 | 9.964 4 |
| 起息日期 | 2008-08-11 | 2018-02-01 | 2008-06-10 | 2018-02-09 |
| 到期日期 | 2028-08-11 | 2028-02-01 | 2028-06-10 | 2028-02-09 |
| 利率类型 | 固定利率 | 固定利率 | 固定利率 | 固定利率 |
| 票面利率% | 4.940 0 | 3.850 0 | 5.250 0 | 4.880 0 |
| 计息基准 | ACT/ACT | ACT/ACT | ACT/ACT | ACT/ACT |
| 息票品种 | 附息 | 附息 | 附息 | 附息 |
| 每年付息次数 | 2 | 2 | 2 | 1 |
| 到期收益率(%) | 3.882 7 | 3.875 0 | 4.916 9 | 4.915 0 |
| 净价 | 109.024 0 | 99.793 4 | 102.658 3 | 99.725 1 |
| 全价 | 109.174 1 | 100.016 7 | 103.725 6 | 99.899 0 |
| 应计利息 | 0.150 1 | 0.223 3 | 1.067 3 | 0.173 8 |
| 日终应计利息 | 0.163 8 | 0.234 0 | 1.081 7 | 0.187 2 |
| 日终估价全价 | 109.187 8 | 100.027 4 | 103.740 1 | 99.912 3 |

资料来源:中国债券信息网(中债估值)、Wind 资讯。经笔者整理。

表中的信息数据有一些是债券发行(一级市场)基本信息,如债券期限、利率类型、计息规则、年付息次数、票面利率等;另一些是报价交易(二级市场)基本信息,如到期收益率、净价、全价等。我们在这里的任务是梳理验证交易过程中显示的这些报价和收益率数据是怎么得来的,相互之间的逻辑关系如何?因为我们现在拟从二级市场买入这些标的券。

## 二、付息日的债券定价(基于到期收益率的定价)

债券定价主要有两种基本方法:一种为基于单一贴现率(到期收益率)的定价;另一种为基于一系列贴现率(即期利率曲线)的定价。统一采用到期收益率对所有现金流序列进行贴现的定价方法简明易懂,在实践中广泛应用，到期收益率也成为约定俗成的报价利率。但由于利息再投资利率差异、票面利率差异等因素，到期收益率实际上只能对自身进行准确定价，不能作为基准对其他债券进行相对价值定价。而采用不同的即期利率对相应期限的现金流进行贴现，可有效避免其中的误差，而且符合无套利定价原理，因此更加专业和准确，但应用起来比较复杂难懂。这里的解析基于到期收益率的债券定价原理，基于即期利率曲线的定价方法我们将在后文另行论述。

在正式解析上述实例中标的券的定价逻辑之前，作为知识的铺垫，我们先从比较简单的情形开始分析，即假设在标的券的付息日(刚完成票息兑付)进行交易。根据现金流贴现法得出的债券定价定出的是全价而非净价，由于在付息日刚完成本期票息兑付，此时应计利息归零，债券的全价等于净价，定价推理过程和结果相对比较简单明了。

以到期收益率为基础的债券定价公式主要有三个表达形式。其中，基本定价公式最为根本，经济含义也最为直观；其他两个公式均从基本公式进一步推导得出，实务工作者可能不太熟悉，但笔者认为，这两个衍生公式对于理解债券定价的逻辑思路以及财务处理规则非常重要。

遵循金融经济学的基本原理，债券的价格(全价)应等于未来各期现金流(票息兑付与本金偿还)现值之和。因此，债券定价的基础公式可表示为：

$$
\begin{aligned}
PV &= \sum_{n=1}^{N} \frac{C}{(1+y)^{n}} + \frac{M}{(1+y)^{N}} \\
&= C \times \sum_{n=1}^{N} P/F(y,n) + M \times P/F(y,N) \\
&= C \times P/A(y,N) + M \times P/F(y,N)
\end{aligned}
$$

其中，$C$：付息期票面利息，$C=M\times r$，$M$ 为债券面值，$r$ 为付息期票面利率。如年付息频率(次数)为 $f$，则 $r\times f$ 为年票面利率；反之，如果设定 $r$ 为年票面利率、$C$ 为年票面利率(通常如此)，则付息期票面利率和利息分别为 $r/f$ 和 $C/f$。

$y$：付息期到期收益率。如年付息频率（次数）为 $f$，则 $y\times f$ 为年到期收益率；反之，如果知道年到期收益率（通常如此），则公式中的付息期到期收益率为 $y/f$。

$N$：剩余付息次（期）数。如剩余年限为 $T$ 年，年付息频率（次数）为 $f$，则 $N=T\times f$。

$P/F(y,N)$：现值系数（复利规则），即“贴现因子”。贴现因子计算公式如下：

$$P/F(y,N)=\frac{1}{(1+y)^N}$$

$P/A(y,N)$：年金现值系数（复利规则），即“年金贴现因子”。年金贴现因子公式如下：

$$P/A(y,N)=\sum_{n=1}^{N}\frac{1}{(1+y)^n}=\frac{1-\left[\frac{1}{(1+y)^N}\right]}{y}=\frac{1-P/F(y,N)}{y}$$

根据债券定价基本公式的简化表达式，债券价格等于各期兑付票息的累计贴现值[即票息年金现值，$C\times F/A(y,N)$]，加上到期偿还本金（面值）的现值[即面值复利现值，$M\times P/F(y,N)$]。用贴现因子表述的定价过程，思路简单，操作方便，因而被称为金融估值中的基石。

根据债券基本定价公式，作为一种特殊形式的债券，根据复利规则定价的零息债券（票面利率为零、期间不兑付票息）的定价公式可以进一步简化为：

$$PV=\frac{M}{(1+y)^N}=M\times P/F(y,N)$$

在此需要说明的是，我们之前解析过的贴现债券（剩余期限在1年以内的同业存单）与这里介绍的零息债券，从现金流特征角度而言实际上是一样的，两种称呼可以互用。实务中对于期限较短（1年及内）的零息/贴现债券采用单利规则进行贴现估值（货币市场工具惯例），而对于期限相对较长（1年以上）的零息/贴现债券则采用复利规则进行贴现估值（债券市场工具惯例）。

第一个基本公式大家都很熟悉，但接下来要介绍的两个衍生定价公式就不一定了解了，这两个定价公式非常重要。第二个债券定价公式称为“溢折价公式”，可从基本公式推导出来：

$$\begin{aligned} PV &= C\times P/A(y,N)+M\times P/F(y,N) \\ &= C\times P/A(y,N)+M\times(1-y\times P/A(y,N)) \\ &= M+M\times(r-y)\times P/A(y,N) \end{aligned}$$

根据溢折价定价公式可知，当债券票面利率 $r$ 等于到期收益率 $y$，公式中的第二项等于零，则债券价格(净价，在付息日应计利息归零)等于面值 $M$，称为“平价”；当票面利率大于到期收益率，公式中的第二项大于零，则债券价格大于面值，称为“溢价”；当票面利率小于到期收益率，公式中的第二项小于零，则债券价格小于面值，称为“折价”。注意，我们后面还会一再强调，溢折价是针对债券净价(而不是全价)与面值的关系而言的。

溢折价定价公式之所以重要，除了上述从定性角度帮助我们梳理判断债券的溢折价状态之外，还可从中定量得出溢折价的确切数值，从公式得知：

$$溢折价(P-M)=M\times(r-y)\times P/A(y,N)$$

在后面解析财务处理过程时就会发现，通过这个公式帮助我们检验会计处理结果的溢折价余额是否正确？非常重要。

债券定价的第三个公式称为“本息分离公式”，也称为“麦克汉姆”(Makeham)公式(由 19 世纪伟大的英国精算师麦克汉姆首次提出)，也可以从基本公式中推导得出：

$$\begin{aligned} P &= M\times P/F(y,N)+C\times P/A(y,N) \\ &= M\times P/F(y,N)+M\times r\times\frac{1-P/F(y,N)}{y} \\ &= M\times P/F(y,N)+\frac{r}{y}\times(M-M\times P/F(y,N)) \\ &= K+r/y\times(M-K) \end{aligned}$$

其中，$K$：债券到期归还本金面值的贴现值，$K=M\times P/F(y,N)$。

本息分离定价公式的经济含义非常重要。根据基本公式，债券价格必须等于面值的贴现值加上各期票息的贴现值。$K$ 是债券面值 $M$ 的贴现值[$K=M\times P/F(y,T)$]。根据本息分离公式，如果票面利率 $r$ 等于到期收益率 $y$，则债券价格等于其面值，因此，$M-K$ 就是未来各期票息的贴现值。但如果票面利率不等于到期收益率，则未来各期票息的现值须按比例 $r/y$ 进行修正，即债券各期票息的年金现值为：$C\times P/A(y,N)=r/y(M-K)$。这一点对于实务交易计算以及会计处理非常有价值。

让我们用实例来验证一下这三个定价公式。以标的券中的 5 年期国债“08 国债 02(080002. IB)”为例，该债券每半年付息一次。以距离交易日(2018 年 2 月 28 日)最近的上次付息日(2017 年 8 月 28 日)为定价基准日。具体数据及计算过程与验证结果见表 2—5、表 2—6。

需要说明的是，在定价基准日，交易全价为 102. 422 5(应计利息归零)，中债估值提供的到期收益率值为 3. 669 6%(保留小数点后四位数值)。经定价公式实际验证，在定价误差为零的条件下，YTM 的实际精确值为 3. 669 588 50%(保留小数点后八位数值)。之所以要指出这个细节，是因为在财务处理实务操作过程中，金额往往需要精确到分(小数点后两位)，因此，利率的精确程度对金额的误差影响会随着本金规模量级的扩大而放大。

**表 2—5　　基于到期收益率的现金流贴现定价模型实际验证**

标的券：08 国债 02[080002. IB]
票面利率(%)：4. 16
付息频率：2. 00
定价基准日：2017/8/28
到期收益率 YTM：3. 669 6
应计利息：0. 0000
净价：102. 422 5
全价：102. 422 5
定价误差：0. 000 000 0

| 付息次数 | 现金流发生日期 | 现金流 | 剩余期限(以半年为单位) | 贴现因子(以半年为单位) | 现金流贴现值 |
|---|---|---|---|---|---|
| 0 | 2017-08-28 | | | 1. 000 000 00 | 0. 000 00 |

续表

| 付息次数 | 现金流发生日期 | 现金流 | 剩余期限(以半年为单位) | 贴现因子(以半年为单位) | 现金流贴现值 |
|---|---|---|---|---|---|
| 1 | 2018-02-28 | 2.08 | 1.000 0 | 0.981 982 64 | 2.042 52 |
| 2 | 2018-08-28 | 2.08 | 2.000 0 | 0.964 289 90 | 2.005 72 |
| 3 | 2019-02-28 | 2.08 | 3.000 0 | 0.946 915 94 | 1.969 59 |
| 4 | 2019-08-28 | 2.08 | 4.000 0 | 0.929 855 02 | 1.934 10 |
| 5 | 2020-02-28 | 2.08 | 5.000 0 | 0.913 101 48 | 1.899 25 |
| 6 | 2020-08-28 | 2.08 | 6.000 0 | 0.896 649 81 | 1.865 03 |
| 7 | 2021-02-28 | 2.08 | 7.000 0 | 0.880 494 54 | 1.831 43 |
| 8 | 2021-08-28 | 2.08 | 8.000 0 | 0.864 630 35 | 1.798 43 |
| 9 | 2022-02-28 | 2.08 | 9.000 0 | 0.849 052 00 | 1.766 03 |
| 10 | 2022-08-28 | 2.08 | 10.000 0 | 0.833 754 32 | 1.734 21 |
| 11 | 2023-02-28 | 2.08 | 11.000 0 | 0.818 732 27 | 1.702 96 |
| | | | | 9.879 458 27 | 20.549 27 |
| 11 | 2023-02-28 | 100.00 | 11.000 0 | 0.818 732 27 | 81.873 23 |
| | | 122.88 | | | 102.422 50 |

贴现因子验证(第一期与最后一期):
P/F(y/2,1)=P/F(3.669 6/2,1)=0.981 982 64
P/F(y/2,N)=P/F(3.669 6/2,11)=0.818 732 27

基本定价公式验证:
PV =C×P/A(3.669 6/2,11)+M×P/F(3.669 6/2,11)=2.08×9.879 458 27 +100×0.818 732
=20.549 27(票息年金现值)+81.873 23(面值现值)=102.422 5

麦克汉姆定价公式验证:
K=100×P/F(3.669 6/2,11)=100×0.818 732=81.873 23
PV =K+r/y×(M−K)=81.873 23+4.16/3.669 6×(100−81.873 227)
=81.873 23(面值现值)+20.549 27(票息年金现值)=102.422 5

表 2—6　　溢折价定价模型实际验证

| 付息次数 | 现金流发生日期 | 付息期息差 | 剩余期限（以半年为单位） | 贴现因子（以半年为单位） | 息差贴现值 |
|---|---|---|---|---|---|
| 0 | 2017-08-28 | | | 1.000 000 00 | 100.00 |
| 1 | 2018-02-28 | 0.245 2 | 1.000 0 | 0.981 982 64 | 0.240 79 |
| 2 | 2018-08-28 | 0.245 2 | 2.000 0 | 0.964 289 90 | 0.236 45 |
| 3 | 2019-02-28 | 0.245 2 | 3.000 0 | 0.946 915 94 | 0.232 19 |
| 4 | 2019-08-28 | 0.245 2 | 4.000 0 | 0.929 855 02 | 0.228 01 |
| 5 | 2020-02-28 | 0.245 2 | 5.000 0 | 0.913 101 48 | 0.223 90 |
| 6 | 2020-08-28 | 0.245 2 | 6.000 0 | 0.896 649 81 | 0.219 86 |
| 7 | 2021-02-28 | 0.245 2 | 7.000 0 | 0.880 494 54 | 0.215 90 |
| 8 | 2021-08-28 | 0.245 2 | 8.000 0 | 0.864 630 35 | 0.212 01 |
| 9 | 2022-02-28 | 0.245 2 | 9.000 0 | 0.849 052 00 | 0.208 19 |
| 10 | 2022-08-28 | 0.245 2 | 10.000 0 | 0.833 754 32 | 0.204 44 |
| 11 | 2023-02-28 | 0.245 2 | 11.000 0 | 0.818 732 27 | 0.200 76 |
| | | 2.697 3 | | 9.879 458 27 | 2.422 50 |
| | | | | | 102.422 50 |
| 溢折价定价公式验证：<br>PV＝M＋M×(r－y)/2×P/A(y/2,N)＝100＋100×(4.16－3.669 6)/2×P/A(3.669 6/2,11)<br>＝100＋0.245 2×9.879 458 27＝100(面值)＋2.422 5(息差年金现值)<br>＝102.422 5 | | | | | |

## 三、非付息日的债券定价(基于到期收益率的定价)

假定本期所在付息期总天数（两个相邻付息日之间的天数）为 $td$，从上个付息日至定价基准日之间间隔的天数为 $d$，则 $W=d/td$ 为本期“已过分数期”，$1-W=1-d/td$ 为本期“剩余分数期”。则债券定价公式的一般化表达式为：

$$PV=p+AI=\frac{C}{(1+y)^{1-d/td}}+\frac{C}{(1+y)^{2-d/td}}+\cdots+\frac{C+M}{(1+y)^{N-d/td}}$$

$$=\sum_{n=1}^{N}\frac{C}{(1+y)^{n-d/td}}+\frac{M}{(1+y)^{N-d/td}}$$

$$=C\times\sum_{n=1}^{N}P/F(y,n-d/td)+M\times P/F(y,N-d/td)$$

其中：$N$ 为包含本期的剩余付息期(次)数，即包括 $N-1$ 个整数期，1 个分数期。

下次兑付票息的贴现至当前的期限是本付息期的一个分数期$(1-d/td)$，再下一次付息的贴现期限是 1 个整数期加上 1 个分数期，即$(2-d/td)$，以此类推。方程左边是债券现金流贴现之和，等于定价日的全价，即净价加上应计利息。

从该公式可以看出，在非付息日(存在分数期)的债券定价和估值，实际上可以按以下等价转换思路进行处理，即先将定价基准日前移至上次付息日，按 $N$ 个整数期进行估值，然后再按复利规则累积 1 个分数期$(d/td)$至实际定价基准日。又或者，可以先将定价基准日后移至下次付息日，按 $N-1$ 个整数期进行估值，然后再按复利规则贴现 1 个分数期$(1-d/td)$至实际定价基准日。在复利规则下，这三种处理技术路径得出的结果应该是一致的。

由此我们可以得到一个基本结论：从逻辑和算法角度而言，在非付息日的债券定价并非想象中那么复杂，它只不过是在付息日(前或后)整数期定价的基础上，再进行一次分数期的复利转换(现值或终值)而已。

顺便提一句，在单利规则下，这种处理方法就会产生差异，这也正是应用复利规则优越性的体现。

按上述等价转换思路进行处理，分子和分母同乘以$(1+y)^{d/td}$，经整理，标准定价公式可变形为(估值日前移情形)：

$$PV=\left[\sum_{n=1}^{N}\frac{C}{(1+y)^{n}}+\frac{M}{(1+y)^{N}}\right]\times(1+y)^{d/td}$$

$$=[C\times P/A(y,N)+M\times P/F(y,N)]\times F/P(y,d/td)$$

或者(估值日后移情形)：

$$PV=\left[\sum_{n=1}^{N-1}\frac{C}{(1+y)^n}+\frac{M}{(1+y)^{N-1}}\right]\times(1+y)^{-(1-d/td)}$$
$$=[C\times P/A(y,N-1)+M\times P/F(y,N-1)]$$
$$\times P/F(y,1-d/td)$$

在非付息日应用溢折价定价公式和麦克汉姆定价公式，非常容易出错。因为，溢折价公式和麦克汉姆公式实际上计算出的是在定价估值日的净价，即从定价日开始至到期日赚得的票息与到期面值的贴现值，不包括实际上归属于上家但由自己先行垫付的应付利息。因此，在非付息日应用溢折价公式和麦克汉姆公式时，应注意要在原定价公式的基础上再加上应计利息这一项，才能得出完整的全价值。切记！

应计利息按照直线法是从下次兑付票息中按本期实际持有天数累计计提的，等于本期已过分数期 $d/td$ 乘以本期票息 $C$。

$$AI=d/td\times C$$

确定本期已过分数期 $d/td$ 并非易事，因为其依赖于债券发行文件中约定的计息频率以及计息日规则。比如，在我们所选择的标的券中，同样是国债，15 年期的“08 国债 02”的付息频率为 2 次/年，而 5 年期的“18 附息国债 01”却为 1 年付息 1 次。同样是国开债，20 年期的“08 国开 09”的年付息次数为 2 次，而 10 年期的“18 国开 05”却为 1 次。一年多次付息会对分数期 $d/td$ 的确定带来微妙的影响。比如，在 1 年 2 次付息情形下，每个付息期的总天数却不是固定的，365/2＝182.5 天？显然不是！实际值要根据具体付息日期进行计算，正如在实例分析时将要看到的，每个付息期的总天数竟然会出现三种情况，分别为：181 天、182 天（闰年 2 月加 1 天）和 184 天。假设在上述付息期内已过 40 天，但由于分母不同，造成在定价和应计利息计算中确认的已过分数期存在差异。

接下来，以同一个实例进行非付息日定价分析，通过逐步计算，验证其中的逻辑算法。剩余年限为 5 年的“08 国债 02(080002.IB)”，该债券每半年付息 1 次。定价基准日为我们选定的交易日（2018 年 2 月 22 日），距离交易日最近的上次付息日（2017 年 8 月 28 日）已过 178 天，距离下次付息日(2018 年 2 月 28 日)仅剩 6 天，此时应计利息已累积了将近半年时间。具体数据及计算过程与验证结果见表 2—7、表 2—8。

**表 2—7　基于到期收益率的现金流贴现定价模型实际验证**

标的债券：08 国债 02[080002. IB]
票面利率(%)：4. 16
付息频率：2. 00
定价基准日：2018/2/22
到期收益率 YTM：3. 818 7
应计利息：2. 012 2
净价：101. 543 9
全价：103. 556 1
定价误差：(0. 000 000 1)

| 付息次数 | 现金流发生日期 | 现金流 | 剩余期限(以半年为单位) | 贴现因子(以半年为单位) | 现金流贴现值 |
|---|---|---|---|---|---|
| | 2017-08-28 | 2. 08 | | | |
| 0 | 2018-02-22 | | | | |
| 1 | 2018-02-28 | 2. 08 | 0. 032 609 | 0. 999 383 44 | 2. 078 72 |
| 2 | 2018-08-28 | 2. 08 | 1. 032 609 | 0. 980 659 03 | 2. 039 77 |
| 3 | 2019-02-28 | 2. 08 | 2. 032 609 | 0. 962 285 43 | 2. 001 55 |
| 4 | 2019-08-28 | 2. 08 | 3. 032 609 | 0. 944 256 09 | 1. 964 05 |
| 5 | 2020-02-28 | 2. 08 | 4. 032 609 | 0. 926 564 54 | 1. 927 25 |
| 6 | 2020-08-28 | 2. 08 | 5. 032 609 | 0. 909 204 46 | 1. 891 15 |
| 7 | 2021-02-28 | 2. 08 | 6. 032 609 | 0. 892 169 63 | 1. 855 71 |
| 8 | 2021-08-28 | 2. 08 | 7. 032 609 | 0. 875 453 97 | 1. 820 94 |
| 9 | 2022-02-28 | 2. 08 | 8. 032 609 | 0. 859 051 50 | 1. 786 83 |
| 10 | 2022-08-28 | 2. 08 | 9. 032 609 | 0. 842 956 34 | 1. 753 35 |
| 11 | 2023-02-28 | 2. 08 | 10. 032 609 | 0. 827 162 74 | 1. 720 50 |
| | | | | 10. 019 147 17 | 20. 839 83 |
| 11 | 2023-02-28 | 100. 00 | 10. 032 609 | 0. 827 162 74 | 82. 716 27 |
| | | 124. 96 | | 全价 | 103. 556 100 |

续表

| 付息次数 | 现金流发生日期 | 现金流 | 剩余期限(以半年为单位) | 贴现因子(以半年为单位) | 现金流贴现值 |
|---|---|---|---|---|---|
| 剩余分数期验证：<br>1－d/td＝1－DAYS(“2018/2/22”,“2017/8/28”)/DAYS(“2018/2/28”,“2017/8/28”)＝0.032 609 | | | | | |
| 贴现因子验证(第一期与最后一期)：<br>P/F(y/2,1－d/td)＝P/F(3.818 7/2,0.032 609)＝0.999 383 44<br>P/F(y/2,N－d/td)＝P/F(3.818 7/2,10.032 609)＝0.827 162 74 | | | | | |
| 基本定价公式验证：<br>PV＝2.08×∑P/F(3.817 8/2,n－d/td)＋100×P/F(3.817 8/2,10.032 609)<br>＝20.839 83(票息现值)＋82.716 27(面值现值)＝103.556 1(全价) | | | | | |
| 麦克汉姆定价公式验证：<br>k(面值现值)＝100×P/F(3.818 7/2,10.032 609)＝100×0.827 162 74＝82.716 27<br>PV＝K＋c/y×(M－K)＋AI＝82.716 27＋4.16/3.818 7×(100－82.716 27)＋2.011 55<br>＝82.716 27(面值现值)＋18.828 27(实赚票息现值)＋2.011 55(应计利息)<br>＝101.544 5(净价)＋2.011 55(应计利息)＝103.556 1(全价) | | | | | |

**表 2—8　溢折价定价模型实际验证**

| 付息次数 | 现金流发生日期 | 付息期息差 | 剩余期限(以半年为单位) | 贴现因子(以半年为单位) | 息差贴现值 |
|---|---|---|---|---|---|
| | 2017-08-28 | | | 应计利息 | 2.011 50 |
| 0 | 2018-02-22 | | | 面值 | 100.00 |
| 1 | 2018-02-28 | 0.170 6 | 0.032 609 | 0.999 383 44 | 0.005 56 |
| 2 | 2018-08-28 | 0.170 6 | 1.032 609 | 0.980 659 03 | 0.167 33 |
| 3 | 2019-02-28 | 0.170 6 | 2.032 609 | 0.962 285 43 | 0.164 19 |
| 4 | 2019-08-28 | 0.170 6 | 3.032 609 | 0.944 256 09 | 0.161 12 |
| 5 | 2020-02-28 | 0.170 6 | 4.032 609 | 0.926 564 54 | 0.158 10 |
| 6 | 2020-08-28 | 0.170 6 | 5.032 609 | 0.909 204 46 | 0.155 14 |
| 7 | 2021-02-28 | 0.170 6 | 6.032 609 | 0.892 169 63 | 0.152 23 |
| 8 | 2021-08-28 | 0.170 6 | 7.032 609 | 0.875 453 97 | 0.149 38 |
| 9 | 2022-02-28 | 0.170 6 | 8.032 609 | 0.859 051 50 | 0.146 58 |
| 10 | 2022-08-28 | 0.170 6 | 9.032 609 | 0.842 956 34 | 0.143 83 |

续表

| 付息次数 | 现金流发生日期 | 付息期息差 | 剩余期限(以半年为单位) | 贴现因子(以半年为单位) | 息差贴现值 |
|---|---|---|---|---|---|
| 11 | 2023-02-28 | 0.170 6 | 10.032 609 | 0.827 162 74 | 0.141 14 |
| | | 1.8769 | | 实赚息差现值 | 1.544 60 |
| | | | | 净价 | 101.544 60 |
| | | | | 全价 | 103.556 10 |

溢折价定价公式验证：

分数期实赚息差现值$=M\times(r-y)/2\times(1-d/td)\times P/F(y/2,1-d/td)=0.005\ 56$

$PV=M+0.005\ 56+M\times\sum(r-y)/2\times P/F(y/2,n-d/td)+AI$

$=100+0.005\ 56+\sum(4.16-3.818\ 7)/2\times P/F(3.818\ 7/2,n-d/td)+2.011\ 5$

$=100$(面值)$+1.544\ 6$(实赚息差现值)$+2.011\ 5$(应计利息)

$=101.5446$(净价)$+2.011\ 5$(应计利息)$=103.556\ 1$(全价)

## 四、债券价格与收益率、票面利率、剩余期限之间的逻辑关系

根据债券定价公式，债券价格是票面利率、到期收益率(或市场报价利率)与剩余时间的函数，因此可以将债券价格按数学术语表达为 $PV(c,y,T)$，就像我们用 $P/F(y,T)$ 和 $P/A(y,T)$ 分别表示贴现因子和年金贴现因子一样。

### (一)既定时刻的到期收益率与价格之间的逻辑关系

债券价格与报价收益率成反向变化。其原因在于，债券价格等于未来预期现金流的贴现价值。在预期现金流固定(分子不变，固定收益证券称呼的由来)的情形下，随着市场参考利率的上升(分母变大)，贴现因子变小，现金流的现值就会下降，因此价格也呈现下跌；反之，当市场参考收益率下降时(分母变小)，贴现因子变大，则债券价格上涨。

我们以标的券中的 10 年期国债为例，该债券期限 15 年，剩余期限约 5 年，票面利率 4.16%，年付息 2 次。为了更加清晰地展示债券价格随到期收益率变化而变化的轨迹，我们选择在付息日进行模拟分析，从而剔除了应计利息因素，此时全价即为净价。此时，价格可以完美地拆分成“票

息现值＋本金现值(根据本息分离公式)”或者“面值＋溢折价(根据溢折价公式)”。模拟计算分析结果如表 2－9 所示：

**表 2－9　　　　　　固定现金流的债券价格与收益率关系**

标的券:08 国债 02[080002. IB],2008/2/28;15Y/5Y;4.16%/2

模拟分析基准日:2017/8/28(付息日)

| 到期收益率 YTM(%) | 票息现值 | 本金现值 | 债券价格 | 溢折价 |
|---|---|---|---|---|
| 0.000 0 | 22.880 0 | 100.000 0 | 122.880 0 | 22.880 0 |
| 0.669 6 | 22.427 0 | 96.390 2 | 118.817 2 | 18.817 2 |
| 1.669 6 | 21.774 3 | 91.261 0 | 113.035 3 | 13.035 3 |
| 2.669 6 | 21.148 8 | 86.428 2 | 107.577 0 | 7.577 0 |
| 3.669 6 | 20.549 3 | 81.873 2 | 102.422 5 | 2.422 5 |
| 4.160 0 | 20.264 3 | 79.735 7 | 100.000 0 | 0.000 0 |
| 4.669 6 | 19.974 3 | 77.578 9 | 97.553 2 | (2.446 8) |
| 5.669 6 | 19.422 8 | 73.529 1 | 92.951 8 | (7.048 2) |
| 6.669 6 | 18.893 4 | 69.708 8 | 88.602 2 | (11.397 8) |
| 7.669 6 | 18.385 2 | 66.104 0 | 84.489 3 | (15.510 7) |
| 8.669 6 | 17.897 2 | 62.701 7 | 80.598 8 | (19.401 2) |
| 9.669 6 | 17.428 2 | 59.489 5 | 76.917 7 | (23.082 3) |
| 15.000 0 | 15.216 1 | 45.134 3 | 60.350 4 | (39.649 6) |
| 20.000 0 | 13.509 7 | 35.049 4 | 48.559 1 | (51.440 9) |

实务中,通过敏感性分析可以得到债券价格与收益率之间的动态关系,利用 Excel 中的“模拟运算表”功能可以很方便地实现。我们从分析基准日的实际到期收益率(3.669 6%)开始,上下各变动 1%(100BP)。从敏感性分析表中的数据中可以发现一个基本规则,即价格与收益率之间存在严格的反向关系。以极端状态为例,当交易收益率降至 0%时(不要以为是天方夜谭,随着 2008 年美国次贷危机席卷全球,以及各国央行的超级量化宽松政策的实施,欧洲和日本等国的国债收益率趋近 0,甚至

一度出现负值的情况)，该债券价格上涨至122.88这一理论上的极限值。而当交易收益率上涨至20%(恶性通胀情形)，价格将下降至48.56(与面值相比折价51.44%)，几近腰斩。

假如用图形表示这种价格与收益率之间的跷跷板关系(见图2—3、图2—4)，将会发现它并非一条直线，而是向下弯曲的，这种形状称为凸性(Convex)。价格/收益率关系的凸性对债券的投资特征具有重要意义。

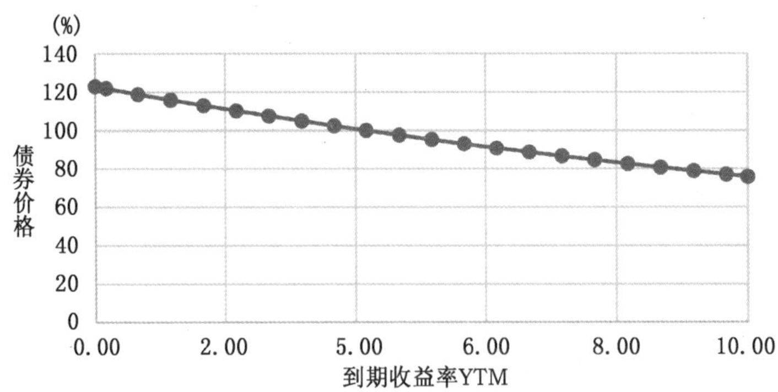


**图2—3 固定现金流的债券价格与收益率关系(小幅度变动近似直线)**

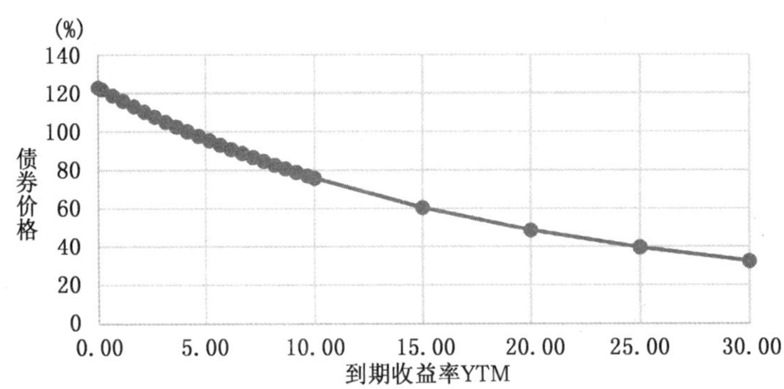


**图2—4 固定现金流的债券价格与收益率关系(大幅度变动呈现凸性)**

### (二)债券价格在剩余期限内的变化路径

假如我们买入时确定的到期收益率在该债券剩余期限内固定不变，即在债券剩余期限内(从购买日开始直至债券到期日)贴现利率锁定，那么随着剩余期限的不断缩短，债券价格是否也同时锁定呢？答案并非如此简单，需要区分三种情形：

情形1：平价。买入时的到期收益收益率等于票面利率，债券净价等于面值。随着债券剩余期限的日益缩短，债券净价仍维持以面值进行定价和交易。

情形2：溢价。到期收益率小于票面利率，债券净价大于面值。随着债券剩余期限的不断缩短，债券净价将逐渐下降直至等于面值。其背后的逻辑来自债券定价原理。债券价格被分解为一系列票息现金流的现值和到期本金面值现金流的现值。随着债券逐渐接近到期日，债券投资者在未来可获取的票息现金流会减少，其现值会降低。与此同时，由于剩余期限的缩短，本金面值偿付的现值会上升。在溢价情形下，票息现值的下降幅度超过了本金现值的升值幅度，两项抵消后最终导致溢价债券净价的下降。

情形3：折价。到期收益率大于票面利率，债券净价小于面值。随着债券剩余期限的缩短，债券净价将逐步上升直至等于面值。虽然随着债券剩余期限的缩短，票息现值会不断下降，本金现值也会不断上升。但与溢价情形不同的是，在折价情形下，本金现值的上升幅度会大于票息现值的下降幅度，最终导致折价债券净价的不断上升。

## 第三节　风险溢价与收益率曲线

金融领域中最受关注的变量之一就是利率。到期收益率是衡量利率的最精确的指标，甚至可以这么说，利率就是指到期收益率(通常简称“收益率”)。债券的到期收益率是决定债券价格的最重要因素。当到期收益率变动时，债券价格随之反向变动。本节我们将逐层分解影响债券到期收益率的主要决定因素，解析其中的风险溢价（利差）因子，并对收益率曲线进行论述。

债券到期收益率由以下诸多因素共同决定，见表 2—10：

**表 2—10　　债券到期收益率的组成部分**

| 实际利率 | 实业投资实际收益率 |
|---|---|
| ＋预期通胀率 | 购买力贬值补偿/溢价 |
| ＝名义无风险利率 | 短期国债 YTM |
| ＋期限风险溢价/利差 | ΔYTM（长期国债－短期国债） |
| ＋信用风险溢价/利差 | ΔYTM（长期信用债－长期国债） |
| ＋流动性风险溢价/利差 | ΔYTM（流动性差异） |
| ＋税收溢价/利差 | ΔYTM（增值税、所得税等差异） |
| ＋含权风险溢价/利差 | ΔYTM（嵌入期权债券－标准债券） |
| ＋汇率风险溢价/价差 | ΔYTM（汇率预期变动） |
| ＝债券收益率 | |

## 一、无风险利率（名义利率）的决定因素

要理解债券收益率的经济含义首先需从利率理论说起。债券收益率的第一个组成部分是短期无风险利率，它反映了当前市场总体利率水平。

短期名义无风险利率可分解为两个部分，用公式表示为：

$$1+r=(1+r^{*})\times(1+\pi)$$

经整理可得（$r^{*}\pi$ 通常很小，故忽略之）：

$$r\approx r^{*}+\pi$$

其中：名义利率 $r$ 代表现在及未来货币的交换率；实际利率 $r^{*}$（也称为自然利率或均衡利率）代表现在及未来实物商品的交换率；预期通货膨胀率 $\pi$ 代表现在及未来货币的贬值率（或实物商品价格的升值率）。

这一关系式称为费雪利率方程式，它指出短期无风险利率本质上是由实际利率与预期通货膨胀率所决定的。比如，若实际利率 $r^{*}=2\%$，而

预期通胀率 $\pi=3\%$，则短期名义利率 $r=5\%(2\%+3\%)$。也就是说，名义利率（或市场利率）随着未来预期通胀率的升降而增减。其背后的经济逻辑如下：实际利率代表在无通胀情形下出资方投放资金（或购买债券）所应得的利率收益。在未来存在通胀情形时，出资方为了维持其资本的实际购买力不变（即实际利率不变），必须在实际利率基础上，加上未来预期通胀率，以实现其实际资本保全之目的。也就是说，实际利率是名义利率扣减预期通胀率。

这里的关键是如何理解和应用预期通货膨胀率和实际利率这两个操作性概念。

**（一）预期通货膨胀率的决定因素**

要解释造成通胀的决定因素，离不开货币数量论中的经典交易方程式：

$$PY=MV \text{ 或 } P=MV/Y$$

其中：$P$ 表示一般物价水平（物价总指数）；$M$ 表示（名义）货币供应量；$V$ 表示货币流通速度；$Y$ 表示实际产出。

考虑以下简化假设：(1)假定货币流通速度 $V$ 保持基本稳定（常数）；(2)实际产出 $Y$ 不受货币因素的影响而被独立决定；(3)在一个简单的封闭经济体系中，货币供给 $M$ 由货币当局外生决定。在这些假设条件下，货币数量论就变成了一个非常简单的物价水平或通胀率外生决定理论。货币供给的变化会引起物价水平同方向、等比例的变化。

对上述公式取对数，然后对时间求导并重新整理，得到动态方程（令 $V'=dV/dt=0$）：

$$\pi=P'/P=M'/M-Y'/Y$$

也就是说，在简化假设情形下，通胀率 $\pi=P'/P$ 等于货币供给增长率 $M'/M$ 减去实际产出的增长率 $Y'/Y$。具体而言，影响通胀率的三个决定因素：

一是货币供应量的变化 $M'/M$。如果货币供应量增加，而实际产出与货币流通速度不变，则通胀率将会增加。这是货币供应学派的基本观点。该学派认为实际产出与货币供应之间没有关系，而且在较长时间内货币流通速度保持不变，所以宽松的货币政策（增加货币供应量）是导致通货膨胀的原因。虽然有些货币主义学者承认货币供应量对经济实际产出有短期影响（货币短期非中性），但还是坚持认为在长期内这种影响并不存在（货币长期中性）。该学派认为，尽管货币流通速度随时间的推移可能会有所变化，但这种变化在长时期内才会发生，并不可能对通货膨胀率产生重大影响。

二是货币流通速度的变化 $V'/V$。在上述动态公式中，我们简化假设了货币流通速度不变，即 $V'=dV/dt=0$。但现实可能并非如此，如果货币流通速度增加，而货币供应量和实际产出不变，则通胀率将增加。经济学家长期争论为什么货币流通速度会随时间的推移而变化。一种因素是科技和制度进步，人们存款储蓄和消费方式以及支付清算手段工具（如央行的大额支付系统以及第三方电子支付）的改变影响了货币的流通速度；另一种因素是居民持有货币的信心，在高通胀率环境下，个人不愿持有货币（因为快速贬值），并努力将货币转换为实务商品，一致行为加速了货币流通速度。因此，如果央行放松货币政策，那么货币流通速度可能加速，进而导致通胀率上升。

三是实际产出的变化 $Y'/Y$。如果实际产出增加，而货币供给与货币周转率不变，则通胀率将降低，这是凯恩斯主义主张在经济萧条时期放松货币政策的基本依据。因为存在剩余产能（非充分就业），增加货币供给将在需求端刺激有效消费，在供给端刺激有效投资，从而导致实际产出增加，减少通胀压力。

显然，在现实世界中，通胀率的影响因素要复杂难解得多。首先，货币流通速度 $V$ 很可能不是一个常数，而是一个变量，因此，货币供给的任何变化所产生的部分或全部影响将被货币流通速度所吸收而导致其值得变化；其次，实际产出 $Y$ 本身可能受到货币因素的影响（货币非中性效应），因而，货币供给 $M$ 的部分或全部变化将传导至实际产出的变化上，而非物价水平 $P$ 的变化上；最后，货币供给 $M$ 也可能是一个内生变量而非外生变量,即名义产出的变化可能会导致货币供给的变化,而不是相反。但即使如此,货币数量论依然是我们理解通胀率变化的基石和出发点。

### (二)实际利率的决定因素

费雪利率方程式的另一个组成部分是预期实际收益率或利率。从直觉上理解,预期实际利率是个人推迟当期消费所期望得到的回报率。根据人们的当期消费偏好可知,预期实际利率应当为正值,但它随时间及环境不同会发生变化。如果每个人都渴望当期消费,则预期实际利率将上升以吸引人们推迟消费。实际利率的水平也与全社会的投资机会的多寡以及投资收益率的水平密切相关。利率本质上是资金出借方对项目投资收益率的价值分配,因此,实际利率不能大于社会平均实际投资收益率,否则没有投资者会有积极性借款投资。

由于预期实际利率难以客观观测计量,我们只好考察现实的实际收益率,定义如下:

现实的实际收益率=名义利率　实际通胀率

预期的实际收益率应该为正值,而现实的实际收益率可能为正值也可能为负值,这取决于观测时间段。

预期实际收益率与预期实际产出增长率之间存在关系。最终,投资者的实际收益来源于经济的实际增长。一种估计预期实际收益率的方法是估计预期实际经济增长率。在长时间内经济增长率为6%的环境中,预期实际利率也应大致为6%。如果预期实际利率超过长期经济增长率,则不平衡会导致储蓄减少、投资短缺,最终导致经济衰退甚至萧条;相反,如果实际利率低于长期经济增长率,则不平衡将导致储蓄增加和过度投资,最终导致经济过热甚至泡沫。

综上所述,债券的到期收益率(或名义利率)包括实际利率/收益率和预期通胀率。在名义收益率内的预期通胀率也可理解为通胀溢价/利差(Inflation Premium),它是补偿出资方或债券投资者承担通货膨胀的收益,以维持实际购买力不变。但债券可能还包含其他风险因素,除了实际利率与通胀率溢价之外，债券的收益率还应该包括各类风险因子的风险溢价，以补偿投资者因承担各类风险的额外收益。风险越高，债券的应得收益率也越高。因此，债券收益率的定价公式可扩充为：

$$r \approx r^* + \pi + \beta$$

其中：$\beta$ 表示债券所内含的各类风险溢价/利差。这些风险因子主要包括：期限风险、信用/违约风险、流动性风险，以及其他诸如税负、含权、汇率等风险因素。以下主要针对期限风险、信用/违约风险和流动性风险展开进一步论述。

## 二、期限风险溢价与收益率曲线

期限风险溢价是指短期无风险利率与长期无风险利率之间的利差。债券的剩余期限越长，投资者在持有至到期过程中可能承担的不确定性和风险也越大，因此需要对此进行一定程度的补偿，体现在收益率溢价上就是存在期限利差[ΔYTM(长期国债－短期国债)]。

### (一)收益率曲线

债券期限风险溢价/利差的通常以收益率曲线形式呈现。收益率曲线也可称为“利率的期限结构”，针对同类债券(信用风险和嵌入期权特征等方面类同)，横轴表示剩余到期期限，纵轴表示债券收益率，形成简洁而信息量丰富的二维图形。根据收益率的表现形式不同，收益率曲线可进一步区分为：到期收益率曲线、即期收益率曲线、远期收益率曲线。其中，到期收益率曲线可以直接观测计量得到，而即期收益率曲线和远期收益率曲线则往往通过到期收益率曲线间接推导得出。到期收益率曲线、即期收益率曲线、远期收益率曲线的推导过程详见后。收益率曲线在债券风险收益分析与债券定价估值过程中起到极其关键性的作用！

3 个不同时点的国债到期收益率曲线、国债即期利率曲线、国债远期利率曲线(见图 2—5、图 2—6、图 2—7)分别如下：以 2018 年 9 月 21 日为基准日，两个参照对比日分别为 2016 年 10 月 21 日(上一轮债券大牛市见顶反转日，从此开始一轮大熊市)；2018 年 1 月 19 日(本轮熊市见底后的反转日，从此开始一轮小牛市直至基准日）。通过收益率曲线的对比变化可以清晰看出，期间收益率的升降（以及与之对应的债券价格的涨跌，与收益率成反方向变动），以及期间期限利差的变动情况。

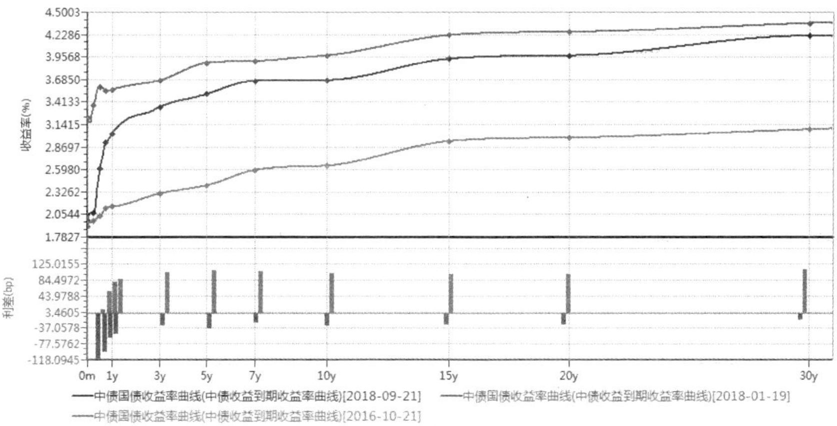


数据来源：Wind 资讯。

**图 2—5 到期收益率曲线**

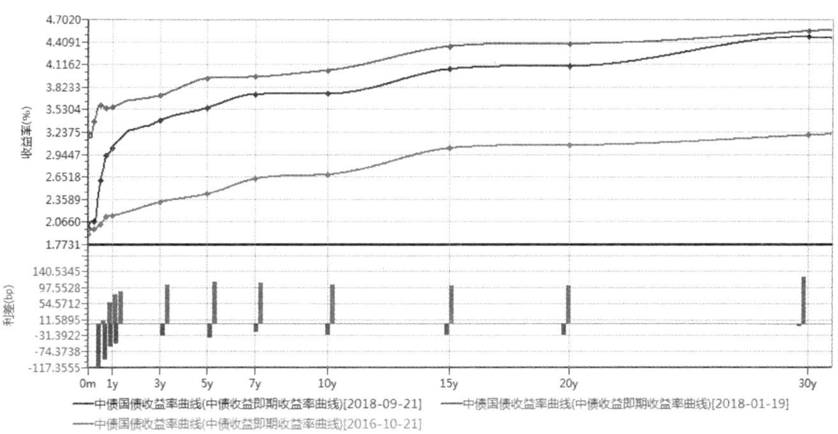


数据来源：Wind 资讯。

**图 2—6 即期收益率曲线**

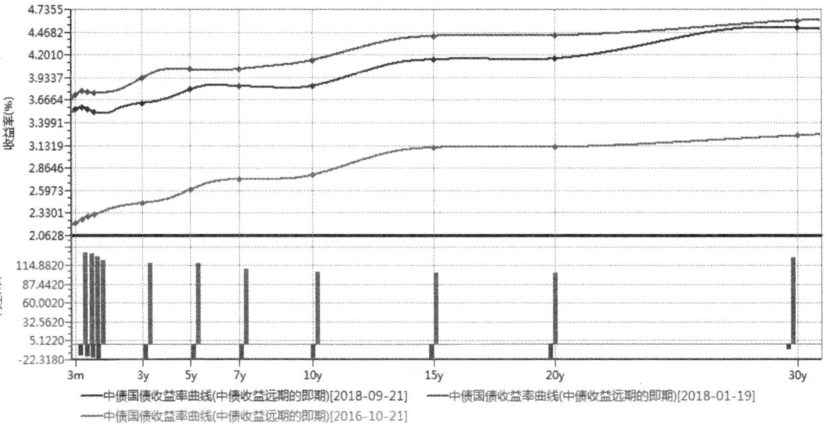


数据来源：Wind 资讯。

**图 2—7　远期的利率曲线**

## (二)期限风险溢价与利率期限结构的决定因素

期限风险溢价的大小由许多因素决定，其中包括：预期的通胀率、投资者的流动性偏好以及各个分割市场的供需情况，从这些不同角度解释期限利差的理论分别称为预期理论、流动性偏好理论和市场分割理论。

第一个解释收益率曲线的理论为“预期理论”。对未来通胀率的预期是长期利率的一个关键性决定因素。通常，如果预期通胀率将上升，则长期利率将比短期利率高，导致收益率曲线向上倾斜；如果预期通胀率将下降，则长期利率将比短期利率低，导致收益率曲线向下倾斜；如果预期通胀率保持不变，则长短期利率保持一致，收益率曲线呈现水平直线形态。

预期理论可以用远期利率和预期即期利率来说明。如果该假设成立，则第 $n$ 时期的远期利率将是该时期即期利率的无偏估计：

$$_{n-1}f_n = E(_{n-1}Z_n)$$

其中：$_{n-1}f_n$ 表示第 $n$ 时期的远期利率；$E(_{n-1}Z_n)$ 表示第 $n$ 时期的预期即期利率。

预期理论存在的问题是，它依赖于两个假设条件：债券投资者和发行者是风险中性的；他们能够在收益率曲线的任意一点上购买和发行债券。

第一个假设排除了风险厌恶的行为逻辑，第二个假设排除了市场不完备性和信息不对称性的存在，由此导致理论结果与实际存在偏差。

第二个解释收益率曲线的理论为“流动性偏好理论”。它的假设条件（收益与风险对于市场参与者都重要）比较符合常理并贴近现实。该理论承认预期理论具有一定的合理性，认为对于投资收益率（或资金成本率）的预期决定了我们称为“核心收益率曲线”的形状。然后，把“流动性溢价”加到核心收益率曲线上，表示风险厌恶的投资者在购买长期债券时，必须得到额外补偿（相对于购买短期债券）。当收益率上涨时（比如预期通胀率上升），长期债券价格下跌幅度较大。所以，短期债券由于期限较短、安全，存在价格溢价（收益率折价），而对长期债券而言，“流动性溢价”体现在较高的收益率中。

流动性偏好理论认为，隐含的远期利率是未来短期利率的上偏估计，即

$$_{n-1}f_n = E(_{n-1}Z_n) + \beta_L > E(_{n-1}Z_n)$$

其中：$\beta_L$ 表示债券的流动性溢价。

第三个解释收益率曲线的理论为“市场分割理论”。与强调收益和跨期限套利的预期理论不同，市场分割理论认为，投资者与发行者的风险厌恶程度如此之高，以至于他们在购买、持有或发行债券时，只考虑他们原定的基本投资（融资）期限相一致的期间，以实现风险免疫。比如，公司司库手里掌握一笔 3 个月的闲置资金，可能只会考虑购买 3 个月期限的货币市场工具，以实现现金流的期限匹配；而退休金账户的长期投资者可能只对长期债券感兴趣，否则就会产生再投资风险。按照市场分割理论，风险厌恶是期限转换的壁垒，跨期限套利动力不足，无论收益率曲线上某些期限的收益率多么有吸引力，投资者都可能无动于衷。

根据市场分割假设，收益率曲线由各期限债券各自的供求关系决定的均衡利率组成，各期限的利率相互之间不存在关联性，因此，由收益率曲线推导出的隐含的远期利率与预期的未来的短期利率之间没有关系。

以上三个解释收益率曲线的理论哪个正确？这要看哪个理论对于实

际观测到的数据更具解释力。我们分析以下三个事实。

第一个事实:收益率曲线大部分时间是向上倾斜的,被称为“正常形态”,表示短期利率低于长期利率。偶然情况下,收益率曲线呈现别的形状,如扁平、倒置或蝶形等。但是,最终还是要回归正常形态(向上倾斜,但长端利率的斜率边际递减)。

第二个事实:短期收益率的波动率大于长期收益率。这意味着,收益率曲线短端的历史数据分布范围大于收益率曲线的长端。换句话说,波动率期限结构是向下倾斜的。

第三个事实:短期收益率和长期收益率变动方向一致,尽管变动程度并非总是相同的。收益率曲线有时陡峭些,有时平缓些,但总之,曲线上各点的变化是正相关的。所以,利率期限结构的绝大部分变化,多多少少属于“平行移动”。影响预期的短期利率升降的因素,如预期的通胀率、经济周期、货币政策、贸易差额、汇率、税率、财政政策等,也都会影响到长期利率。

在债券投资分析过程中,我们或多或少依赖于对未来利率的预测。在解释这些有关利率的事实方面,经典理论都各有优点和不足之处。但不管怎么说,这些经典理论会引导我们思考影响收益率曲线的形状和收益率水平高低的因素,市场参与者的预期、对风险的态度,以及各个期限的资金供求关系,都是必须考虑的因素。此外,对收益率曲线的实务应用应更加强调对实际数据的实证性统计归纳,而不是依赖于理论的假设演绎。

### 三、信用/违约风险溢价/利差的决定因素

以国债为代表的利率债不存在违约风险,但以公司债为代表的信用债可能会因无力偿还利息或本金而出现违约风险。因为债券存在违约风险,所以除债券的期限风险补偿外,还应有违约风险补偿,可预见的违约风险越大,债券的信用风险溢价/利差就随之增加。债券信用评级是衡量债券违约风险的主要方法,有关信用评级的内容将在后文专题研究中论

述。

如果将债券信用等级作为违约风险的计量方法，那么公司债券收益率或多或少将受债券信用等级的影响。相同期限的公司债券与国债的收益率之差称为“信用风险溢价/利差”，公司债券信用风险等级越低，其信用风险利差就越高。信用利差随时间、债券期限的不同而变化，同时也受投资者自身的约束和债券具体条款的影响。

**(一)周期效应**

通常，信用价差在经济下行时期增加而在经济上行时期减少。这有以下原因：第一，经济下行期间，债券发行主体(尤其是周期性行业)的经营和财务状况边际恶化，导致其还本付息的能力边际降低，信用等级存在边际下调的风险；第二，经济下行时期投资者随风险的厌恶程度增加，对风险债券投资就会要求更高的风险补偿；第三，经济转型时期投资者对市场流动性和资产变现的需求增加，导致了更高的风险价差。

从图 2—8 中可以看出，随着经济周期和金融信贷周期的周期性变动，信用利差随着信用债券收益率的上行而同步扩大，随着信用债券收益率的下行而同步收窄。

**(二)信用利差的期限结构**

债券违约风险通常与其期限结构存在函数关系，短期债券的违约风险不同于长期债券的违约风险。通常情形下，违约风险溢价似乎应随着债券期限的增加而增加，但确实也大量存在相反的情形，长期债券的信用利差反而小于短期债券的信用利差。期限增加反而导致信用利差减少的现象，主要归因于长期债券所包含的摆脱财务困境的期权特性。短期内面临财务困境的企业，随着时间的推移，也可能随着宏观经济或者行业景气周期的变化，经营和财务状况逐渐好转。

从图 2—9 中可以看出：(1)剩余期限在 1 年以内的信用利差，由于主要受短期资金供需影响较大，规律不明显；(2)随着债券剩余期限的延长，在 1～7 年左右期限内(1Y～7Y)，信用利差基本呈现标准的随期限延长

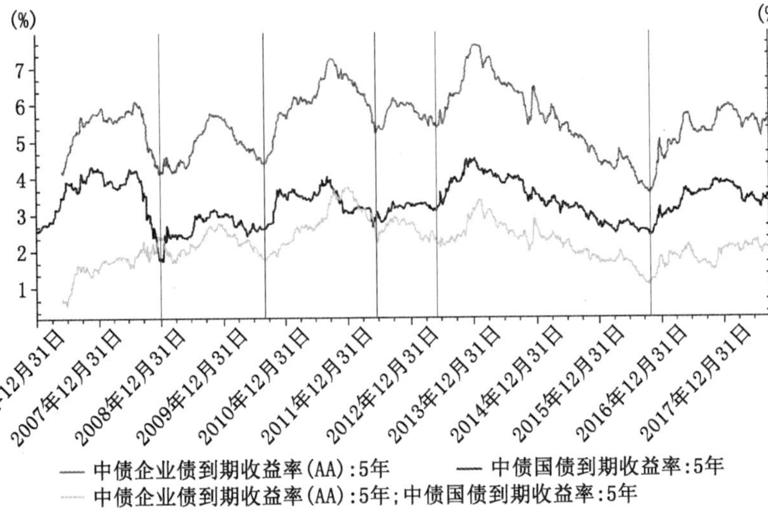


数据来源:中国债券信息网、Wind资讯。

**图2—8 5年期AA级企业债券与国债各自的收益率及信用利差变动情况**

**(2006年12月31日～2017年12月31日)**

而扩张的趋势;(3)期限长于7年,尤其是超过10年期限以后,信用利差扩张呈现平缓甚至收窄的走势。显然,信用利差在债券的1～10年期限内发挥了重要影响。

## 第四节 债券投资风险计量分析

为了在事前和事中有效实施债券投资决策和风险控制策略,明确投资的业务模式和管理意图,以有效进行会计分类和会计计量,以及在事后进行跟踪业绩归因分析和业绩评价,我们需要在了解债券定价和收益率基本信息的基础上,进一步了解和计量债券的波动性及其相关风险特征和风险指标参数的计量分析。

影响债券价格波动率的三个主要特征和参数分别为:票面利率、剩余期限、收益率。

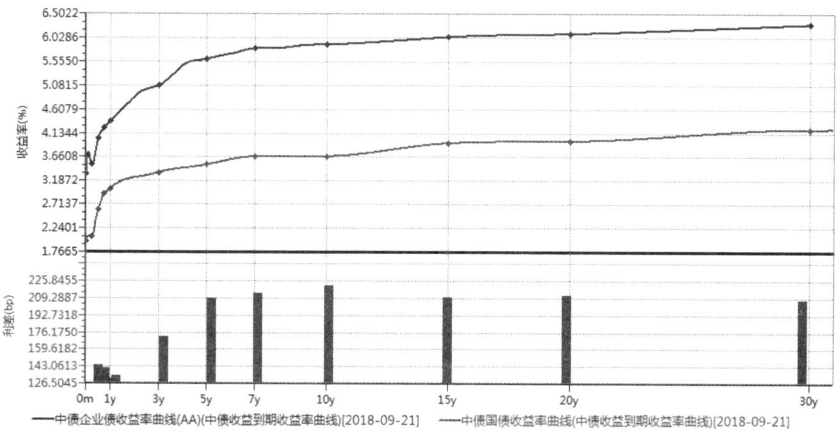


数据来源:Wind 资讯。

**图 2—9 2018 年 9 月 21 日,中债企业债券(AA)到期收益率曲线与国债到期收益率曲线以及信用利差曲线**

一般而言,对于标准债券(不含权的付息债券)具有以下波动性特征:

(1)不同的债券其价格波动率往往存在差异。尽管对于标准债券而言其价格与收益率之间存在反向变化关系,但对于既定的收益率变化,不同风险参数特征的债券其价格波动性存在显著差异。我们要研究的就是导致价格波动性差异背后的风险特征及其参数指标计量分析。

(2)对于收益率的微小幅度的变化(例如±1BP),债券的价格波动率大致呈现对称性。也就是说,在收益率变动幅度很小的情形下,无论收益率是上升还是下降,既定债券的价格百分比变化大致相同。

(3)对于收益率的大幅度的变化(例如超过±10BP),价格波动率呈现不对称性。在既定收益率大幅下降或同幅度上升情形下,相应的价格升幅要大于跌幅。这个特征的存在是由于价格/收益率之间存在凸性关系(不是直观上的线性关系)。其对于债券投资的启示意义在于:假如建立债券多头头寸,那么当收益率下降时产生的资本利得(正价差收益)往往要大于当收益率上升相同基点幅度时所导致的资本亏损(负价差收益)。假如处于空头状况(如融券卖出或国债期货空头仓位),价格波动性对损益的影响正好相反。

(4)对于既定的剩余期限和初始收益率,票面利率越低,债券价格的波动性就越大。其对债券投资的启示意义在于:处于深度折价状态的债券,由于其票面利率相对较低,因此相对于收益率类同的平价债券和溢价债券而言,其价格变动幅度(不管是上涨还是下跌)会更加剧烈。

(5)对于既定的票面利率和初始收益率,价格波动率随着剩余期限的延长而上升,随着剩余期限的缩短而下降。其对债券投资的启示意义在于:假如其他因素保持不变,那么如果投资者预期未来利率将会下降,则投资组合应缩短放长,增加长端债券(剩余期限较长)的配置,以获取价差收益;如果预期未来利率将会上升,为了防范价差风险,则应缩减长端,增加短端债券的配置。

债券投资者希望能对债券的风险特征参数和价格波动性指标进行有效量化测度和计量分析。假设某债券投资经理预期利率将会下降,并且正在考虑购买以下两种债券之一:(1)以6%的市场利率(到期收益率)交易、10年剩余期限、5%票面利率的债券A;(2)以7%的利率交易、7年剩余期限、4%票面利率的债券B。由于利率预期下降,该投资经理希望购买价格波动性较大的债券。那么,哪种债券具有更大的价格波动率呢?一方面,债券B的票面利率低于债券A,因此,债券B似乎具有更大的价格弹性;另一方面,债券A的剩余期限大于债券B,因此,债券A似乎具有更大的价格弹性。更复杂的是,两种债券分别以不同的收益率水平进行交易。事实上,影响价格波动性的三个要素(票息率、剩余期限、收益率)中,没有任何一个对这两种债券而言是相同的。因此,我们需要综合考虑造成价格波动的三个风险因子,从定量角度对价格波动性风险进行计量分析。

债券价格风险的主要计量指标有:基点价值、久期和凸性。

## 一、基点价值(DV01或PVBP)的计量

假设债券的收益率(YTM)变动一个基点(1BP),与之对应的债券价

格的变动值称为基点价值(DV01,Dollar value of a basis point;或者PVBP,Price value of basis point)。为便于理解也可称为“基点价差”。这里需要特别指出的是,在国外某些机构使用当中,PVBP特指债券的票息率变动一个基点所造成的价格变动值,与我们这里所指的收益率变动一个基点所造成的价格变动的含义存在差异。但大部分机构都将DV01与PVBP等同看待,我们这里也不再进行区分。

我们通过例子演示DV01的计算过程。表2－11中共列示了12种债券的初始价格(对应10%收益率)、收益率分别变动1个基点(±1BP)后的价格,以及基点价值(变化前后的价差)。从计算结果中可以发现,在收益率变动非常微小(±1BP)的情形下,正向和负向的基点价值DV01大致相等,呈现对称性。

**表2－11　　　　百元面值基点价值DV01的计算**

| 票息率(%) | 剩余期限(年) | 不同收益率下的价格 | | | 基点价值DV01 | |
|---|---|---|---|---|---|---|
| | | 9.99% | 10% | 10.01% | ＋1BP | －1BP |
| 0 | 5 | 62.120 4 | 62.092 1 | 62.063 9 | (0.028 2) | 0.028 2 |
| 0 | 15 | 23.971 9 | 23.939 2 | 23.906 6 | (0.032 6) | 0.032 7 |
| 0 | 30 | 5.746 5 | 5.730 9 | 5.715 2 | (0.015 6) | 0.015 7 |
| 8 | 5 | 92.454 4 | 92.418 4 | 92.382 5 | (0.036 0) | 0.036 0 |
| 8 | 15 | 84.855 3 | 84.787 8 | 84.720 5 | (0.067 3) | 0.067 4 |
| 8 | 30 | 81.224 8 | 81.146 2 | 81.067 7 | (0.078 5) | 0.078 6 |
| 10 | 5 | 100.037 9 | 100.000 0 | 99.962 1 | (0.037 9) | 0.037 9 |
| 10 | 15 | 100.076 1 | 100.000 0 | 99.924 0 | (0.076 0) | 0.076 1 |
| 10 | 30 | 100.094 3 | 100.000 0 | 99.905 8 | (0.094 2) | 0.094 3 |
| 14 | 5 | 115.204 9 | 115.163 1 | 115.121 4 | (0.041 8) | 0.041 8 |
| 14 | 15 | 130.517 8 | 130.424 3 | 130.330 9 | (0.093 4) | 0.093 5 |
| 14 | 30 | 137.833 5 | 137.707 7 | 137.582 0 | (0.125 6) | 0.125 8 |

注:债券面值100元;付息日的价格;付息频率为1次/年。

由此可以证明,基点价值与收益率水平成负相关关系。也就是说,初始收益率越高，价格变动更加平坦，基点价值就越小；反之，随着收益率水平的降低，价格变动更加陡峭，基点价值就越大。图 2—10 显示了在不同收益率水平下的基点价值 DV01。其投资含义是：当收益率较高时，价格波动率较小，价格对收益率的变动不敏感。还需注意的是，基点价值越大，凸性也越大，这可以从图中曲线的弯度中看到。

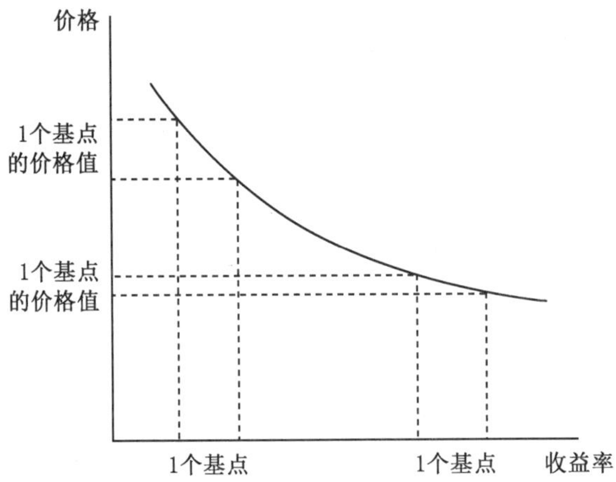


**图 2—10　不同收益率水平下的基点价值**

基点价值 DV01 的一个应用是估计价格变动幅度。由于在收益率微小变化情形下，价格变化呈线性特征，因此，计算出基点价值 DV01 后，可以估算出收益率变化更大幅度(如 $\Delta y$ ＝10BP)情形下的价格变化幅度。例如，通过将基点价值(如 DV01＝0.1)乘以 10BP，得出价格变动的估计值，可以验证在 $\Delta y$ 不大的情形下，估计值与实际值非常接近。但是，当收益率发生较大变化时，这种对称性和线性关系被打破，根据收益率是上升还是下降 X 个基点的变化所导致的价格变动差异明显。

基点价值 DV01 的另一个应用是用来估计投资头寸的风险敞口。DV01 反映的是特定债券每百元面值的价格变动，投资组合的综合 DV01 不能通过各组成债券的 DV01 简单平均计算得出，需要以金额为权重进行加权平均计算。通常对于组合账户，通过将百元面值的 DV01 乘以对应债券的面值，以计算该债券的市值变动风险，然后进行加总，计算出整个债券组合在面临 1BP 收益率变动时的市值变动规模。举例如下：

**表 2—12　　利用每百元面值基点价值计算总市值波动风险**

| 债券 | 收益率 | 收益率变动 | 面值(元) | 市值(元) | 百元基点值 | 市值基点值 |
|---|---|---|---|---|---|---|
| 10%,5Y | 10% | +1BP | 4 000 000 | 4 000 000 | 0.037 9 | −1 515.93 |
| 8%,15Y | 10% | +1BP | 5 000 000 | 4 239 392 | 0.067 3 | −3 366.90 |
| 14%,30Y | 10% | +1BP | 1 000 000 | 1 377 077 | 0.125 6 | −1 256.24 |
| 合计 | | | 10 000 000 | 9 616 469 | | −6 139.07 |

说明：(1)市值根据定价公式得出，年付息 1 次；(2)债券百元面值的基点值 DV01 数据来自表 2—11；(3)市值基点值＝DV01×面值/100。

在这个由 3 只债券组成的投资组合例子中，假设收益率上升 1BP，整个组合的市值变动额(即风险敞口)为－6 139.07 元，相对于市值的变动率为 6.38‱(约 6BP)。

DV01 广泛应用于债券的套期保值(对冲)交易中，主要用于计算有效的对冲比率(Hedge ratio)。其公式为：

$$对冲比率=\frac{待对冲债券的基点价值}{对冲工具的基点价值}\times\frac{待对冲债券的收益率变化}{对冲工具的收益率变化}$$

与基点价值类似但角度相反的另一个测度指标为"价格变化的收益率"(yield value，YV)，YV 反映了导致债券价格 1BP(1‱)的变动率所需要的收益率的变动幅度(XBP)，为便于理解也可称为"基点利差"。显然，基点利差越小，说明导致价格发生特定幅度变动的收益率变动越小，也即价格对收益率越敏感。由于 YV 理解起来不那么直观，因此在实务应用中主要采用 DV01 为多。

## 二、久期的计量分析

久期(Duration)是债券风险计量中最广泛应用的核心指标，久期是债券价格对利率/收益率变化的敏感性程度的度量。债券的久期越长，其价格弹性(或者说风险)越大。根据理解角度的不同，久期有不同的表达形式，最常用的久期类型主要有：麦考利久期、修正久期、近似久期等。久期的经济含义是什么？有哪些算法计量久期？以下分述之。

### （一）作为债券加权平均期限的麦考利久期

弗德里克·麦考利(Macaulay，1938)最早提出了久期的概念，并将之定义为债券现金流的加权平均期限，权重是每笔现金流的现值占所有现金流现值(即债券价格)的百分比。在付息日(即整数期)简化情形下，麦考利久期(Macaulay Duration)的计算公式为：

$$D=\frac{1}{P}\times\sum_{t=1}^{N}\frac{t\times C_t}{(1+y)^t}=\sum_{t=1}^{N}\frac{t\times C_t}{(1+y)^t}\Big/\sum_{t=1}^{N}\frac{C_t}{(1+y)^t}=\sum_{t=1}^{N}\left[\frac{C_t/P}{(1+y)^t}\right]\times t$$

其中：$D$ 表示麦考利久期；$P$ 表示债券当前价格；$C_t$ 表示债券在未来各期支付的利息和本金；$y$ 表示债券的贴现率(到期收益率)。

注意，$\sum_{t=1}^{N}\left[\frac{C_t/P}{(1+y)^t}\right]=1$，在麦考利久期公式中，每一项$\left[\frac{C_t/P}{(1+y)^t}\right]$都与其对应现金流发生的时间相乘，所以，麦考利久期就是债券现金流支付现值占债券价格比例按时间的加权平均值。可见，麦考利久期 $D$ 与剩余期限 $N$ 之间既有联系又有区别，麦考利久期小于(或等于)剩余期限。通常情况下，随着剩余期限的增加，麦考利久期也增加。与剩余期限相比，麦考利久期更能真实反映资金所实际承担价格波动风险的期限。

### （二）作为债券价格对收益率变动敏感性的修正久期

从另一个角度考察久期，修正久期(Modified Duration)作为债券价格对其贴现率(到期收益率 YTM)的弹性，揭示了修正久期为何能用来计量债券价格的波动性，同时也说明了为什么修正久期经常被用来计量债券的风险。修正久期计算推导过程如下：

正如之前所述，债券定价公式的一般化表达式为：

$$\begin{aligned}P&=\frac{C}{(1+y)^{1-d/td}}+\frac{C}{(1+y)^{2-d/td}}+\cdots+\frac{C+M}{(1+y)^{N-d/td}}\\&=\sum_{n=1}^{N}\frac{C}{(1+y)^{n-d/td}}+\frac{M}{(1+y)^{N-d/td}}\end{aligned}$$

其中：$N$ 为包含本期的剩余付息期（次）数，即包括 $N-1$ 个整数期，1 个分数期；$td$ 为本期所在付息期总天数（两个相邻付息日之间的天数）；$d$ 为从上个付息日至定价基准日之间间隔的天数。$W=d/td$ 为本期“已过分数期”，$1-W=1-d/td$ 为本期“剩余分数期”。

当到期收益率 $y$ 发生瞬间微小变化时（用 $\mathrm{d}y$ 表示），债券价格发生相应变化的幅度（用 $\mathrm{d}P$）可以用泰勒展开式进行估计。根据要求的精度不同，泰勒展开式可以有很多项，债券计算中通常只考虑前两项，表示如下：

$$\mathrm{d}P \approx \frac{\partial P}{\partial y} \times \mathrm{d}y + \frac{1}{2} \times \frac{\partial^2 P}{\partial y^2} \times (\mathrm{d}y)^2$$

也就是说，在假设其他变量（票息、本金、剩余期限）固定不变的条件下，债券价格变化是债券价格的一阶偏导数乘以收益率变化，加上二阶偏导数乘以收益率变化的平方的一半。公式第一项涉及修正久期，第二项涉及凸性。由此可得：

$$\text{麦考利久期 } D = -\frac{\partial P}{\partial y} \times \frac{1+y}{P} = -\frac{\Delta P/P}{\Delta y} \times (1+y)$$

$$= \text{修正久期 } D^* \times (1+y)$$

定义中加负号以确保麦考利久期为正数，因为债券收益率与其市值之间成反向关系，所以一阶导数本身是负的。

$$\text{修正久期} D^* = -\frac{\partial P}{\partial y} \times \frac{1}{P} = -\frac{\Delta P/P}{\Delta y} = \frac{\text{麦考利久期 } D}{1+y}$$

修正久期（$D^*$）直接与债券价格变化的百分比（$\Delta P/P$）相联系。

凸性定义为债券价格针对收益率的二阶导数。

$$\text{凸性 } C = \frac{\partial^2 P}{\partial y^2} \times \frac{1}{P}$$

把债券价格变化泰勒展开式两边除以债券价格 $P$，可得：

$$\frac{\mathrm{d}P}{P} \approx \frac{\partial P}{\partial y} \times \frac{1}{P} \times \mathrm{d}y + \frac{1}{2} \times \frac{\partial^2 P}{\partial y^2} \times \frac{1}{P} \times (\mathrm{d}y)^2$$

$$= -D^* \times \mathrm{d}y + \frac{1}{2} \times C \times (\mathrm{d}y)^2$$

也就是说，债券市值变化百分比，近似等于修正久期 $D^*$ 乘以收益率变动 $dy$ 的负数，加上凸性 $C$ 的一半乘以收益率变动的平方 $(dy)^2$。

现举例说明久期的第一种算法。有两只可选债券，债券 A 属于新券，刚发行不久，票面利率和当前的市场利率同为 5%；债券 B 属于老券，5 年前发行，当时的利率较高，票面利率为 10%，发行初始期限为 15 年，所以目前债券 B 剩余期限也为 10 年到期。两只债券的估值及久期计算如表 2—13 所示：

**表 2—13　　新老债券的久期对比分析**

到期收益率 YTM=5%；剩余期限=10 年；付息频率=1 次/年

| 时期 | 贴现因子 | 债券 A | | | 债券 B | | |
|---|---|---|---|---|---|---|---|
| | | 现金流 | 现金流现值 | t＊现金流现值 | 现金流 | 现金流现值 | t＊现金流现值 |
| 1 | 0.952 4 | 5 | 4.761 9 | 4.761 9 | 10 | 9.523 8 | 9.523 8 |
| 2 | 0.907 0 | 5 | 4.535 1 | 9.070 3 | 10 | 9.070 3 | 18.140 6 |
| 3 | 0.863 8 | 5 | 4.319 2 | 12.957 6 | 10 | 8.638 4 | 25.915 1 |
| 4 | 0.822 7 | 5 | 4.113 5 | 16.454 0 | 10 | 8.227 0 | 32.908 1 |
| 5 | 0.783 5 | 5 | 3.917 6 | 19.588 2 | 10 | 7.835 3 | 39.176 3 |
| 6 | 0.746 2 | 5 | 3.731 1 | 22.386 5 | 10 | 7.462 2 | 44.772 9 |
| 7 | 0.710 7 | 5 | 3.553 4 | 24.873 8 | 10 | 7.106 8 | 49.747 7 |
| 8 | 0.676 8 | 5 | 3.384 2 | 27.073 6 | 10 | 6.768 4 | 54.147 1 |
| 9 | 0.644 6 | 5 | 3.223 0 | 29.007 4 | 10 | 6.446 1 | 58.014 8 |
| 10 | 0.613 9 | 105 | 64.460 9 | 644.608 9 | 110 | 67.530 5 | 675.304 6 |
| 债券价格 | | | 100.00 | 810.782 2 | | 138.61 | 1 007.651 1 |
| 麦考利久期 D | | | 8.107 8 | | | 7.269 8 | |
| 修正久期 D* | | | 7.721 7 | | | 6.923 6 | |

计算结果表明，虽然两只债券的剩余期限相同(均为 10 年)，但债券 A 的麦考利久期(8.11 年)比债券 B 的久期(7.27 年)要长，且均短于剩余期限。这是因为债券 A 的平均偿还时间要大于债券 B 的平均偿债期。

再举一例说明在附息频率大于 1 的情形下的久期计算分析。债券 C 和债券 D 的剩余期限均为 5 年，估值到期收益率均为 10%。债券 C 为附息债券，票息率为10%，每年附息两次；债券D为零息债券，到期一次还本。两只债券的估值及久期计算如表2—14所示：

**表2—14　　附息债券与零息债券的久期对比分析**

到期收益率YTM=10%；剩余期限=5年；付息频率=2次/年

| 时期 | 贴现因子 | 债券C | | | 债券D | | |
|---|---|---|---|---|---|---|---|
| | | 现金流 | 现金流现值 | t＊现金流现值 | 现金流 | 现金流现值 | t＊现金流现值 |
| 1 | 0.952 4 | 5 | 4.761 9 | 4.761 9 | 0 | 0.0000 | 0.000 0 |
| 2 | 0.907 0 | 5 | 4.535 1 | 9.070 3 | 0 | 0.000 0 | 0.000 0 |
| 3 | 0.863 8 | 5 | 4.319 2 | 12.957 6 | 0 | 0.000 0 | 0.000 0 |
| 4 | 0.822 7 | 5 | 4.113 5 | 16.454 0 | 0 | 0.000 0 | 0.000 0 |
| 5 | 0.783 5 | 5 | 3.917 6 | 19.588 2 | 0 | 0.000 0 | 0.000 0 |
| 6 | 0.746 2 | 5 | 3.731 1 | 22.386 5 | 0 | 0.000 0 | 0.000 0 |
| 7 | 0.710 7 | 5 | 3.553 4 | 24.873 8 | 0 | 0.000 0 | 0.000 0 |
| 8 | 0.676 8 | 5 | 3.384 2 | 27.073 6 | 0 | 0.000 0 | 0.000 0 |
| 9 | 0.644 6 | 5 | 3.223 0 | 29.007 4 | 0 | 0.000 0 | 0.000 0 |
| 10 | 0.613 9 | 105 | 64.460 9 | 644.608 9 | 100 | 62.092 1 | 620.921 3 |
| 债券价格 | | | 100.00 | 810.782 2 | | 62.09 | 620.921 3 |
| 麦考利久期D | | | 4.053 9 | | | 5.000 0 | |
| 修正久期D* | | | 3.860 9 | | | 4.545 5 | |

附息债券贴现因子 $df(5Y)=P/F(y/2,10)=(1+y/2)\hat{}10=0.6139$

零息债券贴现因子 $df(5Y)=P/F(y,5)=(1+y)\hat{}5=0.6209$

附息债券麦考利久期(半年付息期)=810.782 2/100=8.107 8

附息债券麦考利久期(年化)=8.107 8/2=4.053 9

附息债券修正久期(年化)=4.053 9/(1+10%/2)=3.860 9

在付息频率大于1次/年的情形下，计算久期时要特别注意付息期与年化之间的转换关系。根据公式直接求出的久期是每一付息期的久期，本例中附息债券的现金流每半年发生一次，因此该久期是半年久期。为了将半年期久期调整为以年数计算的久期，必须将其除以2。计算结果表明，零息债券的麦考利久期等于其剩余期限(5)，而附息债券的麦考利久期(4.05)要小于剩余期限。

### (三)久期的简便算法与近似久期

久期的更简捷的算法可通过数学推导得出(详见附录),麦考利久期简捷计算公式如下:

$$D=\left[\frac{1+y}{y}-\frac{1+y+[N\times(r-y)]}{r\times[(1+y)^N-1]+y}\right]-t/T$$

$$=\frac{P/A(C,y,N)}{P}\times\frac{1+y}{y}+\left(1-\frac{P/A(C,y,N)}{P}\right)\times\frac{y-r}{y}\times N-t/T$$

$$=y_c/y\times P/A(1,y,N)\times(1+y)+(1-y_c/y)\times N-t/T$$

其中,$r$ 为票息率,$r=C/M$;$y_c$ 为当期收益率,$y_c=C/P$。

我们仍以债券 B 为例,按简捷算法重新计算验证如下:

债券价格 $P=138.61$,剩余期限 $N=10$,$t/T=0$,票息率 $r=10\%$,到期收益率 $y=5\%$,当期收益率 $y_c=10/138.61=7.214\ 6\%$

年金现值因子 $P/A(1,5\%,10)=7.721\ 7$。票息年金现值 $P/A(10,5\%,10)=77.217\ 3$

$$D=\left\{\frac{1+5\%}{5\%}-\frac{1+5\%+[10\times(10\%-5\%)]}{10\%\times[(1+5\%)^{10}-1]+5\%}\right\}=8.107\ 8$$

$$D=\frac{77.217\ 3}{138.61}\times\frac{1+5\%}{5\%}+\left(1-\frac{77.217\ 3}{138.61}\right)\times\frac{5\%-10\%}{5\%}\times10=8.107\ 8$$

$$D=7.214\ 6\%/5\%\times7.721\ 7\times(1+5\%)+(1-7.214\ 6\%/5\%)\times10$$
$$=8.107\ 8$$

三种简捷算法计算结果与之前的计算结果完全相同。

在付息日($t/T=0$),债券以面值(平价)交易($r=y$),此时,麦考利久期公式可进一步简化为:

$$D=\frac{1+y}{y}\times\frac{P/A(C,y,N)}{P}$$

对于零息债券而言,票息率 $r=0$,票息年金现值 $P/A(C,y,N)=0$,即票息年金现值与债券价格(本息现值)之比率 $P/A(C,y,N)/P=0$,因此,零息债券的麦考利久期 $D=N-t/T$。也就是说,零息债券的麦考利久期(加权平均剩余期限)恰好等于债券的剩余期限。

上述分析的久期算法都是通过理论定价公式推导而来,因此可称为理论久期,计算比较复杂难懂。实务中更常用的是更加直观简便的统计算法,称为近似久期。由于修正久期是债券价格变化之敏感度的计量,我们可以通过简单地将收益率提高或降低较小幅度,然后考察价格如何变化来近似测量。具体操作过程如下:

设债券的初始价格为 $P_0$;债券收益率变化 $\Delta y$;当收益率下行 $\Delta y$ 时债券价格为 $P_-$;当收益率上行 $\Delta y$ 时的债券价格为 $P_+$。

当收益率小幅下行 $\Delta y$,价格变化率为 $(P_- - P_0)/P_0$;当收益率小幅上行 $\Delta y$,价格变化率为 $(P_0 - P_+)/P_0$。取两种情形下的平均值,即可得到近似久期:

$$D \approx \frac{1}{2} \times \left[\frac{P_- - P_0}{P_0 \times \Delta y} + \frac{P_0 - P_+}{P_0 \times \Delta y}\right] = \frac{P_- - P_+}{2 \times P_0 \times \Delta y}$$

仍以债券 B 为例,该剩余期限为 10 年,附息频率为 1 次/年,债券票息率为 10%,初始收益率为 5%,初始价格为 138.61。近似久期计算过程如下:

第 1 步:将债券收益率提高 10 个基点($\Delta y = 0.001$),从 5%提高到 5.1%。新的价格($P_+$)为 137.65 元。

第 2 步:将债券收益率降低 10 个基点,从 5%降低到 4.9%。新的价格($P_-$)为 139.57 元。

第 3 步:计算得出近似久期为 6.923 7,对照之前修正久期的计算结果为 6.923 6,误差非常小。

**(四)久期与剩余期限之间的关系**

从久期公式可以看出,在其他变量不变的情况下,债券剩余期限越大,麦考利久期似乎也越大,这意味着债券价格相对收益率变动的波动性也越大。但这并非绝对,而是有条件的成立。

首先,考虑剩余期限变大情形。当 $N$(债券剩余计息周期数)趋于无穷大时(永续债券),久期会呈现有趣的性质。考虑在付息日的简化情形

($t/T=0$)，麦考利久期的简捷公式简化如下：

$$D(t/T=0)=\left\{\frac{1+y}{y}-\frac{1+y+[N\times(r-y)]}{r\times[(1+y)^{N}-1]+y}\right\}$$

当 $N$ 趋于无穷大时，公式第 2 项的分母变大的速度要快于分子，所以整个第 2 项变为 0，麦考利久期变成 $(1+y)/y$。

其次，考虑溢价情形。票息率大于到期收益率($r>y$)，上述久期公式的第 2 项的分子和分母永远为正数，所以麦考利久期肯定小于 $(1+y)/y$。对于较长期限的溢价债券而言，其他条件相同时，其久期从单调增长并趋于永续债券的久期这个极限。在付息日一直平价交易的债券($r=y$)也同样如此。假如交易发生在两个付息日之间($t/T>0$)，我们会看到锯齿形的久期图形，在一个计息期内，随着时间流逝，久期平滑地下降(假定收益率不变)，但在付息后即刻向上跳跃。这意味着久期在付息日前后往往存在不稳定现象。

最后，考虑折价情形。此时票息率小于到期收益率($r<y$)。当 $N$ 足够大时，分子变成负数，此时，麦考利久期大于 $(1+y)/y$。但当 $N$ 进一步增大时，久期平滑地从上面趋向于永续债券的久期这一极限值。

综上所述，如果将剩余期限与麦考利久期之间的关系展示为图形，则对于零息债券而言，其久期是呈 45°角的直线，因为债券剩余期限与麦考利久期相同；对于永续债券而言，久期是在 $(1+y)/y$ 处的平行直线。

需要注意的是，久期是债券价格针对收益率变动的有偏估计，在利率上行时，它高估损失；在利率下行时，它低估盈利。

## 三、凸性的计量分析

以上我们分析了如何利用久期来估算当收益率变化时债券价格的变化。在标准的附息债券中，价格与收益率之间呈现一条弯曲的曲线，在图 2—11 中，有一条直线在 $y^*$ 点与描述价格/收益率关系的曲线相切。切线显示了价格在此点(收益率)随利率变化的速率。显然，切线斜率的绝对值即为债券的修正久期。假设收益率发生变化，如果我们用该条切线来估计新的价格，如图中所示，横轴与切线之间的距离代表了利用久期估算的债券价格。注意，在新的收益率处（无论是上行还是下行），线性近似估算总是低估了实际价格。只不过如果收益率变动较小时（$y_2$ 和 $y_3$），价格误差较小；而在收益率变动较大时（$y_1$ 和 $y_4$），价格误差就非常大了。误差的存在与曲线的凸性相关。因此，从风险计量分析角度，我们需要在久期基础上进一步探究凸性值。

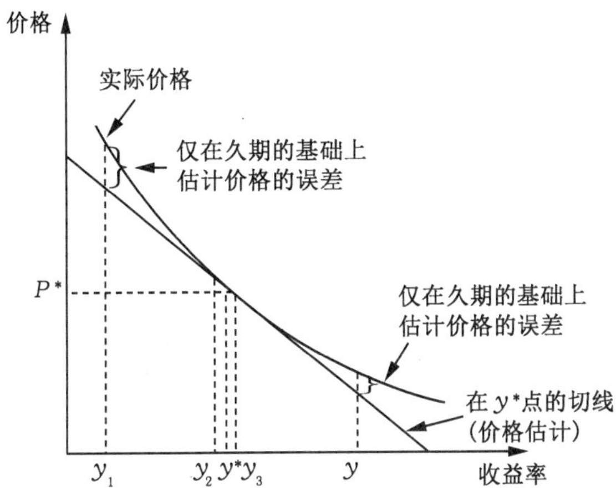


**图 2－11　在标准的附息债券中，价格与收益率关系**

### (一)凸性的计量分析

前文论及过，凸性是债券价格针对收益率的二阶导数。

$$凸性\ C=\frac{\partial^2 P}{\partial y^2}\times\frac{1}{P}=\sum_{t=1}^{N}\frac{t\times(t+1)\times C_t}{P\times(1+y)^{t+2}}$$

$$=\frac{\sum_{t=1}^{N}t\times(t+1)\times P/F(C_t,y,t)}{P\times(1+y)^2}$$

凸性的理论算法方式非常复杂难解，具体的解析公式可以通过数学推导得出（具体推导过程见附录）。在付息日（$t/T=0$）简化情形下，凸性的计算公式如下：

$$C=\frac{\left[2\times r\times(1+y)^2\times\left((1+y)^N-\frac{1+y+y\times N}{1+y}\right)\right]+N\times(N+1)\times y^2\times(y-r)}{y^2\times(1+y)^2\times\{r\times[(1+y)^N-1]+y\}}$$

虽然项目繁多，但变量只有3个：票息率 $r$，到期收益率 $y$，剩余期限 $N$。特别地，对于零息债券（$r=0$），凸性 $C=N\times(N+1)/(1+y)^2$。

仍以债券B为例，理论凸性计算过程如下：

**表2—15　　债券B的凸性计算**

到期收益率 YTM=5%；剩余期限=10年；付息频率=1次/年

| 时期 $t$ | 贴现因子 $df(t)=P/F(1,y,t)$ | 现金流 $Ct$ | 现金流现值 $P/F(Ct,y,t)=Ct*df(t)$ | $t*(t+1)$ | $t*(t+1)*$现金流现值 |
|---|---|---|---|---|---|
| 1 | 0.952 4 | 10 | 9.523 8 | 2 | 19.047 6 |
| 2 | 0.907 0 | 10 | 9.070 3 | 6 | 54.421 8 |
| 3 | 0.863 8 | 10 | 8.638 4 | 12 | 103.660 5 |
| 4 | 0.822 7 | 10 | 8.227 0 | 20 | 164.540 5 |
| 5 | 0.783 5 | 10 | 7.835 3 | 30 | 235.057 8 |
| 6 | 0.746 2 | 10 | 7.462 2 | 42 | 313.410 5 |
| 7 | 0.710 7 | 10 | 7.106 8 | 56 | 397.981 5 |
| 8 | 0.676 8 | 10 | 6.768 4 | 72 | 487.324 3 |
| 9 | 0.644 6 | 10 | 6.446 1 | 90 | 580.148 0 |
| 10 | 0.613 9 | 110 | 67.530 5 | 110 | 7 428.350 4 |
| 债券价格 | | | 138.61 | | 9 783.943 0 |
| 凸性C | | | | | 64.024 3 |

$$凸性\ C=\frac{9\ 783.943\ 0}{138.61\times(1+5\%)^2}=64.024\ 3$$

正如近似久期一样，实务中很少采用这些复杂的凸性理论公式，而是直接采用近似凸性算法。近似凸性计算公式如下：

$$C\approx\frac{P_-+P_+-2\times P_0}{(\Delta y)^2\times P_0}$$

债券 B 的近似凸性为：

$$C \approx \frac{139.57 + 137.65 - 2 \times 138.61}{(0.1\%)^2 \times 138.61} = 64.0250$$

正如所预期的一样，近似凸性值(64.025 0)与理论久期(64.024 3)非常接近。

对于不含权的标准债券而言，凸性具有以下特征：

(1)凸性衡量久期的边际变化率(即凸性是久期的一阶导数)。随着收益率的上行(下行)，债券的久期将减小(增大)，凸性亦随之减小(增大)。

(2)对于既定的收益率和期限，票息率越低，债券的凸性越大。对于两种期限相同的债券而言，零息债券的凸性比附息债券的凸性要大。

(3)对于既定的收益率和修正久期，票息率越低，凸性就越小。对于既定的修正久期，零息债券的凸性最小。

(4)随着久期的增大，债券的凸性以加速度上升。

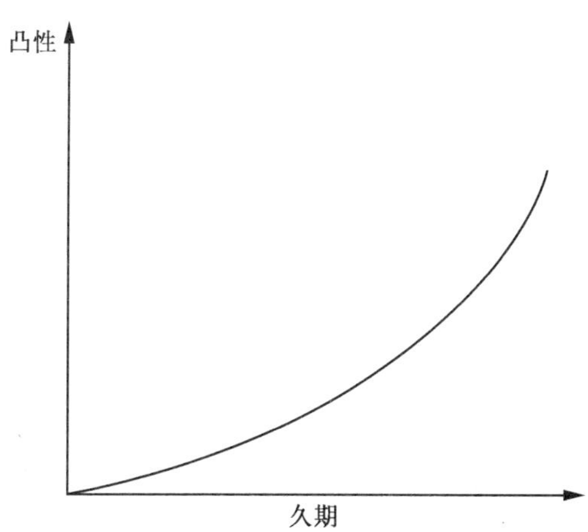


**图 2—12　久期增大，凸性加速上升**

### (二)利用久期和凸性计量债券价格波动风险

修正久期是对债券价格变化的一阶近似，而凸性是对价格变化的二阶近似。

$$归因于久期的价格变化率=-修正久期D^{*}\times收益率变化\Delta y$$

$$归因于凸性的价格变化率=\frac{1}{2}\times凸性C\times(收益率变化\Delta y)^{2}$$

正如之前所述，在收益率变化非常小的情形下，利用修正久期进行价格变动近似估计就足够精确了。但如果收益率变化较大，久期估计的误差就会变大，此时，利用凸性估计进行修正调整以大幅度减小误差。

仍以债券 B 为例。利用久期和凸性解释价格变化的计算分析过程如下：

**表 2—16　　　　利用久期和凸性估计价格变化**

票面利率：10%　　　　债券价格：138.61

到期收益率 YTM：5%　　　　修正久期：6.9237

剩余期限(年)：10　　　　凸性：64.0250

付息频率：1

| 收益率变化 $\Delta y$ | 收益率 | 价格 | 价格变化率(%) | 归因于久期的价格变化率 | 归因于凸性的价格变化率 | 归因于久期和凸性合计 | 估计误差 |
|---|---|---|---|---|---|---|---|
| −2.0% | 3.00% | 159.71 | 15.224 7% | 13.847 4% | 1.280 5% | 15.127 9% | 0.096 8% |
| −1.0% | 4.00% | 148.67 | 7.255 5% | 6.923 7% | 0.320 1% | 7.243 8% | 0.011 6% |
| −0.1% | 4.90% | 139.57 | 0.695 6% | 0.692 4% | 0.003 2% | 0.695 6% | 0.000 0% |
| 0.0% | 5.00% | 138.61 | | | | | |
| 0.1% | 5.10% | 137.65 | −0.689 2% | −0.692 4% | 0.003 2% | −0.689 2% | 0.000 0% |
| 1.0% | 6.00% | 129.44 | −6.614 5% | −6.923 7% | 0.320 1% | −6.603 6% | −0.011 0% |
| 2.0% | 7.00% | 121.07 | −12.652 8% | −13.847 4% | 1.280 5% | −12.566 9% | −0.086 0% |

(1)收益率变化分别为±0.1%、±1%、±2%

(2)归因于久期的价格变化=−修正久期×收益率变化

(3)归因于凸性的价格变化=1/2×凸性×收益率变化^2

(4)估计误差=无法用久期和凸性解释的价格变化部分

以 5%收益率为初始基准，考虑收益率变化±0.1%、±1%、±2%情况下，利用久期和凸性估计价格变化的解释程度及可能存在的误差。从结算结果可知，在收益率变化很小的情形下($\Delta y=\pm0.1\%$，即 10BP)，久期的影响占绝对地位，误差几乎可忽略不计；随着收益率变化幅度的增大，久期的影响力仍不可动摇，但同时凸性的影响力逐渐凸显；在收益率变化非常大的情形下，同时考虑久期和凸性的影响，估计误差仍将存在并且呈增大趋势，但从实务操作角度，误差程度基本在可接受范围之内。

## 第五节　随机利率二叉树模型与含权债券定价

对债券进行估值定价时，我们之前采用的方法是对未来所有的预期现金流统一用到期收益率 YTM 进行贴现，但实际上最科学合理的方法是采用即期利率（零息债券的到期收益率）或者用远期利率对相应期限的现金流进行贴现。当然，如果适用得当，三种方法计算出来的结果应该是一致的，因为即期利率和远期利率都是从到期收益率中间接推导剥离出来的。

以上三种估值定价算法都是采用在基准日已经锁定的各期利率参数，因此也称为确定性利率定价模型，其对于标准债券定价也是完全适用的。但当债券附有可赎回或者可回售条款时，由于这些条款具有内嵌期权特征，因此会使得债券的有效期限具有不确定性，单纯地以即期利率或远期利率贴现就不尽合理了。此外，当前计算得出的未来的即期利率和远期利率与未来在不同情境下实际发生的利率是不同的，利率的波动程度会影响对未来的即期和远期利率的估计，这也会对含权债券的价格产生影响。

为了对含权债券进行有效地估值定价，我们需要引进随机利率模型，其中最简洁直观的随机利率二叉树模型为 BDT 模型（Black-Derman-Toy Stochastic Term-Structure Model）。与股票期权定价直接围绕价格波动构建价格二叉树模型不同，债券期权定价围绕利率波动间接构建利率二叉树模型，确定了各贴现路径对应的利率序列，债券价格即可根据该利率序列进行现金流贴现得到。

### 一、从到期收益率剥离出即期利率和远期利率

#### （一）从到期收益率推导出即期利率

鉴于各期限的零息债券（直接获得对应期限的即期利率）往往难以直

接得到，假设我们从市场挑选出有代表性的三只附息债券，期限分别是1年、2年、3年，其到期收益率分别为5%、5.5%、6%，面额都是100。据此，计算各期限的即期利率 $Z$。

1. 计算1年期即期利率 $Z_1$

将1年期附息债券视为平价债券（实际上债券可能处于溢价或者折价状态，其到期收益率也不等于其票面利率，此处采用简化算法，以面值100代替市价，以到期收益率代替票面利率，误差可控），其到期收益率5%视为票面利率。所以计算 $Z_1$ 如下：

$$100=\frac{100+5}{1+Z_1}\rightarrow Z_1=5\%$$

事实上，第1年的即期利率等于其到期收益率。

2. 计算2年期即期利率 $Z_2$

同样，将2年期附息债券视为平价债券，其到期收益率5.5%视为票面利率。所以计算 $Z_2$ 如下：

$$100=\frac{5.5}{1+5\%}+\frac{100+5.5}{(1+Z_2)^2}\rightarrow Z_2=5.514\%$$

3. 计算3年期即期利率 $Z_3$

将3年期附息债券视作平价债券，其到期收益率5%视为票面利率。所以计算 $Z_3$ 如下：

$$100=\frac{6}{1+5\%}+\frac{6}{(1+5.514\%)^2}+\frac{100+6}{(1+Z_3)^3}\rightarrow Z_3=6.041\%$$

根据到期收益率通过逐步剥离法计算出的即期利率代表的是现在债券到期收益率曲线所隐含的利率期限结构，但并不能代表在未来不同情况下的随机利率。

### （二）从即期利率推导出远期利率

在即期利率的基础上，我们还可以由此计算出远期利率。计算过程如下：

（1）在 $t=0$ 的远期利率 ${}_0f_1$（为期1年）也是 $t=0$ 的即期利率

$(1+5\%)=(1+{}_0f_1)\rightarrow{}_0f_1=5\%$

(2)在 $t=0$,观察从 $t=1$ 生效至 $t=2$ 的远期利率${}_1f_2$ 计算如下:

$(1+5.514\%)^2=(1+5\%)\times(1+{}_1f_2)$

解得 ${}_1f_2=6.031\%$

计算远期利率的公式是利用了无套利条件:为期 2 年的投资收益率(2 年期即期利率)=每年按其远期利率滚动投资 2 年的投资收益率。

(3)在 $t=0$,观察从 $t=2$ 生效至 $t=3$ 的远期利率${}_2f_3$ 计算如下:

$$(1+6.041\%)^3=(1+5\%)\times(1+6.031\%)\times(1+{}_2f_3)$$
$$=(1+5.514\%)^2\times(1+{}_2f_3)$$

解得 ${}_2f_3=7.103\%$

一次性投资 3 年期债券的收益率应该等于每年按该年的 1 年期远期利率投资,连续滚动投资 3 年的累计收益率,否则就存在套利机会,导致相关价格变动,直至套利机会消失。

以此类推,可知在 $t=0$,从 $t=n-1$ 生效至 $t=n$ 的远期利率${}_{n-1}f_n$ 计算如下:

$${}_{n-1}f_n=\frac{(1+Z_n)^n}{(1+Z_{n-1})^{n-1}}-1$$

将到期收益率、即期利率和远期利率的计算结果列示在表格中,如表 2—17 所示:

**表 2—17　　到期收益率、即期利率和远期利率的计算结果**

| 期限 | 到期收益率 | 即期利率 | 远期利率 |
|---|---|---|---|
| 1 年 | 5% | 5% | 5% |
| 2 年 | 5.5% | 5.514% | 6.031% |
| 3 年 | 6% | 6.041% | 7.103% |

## (三)利用即期利率或者远期利率对债券定价

用即期利率或者远期利率来贴现计算债券的价值,得到的结果都是一样的。以 3 年期票面利率为 6%、到期收益率为 6%、面额为 100 的债券为例：

(1)以到期收益率贴现定价：

$$\frac{6}{1+6\%}+\frac{6}{(1+6\%)^2}+\frac{100+6}{(1+6\%)^3}=100.00$$

(2)以即期利率贴现定价：

$$\frac{6}{1+5\%}+\frac{6}{(1+5.514\%)^2}+\frac{100+6}{(1+6.041\%)^3}=100.00$$

(3)以远期利率贴现定价：

$$\frac{6}{1+5\%}+\frac{6}{(1+5\%)(1+6.031\%)}$$

$$+\frac{106}{(1+5\%)(1+6.031\%)(1+7.103\%)}=100.00$$

可见，用到期收益率、即期利率、远期利率三种计算途径对债券定价，结果是等效的。

## 二、随机利率二叉树 BDT 模型的构建

接下来，我们利用上述三只不同期限的代表性债券构建无套利的随机利率二叉树 BDT 模型，它代表在未来不同情况下的利率变化的一个随机过程。

首先，我们假设未来的利率波动率 $\sigma$ 为 10%(通过历史数据统计得到)，并且同时假设利率二叉树从任意节点上行到达较高利率节点或下行到达较低利率节点的概率是相同的，即 $p=1/2$，以此建立利率二叉树结构，设置步长 $\Delta t=1$ 年，即远期利率的期限间隔为 1 年。

### (一)计算第 1 期($T=1$)上升及下降的远期利率($r_{1u}$ 及 $r_{1d}$)

为计算 $r_{1u}$、$r_{1d}$，我们要用到之前选择的 2 年期代表性债券，票面利率为 5.5%，用该债券的价格对模型的利率参数进行校准。我们需要知道 $r_{1u}$ 及 $r_{1d}$ 为何值时，该债券的未来现金流折现到当前时刻的现值为 100。$r_{1u}$ 和 $r_{1d}$ 的关系为 $r_{1u}=r_{1d}e^{2\sigma}$。例如，假设 $r_{1d}=4.9\%$，则 $r_{1u}=(4.9\%)e^{0.1(2)}=5.985\%$。此时，以 4.9% 和 5.985% 对未来现金流进行

折现的现值不等于 100。所以，我们再次假设 $r_{1d}=5.432\%$，则 $r_{1u}=(5.432\%)e^{0.1(2)}=6.635\%$。此时，以 5.432%和 6.635%对未来现金流进行折现的现值恰好等于 100。因此，这两个利率就是无套利条件下的第 1 期上升及下降的远期利率。在猜测 $r_{1d}$ 时，由于准确快速地猜到相当不易，通常采用 Excel 中的规划求解功能，也可使用计算机程序进行求解。推算过程如图 2—12 所示：

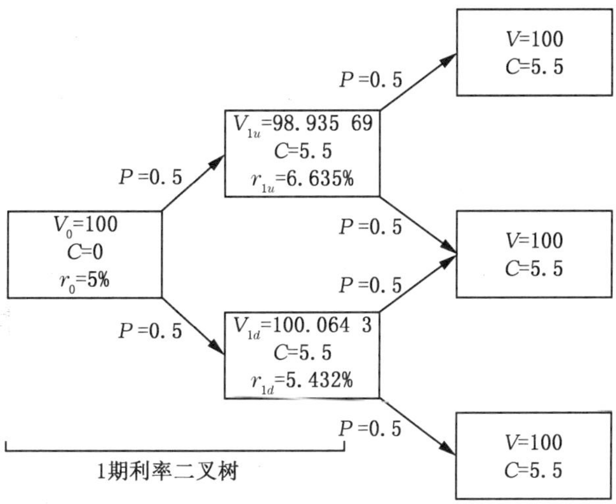


**图 2—13 猜测 $r_{1d}$ 过程**

其中，$V$ 是该债券的到期面值，$C=5.5$ 是该债券的每期利息，$V_{1u}$ 和 $V_{1d}$ 是第 1 期利率在上升和下降两种情况下分别计算出来的债券价值，$V_0$ 即为债券现值，$r_0$ 为期初远期利率(正如之前计算的，在期初的远期利率等于即期利率，5%)。

**(二)求第 2 期($T=2$)上升下降的远期利率($r_{2ud}$ 及 $r_{2uu}$)**

同理，求第 2 期上升下降的远期利率时，也需要先猜测 $r_{2dd}$ 的值，后由 $r_{2ud}=r_{2dd}e^{2\sigma}$，$r_{2uu}=r_{2dd}e^{4\sigma}$，求出 $r_{2ud}$、$r_{2uu}$ 的值。

需要注意的是，图 2—14 设置的步长 $\Delta t=1$ 年，如果设置 $\Delta t$ 为其他任意时间段，例如 $\Delta t=1/365$(以 1 天为 1 期)，1/12(以 1 月为 1 期)，1/4

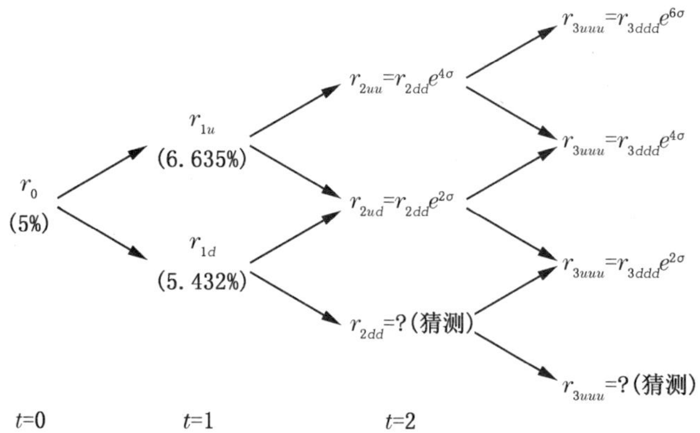


**图 2—14 猜测 $r_{2dd}$ 过程**

(以 1 季为 1 期)等,所以,此时公式为:$t=1$ 期,$r_{1u}=r_{1d}e^{2\sigma\sqrt{\triangle t}}$;$t=2$ 期,$r_{2ud}=r_{2dd}e^{2\sigma\sqrt{\triangle t}}$,$r_{2uu}=r_{2dd}e^{4\sigma\sqrt{\triangle t}}$;$t=3$ 期,$r_{3udd}=r_{3ddd}e^{2\sigma\sqrt{\triangle t}}$,$r_{3uud}=r_{3ddd}e^{4\sigma\sqrt{\triangle t}}$ 等。

现在计算第 2 期的三个远期利率。此时,我们要用到之前选择的 3 年期代表性债券,票面利率 6%,通过远期利率校准,使得各路径加权平均贴现值等于该债券现价。通过数学规划求解功能,我们可求得无套利条件下的利率为:$r_{2dd}=5.769\%$,由此可得 $r_{2ud}=7.046\%$,$r_{2uu}=8.606\%$。根据这三个单期利率折现,3 年期票息率 6%的债券的现值为 100,其利率二叉树如图 2—14 所示。

至此,利率二叉树的 BDT 模型构建完成,我们可以利用经校准的随机利率模型中的远期利率参数来计算其他的无期权债券、可赎回债券和可回售债券的价格。

## 三、利用 BDT 模型对纯债券、可赎回与可回售债券定价

### (一)纯债券(不含权)的定价

沿用之前选择的 3 年期票息率 6%的债券定价为例子,之前采用确定性模型中的到期收益率、即期利率和远期利率,三种方法得到的债券价

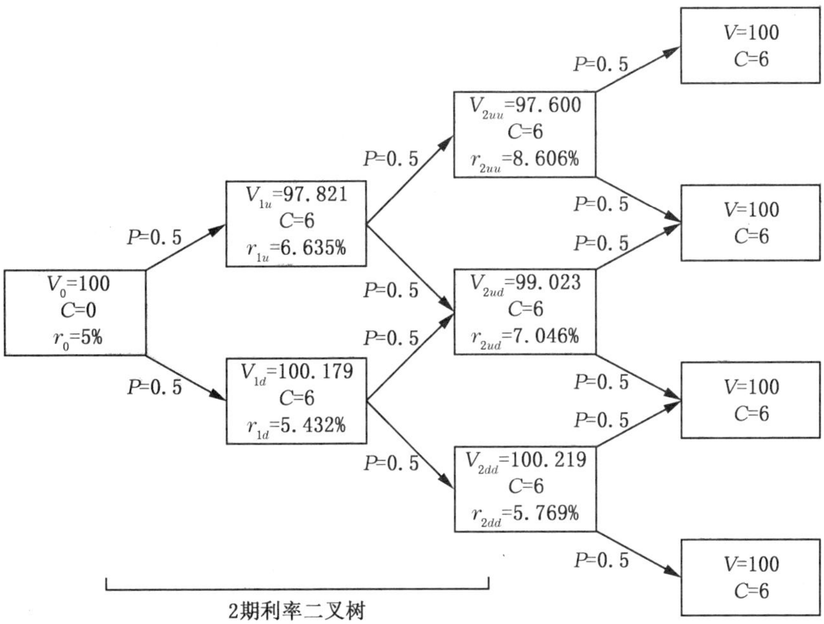


**图 2—15　第二期的三个远期利率二叉树**

格为 100.00。现根据随机利率 BDT 模型重新定价，计算过程图 2—15 所示。

计算过程为从最后节点（债券到期）沿着二叉树路径逐个节点向前回溯，计算每个节点的债券价值（路径贴现值的概率加权平均值），直至初期的加权平均贴现值（即债券价格）。我们选择其中一条路径（$V_T \to V_{2dd} \to V_{1d} \to V_0$）来解释。债券第 3 年末到期时（$T=3$）的价值为本金加利息，因此 $V_T=106$。往回追溯，第 2 年末（$T=2$）的价值（不含本期利息）$V_{2dd}=\dfrac{(106+106)/2}{1+5.769\%}=100.219$。同样方法可得 $V_{2ud}=\dfrac{(106+106)/2}{(1+7.046\%)}=99.023$。

再往回追溯，第 1 年末（$T=1$）的价值（不含本期利息，但必须考虑第 2 年的利息）$V_{1d}=\dfrac{(100.219+99.023+6+6)/2}{1+5.432\%}=100.179$。同理，可得

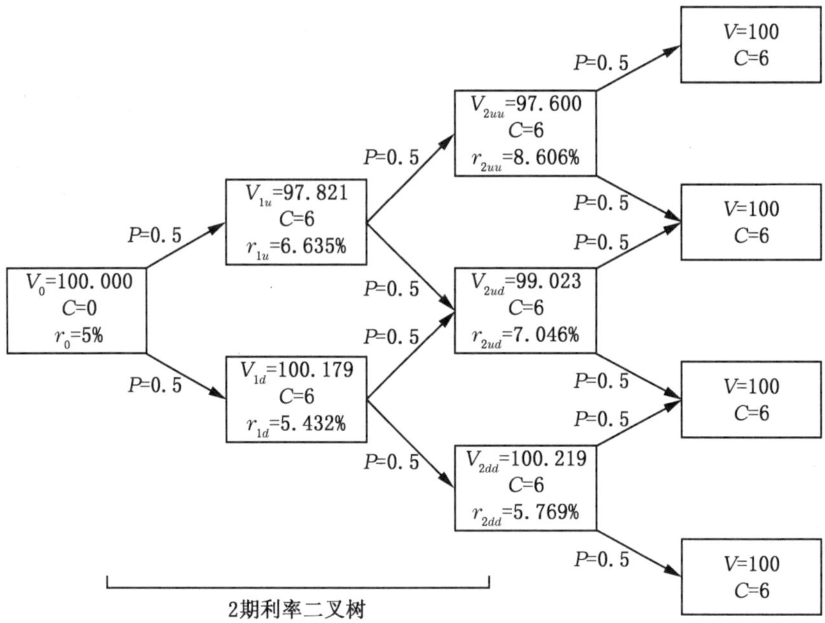


**图 2—16　根据随机利率 BDT 模型重新定价计算过程**

$V_{1u}=97.821$。

最后回溯至初期($T=0$),$V_0=\dfrac{(97.821+100.179+6+6)/2}{1+5\%}=100$

由此可以看出,利用随机利率二叉树模型对无内嵌期权的纯债券定价的结果与用确定性模型计算得到的债券价格是相等的。这也说明,我们可以用代表性债券来对随机利率模型进行利率参数校准,使得随机利率参数符合当前市场的实际情况。然后,就可以利用该利率参数对其他债券进行无套利定价。

### (二)可赎回债券的定价

可赎回债券是指债券发行人在债券到期之前的一定期限内可以预先约定的价格赎回的一种债券。可赎回债券具有普通债券的基本要素,只是另外赋予发行人一份可以提前赎回债券的权利(但没有义务),这种权利实际上是一份债券的看涨期权。所以，当投资者购买一份可赎回债券，就相当于买入了一份普通无期权债券，同时向债券发行方卖出了一份看涨期权。因此，可赎回债券的价值为：

可赎回债券的价值＝可比的无期权债券价值－看涨期权价值

举例来说，如果我们为3年期票息率6％的标准债券附加上可赎回条款：债券发行方在债券发行后每一年的付息日都有权利以100元的价格赎回该债券。那么对于债权发行方来说，如果在$t$时点债券的价格＞赎回价格，债权发行方就可能执行赎回债券的权利。所以，我们在倒推计算债券价格时，需要检验每一节点的折现值是否大于赎回价格100元。若大于，则发行公司会赎回该债券，这一时点的债券价格就应该是100元了。

比如说，在图2－15价格倒推的计算过程中，$V_{2dd}$的价格为100.219元，大于赎回价格100元，发行方将以100元的价格赎回该债券，因此此时$V_{2dd}$＝100元，而不再是100.219元。同理，对其他节点的价格也要进行上述比较过程，这样一直折现回到$t$＝0，最终求得可赎回债券价格为99.915元。此时计算可得看涨期权的价值为：

可比的无期权债券价值(100.000)－可赎回债券价值(99.915)＝0.085元

其推导过程如图2－17所示。

### (三)可回售债券价格的计算

可回售债券是债券发行人允许投资者在一定的时期内将债券以预先约定的价格售回的债券。它与可赎回债券类似，都具有普通债券的基本要素，但与可赎回债券不同的地方在于，可回售债券是赋予了投资者一份债券的看跌期权。所以，当投资者购买了一份可回售债券，就相当于买入了一份普通无期权债券，同时向债券发行方又买入了一份看跌期权。因此，可回售债券的价值为：

可回售债券的价值＝可比的无期权债券价值＋看跌期权价值

由上述公式可知，普通无期权债券、可赎回债券、可回售债券的价值

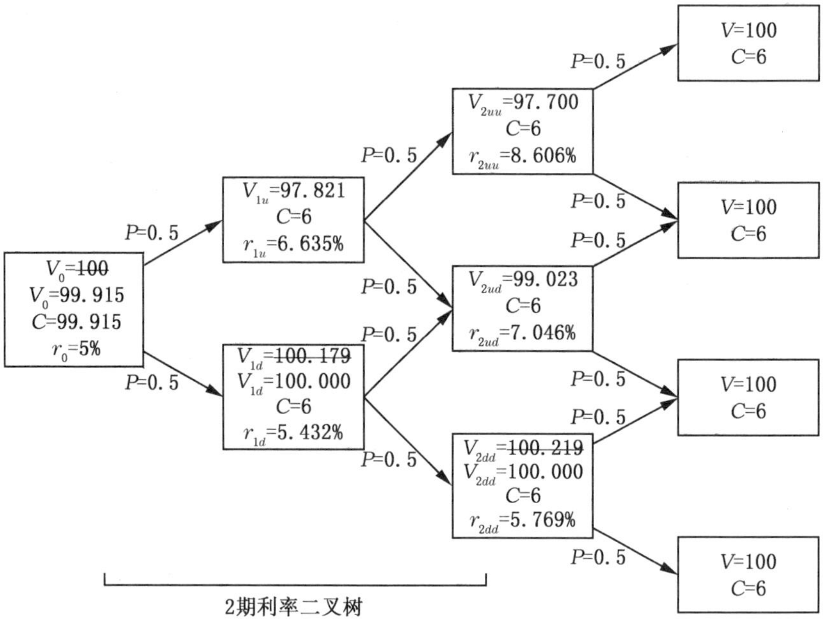


**图 2—17　看涨期权价值的推导过程**

满足下述关系式：

可赎回债券价值＜可比的无期权债券的价值＜可回售债券的价值

现在将上例所述的可赎回条款改为可回售条款：债券投资者有权（但没有义务）在每年的付息日以 100 元的价格回售给债券发行方。那么，对于债券投资者来说，如果在 $t$ 时点债券的价格＜赎回价格，投资者就可能执行回售债券的权利。所以，我们在倒推计算债券价格时，需要检验每一节点的折现值是否小于赎回价格 100 元。若小于，则投资者会回售该债券，这一时点的债券价格就应该是 100 元了。

比如说，在图 2—16 价格倒推的计算过程中，$V_{2uu}$ 的价格为 97.600 元，小于赎回价格 100 元，投资者将以 100 元的价格回售该债券，因此此时 $V_{2uu}$＝100 元，而不再是 97.600 元。同理，对其他节点的价格也要进行上述比较过程，这样一直折现回到 $t=0$，最终求得可赎回债券价格为

100.952 元。此时计算可得看跌期权的价值为：

可回售债券价值(100.952)－可比的无期权债券价值(100.000)＝0.952 元

其推导过程如图 2—18 所示。

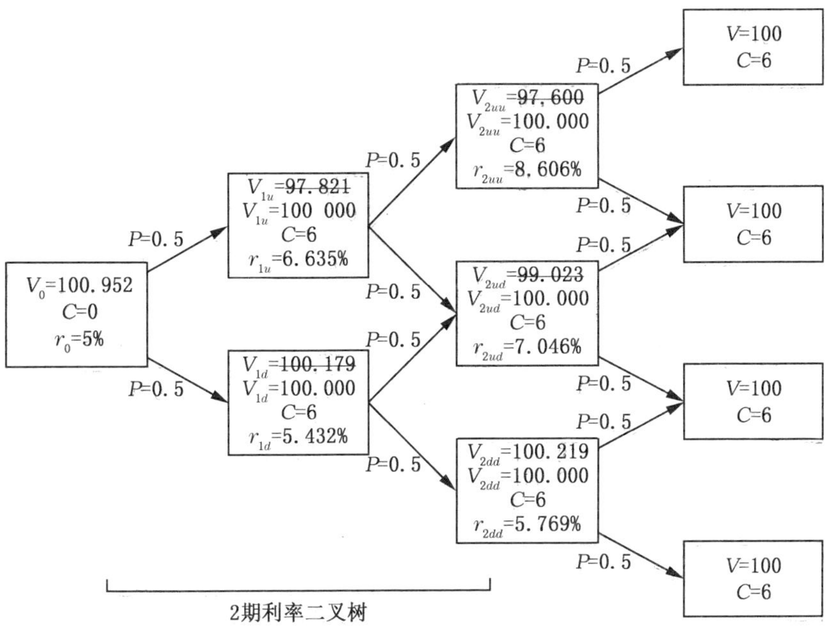


**图 2—18　看跌期权价值的推导过程**

若债券同时附有赎回条款和回售条款，只需将两种计算方法并行使用，在倒推的每一个节点都同时检验是否会有赎回或者回售的情况发生。若在该节点上有回售情况，则以回售价格取代现值；若有赎回情况，则以赎回价格取代现值。

最后说明一点，利用随机利率二叉树 BDT 模型，还可以对可转换债券等其他更加复杂的债券衍生产品进行定价分析，是金融工程中的核心技术，限于篇幅，不赘述。

## 四、附录

### (一)单利规则下短期贴现式债券的贴现率与收益率之间的转换关系

在单利规则下,基于收益率(追加利率)计息规则的短期(1 年及以内)贴现式债券的现值与终值之间的逻辑关系,可得:

$$M=PV\times\left[1+y\times\frac{\mathrm{D}(T)}{\mathrm{D}(Y)}\right]$$

经整理可得:

$$\frac{M}{PV}=\left[1+y\times\frac{\mathrm{D}(T)}{\mathrm{D}(Y)}\right]=\left[1+y\times\frac{\mathrm{D}(T)}{365}\right]$$

其中:$D(Y)=365$(或 366),根据收益率计息日规则($ACT/ACT$)。为便于理解,公式中统一用 365 替代。$D(T)$表示剩余期限天数,$M$ 为终值(面值),$PV$ 为现值。

同理,在单利规则下,基于贴现利率计息规则的短期(1 年及以内)贴现式债券的现值与终值之间的关系,可得:

$$PV=M\times\left[1-d\times\frac{\mathrm{D}(T)}{\mathrm{D}(Y')}\right]$$

经整理可得:

$$\frac{M}{PV}=\frac{1}{\left[1-d\times\frac{\mathrm{D}(T)}{\mathrm{D}(Y')}\right]}=\frac{1}{\left[1-d\times\frac{\mathrm{D}(T)}{360}\right]}$$

其中:$\mathrm{D}(Y')=360$,根据货币市场计息日规则($ACT/360$)。为便于理解,公式中统一用 360 替代。

两个公式的左边相等,因此结合后可得:

$$\left[1+y\times\frac{\mathrm{D}(T)}{365}\right]=\frac{1}{\left[1-d\times\frac{\mathrm{D}(T)}{360}\right]}$$

经整理可得:

$$y=\frac{365/360\times d}{[1-d\times \mathrm{D}(T)/360]}=\frac{365\times d}{360-d\times \mathrm{D}(T)}$$

或者：

$$d=\frac{y}{365/360+y\times \mathrm{D}(T)/360}=\frac{360\times y}{365+y\times \mathrm{D}(T)}$$

### (二)债券价格变动与持有期收益分解

假设投资一只剩余期限为10年期的附息债券，票面利率为4%，付息频率为2次/年(即半年付息一次)，买入时的债券净价为85.12(到期收益率YTM为6%)，属于折价债券。持有5年后，该债券剩余期限缩短为5年，此时该债券市场交易净价变为95.62(收益率变为5%)。净价变动有两个驱动因素：一是时间因素，折价会随着剩余期限的缩短而逐渐变小，直至归零，此时债券净价回归面值(100)；也就是说，即使期间收益率维持不变，净价也会逐渐变大(折价情形，如为溢价债券，则相反)；二是利率/收益率变动因素(从6%降至5%)，造成债券净价上升。那么，两个因素对净价影响程度有多大？持有5年的投资收益率为多少？如何归因分析各因素的贡献度？计算分析如表2－18、表2－19、表2－20所示。

**表2－18　　债券净价变动的时间和收益率变动效应**

| 面值 | 100 | | 剩余期限 | 10Y | | | |
|---|---|---|---|---|---|---|---|
| 票面利率(%) | 4.00 | | 付息频率 | 2 | | | |
| **到期收益率** | **剩余期限（年）** | | | | | | |
| **(YTM,%)** | **10** | **9** | **…** | **5** | **…** | **1** | **0** |
| **3.00** | 108.58 | 107.84 | | 104.61 | | 100.98 | 100.00 |
| **3.50** | 104.19 | 103.83 | | 102.28 | | 100.49 | 100.00 |
| **4.00** | 100.00 | 100.00 | | 100.00 | | 100.00 | 100.00 |
| **4.50** | 96.01 | 96.33 | | 97.78 | 收益率变动效应 | 99.52 | 100.00 |
| **5.00** | 92.21 | 92.82 | | 95.62 | | 99.04 | 100.00 |
| **5.50** | 88.58 | 89.46 | | 93.52 | | 98.56 | 100.00 |
| | | 实际价格变动路径 | | | | | |
| **6.00** | 85.12 | 86.25 | | 91.47 | | 98.09 | 100.00 |
| | | 时间效应 | | | | | |
| **6.50** | 81.83 | 83.17 | | 89.47 | | 97.62 | 100.00 |
| **7.00** | 78.68 | 80.22 | | 87.53 | | 97.15 | 100.00 |
| **7.50** | 75.68 | 77.39 | | 85.63 | | 96.69 | 100.00 |
| **8.00** | 72.82 | 74.68 | | 83.78 | | 96.23 | 100.00 |
| **8.50** | 70.09 | 72.09 | | 81.98 | | 95.77 | 100.00 |
| **9.00** | 67.48 | 69.60 | | 80.22 | | 95.32 | 100.00 |

表 2—19　　　　持有期总收益分解

| 持有期总收益(TR) | | 33.17 | |
|---|---|---|---|
| 1. 利息收益 | | 22.67 | 票息年金终值=2×F/A(5.5%,10) |
| | 2.1 纯票息收益 | 20.00 | 4×5 年 |
| | 2.2 票息再投资收益 | 2.67 | 假设再投资收益率按期间平均收益率 5.5%计算;会计规则下另行单独核算,不作为标的券收益 |
| 2. 价差收益 | | 10.50 | 净价变动产生的损益 |
| | 1.1 时间效应 | 6.35 | =91.47—85.12<br>收益率不变,随着剩余时间缩短而导致的净价变动;会计和税收规则将其归为溢折价摊销,调整利息收入 |
| | 1.2 收益率变动效应 | 4.15 | =95.62—91.47<br>纯粹由于市场收益率变动而导致的净价变动;会计规则将其归为公允价值变动损益 |

表 2—20　　　　持有期总收益分解

初始投资:85.12　投资期限(年):5

| | | 累积收益率(%) | 贡献度(%) | 年化收益率(%) | 贡献度(%) |
|---|---|---|---|---|---|
| 持有期总收益率(TR) | | 38.96 | 100.00 | 6.80 | 100.00 |
| 1. 利息收益率 | | 26.63 | 68.34 | 4.83 | 71.08 |
| | 2.1 纯票息收益 | 23.50 | 60.30 | 4.31 | 63.38 |
| | 2.2 票息再投资收益 | 3.13 | 8.04 | 0.62 | 9.09 |
| 2. 价差收益率 | | 12.34 | 31.66 | 2.35 | 34.61 |
| | 1.1 时间效应 | 7.46 | 19.14 | 1.45 | 21.30 |
| | 1.2 收益率变动效应 | 4.88 | 12.53 | 0.96 | 14.08 |

注:(1)累积收益率均与初始投资(净价)相比得出。年化收益率按年复利规则得出年实际收益率。

(2)采用复利规则计算年化收益率,会出现一个令人困惑的现象,即各分指标加总值不等于总指标值。如果采用单利直接除以年数,线性转换就不存在该问题。显然,其中的问题肯定是出在复利算法上。探究其中深层次的数学关系问题,还是留给数学家去解释吧。

# 第三章　金融工具会计准则框架体系

本章对金融工具会计准则的概念性框架体系做简要梳理。金融工具会计准则体系主要包括以下四个具体会计准则:《企业会计准则第 22 号:金融工具确认和计量(2017 年修订)》《企业会计准则第 23 号:金融资产转移(2017 年修订)》《企业会计准则第 24 号:套期会计(2017 年修订)》《企业会计准则第 37 号:金融工具列报(2017 年修订)》。财政部在 2017 年根据国际财务报告准则全部进行了最新修订,并要求在 2018 年开始分批正式执行。此外,作为金融工具计量之基础的《企业会计准则第 39 号:公允价值计量(2014 年修订)》也是金融工具会计不可或缺的组成部分。本章依次对公允价值计量、金融工具确认和分类、金融工具的计量与减值、金融资产转移、套期会计、金融工具的信息披露,共 6 个主题进行介绍,为下一章债券投资会计实务操作解析提供背景知识。

## 第一节　公允价值计量规则

当今会计理论和实务越来越强调会计计量基础从历史成本转向公允价值,以提供更加及时的决策信息。按照现行会计准则规定,涉及公允价值计量的资产或负债包括:金融工具(金融资产、金融负债、权益工具、衍生工具、套期保值等)、投资性房地产、资产减值、企业合并、股份支付、企业年金、生物资产等。几乎渗透到所有会计计量领域。

《企业会计准则第 39 号:公允价值计量(2014)》明确了公允价值的定义,规定了统一的公允价值计量要求,并改进了公允价值相关信息的披露。

公允价值(Fair Value),是指市场参与者在计量日发生的有序交易中,出售一项资产所能收到或者转移一项负债所需支付的价格(即脱手价格)。在计量日,企业无论是否能够观察到相关资产或负债的交易价格或者其他市场信息(如类似资产或负债的报价、市场利率或其他输入值等),其公允价值计量的目标应当保持一致,即估计市场参与者在计量日的有序交易中出售一项资产或者转移一项负债的价格。

## 一、公允价值计量的基本要求

### (一)相关资产或负债的界定

公允价值计量应当考虑该资产或负债的特征(资产的状况及所在位置、出售或使用资产的限制等)以及该资产或负债是以单项还是以组合的方式进行计量等因素。

### (二)有序交易

公允价值计量应当假定市场参与者在计量日出售资产或者转移负债的交易,是当前市场情况下的有序交易。企业应用于相关资产或负债公允价值计量的有序交易,是在计量日前一段时期内该资产或负债具有惯常市场活动的交易,不包括被迫清算和抛售。

在确定一项交易是否为有序交易时,应当全面理解交易环境和有关事实。企业应当基于可获取的信息,如市场环境变化、交易规则和习惯、价格波动幅度、交易量波动幅度、交易发生的频率、交易对手信息、交易原因、交易场所和其他能够获得的信息,运用专业判断对交易行为和交易价格进行分析,以判断该交易是否为有序交易。

当遇到下列情况时,相关资产或负债的交易活动通常不应作为有序交易:(1)在当前市场情况下,市场在计量日之前一段时间内不存在相关资产或负债的惯常市场交易活动。(2)在计量日之前,相关资产或负债存在惯常的市场交易,但资产出售方或负债转移方仅与单一的市场参与者进行交易。(3)资产出售方或负债转移方处于或者接近于破产或托管状态，即资产出售方或负债转移方已陷入财务困境。(4)资产出售方为满足法律或者监管规定而被要求出售资产，即被迫出售。(5)与相同或类似资产或负债近期发生的其他交易相比，出售资产或转移负债的价格异常。

如果判定相关资产或负债的交易行为属于有序交易，则应以该交易价格为基础确定该资产或负债的公允价值。企业在公允价值计量过程中赋予有序交易价格的权重时，应当考虑交易量、交易的可比性、交易日与计量日的临近程度等因素。如果判定相关资产或负债的交易不属于有序交易，则不应以该交易价格作为该资产或负债的公允价值，或者赋予该交易价格较低权重。

如果根据现有信息不足以判定该交易是否为有序交易，则应当考虑该交易价格，但不应将该交易价格作为计量公允价值的唯一依据或者主要依据。相对于其他已知的有序交易价格，企业应赋予该交易较低权重。

**(三)主要市场或最有利市场**

公允价值计量应当假定出售资产或者转移负债的有序交易在该资产或负债的主要市场进行。不存在主要市场的，企业应当假定该交易在相关资产或负债的最有利市场进行。

主要市场，是指相关资产或负债交易量最大和交易活跃程度最高的市场。最有利市场，是指在考虑交易费用和运输费用后，能够以最高金额出售相关资产或者以最低金额转移相关负债的市场。

根据可合理取得的信息，假如能够在交易日确定相关资产或负债交易量最大和交易活跃程度最高的市场的，应当将该市场作为相关资产或负债的主要市场。否则，应当在考虑交易费用和运输费用后能够以最高金额出售该资产或者以最低金额转移该负债的市场作为最有利市场。通常情况下，如果不存在相反的证据，企业正常进行资产出售或者负债转移的市场可以视为主要市场或最有利市场。

相关资产或负债的主要市场(或者在不存在主要市场情况下的最有利市场)应当是企业可进入的市场，但不要求企业于计量日在该市场上实际出售资产或者转移负债。企业应当从自身角度，而非市场参与者角度，判定相关资产或负债的主要市场(或者在不存在主要市场情况下的最有利市场)。

不同的企业可以进入不同的市场,对相同资产或负债而言,不同企业可能具有不同的主要市场(或者在不存在主要市场情况下的最有利市场)。例如,某企业与银行签订了一项初始交易价格为零的利率互换。该企业只能进入利率互换的零售市场,而银行则能够同时进入利率互换的零售市场和做市商市场,并且其主要业务发生在做市商市场。因此,该企业与银行就存在不同的主要市场,该企业应当以零售市场为主要市场,该银行应当以做市商市场为主要市场。

企业应当以主要市场上相关资产或负债的价格为基础,计量该资产或负债的公允价值。主要市场是资产或负债流动性最强的市场,能够为企业提供最具代表性的参考信息。因此,无论相关资产或负债的价格能够直接从市场观察到,还是通过其他估值技术获得,企业都应当以主要市场上相关资产或负债的价格为基础,计量该资产或负债的公允价值。即使企业能够于计量日在主要市场以外的另一个市场上获得更高的出售价格或更低的转移价格,企业也仍应当以主要市场上相关资产或负债的价格为基础,计量该资产或负债的公允价值。

不存在主要市场或者无法确定主要市场的,企业应当以相关资产或负债最有利市场的价格为基础,计量其公允价值。企业在确定最有利市场时,应当考虑交易费用、运输费用等。

交易费用不属于相关资产或负债的特征,只与特定交易有关,取决于企业参与该资产或负债交易的不同方式(例如,零售交易或者批发交易,交易所交易或者场外交易等)。交易费用是指企业发生的可直接归属于资产出售或者负债转移的费用。交易费用在进行相关资产或负债交易时不可避免。交易费用直接由交易引起,并且是企业进行交易所必需的,如果企业未决定出售资产或转移负债,该费用将不会产生。企业应当根据其他相关会计准则对交易费用进行会计处理。

企业在根据主要市场或最有利市场的交易价格确定相关资产或负债

的公允价值时，不应根据交易费用对该价格进行调整。例如，甲银行通过某货币经纪公司撮合交易于 2018 年 6 月 1 日在银行间市场买入 100 万份（单位面额 100 元）的 10 年期国债，作为交易性金融资产持有。在该计量日该债券的中债估值净价为 98 元，应计利息 1.5 元。甲银行共支付 9 950.5 万元，其中 0.5 万元是支付给货币经纪公司的佣金。甲银行在购买日初始确认该项交易性金融资产时，每份债券的公允价值应当为 99.5 元，而不是 99.505 元。

企业以公允价值计量相关资产或负债，即使在计量日不存在提供出售资产或转移负债价格信息的可观察市场，企业仍应当从持有资产或承担负债的市场参与者的角度进行考虑，并假设当日发生了交易。该假设的交易是估计出售资产或转移负债价格的基础。

例如，2008 年国际金融危机发生时，市场流动性消失，很多股票和债券（尤其是次级债）交易市场因不存在实际买家，持有这些金融工具的投资机构在进行公允价值计量时，不能以不存在相关资产的可观察市场为由终止公允价值计量，而应当站在持有相关金融工具的市场参与者角度，假定计量日发生有序交易时的公允价格。

### （四）市场参与者

公允价值计量应当充分考虑市场参与者之间的交易，采用市场参与者在对该资产或负债定价时为实现其经济利益最大化所使用的假设。

市场参与者，是指在相关资产或负债的主要市场（或者在不存在主要市场情况下的最有利市场）中，相互独立的、熟悉资产或负债情况的、能够且愿意进行资产或负债交易的买方和卖方。市场参与者应当具备下列特征：（1）市场参与者应当相互独立，不存在关联方关系。（2）市场参与者应当熟悉情况，根据可获得的信息，包括通过正常的尽职调查获取的信息，对相关资产或负债以及交易具备合理认知。（3）市场参与者应当有能力并自愿进行相关资产或负债的交易，而非被迫或以其他强制方式进行交易。

在确定市场参与者时，应当考虑所计量的相关资产或负债、该资产产或负债的主要市场(或者在不存在主要市场情况下的最有利市场)以及在该市场上与企业进行交易的市场参与者等因素,从总体上识别市场参与者。例如,某一市场参与者愿意为一项业务支付更高的价格,因为该市场参与者能从该业务中获得协同效应,而其他市场参与者无法获得相同的协同效用。企业在确定该业务的公允价值时,不应以该特定市场参与者的报价为基础,而是应当以大多数市场参与者愿意支付的价格为基础。

企业应当从市场参与者角度计量相关资产或负债的公允价值,而不应考虑企业自身持有资产、清偿或者以其他方式履行负债的意图和能力。如果市场参与者在交易中考虑了相关资产或负债的特征以及相关风险等,并根据这些特征或风险对该资产或负债的交易价格进行了调整,那么企业也应当采用市场参与者在对该资产或负债定价时所使用的这些假设。

## 二、公允价值的初始计量

企业应当根据交易性质和相关资产的特征等,判断初始确认时的公允价值是否与其交易价格相等。企业在取得资产的交易中,交易价格是取得该资产所支付的价格,即进入价格。而相关资产的公允价值是脱手价格,即出售该资产所能收到的价格。虽然企业取得资产的进入价格不一定等于该资产的脱手价格,不过在大多数情况下,相关资产的进入价格近似于其脱手价格。但在下列情况中,公允价初始计量不应将取得资产的交易价格作为该资产的公允价值:

(1)关联方之间的交易。但企业有证据表明关联方之间的交易是按照市场条款进行的,该交易价格可作为确定其公允价值的基础。

(2)被迫进行的交易,或者资产出售方在交易中被迫接受价格的交易。例如,资产出售方为满足监管或法律的要求而被迫出售资产,或者资产出售方正陷于财务困境。

(3)交易价格所代表的计量单元不同于以公允价值计量的相关资产的计量单元。例如,以公允价值计量的相关资产仅是交易(例如,企业合并)中的一部分,而交易除该资产或负债外,还包括按照其他会计准则应单独计量但未确认的无形资产。

(4)进行交易的市场不是该资产或负债的主要市场(或者在不存在主要市场情况下的最有利市场)。例如,某商业银行是银行间债券市场的做市商,既可以与其他做市商在银行间债券市场进行交易,也可以与客户在交易所市场进行交易,但对于该银行而言,债券交易的主要市场(或者在不存在主要市场情况下的最有利市场)是与其他做市商进行交易的银行间债券市场,交易所市场上的交易价格则有可能不同于银行间债券市场上的交易价格。

其他相关会计准则要求或允许企业以公允价值对相关资产或负债进行初始计量,并且交易价格与公允价值不相等的,交易价格与公允价值的差额应当按照其他相关会计准则的要求进行处理。如果其他相关会计准则对此未作出明确规定的,企业应当将该差额计入当期损益。

## 三、估值技术方法与选择

公允价值计量应当使用在当前情况下适用并且有足够可利用数据和其他信息支持的估值技术。企业使用估值技术的目的是,估计市场参与者在计量日当前市场情况下的有序交易中出售资产或者转移负债的价格。

估值技术通常包括市场法、收益法和重置成本法。企业应当根据实际情况从市场法、收益法和重置成本法中选择一种或多种估值技术,用于估计相关资产或负债的公允价值。本准则未规定企业应当优先使用何种估值技术,除非在活跃市场上存在相同资产或负债的公开报价。相关资产或负债存在活跃市场公开报价的,企业应当优先使用该报价确定该资产或负债的公允价值。

### (一)市场法(市值法)

市场法估值是利用相同或类似的资产、负债或资产和负债组合的价格以及其他相关市场交易信息进行估值的技术。使用市场法进行估值,应当以市场参与者在相同或类似资产出售中能够收到的公开报价为基础。企业在市场价格或其他相关市场交易信息基础上，应当根据该资产的特征，如当前状况、地理位置、出售和使用的限制等，对相同或类似资产或负债的市场价格进行调整，以确定该资产或负债的公允价值。

**(二)收益法(现值法)**

收益法是将资产的未来现金流贴现(资本化)成现值的估值技术。在使用收益法时，应当反映市场参与者在计量日对未来现金流量的合理预期。常用的收益法包括现金流量折现法、期权定价模型等估值方法。

现金流量折现法是在收益法中最常用到的估值方法，包括传统法(即折现率调整法)和期望现金流量法。使用现金流量折现法估计相关资产或负债的公允价值时，需要在计量日从市场参与者角度考虑相关资产或负债的未来现金流量、现金流量金额及时间的可能变动、货币时间价值、因承受现金流量固有不确定性而要求的补偿(即风险溢价)、与负债相关的不履约风险(包括企业自身信用风险)、市场参与者在当前情况下可能考虑的其他因素等。

以现金流量折现法估计相关资产或负债的公允价值，为避免重复计算或忽略风险因素的影响，折现率与现金流量应当保持一致。例如，使用了合同现金流量的，应当采用能够反映预期违约风险的折现率；使用了概率加权现金流量的，应当采用无风险利率；使用了包含了通货膨胀影响的现金流量的，应当采用名义折现率；使用了排除了通货膨胀影响的现金流量的，应当采用实际利率；使用税后现金流量的，应当采用税后折现率；使用税前现金流量的，应当采用税前折现率；使用人民币现金流量的，应当使用与人民币相关的利率等。

在现金流量折现法中所使用的现金流量是估计金额，而非确定的已知金额。当存在违约风险时，即使是合同约定的金额(例如，贷款承诺中约定的贷款金额)也是不确定的。所以，企业使用现金流量折现法时，将面临较多不确定性。

在以公允价值计量该资产或负债时应当考虑风险溢价。企业在某些情况下确定合适的风险溢价可能会存在较大的困难，但企业不能仅仅因为难以确定风险溢价而在公允价值计量中不考虑风险调整因素。

在应用现金流量折现法进行估值时，分子所使用的现金流量，包括合同现金流量、承诺现金流量或者最有可能的现金流量等。这些现金流量都以特定事项为前提条件。例如，债券中包含的合同现金流量或承诺现金流量是以债务人不发生违约为前提条件。分母所使用的经风险调整的折现率，应当来自市场上交易的类似资产或负债的可观察回报率。在不存在可观察的市场回报率情况下，也可以使用合理估计的市场回报率。

企业在确定资产或负债是否类似时，需要考虑现金流量的性质（例如，现金流量是合同现金流量还是非合同现金流量、现金流量是否会对经济条件的改变做出类似反应）以及信用状况、抵押品、期限、限制性合同和流动性等其他因素。

举例说明，2017 年 6 月 1 日，甲商业银行从全国银行间债券市场购入乙公司发行的中期票据，将其作为以公允价值计量且其变动计入其他综合收益的金融资产持有。乙公司的长期信用评级为 AAA，该票据的信用评级为 AAA，期限为 5 年，自 2017 年 6 月 1 日起至 2022 年 6 月 1 日止。该票据面值为人民币 100 元，票面年利率为 5%，付息日为每年的 6 月 1 日。该票据没有活跃市场中的公开报价，甲商业银行能够从中央国债登记结算有限责任公司公布的相关收益率曲线确定相同信用评级、相同期限债券的市场收益率为 6%。

本例中，甲商业银行可根据该中期票据约定的合同现金流量（利息和本金），运用市场收益率进行折现，得到该中期票据在 2017 年 6 月 1 日和 2018 年 6 月 1 日（假设折现率均为 6%）的公允价值分别为 957.88 万元和 1 015.35 万元，具体数据见表 3－1。

**表 3－1　　　　　　　　公允价值的初始计量与后续计量表**

| 日期 | 2017/6/1 | 2018/6/1 | 2019/6/1 | 2020/6/1 | 2021/6/1 | 2022/6/1 | 合计 |
|---|---|---|---|---|---|---|---|
| 剩余期限(年) | 0 | 1 | 2 | 3 | 4 | 5 | |
| 现金流量 | | 50 | 50 | 50 | 50 | 1 050 | 1 250 |

续表

| 日期 | 2017/6/1 | 2018/6/1 | 2019/6/1 | 2020/6/1 | 2021/6/1 | 2022/6/1 | 合计 |
|---|---|---|---|---|---|---|---|
| 贴现因子(6%) | 1.000 0 | 0.943 4 | 0.890 0 | 0.839 6 | 0.792 1 | 0.747 3 | |
| 现值 | 0.000 0 | 47.169 8 | 44.499 8 | 41.981 0 | 39.604 7 | 784.621 1 | 957.876 4 |

公允价值 957.876 4

| 日期 | 2017/6/1 | 2018/6/1 | 2019/6/1 | 2020/6/1 | 2021/6/1 | 2022/6/1 | 合计 |
|---|---|---|---|---|---|---|---|
| 剩余期限(年) | | 0 | 1 | 2 | 3 | 4 | |
| 现金流量 | | 50 | 50 | 50 | 50 | 1 050 | 1 250 |
| 贴现因子(6%) | | 1.000 0 | 0.943 4 | 0.890 0 | 0.839 6 | 0.792 1 | |
| 现值 | | 50.000 0 | 47.169 8 | 44.499 8 | 41.981 0 | 831.698 3 | 1 015.348 9 |

公允价值(含息) 1 015..348 9

### (三)重置成本法

重置成本法，是反映当前要求重置相关资产服务能力所需金额的估值技术。重置成本在应用于金融工具时，反映的是金融资产的最新买入价；而根据会计准则，公允价值是指金融资产的最新脱手价(卖出价)，因此，重置成本通常不应用于金融工具估值。在应用于非金融资产的估值时，重置成本需要根据折旧贬值情况，对市场参与者获得或构建具有相同服务能力的替代资产的成本进行调整。折旧贬值包括实体性损耗、功能性贬值以及经济型贬值。

### (四)估值技术的选择

企业在某些情况下使用单项估值技本是恰当的，如企业使用相同资产或负债在活跃市场上的公开报价计量该资产或负债的公允价值。但在有些情况下，企业可能需要使用多种估值技术，如企业对未上市企业股权投资的估值，将采用市场法和收益法。企业应当运用更多职业判断，确定恰当的估值技术。企业至少应当考虑下列因素：(1)根据可获得的市场数据和其他信息，其中一种估值技术是否比其他估值技术更恰当；(2)其中一种估值技术所使用的输入值是否更容易在市场上观察到或者只需做更少的调整；(3)其中一种估值技术得到的估值结果区间是否在其他估值技术的估值结果区间内；(4)市场法和收益法所得结果存在较大差异的，进一步分析存在较大差异的原因。例如，其中一种估值技术可能使用不当，或者其中一种估值技术所使用的输入值可能不恰当等。

企业在公允价值后续计量中使用了估值技术，并且运用了不可观察输入值的，应当确保该估值技术反映了计量日可观察的市场数据，如类似资产或负债的最近交易价格等。企业以相关资产或负债的交易价格作为其初始确认时的公允价值，并在公允价值后续计量中使用了不可观察输入值的，应当校正后续计量中运用的估值技术，以使得该估值技术确定的初始确认结果与初始确认时的交易价格相等。企业通过校准估值技术，能够确保估值技术反映当前市场情况，避免发生估值技术未反映相关资产或负债的特征。

在公允价值计量中使用的估值技术一经确定，不得随意变更。企业公允价值计量中应用的估值技术应当在前后各会计期间保持一致，除非变更估值技术或其应用方法能使计量结果在当前情况下同样或者更能代表公允价值，包括但不限于下列情况：(1)出现新的市场；(2)可以取得新的信息；(3)无法再取得以前使用的信息；(4)改进了估值技术；(5)市场状况发生变化；等等。

企业变更估值技术及其应用方法的，应当按照会计估计变更处理，并对估值技术及其应用方法的变更进行披露。无论使用何种估值技术，都应当考虑当前市场状况并做出市场参与者可能进行的风险调整，如对信用风险和流动性风险的调整。

## 三、估值参数输入值

采用公允价值计量，应当考虑市场参与者在对相关资产或负债进行定价时所使用的假设，包括有关风险的假设，如所用特定估值技术的内在风险等。市场参与者所使用的估值假设即为输入值，分为可观察输入值和不可观察输入值。

企业使用估值技术时，应当优先使用可观察输入值，仅当相关可观察输入值无法取得或取得不切实可行时才使用不可观察输入值。企业通常可以从交易所市场、做市商市场、经纪人市场、直接交易市场获得可观察输入值。在交易所市场上，企业可直接获得相关资产或负债的收盘价。

在做市商市场上，做市商随时准备用自有资本买入或者卖出做市项目，以此提供流动性并形成市场，所以出价和要价比收盘价更容易获得。但在直接交易市场上，买卖双方独立协商，无中介参与，所以难以获得这些交易。

无论估值过程中是否使用不可观察输入值，其公允价值计量的目的仍是基于市场参与者角度确定在当前市场条件下计量日有序交易中该资产或负债的脱手价格。

### （一）公允价值计量中相关的溢价和折价

企业应当选择与市场参与者在相关资产或负债交易中会考虑的、并且与该资产或负债特征相一致的输入值。在企业能够获得相同或类似资产或负债在活跃市场上的报价、市场参与者将考虑与相关资产或负债的特征相关的溢价或折价的情况下，企业应当根据这些溢价或折价，如控制权溢价、少数股东权益折价、流动性折价等，对相同或类似资产或负债的市场交易价格进行调整。

企业不应考虑与要求或允许公允价值计量的其他相关会计准则中规定的计量单元不一致的溢价或折价，如反映企业持有规模特征（即“大宗持有因素”）的溢价或折价。例如，某债券投资基金持有一家公司发行的10亿元面值的信用债券。该信用债在交易所的流动性差，日均交易量仅为2 000万元。如果该基金集中出售其持有的信用债将会造成价格的严重下跌。大宗持有因素是与交易相关的特定因素，因市场参与者交易该资产的方式不同而有所不同。该因素与投资基金持有债券数量（即持有规模）有关，不是该资产（信用债券）的特征。

### （二）以出价和要价为基础的输入值

当相关资产同时具有出价和要价时，可以使用出价和要价价差中在当前市场情况下最能代表该资产公允价值的价格计量该资产。出价是经纪人或做市商购买一项资产所愿意支付的价格，要价是经纪人或做市商出售一项资产所愿意收取的价格。在公允价值计量中，可使用出价计量资产头寸、使用要价计量负债头寸，也可使用市场参与者在实务中使用的在出价和要价之间的中间价或其他定价惯例计量相关资产或负债。

## 四、公允价值的层次划分

为提高公允价值计量和相关披露的一致性和可比性，应当将估值技术所使用的输入值划分为三个层次，并最优先使用活跃市场上相同资产未经调整的报价（第一层次输入值），最后使用不可观察输入值（第三层次输入值）。

### （一）第一层次输入值

第一层次输入值是企业在计量日能够取得的相同资产在活跃市场上未经调整的报价。

活跃市场，是指标的资产的交易量及交易频率足以持续提供定价信息的市场。在活跃市场，交易对象具有同质性，可随时找到自愿交易的买方和卖方，并且市场价格信息是公开的。当交易量和交易活动显著下降、可获得的价格因时间或市场参与者不同而存在显著差异、可获得的价格并非当前价格时，当前市场就成为非活跃市场。

在活跃市场中，企业应当能够易于且可定期从交易所、交易商、经纪人、行业组织、定价机构或监管机构等获得标的资产的报价。企业从活跃市场获得的这些报价，应当能够代表在公平交易基础上实际并经常发生的市场交易。异常的市场报价不应作为第一层次输入值。例如，债券交易中出现的频繁对敲交易形成的市场价格。

企业使用相同资产在活跃市场的公开报价对该标的资产进行公允价值计量时，通常不应进行调整。但下列情况除外：

（1）持有大量类似但不相同的以公允价值计量的资产，这些资产存在活跃市场报价，但难以获得每项资产在计量日单独的定价信息。例如，银行等金融机构持有大量的类似债券，可能在计量日较难取得每一债券的价格信息，而使用其中一些债券的报价确定其他类似债券的公允价值。在这种情况下，企业可使用不完全依赖于单个报价的备选定价方法作为权宜之计，但公允价值计量应当划入较低层次。

（2）因发生影响公允价值计量的重大事件等导致活跃市场的报价不代表计量日的公允价值。例如，在证券市场闭市之后但在计量日之前发生的买卖双方直接交易、经纪人交易或公告等重大事项。企业应当制定相应会计政策并一致应用，以识别那些可能影响公允价值计量的重大事项。企业根据该新信息而对报价有所调整的，公允价值计量应当划入较低层次。

（3）不存在相同或类似负债或企业自身权益工具报价，但其他方将其作为资产持有的负债或自身权益工具的公允价值。如果无需对资产报价进行调整，公允价值计量结果为第一层次。但企业对资产报价进行调整的，公允价值计量应当划入较低层次。

在活跃市场中，应当以单项资产的市场报价（第一层次输入值）与持有数量的乘积确定其持有的金融资产的公允价值。即使市场正常日交易量不足以吸收企业的持有量，以致在市场交易中出售该金融资产可能影响市场报价的情况下，企业也应如此。

### （二）第二层次输入值

第二层次输入值是除第一层次输入值外，标的资产的直接或间接可观察的输入值。对于具有特定期限（如合同期限）的标的资产，第二层次输入值必须在其几乎整个期限内是可观察的。第二层次输入值包括：

（1）活跃市场中类似资产的报价。

（2）非活跃市场中相同或类似资产的报价。

（3）除报价以外的其他可观察输入值，包括在正常报价间隔期间可观察的利率和收益率曲线等。

（4）市场验证的输入值等。市场验证的输入值，是指通过相关性分析或其他手段，主要来源于可观察市场数据的输入值或者经过可观察市场数据验证的输入值。

以公允价值计量标的资产时，类似资产在活跃市场或非活跃市场的报价为该标的资产的公允价值计量提供了依据，但企业需要对该报价进行调整。企业在确定哪些资产与标的资产相类似时，需要进行判断。

在非有序交易情况下，企业确定标的资产的交易价格或报价不能完全代表计量日该资产的公允价值，却又以该交易价格或报价为基础计量其公允价值的，则应当对该交易价格或报价进行调整。例如，在非活跃市场上，相同资产的最近交易日不是该资产的公允价值计量日的，企业应当考虑两个日期的间隔期间内市场状况是否发生变动，如金融工具发行人信用评级的变动、与市场风险相关的信用利差变动等。

企业应当根据标的资产的特征，对第二层次输入值进行调整。这些特征包括资产状况或所在位置、输入值与可比资产的相关程度、可观察输入值所在市场的交易量和活跃程度等。企业使用重要的不可观察输入值对第二层次输入值进行调整，且该调整对公允价值计量整体而言是重大的，公允价值计量结果应当划分为第三层次。

**（三）第三层次输入值**

第三层次输入值是标的资产的不可观察输入值。第三层次输入值包括不能直接观察和无法由可观察市场数据验证的利率、股票波动率、企业合并中承担的弃置义务的未来现金流量、企业使用自身数据做出的财务预测等。

企业只有在标的资产几乎很少存在市场交易活动，导致相关可观察输入值无法取得或取得不切实可行的情况下，才能使用第三层次输入值，即不可观察输入值。但企业计量公允价值的目标仍应当保持不变，即从市场参与者角度确定标的资产在计量日有序交易中的脱手价格。因此，企业使用不可观察输入值仍应当反映市场参与者给标的资产定价时使用的假设，包括有关风险的假设，如特定估值技术及其输入值的固有风险的假设等。

企业在确定不可观察输入值时，应当使用在当前情况下可以合理取得的最佳信息，包括所有可合理取得的市场参与者假设。如果市场参与者在对标的资产定价时考虑了风险调整，则企业在公允价值计量时如果没有考虑该风险调整，那么该计量就不能代表公允价值。例如，当标的资产（或类似资产）的交易量或交易活动比正常市场交易活动显著下降，交易价格或报价无法代表该资产的公允价值时，企业应当考虑风险调整。

企业遇到下列情形时，应当确定标的资产的交易量或交易活跃程度是否出现大幅下降：(1)最近几乎没有发生该资产的交易；(2)该资产的报价信息不是基于当前信息；(3)报价信息在一段时间内或在做市商之间（例如一些经纪人市场）变化极大；(4)以往与该资产公允价值高度相关的指数被证明与该资产近期公允价值的指导价格不相关；(5)与企业对期望现金流量的估计相比，在考虑了关于该资产信用风险和其他不履约风险可获得的所有市场数据后，可观察交易或报价的隐含流动性风险溢价、收益率或业绩指标（如拖欠率或损失严重程度）大幅增加；(6)出价和要价之间的价差很大或者大幅增加；(7)该资产（或者类似资产）一级市场的交易活动大幅降低或不存在此类市场；(8)几乎没有公开可获得的信息，例如一些交易活动由买卖双方直接进行。

如果标的资产的交易量或交易活跃程度出现大幅下降的情形，则可能需要改变估值技术或者使用多种估值技术，如使用市场法和收益法。当权衡使用不同估值技术取得的公允价值计量结果时，企业应当考虑公允价值计量各种结果的合理性。即使标的资产的交易量或活跃程度出现大幅下降，企业计量公允价值的目标仍应保持不变。如果资产的交易量或交易活跃程度大幅下降，估计市场参与者在计量日按照当前市场情况愿意进行交易的价格，依赖于计量日的事实和环境，这需要企业进行判断。

举例说明，甲银行在 2017 年 1 月 1 日（证券发行日）购入 AAA 级住房抵押贷款支持证券，作为以公允价值计量且其变动计入其他综合收益的金融资产持有。该次级证券在三个次级证券的优先次序中位列第二位。住房抵押贷款支持证券的基础担保品为无担保的住房抵押贷款。

在 2017 年 12 月 31 日(计量日),该次级证券的评级为 A 级。该标的债券通过经纪中介撮合进行场外交易,但是交易量较少,在 2017 年 1 月 1 日～3 月 31 日之间每月仅发生过几宗交易,而在 2017 年 12 月 31 日前 9 个月内几乎没有任何交易活动。甲银行在评估了相关因素的重要性和相关性之后,考虑到计量日前的较长一段期间内几乎没有任何交易活动,认为该标的债券的交易量或交易活跃程度已显著下降。

由于不存在采用市场法估值技术可依据的交易活动,甲银行决定使用收益法,通过折现率调整法来计量标的债券在计量日的公允价值。甲银行使用该标的债券的合同现金流量,并估计对该合同现金流量进行折现所采用的经风险调整后的折现率(即市场收益率)。

甲银行在估计市场收益时需要针对可获得的市场数据与该标的债券之间的差异进行相应的风险调整。该调整反映了市场参与者在计量日进行的有序交易中,按照当前市场状况对资产进行定价时,须考虑的预计不履约风险及其他风险(如违约风险、抵押品价值风险和流动性风险)的可获得的市场数据。在估计调整时需要考虑下列信息:

(1)初始交易价格反映的该标的债券在发行日的信用利差。

(2)自发行日至计量日之间可比的债券的任何可观察价格或基于相关指数所反映的信用利差的变化。

(3)该标的债券相对于可比债券或指数的特征,包括下列各项:①基础资产的质量,即有关基础抵押贷款的履约信息,如拖欠率和止赎率、历史损失经验和提前偿付率;②所持有的标的债券的优先次序;③其他相关因素。

(4)分析师及信用评级机构发布的相关报告。

(5)由诸如经纪人或第三方报价机构提供的报价。

甲银行据此估计,市场参与者在对该标的债券进行定价时,所使用的指导性市场收益率为 12%。该市场收益率估计如下:

(1)2017 年 12 月 31 日无风险利率为 3%(300 个基点),并以此为起点。

(2)针对该标的债券在 2017 年 1 月发行时无风险利率的信用利差，加上 250 个基点。

(3)针对该标的债券自 2017 年 1 月 1 日至 12 月 31 日的无风险利率信用利差的估计变动，加上 700 个基点。该项估计是基于该期间内可获得的最具可比性指数的变动做出的。

(4)针对用于估计信用利差变动的指数与该标的债券之间的差异，做出减少 50 个基点(净值)的调整。所参考的指数包括次级抵押贷款，而甲银行持有的标的债券由具有更高信用状况的类似抵押贷款构成(从而对市场参与者更具吸引力)。但是，该指数并未反映当前市场状况下该标的债券的流动性风险溢价。因此，50 个基点的调整是下列两项调整相抵后的净值：第一项调整为 350 个基点的调减，该项估计是通过比较历史期间该标的债券的内含收益率与相同期间的指数价格的内含收益率取得的。假设标的债券与该可比指数之间的利差维持稳定关系；第二项调整为 300 个基点的调增，这是甲银行在与相关指数比较后对标的债券固有的额外流动性风险做出的最佳估计。该项估计是考虑了一系列类似债券近期现金交易的内含流动性风险溢价后得出的。

### (四)公允价值计量结果(输出值)的所属层次

公允价值计量结果所属的层次，是由对公允价值计量整体而言重要的输入值所属的最低层次决定的。在进行重要性评估时，应当考虑公允价值计量本身，而不是考虑公允价值的变动以及这些变动的会计处理。

公允价值计量结果所属的层次，取决于估值技术的输入值，而不是估值技术本身。当企业使用的所有输入值都属于同一层次时，例如使用未经调整的活跃市场的报价计量公允价值，公允价值计量结果所属的层次就比较容易确定；但企业在公允价值计量中所使用的输入值可能会属于不同层次，在这种情况下，企业评价某一输入值对公允价值计量整体的重要性，需要职业判断，考虑与标的资产有关的特定因素。

### (五)第三方报价机构的估值

企业使用第三方报价机构(例如经纪人、做市商等)提供的出价或要价计量标的资产公允价值的，应当确保该第三方报价机构提供的出价或要价遵循了公允价值计量准则要求。企业应当综合考虑标的资产所处市场的特点、交易是否活跃、是否有足够数量的报价方、报价方是否权威、报价是否持续等因素，对出价和要价的质量进行判断。

企业即使使用了第三方报价机构提供的估值，也不应简单将该公允价值计量结果划入第三层次输入值。企业应当了解估值服务中应用到的输入值，并根据该输入值的可观察性和重要性，确定相关资产或负债公允价值计量结果的层次。例如，第三方报价机构提供了相同资产在活跃市场报价的，企业应当将该资产的公允价值计量划入第一层次。

如果标的资产的交易量或交易活跃程度出现大幅下降，企业应当评估第三方报价机构在形成报价过程中是否使用了反映有序交易的当前信息或是反映市场参与者假定（包括有关风险的假定）的估值技术。

企业在权衡作为公允价值计量输入值的报价时，应当考虑报价的性质。例如，报价是参考价格还是具有约束性的要约，对第三方报价机构提供的具有约束性要约的报价应赋予更多权重，并对不能反映交易结果的报价赋予较少权重。

需要提及的是，公允价值计量准则详细规定了在财务报告层面中公允价值信息披露的具体要求，将在后文金融工具信息披露部分进行论述。

## 第二节 金融工具的界定与分类

本节主要讨论金融工具各主要类别的概念与操作性界定。由于本书研究主题是债券投资，因此，我们主要从资产端角度讨论金融资产的进一步明细分类规则。

### 一、金融工具的界定

金融工具是指形成一方的金融资产并形成其他方的金融负债或权益工具的合同（协议、合约）。金融工具的类别包括金融资产、金融负债、权益工具。金融工具的分类界定，应当按照该金融工具的合同条款及其所反映的经济实质而非法律形式，结合各自定义，在初始确认时将该金融工具或其组成部分分类为金融资产、金融负债或权益工具。

金融工具合同的形式多种多样，可以是书面的，也可以不采用书面形式。实务中的金融工具合同通常采用书面形式。非合同的资产和负债不属于金融工具。例如，应交所得税是企业按照税收法规须承担的义务，不是以合同为基础的义务，因此不符合金融工具定义。

**(一)金融资产的界定**

金融资产，是指企业持有的现金、其他方的权益工具以及符合下列条件之一的资产：

(1)从其他方收取现金或其他金融资产的合同权利。例如，企业的银行存款、应收账款、应收票据和贷款等均属于金融资产。预付账款不是金融资产，因其产生的未来经济利益是商品或服务，不是收取现金或其他金融资产的权利。

(2)在潜在有利条件下，与其他方交换金融资产或金融负债的合同权利。例如，企业持有的看涨期权或看跌期权等。

(3)将来须用或可用企业自身权益工具进行结算的非衍生工具合同，且企业根据该合同将收到可变数量的自身权益工具。

(4)将来须用或可用企业自身权益工具进行结算的衍生工具合同，但以固定数量的自身权益工具交换固定金额的现金或其他金融资产的衍生工具合同除外。

**(二)金融负债的界定**

金融负债，是指符合下列条件之一的负债：

(1)向其他方交付现金或其他金融资产的合同义务。

(2)在潜在不利条件下，与其他方交换金融资产或金融负债的合同义务。

(3)将来须用或可用企业自身权益工具进行结算的非衍生工具合同，

且企业根据该合同将交付可变数量的自身权益工具。

(4)将来须用或可用企业自身权益工具进行结算的衍生工具合同，但以固定数量的自身权益工具交换固定金额的现金或其他金融资产的衍生工具合同除外。企业对全部现有同类别非衍生自身权益工具的持有方同比例发行配股权、期权或认股权证，使之有权按比例以固定金额的任何货币换取规定数量的该企业自身权益工具的，该类配股权、期权或认股权证应当分类为权益工具。其中，企业自身权益工具不包括应按照特殊金融工具(指符合金融负债定义，但同时具有一定特征的可回售工具，以及符合金融负债定义，但同时具有一定特征的发行方仅在清算时才有义务向另一方按比例交付其净资产的金融工具。下同)分类为权益工具的金融工具，也不包括本身就要求在未来收取或交付企业自身权益工具的合同。

**(三)权益工具的界定**

权益工具，是指能证明拥有某个企业在扣除所有负债后的资产中的剩余权益的合同。在同时满足下列条件的情况下，企业应当将发行的金融工具分类为权益工具：

(1)该金融工具应当不包括交付现金或其他金融资产给其他方，或在潜在不利条件下与其他方交换金融资产或金融负债的合同义务。

(2)将来须用或可用企业自身权益工具结算该金融工具。如为非衍生工具，该金融工具应当不包括交付可变数量的自身权益工具进行结算的合同义务；如为衍生工具，企业只能通过以固定数量的自身权益工具交换固定金额的现金或其他金融资产结算该金融工具。其中，企业自身权益工具不包括应按照特殊金融工具分类为权益工具的金融工具，也不包括本身就要求在未来收取或交付企业自身权益工具的合同。

区分金融负债和权益工具需考虑的因素包括：一是合同所反映的经济实质。在判断一项金融工具是否应划分为金融负债或权益工具时，应当以相关合同条款及其所反映的经济实质而非仅以法律形式为依据。对金融工具合同所反映经济实质的评估应基于合同的具体条款，合同条款以外的因素一般不予考虑。二是工具的特征。有些金融工具可能既有权益工具的特征，又有金融负债的特征，企业发行的（带特殊条款）优先股。因此，企业应当全面细致地分析此类金融工具各组成部分的合同条款，以确定其显示的是金融负债还是权益工具的特征，并进行整体评估，以判定整个工具划分为金融负债、权益工具，还是既包括金融负债成分又包括权益工具成分的复合金融工具。

**（四）复合金融工具的界定**

企业所发行的非衍生工具可能同时包含金融负债成分和权益工具成分。例如，可转换债券等可转换工具可能被分类为复合金融工具。对于复合金融工具，发行方应于初始确认时将各组成部分分别分类为金融资产、金融负债或权益工具。企业发行的一项非衍生工具同时包含金融负债成分和权益工具成分的，应于初始计量时先确定金融负债成分的公允价值（包括其中可能包含的非权益性嵌入衍生工具的公允价值），再从复合金融工具公允价值中扣除负债成分的公允价值，作为权益工具成分的价值。

**（五）衍生工具的界定**

金融工具还可以分为基础金融工具和衍生工具。衍生工具，是指属于金融工具准则范围并同时具备下列特征的金融工具或其他合同。

（1）其价值随挂钩变量（如特定利率、金融工具价格、商品价格、汇率、价格指数、资率指数、信用等级、信用指数或其他变量）的变动而变动，挂钩变量为非金融变量的，该变量不应与合同的任何一方存在特定关系。

衍生工具的价值变动取决于标的变量的变化。例如，甲方与乙方签订了一份 1 年期利率互换合约，每季度末甲方向乙方支付美元固定利息，同时从乙方收取以 3 个月期美元浮动利率（LIBOR_3M）计算确定的浮动利息，合约名义金额为 1 亿美元。合约签订时，其公允价值为零。假定合约签订一个季度后，LIBOR_3M 浮动利率与合约签订时不同，甲方将根据未来可收取的浮动利息现值扣除将支付的固定利息现值确定该合约的公允价值，合约的公允价值因浮动利率的变化而改变。

(2)不要求初始净投资,或者与对市场因素变化预期有类似反应的其他合同相比,要求较少的初始净投资。从事衍生工具交易不要求初始净投资,通常指签订某项衍生工具合同时不需要支付现金。例如,某企业与其他企业签订一项将来买入债券的远期合同,就不需要在签订合同时支付将来购买债券所需的现金。但是,不要求初始净投资,并不排除企业按照约定的交易惯例或规则相应缴纳一笔保证金,比如企业进行期货交易时被要求缴纳一定的保证金。缴纳保证金不构成一项企业解除负债的现时支付,因为保证金仅具有"保证"性质。

某些情况下,企业在从事衍生工具交易时也会遇到要求进行现金支付的情况,但该现金支付只是相对很少的初始净投资。例如,从市场上购入备兑认股权证,就需要先支付一笔款项。但相对于行权时购入相应股份所需支付的款项,此项支付往往较小。又如,企业进行货币互换时,通常需要在合同签订时支付某种货币表示的一笔款项,但同时也会收到以另一种货币表示的"等值"的一笔款项,无论是从该企业的角度还是从其对手(合同的对手方)的角度看,初始净投资均为零。

(3)在未来某一日期结算。衍生工具在未来某一日期结算,表明衍生工具结算需要经历一段特定期间。衍生工具通常在未来某一特定日期结算,也可能在未来多个日期结算。例如,利率互换可能涉及合同到期前多个结算日期。另外,有些期权可能由于是价外期权而到期不行权,也是在未来日期结算的一种方式。

## 二、金融资产的分类与重分类

金融资产的合理分类是进行会计确认和计量的基础,因为根据现行会计规则,不同的金融资产类别适用不同的计量基础和核算规则。金融资产初始确认时,在特定情形下,可以将其直接指定为以公允价值计量且其变动计入当期损益的金融资产,除此之外的所有情形,则应根据管理金融资产的业务模式和金融资产的合同现金流量特征,将金融资产划分为以下三类:

（1）以摊余成本计量的金融资产（AC）；

（2）以公允价值计量且其变动计入其他综合收益的金融资产（FVTOCI）；

（3）以公允价值计量且其变动计入当期损益的金融资产（FVTPL）。

**表 3—2　　金融资产分类判定矩阵**

<table>
<tr><td colspan="2" rowspan="2"></td><td colspan="2">分类判定标准 2：合同现金流特征</td></tr>
<tr><td>Ⅰ. 仅为本金和利息支付</td><td>Ⅱ. 非（仅为）本金和利息支付或非本息支付</td></tr>
<tr><td rowspan="3">分类判定标准 1：业务模式</td><td>1. 以收取合同现金流为目标</td><td>以摊余成本计量的金融资产（如持有至到期普债券投资）</td><td>以公允价值计量且其变动计入其他综合收益的金融资产（如非交易性权益工具投资）</td></tr>
<tr><td>2. 既以收取合同现金流，又以出售金融资产为目标</td><td>以公允价值计量且其变动计入其他综合收益的金融资产（如可供出售债券投资）</td><td>以公允价值计量且其变动计入当期损益的金融资产（如交易性权益工具投资）</td></tr>
<tr><td>3. 以交易金融资产为目标</td><td>以公允价值计量且其变动计入当期损益的金融资产（如交易性债券投资）</td><td>以公允价值计量且其变动计入当期损益的金融资产（如交易性权益工具投资）</td></tr>
<tr><td colspan="2">直接指定</td><td colspan="2">以公允价值计量且其变动计入当期损益的金融资产</td></tr>
</table>

需要说明的是，2017 年最新会计准则修订之前，金融资产分类主要根据管理决策意图作为判断标准，将金融资产划分为四类：持有至到期投资、可供出售金融资产、交易性金融资产、应收款项。原先的“四分法”存在内在逻辑的不一致性，如应收款项这一类别属于按照资产业务类别加以划分，并没有统一按交易目的这一逻辑分类。最新修订的准则弥补了该缺陷，简化为“三分法”，保持了内在逻辑的一致性，但表述起来比较抽象冗长，不利于理解和实际操作。所以，在我国实务应用时，对适用的会计科目又进行了简化重命名。

表 3—3　　新老会计准则下金融资产分类与科目对照

| 老准则下的类别与科目 | 新准则下的类别 | 新准则下的会计科目 |
| --- | --- | --- |
| 1. 持有至到期投资 | 以摊余成本计量的金融资产 | 债权投资 |
| 2. 可供出售金融资产 | 以公允价值计量且其变动计入其他综合收益的金融资产 | 其他债权投资 |
| 3. 交易性金融资产 | 交易性金融资产 | 交易性金融资产 |
| 4. 应收款项投资 | 以摊余成本计量的金融资产 | 债权投资或其他债券投资 |

对金融资产分类的两个判断标准以及三大资产类别依次解析如下：

### (一)金融资产分类判断标准之一:业务模式

管理金融资产的业务模式，是指企业如何管理其金融资产以产生现金流量。业务模式决定企业所管理金融资产所产生的现金流量的来源是收取合同现金流量、出售金融资产，还是两者兼有。

企业可能会采用多种业务模式管理其金融资产。例如，企业持有一组以收取合同现金流量为目标的投资组合，同时还持有另一组既以收取合同现金流量为目标又以出售该金融资产为目标的投资组合。

企业在确定其管理金融资产的业务模式时，应当注意以下方面：

(1)应当在金融资产组合的层次上确定管理金融资产的业务模式，而不必按照单个金融资产逐项确定业务模式。金融资产组合的层次应当反映企业管理该金融资产的层次。有些情况下，企业可能将金融资产组合分拆为更小的组合，以合理反映企业管理该金融资产的层次。例如，企业购买一个抵押贷款组合，以收取合同现金流量为目标管理该组合中的一部分贷款，以出售为目标管理该组合中的其他贷款，则属于这种情况。

(2)应当以企业关键管理人员决定的对金融资产进行管理的特定业务目标为基础，确定管理金融资产的业务模式。企业的业务模式并非企业自愿指定，而是一种客观事实，通常可以从企业为实现其设定目标而开展的特定活动中得以反映。企业应当考虑在业务模式评估日可获得的所有相关证据，包括企业评估和向关键管理人员报告金融资产业绩的方式、影响金融资产业绩的风险及其管理方式以及相关业务管理人员获得报酬的方式(例如,报酬是基于所管理资产的公允价值还是所收取的合同现金流量)。

(3)应当以客观事实为依据,确定管理金融资产的业务模式,不得以按照合理预期不会发生的情形为基础确定。例如,对于某金融资产组合,如果企业预期仅会在压力情形下将其出售,且企业合理预期该压力情形不会发生,则该压力情形不得影响企业对该类金融资产的业务模式的评估。

此外,如果金融资产实际现金流量的实现方式不同于评估业务模式时的预期(如企业出售的金融资产数量超出或少于在对资产做出分类时的预期),只要企业在评估业务模式时已经考虑了当时所有可获得的相关信息,这一差异不构成企业财务报表的前期差错,也不改变企业在该业务模式下持有的剩余金融资产的分类。但是,企业在评估新的金融资产的业务模式时,应当考虑这些信息。

管理金融资产的业务模式可以分为三大类:①以收取合同现金流量为目标的业务模式;②以收取合同现金流量和出售金融资产为目标的业务模式;③以交易金融资产为目标的其他业务模式。

在以收取合同现金流量为目标的业务模式下,企业管理金融资产旨在通过在金融资产存续期内收取合同付款来实现现金流量,而不是通过持有并出售金融资产产生整体回报。

例如,甲企业购买了一个贷款组合,且该组合中有包含已发生信用减值的贷款。如果贷款不能按时偿付,甲企业将通过各类方式尽可能实现合同现金流量,如通过邮件、电话或其他方法与借款人联系催收。同时,甲企业签订了一项利率互换合同,将贷款组合的利率由浮动利率转换为固定利率。本例中,甲企业管理该贷款组合的业务模式是以收取合同现金流量为目标。即使甲企业预期无法收取全部合同现金流量(部分贷款已发生信用减值),但并不影响其业务模式。此外,该公司签订利率互换合同也不影响贷款组合的业务模式。

在以收取合同现金流量和出售金融资产为目标的业务模式下，企业的关键管理人员认为收取合同现金流量和出售金融资产对于实现其管理目标而言都是不可或缺的。例如，企业的目标是管理日常流动性需求，同时维持特定的收益率，或将金融资产的存续期与相关负债的存续期进行匹配。

与以收取合同现金流量为目标的业务模式相比，此业务模式涉及的出售通常频率更高、价值更大。因为出售金融资产是此业务模式的目标之一，在该业务模式下不存在出售金融资产的频率或者价值的明确界限。

例如，甲银行持有金融资产组合以满足其每日流动性需求。甲银行为了降低其管理流动性需求的成本，高度关注该金融资产组合的回报。组合回报包括收取的合同付款和出售金融资产的利得或损失。本例中，甲银行管理该金融资产组合的业务模式以收取合同现金流量和出售金融资产为目标。

如果企业管理金融资产的业务模式，不是以收取合同现金流量为目标，也不是以收取合同现金流量和出售金融资产来实现其目标，该金融资产应当分类为以公允价值计量且其变动计入当期损益的金融资产。例如，企业持有金融资产的目的是交易性的或者基于金融资产的公允价值做出决策并对其进行管理。在这种情况下，企业管理金融资产的目标是通过出售金融资产以实现现金流量。即使企业在持有金融资产的过程中会收取合同现金流量，企业管理金融资产的业务模式既不是以收取合同现金流量又不是以出售金融资产来实现其目标，因为收取合同现金流量对实现该业务模式目标来说只是附带性质的活动。

### （二）金融资产分类判断标准之二：金融资产的合同现金流特征

金融资产的合同现金流量特征，是指金融工具合同约定的、反映相关金融资产经济特征的现金流量属性。企业分类为以摊余成本计量的金融资产和以公允价值计量且其变动计入其他综合收益的金融资产，其合同现金流量特征应当与基本借贷安排相一致。即相关金融资产在特定日期产生的合同现金流量仅为对本金和以未偿付本金金额为基础的利息的支付。

本金，是指金融资产在初始确认时的公允价值。本金金额可能因提前还款等原因在金融资产的存续期内发生变动；利息，包括对货币时间价值、与特定时期未偿付本金金额相关的信用风险，以及其他基本借贷风险、成本和利润的对价。其中，货币时间价值是利息要素中仅因为时间流逝而提供对价的部分，不包括为所持有金融资产的其他风险或成本提供的对价，但货币时间价值要素有时可能存在修正。在货币时间价值要素存在修正的情况下，企业应当对相关修正进行评估，以确定其是否满足上述合同现金流量特征的要求。此外，金融资产包含可能导致其合同现金流量的时间分布或金额发生变更的合同条款（如包含提前还款特征）的，企业应当对相关条款进行评估（如评估提前还款特征的公允价值是否很小），以确定其是否满足上述合同现金流量特征的要求。

### （三）金融资产具体分类

根据业务模式和合同现金流特征两个维度的分类标准判别后，可以将金融资产具体分类为以下三个基本类别：(1)以摊余成本计量的金融资产；(2)以公允价值计量且其变动计入其他综合收益的金融资产；(3)以公允价值计量且其变动计入当期损益的金融资产。

**表3—3　　摊余成本计量的金融资产**

| 金融资产类别 | 会计科目 | 分类判别标准(同时满足以下条件) |
|---|---|---|
| 以摊余成本计量的金融资产 | 债权投资<br>贷款<br>应收账款 | (1)管理该金融资产的业务模式是以收取合同现金流量为目标<br>(2)该金融资产的合同条款规定，在特定日期产生的现金流量，仅为对本金和以未偿付本金金额为基础的利息的支付 |

注：在2017年会计准则最新修订之前，以摊余成本计量的金融资产在“持有至到期投资”科目核算，现调整为在“债权投资”科目核算。

例如，银行向企业客户发放的固定利率的贷款，在没有其他特殊安排的情况下，贷款的合同现金流量一般情况下可能符合仅为对本金和以未偿付本金金额为基础的利息支付的要求。如果银行管理该贷款的业务模式是以收取合同现金流量为目标，则该贷款应当分类为以摊余成本计量的金融资产。

**表 3—4　　以公允价值计量且其变动计入其他综合收益的金融资产**

| 金融资产类别 | 会计科目 | 分类判别标准(同时满足以下条件) |
| --- | --- | --- |
| 以公允价值计量且其变动计入其他综合收益的金融资产 | 其他债权投资 | (1)管理该金融资产的业务模式既以收取合同现金流量为目标，又以出售该金融资产为目标<br>(2)该金融资产的合同条款规定，在特定日期产生的现金流量，仅为对本金和以未偿付本金金额为基础的利息的支付 |

注：在 2017 年会计准则最新修订之前，以公允价值计量且其变动计入其他综合收益的金融资产在“可供出售金融资产”科目核算，现调整为在“其他债权投资”科目核算。

例如，企业持有的普通债券的合同现金流量是到期收回本金及按约定利率在合同期间按时收取固定或浮动利息的权利。在没有其他特殊安排的情况下，普通债券的合同现金流量一般情况下可能符合仅为对本金和利息支付的要求。如果企业管理该债券的业务模式既以收取合同现金流量为目标又以出售该债券为目标，则该债券应当分类为以公允价值计量且其变动计入其他综合收益的金融资产。

**表 3—5　　以公允价值计量且其变动计入当期损益的金融资产**

| 金融资产类别 | 会计科目 | 分类判别标准(同时满足以下条件之一) |
| --- | --- | --- |
| 以公允价值计量且其变动计入当期损益的金融资产 | 交易性金融资产 | (1)管理该金融资产的业务模式不是以收取合同现金流量为目标<br>(2)该金融资产的合同条款规定，在特定日期产生的现金流量，并非仅是对本金和以未偿付本金金额为基础的利息的支付 |

注：企业持有的直接指定为以公允价值计量且其变动计入当期损益的金融资产，也在“交易性金融资产”科目核算。

例如，企业持有的普通股股票的合同现金流量是收取被投资企业未来股利分配以及其清算时获得剩余收益的权利。由于股利及获得剩余收益的权利均不符合本金和利息的定义，因此企业持有的普通股股票应当分类为以公允价值计量且其变动计入当期损益的金融资产；又如，企业持有普通债券，虽然其合同现金流特征符合本金和利息定义，但管理该债券的业务模式是以短期交易为目标，因此企业持有的普通债券应当分类为以公允价值计量且其变动计入当期损益的金融资产；再如，企业持有含权（可赎回、可回购、可转换等）债券，虽然业务模式是以持有至到期（即以收取合同现金流）为目标，但该债券的现金流特征可能不符合仅为本金和利息支付的界定标准，所以持有该债券仍有可能被分类为以公允价值计量且其变动计入当期损益的金融资产。

**（四）直接指定为以公允价值计量且其变动计入当期损益的金融资产**

在初始确认时，如果能够消除或显著减少会计错配，企业可以将金融资产直接指定为以公允价值计量且其变动计入当期损益的金融资产。该指定一经做出，不得撤销。

此处所指的“会计错配”，是指当企业以不同的会计确认方法和计量属性对在经济上相关的资产或负债进行确认或计量而产生利得或损失时，可能导致的会计确认和计量上的不一致。设立此项条件，目的在于通过直接指定为以公允价值计量并将其变动计入当期损益，以消除或减少会计上可能存在的错配现象。

应用举例1：甲商业银行发放了一笔固定利率贷款。在发放日，甲商业银行以具有匹配条款的利率互换对该贷款进行经济上的套期，将该贷款从固定利率转换成浮动利率。假定该贷款符合分类为以摊余成本计量的条件，以摊余成本计量该贷款将会产生与以公允价值计量且其变动计入当期损益的利率互换之间的会计错配。在此例中，甲商业银行可在该贷款初始确认时就直接指定为以公允价值计量且其变动计入当期损益的金融资产，以降低按摊余成本计量该贷款将产生的会计错配，从而提供更加相关的会计信息。需注意的是，此例中，利率互换作为衍生金融工具，只能按公允价值计量且其变动计入当期损益。

应用举例2：乙公司发行债券（金融负债）为某项投资融入资金（金融资产），且该金融负债和金融资产实际上面临相当的风险（比如利率风险)。如果该金融资产与对应的该金融负债采用两种不同的计价基础计量,则不能反映相关的真实风险信息。但是,如果将该金融资产和金融负债均作以公允价值计量且其变动计入当期损益的直接指定,则可以改变这种会计错配导致的不利结果。在此例中,乙公司可将该金融资产和金融负债均作以公允价位计量且其变动计入当期损益的直接指定。

应用举例 3:丙保险公司因保险业务而确认了一项以现值为基础(即通常所指精算基础)计量的负债。该负债对应的资金运用形成的金融资产如按摊余成本计量,可能导致会计错配。而将该金融资产作以公允价值计量且其变动计入当期损益的直接指定,则意味着该金融资产的公允价位变动在相关负债价值变动的同一期间计入当期损益。在此例中,丙保险公司可将该金融资产作以公允价值计量且其变动计入当期损益的直接指定。

应用举例 4:丁公司(母公司)的某子公司购买了 3 年期固定利率债券。为了加强对利率风险的管理,该子公司与母公司签订了支付固定利息、收取可变利息的利率互换合同。在此例中,该子公司个别财务报表层面上,该固定利率债券可以直接指定为以公允价值计量且变动计入当期损益的金融资产,以消除或减少会计错配的影响。但是,在丁公司合并财务报表层面上,这项指定因合并抵销而无法适用。遇到这种情况,可以在该固定利率债券初始确认时,由母公司与集团外的公司签订有关利率互换协议。

**(五)金融资产分类的特殊规定**

权益工具投资的合同现金流量评估一般不符合基本借贷安排,因此只能分类为以公允价值计量且其变动计入当期损益的金融资产。然而在初始确认时,企业可以将非交易性权益工具投资指定为以公允价值计量且其变动计入其他综合收益的金融资产,并按规定确认股利收入。该指定一经做出,不得撤销。企业投资其他上市公司股票或者非上市公司股权的,都可能属于这种情形。

初始确认时,企业可基于单项非交易性权益工具投资,将其指定为以公允价值计量且其变动计入其他综合收益的金融资产，其公允价值的后续变动计入其他综合收益，不需计提减值准备。除了获得的股利（明确代表投资成本部分收回的股利除外）计入当期损益外，其他相关的利得和损失（包括汇兑损益）均应当计入其他综合收益，且后续不得转入当期损益。当金融资产终止确认时，之前计入其他综合收益的累计利得或损失应当从其他综合收益中转出，计入留存收益。

### 三、金融工具的重分类

金融工具一经分类，不得随意改变其类别。如需确实改变其管理金融资产的业务模式，应当按照规定对所有受影响的相关金融资产进行重分类。企业对所有金融负债均不得进行重分类。所以，金融资产（即非衍生债权资产）可以在以摊余成本计量、以公允价值计量且其变动计入其他综合收益和以公允价值计量且其变动计入当期损益之间进行重分类。

企业对金融资产进行重分类，应当自重分类之日起，采用未来适用法进行相关会计处理，不得对以前已经确认的利得、损失（包括减值损失或利得）或利息进行追溯调整。重分类日，是指导致企业对金融资产进行重分类的业务模式发生变更后的首个报告期间（即下一个季度会计期间的期初）的第一天。

需要注意的是，如果企业管理金融资产的业务模式没有发生变更，而金融资产的条款发生变更但未导致终止确认时，不允许重分类。如果金融资产条款发生变更导致金融资产终止确认的，不属于重分类，企业应当终止确认原金融资产，同时按照变更后的条款确认一项新金融资产。

金融资产重分类的调账规则归纳如表 3－6 所示：

表 3—6　　金融资产重分类计量规则

| 原分类 | 重分类 | | |
|---|---|---|---|
| | 以摊余成本计量 | 以公允价值计量且其变动计入其他综合收益 | 以公允价值计量且其变动计入当期损益 |
| 以摊余成本计量 | | 按照该金融资产在重分类日的公允价值进行计量。原账面价值与公允价值之间的差额计入其他综合收益。重分类不影响其实际利率和预期信用损失的计量 | 按照在重分类日的公允价值进行计量。原账面价值与公允价值之间的差额计入当期损益 |
| 以公允价值计量且其变动计入其他综合收益 | 将之前计入其他综合收益的累计利得或损失转出，调整该金融资产在重分类日的公允价值，并以调整后的金额作为新的账面价值，即视同该金融资产一直以摊余成本计量。重分类不影响其实际利率和预期信用损失的计量 | | 继续以公允价值计量该金融资产。同时，将之前计入其他综合收益的累计利得或损失从其他综合收益转入当期损益 |
| 以公允价值计量且其变动计入当期损益 | 以其在重分类日的公允价值作为新的账面余额<br>根据在重分类日的公允价值确定其实际利率。同时，自重分类日起适用金融资产减值的相关规定，并将重分类日视为初始确认日 | 继续以公允价值计量<br>根据在重分类日的公允价值确定其实际利率。同时，自重分类日起适用金融资产减值的相关规定，并将重分类日视为初始确认日 | |

## 第三节　金融工具的计量

### 一、金融工具的初始计量

金融工具经分类和初始确认后，应当按照公允价值计量。对于以公允价值计量且其变动计入当期损益的金融资产和金融负债，相关交易费用应当直接计入当期损益；对于其他类别的金融资产或金融负债，相关交易费用应当计入初始确认金额。

交易费用，是指可直接归属于购买、发行或处置金融工具的增量费用。增量费用是指企业没有发生购买、发行或处置相关金融工具的情形就不会发生的费用，包括支付给代理机构、中介机构、交易平台、政府有关部门等的手续费、佣金、相关税费以及其他必要支出，但不包括债券溢价、折价、融资费用、内部管理成本和持有成本等与交易不直接相关的费用。

金融工具的初始计量应遵照公允价值计量规则。公允价值通常为相关金融资产或金融负债的交易价格。金融工具的公允价值与其交易价格存在差异的，如该金融工具的公允价值是依据其相同资产或负债在活跃市场上的报价或者以仅使用可观察市场数据的估值技术确定的，应当将该公允价值与交易价格之间的差额确认为一项利得或损失。

投资金融资产所支付的价款中包含的已宣告但尚未发放的债券利息或现金股利，应当单独确认为应收项目进行处理。

## 二、金融工具的后续计量

金融资产的后续计量与金融资产的分类密切相关。企业应当对不同类别的金融资产，分别以摊余成本、以公允价值计量且其变动计入其他综合收益或以公允价值计量且其变动计入当期损益进行后续计量。在对金融资产进行后续计量时，如果其之前一直以公允价值计量，而现在其公允价值低于零，则应将其确认为一项金融负债。

### （一）以摊余成本计量的金融资产的会计处理

摊余成本计量规则涉及使用实际利率法来计量金融工具的摊余成本。

实际利率法，是指计算金融资产或负债的摊余成本以及将利息收入或利息费用分摊计入各会计期间的方法。实际利率，是指将金融资产或负债在预计存续期内估计未来现金流量，折现为该金融资产账面余额或该金融负债摊余成本所使用的利率。在确定实际利率时，应当在考虑金融资产或负债所有合同条款(如提前还款、展期、看涨期权或其他类似期权等)的基础上估计预期现金流量,但不应当考虑预期信用损失。

经信用调整的实际利率,是指将购入或源生的已发生信用减值的金融资产在预计存续期的估计未来现金流量,折现为该金融资产摊余成本的利率。在确定经信用调整的实际利率时,应当在考虑金融资产的所有合同条款(例如提前还款、展期、看涨期权或其他类似期权等)以及初始预期信用损失的基础上估计预期现金流量。

企业通常能够可靠估计金融工具的现金流量和预计存续期。在极少数情况下,金融工具对未来现金流量或预计存续期无法可靠估计,企业在计算确定其实际利率(或经信用调整的实际利率)时,应当基于该金融工具在整个合同期内的合同现金流量。

合同各方之间支付或收取的、属于实际利率或经信用调整的实际利率组成部分的各项费用、交易费用及溢价或折价等,应当在确定实际利率或经信用调整的实际利率时予以考虑。

金融资产或负债的摊余成本,应当以该金融资产或负债的初始确认金额经下列调整后的结果确定:(1)扣除已偿还的本金;(2)加上或减去采用实际利率法将该初始确认金额与到期日金额之间的差额(即溢折价)进行摊销形成的累计摊销额;(3)扣除累计计提的损失准备(仅适用于金融资产)。

金融资产利息收入应当按照实际利率法确认。利息收入应当根据金融资产账面余额乘以实际利率计算确定,但下列情况除外:(1)对于购入或源生的已发生信用减值的金融资产,企业应当自初始确认起,按照该金融资产的摊余成本和经信用调整的实际利率计算确定其利息收入。(2)对于购入或源生的未发生信用减值、但在后续期间成为已发生信用减值的金融资产,应当在后续期间,按照该金融资产的摊余成本和实际利率计算确定其利息收入。按照上述规定对金融资产的摊余成本运用实际利率法计算利息收入的,若该金融工具在后续期间因其信用风险有所改善而不再存在信用减值,并且这一改善在客观上可与应用上述规定之后发生的某一事件相联系（如债务人的信用评级被上调），则应当转按实际利率乘以该金融资产账面余额来计算确定利息收入。

当对金融资产预期未来现金流量具有不利影响的一项或多项事件发生时，该金融资产成为已发生信用减值的金融资产。金融资产已发生信用减值的证据包括下列可观察信息：(1)发行方或债务人发生重大财务困难；(2)债务人违反合同，如偿付利息或本金违约或逾期等；(3)债权人出于与债务人财务困难有关的经济或合同考虑，给予债务人在任何其他情况下都不会做出的让步；(4)债务人很可能破产或进行其他财务重组；(5)发行方或债务人财务困难导致该金融资产的活跃市场消失；(6)以大幅折扣购买或源生一项金融资产，该折扣反映了发生信用损失的事实。

金融资产发生信用减值，有可能是多个事件的共同作用所致，未必是可单独识别的事件所致。

以摊余成本计量的金融资产所产生的利得或损失，应当在其终止确认、重分类、按照实际利率法摊销或确认减值时，计入当期损益。以摊余成本计量的金融负债所产生的利得或损失，应当在终止确认时计入当期损益或在按照实际利率法摊销时计入相关期间损益。

### (二)以公允价值进行后续计量的金融资产的会计处理

对于按照公允价值进行后续计量的金融资产，其公允价值变动形成的利得或损失，除与套期会计有关外，应当按照下列规定处理：

(1)以公允价值计量且其变动计入当期损益的金融资产的利得或损失，应当计入当期损益。

(2)分类为以公允价值计量且其变动计入其他综合收益的金融资产所产生的所有利得或损失，除减值损失或利得和汇兑损益之外，均应当计入其他综合收益，直至该金融资产终止确认或被重分类。但是，采用实际利率法计算的利息应当计入当期损益。该金融资产计入各期损益的利息金额应当与视同其一直按照摊余成本计量而计入各期损益的金额相等。在该金融资产终止确认时，之前计入其他综合收益的累计利得或损失应当从其他综合收益中转出，计入当期损益。

（3）指定为以公允价值计量且其变动计入其他综合收益的非交易性权益工具投资，除了获得的股利（明确代表投资成本部分收回的股利除外）计入当期损益外，其他相关的利得和损失（包括汇兑损益）均应当计入其他综合收益，且后续不得转入当期损益。当其终止确认时，之前计入其他综合收益的累计利得或损失应当从其他综合收益中转出，计入留存收益。

对于按照公允价值进行后续计量的金融负债，其公允价值变动形成的利得或损失，除与套期会计有关外，应当计入当期损益。

## 三、金融工具的减值计量

对于以摊余成本计量和以公允价值计量且其变动计入其他综合收益这两类金融资产，应当以预期信用损失为基础，进行减值会计处理并确认损失准备。交易性金融资产不再单独计量预期信用损失和损失准备。

损失准备，是指针对按照以摊余成本计量的金融资产的预期信用损失计提的准备，按照以公允价值计量且其变动计入当期损益的金融资产的累计减值金额。

预期信用损失，是指以发生违约的风险为权重的金融工具信用损失的加权平均值。

信用损失，是指企业按照原实际利率折现的、根据合同应收的所有合同现金流量与预期收取的所有现金流量之间的差额，即全部现金短缺的现值。其中，对于企业购买或源生的已发生信用减值的金融资产，应按照该金融资产经信用调整的实际利率折现。由于预期信用损失考虑付款的金额和时间分布，因此即使企业预计可以全额收款但收款时间晚于合同规定的到期期限，也会产生信用损失。

在估计现金流量时，应当考虑金融工具在整个预计存续期的所有合同条款（如提前还款、展期、看涨期权或其他类似期权等）。现金流量应当包括可能出现信用违约后出售所持担保品所获得的现金流量，以及属于合同条款组成部分的其他信用增级所产生的现金流量。

金融工具的预计存续期通常能够可靠估计。在极少数情况下，金融工具预计存续期无法可靠估计的，在计算确定预期信用损失时，应当基于该金融工具的整个剩余合同期间。

**(一)一般减值模型**

一般情况下，应当在每个资产负债表日评估相关金融工具的信用风险自初始确认后是否已显著增加，并按照下列情形分别计量其损失准备、确认预期信用损失及其变动：

(1)如果该金融工具的信用风险自初始确认后已显著增加，应当按照相当于该金融工具在整个存续期内预期信用损失的金额计量其损失准备，由此形成的损失准备的增加或转回金额，应当作为减值损失或利得计入当期损益。

(2)如果该金融工具的信用风险自初始确认后并未显著增加，应当按照相当于该金融工具在未来 12 个月内预期信用损失的金额计量其损失准备，由此形成的损失准备的增加或转回金额，应当作为减值损失或利得计入当期损益。

未来 12 个月内预期信用损失，是指在资产负债表日后 12 个月内(若金融工具的预计存续期少于 12 个月，则为预计存续期)可能发生的金融工具违约事件而导致的预期信用损失，是整个存续期预期信用损失的一部分。

在进行相关信用风险评估时，应当考虑所有合理且有依据的信息，包括前瞻性信息。整个存续期预期信用损失，是指在金融工具整个预计存续期内所有可能发生的违约事件而导致的预期信用损失。

**(二)对风险显著增加的判断**

在评估金融工具的信用风险自初始确认后是否已显著增加时，应当考虑金融工具预计存续期内发生违约风险的变化，而不是预期信用损失金额的变化。应当通过比较金融工具在资产负债表日发生违约的风险与在初始确认日发生违约的风险，以确定金融工具预计存续期内发生违约风险的变化情况。在为确定是否发生违约风险而对违约进行界定时，所采用的界定标准，应当与其内部针对相关金融工具的信用风险管理目标保持一致，并考虑财务限制条款等其他定性指标。

通常，应当在金融工具逾期前确认该工具整个存续期预期信用损失。在确定信用风险自初始确认后是否显著增加时，如无须付出不必要的额外成本或努力即可获得合理且有依据的前瞻性信息的，不得仅依赖实际已发生的逾期信息来确定信用风险是否显著增加；如必须付出不必要的额外成本或努力才可获得合理且有依据的逾期信息以外的单独或汇总的前瞻性信息的，可以采用实际已发生的逾期信息来确定信用风险是否显著增加。

无论采用何种方式评估信用风险是否显著增加，通常情况下，如果逾期超过 30 日，则表明金融工具的信用风险已经显著增加。除非在无须付出不必要的额外成本或努力的情况下即可获得合理且有依据的信息，证明即使逾期超过 30 日，信用风险自初始确认后仍未显著增加。如果企业在合同付款逾期超过 30 日前已确定信用风险显著增加，则应当按照整个存续期的预期信用损失确认损失准备。如果交易对手方未按合同规定时间支付约定的款项，则表现为该金融资产发生逾期。

如确定金融工具在资产负债表日只具有较低的信用风险的，可以假设该金融工具的信用风险自初始确认后并未显著增加。如果金融工具的违约风险较低，借款人在短期内履行其合同现金流量义务的能力很强，并且即便较长时期内经济形势和经营环境存在不利变化但未必一定降低借款人履行其合同现金流量义务的能力，该金融工具被视为具有较低的信用风险。

### （三）预期信用损失的计量

金融工具预期信用损失的计量方法应当反映下列各项要素：(1)通过评价一系列可能的结果而确定的无偏概率加权平均金额；(2)货币时间价值；(3)在资产负债表日无须付出不必要的额外成本或努力即可获得的有关过去事项、当前状况以及未来经济状况预测的合理且有依据的信息。

金融资产的信用损失为应收取的合同现金流量与预期收取的现金流量之间差额的现值。对于资产负债表日已发生信用减值但并非购买时即已发生信用减值的金融资产，信用损失应为该金融资产账面余额与按原实际利率折现的估计未来现金流量的现值之间的差额。

对预期信用损失的计量应当以概率加权平均为基础，应当反映发生信用损失的各种可能性。在计量预期信用损失时，需考虑的最长期限为面临信用风险的最长合同期限。

**(四)金融工具减值的账务处理**

对于已发生信用减值的金融资产，应当在资产负债表日将自初始确认后整个存续期内预期信用损失的累计变动确认为损失准备。在每个资产负债表日，应当将整个存续期内预期信用损失的变动金额作为减值损失或利得计入当期损益。如果在资产负债表日确定的整个存续期内预期信用损失小于初始确认时估计现金流量所反映的预期信用损失的金额，应当将预期信用损失的有利变动确认为减值利得。

在前一会计期间已经按照相当于金融工具整个存续期内预期信用损失的金额计量了损失准备，但在当期资产负债表日，该金融工具已不再属于自初始确认后信用风险显著增加的情形的，应当在当期资产负债表日，按照相当于未来12个月内预期信用损失的金额计量该金融工具的损失准备，由此形成的损失准备的转回金额应当作为减值利得计入当期损益。

对于分类为以公允价值计量且其变动计入其他综合收益的金融资产，应当在其他综合收益中确认其损失准备，并将减值损失或利得计入当期损益，且不应减少该金融资产在资产负债表中列示的账面价值。

## 第四节　金融资产转移

### 一、金融资产转移及终止确认的界定标准

金融资产转移，是指金融资产持有者(转出方)将金融资产(或其现金

流量)让与或交付给该金融资产发行方以外的他方(转入方)的行为或事项。比如,企业将持有的未到期商业票据向银行贴现,就属于金融资产转移。

金融资产转移,包括下列两种情形:一是将收取金融资产现金流量的权利转移给另一方,比如前述的将未到期票据向银行贴现;二是将金融资产转移给另一方,但保留收取金融资产现金流量的权利,并承担将收取的现金流量支付给最终收款方的义务,同时还应满足以下条件:(1)从该金融资产收到对等的现金流量时,才有义务将其支付给最终收款方。企业发生短期垫付款,但有权全额收回该垫付款并按照市场利率计收利息的,视同满足本条件。(2)根据合同约定,不能出售该金融资产或作为担保物,但可以将其作为对最终收款方支付现金流量的保证。(3)有义务将收取的现金流量及时支付给最终收款方。企业无权将该现金流量进行再投资,但按照合同约定在相邻两次支付间隔期内将所收到的现金流量进行现金或现金等价物投资的除外。企业按照合同约定进行再投资的,应当将投资收益按照合同约定支付给最终收款方。

比如,作为金融资产转移典型代表的资产证券化(ABS)业务模式,甲商业银行将其信贷资产转移给特定目的信托(SPV),之后由特定目的信托以受让的信贷资产为基础发行证券(也称信托受益权凭证),出售给相关投资者;投资者为取得该证券所支付的价款,又通过资金交割最后交付给甲银行。至此,资产证券化的资金完成了其第一次循环。此后,投资者的回报将通过信贷资产形成的现金流入支付,而这些现金流又通常是由甲银行代为收取的。甲银行作为服务商将得到一定的手续费或佣金。由此,完成资产证券化第二次资金循环。

金融资产转移涉及的会计处理,核心是金融资产转移是否符合终止确认条件。金融资产终止确认,是指转出方将之前确认的金融资产从其资产负债表中予以转出。

鉴于金融资产转移交易的复杂性,企业有必要在分析判断金融资产转移是否符合金融资产终止条件前,应分析判断以下两个方面:

一是金融资产转移的转出方能否对转入方实施控制。如果能够实施控制，则表明转入方是转出方的子公司，从而应纳入转出方的合并财务报表。从合并财务报表的意义上，这种情况下的金融资产转移属于内部交易，不存在终止确认问题。因此，在判断金融资产转移是否符合终止确认条件时，应首先判断转入方是否为转出方的子公司。

二是终止确认适用于金融资产一部分还是金融资产整体。金融资产的一部分满足下列条件之一的，转出方应当将终止确认的规定适用于该金融资产部分；否则，应当将终止确认的规定适用于该金融资产整体。

(1)该金融资产部分仅包括金融资产所产生的特定可辨认现金流量。例如，企业就某债务工具与转入方签订一项利息剥离合同，合同规定转入方有权获得该债务工具利息现金流量，但无权获得该债务工具本金现金流量，终止确认的规定适用于该债务工具的利息现金流量。

(2)该金融资产部分仅包括与该金融资产所产生的全部现金流量完全成比例的现金流量部分。例如，企业就某债务工具与转入方签订转让合同，合同规定转入方拥有获得该债务工具全部现金流量一定比例的权利，终止确认的规定适用于该债务工具全部现金流量一定比例的部分。

(3)该金融资产部分仅包括与该金融资产所产生的特定可辨认现金流量完全成比例的现金流量部分。例如，企业就某债务工具与转入方签订转让合同，合同规定转入方拥有获得该债务工具利息现金流量一定比例的权利，终止确认的规定适用于该债务工具利息现金流量一定比例的部分。

## 二、金融资产转移符合终止确认条件的情形

### (一)符合终止确认条件的判断

企业收取金融资产现金流量的合同权利终止的，应当终止确认该金融资产。此外，企业已将金融资产所有权上几乎所有的风险和报酬转移给转入方的，也应当终止确认该金融资产。

金融资产转移是否符合终止确认条件，有时比较容易判断。比如，下

列情况就表明已将金融资产所有权上几乎所有风险和报酬转移给了转入方，因而应当终止确认相关金融资产：(1)企业无条件出售金融资产；(2)企业出售金融资产，同时约定按回购日该金融资产的公允价值回购；(3)企业出售金融资产，同时与转入方签订看跌期权合同（即转入方有权将该金融资产返售给企业）或者看涨期权合同(即转出方有权回购该金融资产)，且根据合同条款判断，该看跌期权或看涨期权为一项重大价外期权(即根据期权合约的条款，使得金融资产的转入方或转出方极小可能会行权)。

企业在评估金融资产所有权上风险和报酬的转移程度时，应当比较转移前后其所承担的该金融资产未来净现金流量金额及其时间分布变动的风险。

企业承担的金融资产未来净现金流量现值变动的风险没有因转移而发生显著变化的，表明该企业仍保留了该金融资产所有权上几乎所有风险和报酬。例如，将贷款整体转移并对该贷款可能发生的所有损失进行全额补偿，或者出售一项金融资产但约定以固定价格或者售价加上出借人回报的价格回购。

企业承担的金融资产未来净现金流量现值变动的风险相对于金融资产的未来净现金流量现值的全部变动风险不再显著的，表明该企业已经转移了金融资产所有权上几乎所有风险和报酬。例如，无条件出售金融资产，或者出售金融资产日仅保留以其在回购时的公允价值进行回购的选择权。

企业通常不需要通过计算即可判断其是否转移或保留了金融资产所有权上几乎所有风险和报酬。在其他情况下，企业需要通过计算评估是否已经转移了金融资产所有权上几乎所有风险和报酬的，在计算和比较金融资产未来现金流量净现值的变动时，应当考虑所有合理、可能的现金流量变动，对于更可能发生的结果赋予更高的权重，并采用适当的市场利率作为折现率。

### (二)符合终止确认条件时的计量

金融资产整体转移满足终止条件时,相关金融资产转移损益按如下公式计算:

因金融资产转移收到的对价+原直接计入其他综合收益的公允价值变动累计利得(如为累计损失,应为减项)-所转移金融资产的账面价值=金融资产整体转移损益

理解以上公式时,应注意两点:

第一,企业因金融资产转移导致整体终止确认金融资产,同时获得了新金融资产或承担了新金融负债或服务负债的,应当在转移日确认该项新的金融资产、金融负债(包括看涨期权、看跌期权、担保负债、远期合同、互换等)或服务负债,并以公允价值进行初始计量。该金融资产扣除金融负债和服务负债后的净额应当作为上述对价的组成部分。

企业与金融资产转入方签订服务合同提供相关服务的(包括收取该金融资产的现金流量,并将所收取的现金流量交付给指定的资金保管机构等),应当就该服务合同确认一项服务资产或服务负债。服务负债应当按照公允价值进行初始计量,并作为上述对价的组成部分。服务资产应当视为未终止确认金融资产的一部分,其金额应根据所转移金融资产整体的账面价值在终止确认和未终止确认部分之间按各自相对公允价值进行分摊而确定。实务中,服务合同所涉及的服务费金额较小的,企业可以在收取服务费当期确认为收入。

因转移收到的对价=因转移交易收到的价款+新获得金融资产的公允价值+因转移获得服务资产的价值-新承担金融负债的公允价值-因转移承担的服务负债的公允价值

第二,原直接计入其他综合收益的公允价值变动累计利得或损失,是指所转移金融资产(如分类为以公允价值计量且其变动计入其他综合收益的金融资产)转移前公允价值变动直接计入所有者权益的累计额。

企业转移了金融资产的一部分,且该被转移部分整体满足终止确认条件的,应当将转移前金融资产整体的账面价值,在终止确认部分和继续

确认部分(在此种情形下,所保留的服务资产应当视同继续确认金融资产的一部分)之间,按照转移日各自的相对公允价值进行分摊,并将下列两项金额的差额计入当期损益:(1)终止确认部分在终止确认日的账面价值。(2)终止确认部分收到的对价,与原计入其他综合收益的公允价值变动累计额中对应终止确认部分的金额(涉及转移的金融资产为分类为以公允价值计量且其变动计入其他综合收益的金融资产的情形)之和。对价包括获得的所有新资产减去承担的所有新负债后的金额。

原计入其他综合收益的公允价值变动累计额中对应终止确认部分的金额,应当按照金融资产终止确认部分和继续确认部分的相对公允价值,对该累计额进行分摊后确定。

企业将转移前金融资产整体的账面价值按相对公允价值在终止确认部分和继续确认部分之间进行分摊时,应按照下列规定确定继续确认部分的公允价值:(1)企业出售过与继续确认部分类似的金融资产,或继续确认部分存在其他市场交易的,近期实际交易价格可作为其公允价值的最佳估计。(2)继续确认部分没有报价或近期没有市场交易的,其公允价值的最佳估计为转移前金融资产整体的公允价值扣除终止确认部分的对价后的差额。

## 三、金融资产转移不符合终止确认条件的情形

### (一)不符合终止确认条件的判断

金融资产转移后,转出方仍保留了该金融资产所有权上几乎所有的风险和报酬的,则应当继续确认该金融资产。对于相对简单的金融资产转移,其是否符合终止确认条件比较容易判断。比如,下列情况就表明企业保留了金融资产所有权上几乎所有的风险和报酬,不应当终止确认相关金融资产:(1)转出方出售金融资产并与转入方签订回购协议,协议规定转出方将回购原被转移金融资产,或者将予回购的金融资产与售出的金融资产相同或实质上相同、回购价格固定或原售价加上回报;(2)转出方融出证券或进行证券出借;(3)转出方出售金融资产并附有将市场风险

敞口转回给自己的总回报互换;(4)转出方出售短期应收款项或信贷资产,并且全额补偿转入方可能因被转移金融资产发生的信用损失;(5)转出方出售金融资产,同时与转入方签订看跌期权合同或看涨期权合同,且根据合同条款判断,该看跌期权或看涨期权为一项重大价内期权(即期权合约的条款设计,使得金融资产的转入方或转出方很可能会行权)。

对于相对复杂的金融资产转移,应当根据终止确认条件判断标准,通过分析计算来判断。如果分析计算表明,企业面临的风险没有因金融资产转移而发生实质性改变,则表明转出方仍保留了金融资产所有权上几乎所有的风险和报酬,从而不应当终止确认该金融资产。

### (二)不符合终止确认时的计量

转出方仍保留与所转移金融资产所有权上几乎所有的风险和报酬的,应当继续确认所转移金融资产整体,并将收到的对价确认为一项金融负债。在继续确认被转移金融资产的情形下,金融资产转移所涉及的金融资产与所确认的相关金融负债不得相互抵销。在后续会计期间,企业应当继续确认该金融资产产生的收入(或利得)和该金融负债产生的费用(或损失),不得相互抵销。

## 四、继续涉入的情形

### (一)继续涉入的判断

转出方既没有转移也没有保留金融资产所有权上几乎所有的风险和报酬的,应当分别下列情况处理:(1)转出方未保留对该金融资产控制的,成当终止确认该金融资产,并将转移中产生或保留的权利和义务单独确认为资产或负债;(2)企业保留了对该金融资产控制的,应当按照其继续涉入被转移金融资产的程度继续确认有关金融资产,并相应确认相关负债。继续涉入被转移金融资产的程度,是指企业承担的被转移金融资产价值变动风险或报酬的程度。

转出方应当按照其继续涉入被转移金融资产的程度继续确认被转移

金融资产的常见情形有：(1)转出方转移金融资产，并采用保留次级权益或提供信用担保等方式进行信用增级，转出方只转移了被转移金融资产所有权上的部分(非几乎所有)风险和报酬，且保留了对被转移金融资产的控制；(2)转出方转移金融资产，并附有既非重大价内也非重大价外的看涨期权或看跌期权，导致企业既没有转移也没有保留所有权上几乎所有的风险和报酬，且保留对被转移金融资产的控制。

转出方在判断是否保留了对被转移金融资产的控制时，应当根据转入方是否具有出售被转移金融资产的实际能力而确定。转入方能够单方面将被转移金融资产整体出售给不相关的第三方，且没有额外条件对此项出售加以限制的，表明转入方有出售被转移金融资产的实际能力，从而表明转出方未保留对被转移余融资产的控制，在其他情形下，表明转出方保留了对被转移金融资产的控制。

在判断转入方是否具有出售被转移金融资产的实际能力时，转出方考虑的关键应当是转入方实际能够采取的行动。被转移金融资产不存在市场或转入方不能单方面自由地处置被转移金融资产的，通常表明转入方不具有出售被转移金融资产的实际能力。

转入方不大可能出售被转移金融资产并不意味着转出方保留了对被转移金融资产的控制。但存在看跌期权或担保而限制转入方出售被转移金融资产的，转出方实际上保留了对被转移金融资产的控制。例如，存在看跌期权或担保且很有价值，导致转入方实际上不能在不附加类似期权或其他限制条件的情形下将该被转移余融资产出售给第三方，从而限制了转入方出售被转移金融资产的能力，转入方将持有被转移金融资产以获取看跌期权或担保下相应付款的，企业保留了对被转移金融资产的控制。

**(二)继续涉入的计量**

转出方既没有转移也没有保留金融资产所有权上几乎所有风险和报酬，且保留了对该金融资产控制的，应当按照其继续涉入被转移金融资产的程度继续确认该被转移金融资产，并相应确认相关负债。被转移金融资产和相关负债应当在充分反映转出方因金融资产转移所保留的权利和承担的义务的基础上进行计量。转出方应当按照下列规则对相关负债进行计量：

(1)被转移金融资产以摊余成本计量的，相关负债的账面价值等于继续涉入被转移金融资产的账面价值减去转出方保留的权利(如果转出方因金融资产转移保留了相关权利)的摊余成本并加上转出方承担的义务(如果转出方因金融资产转移承担了相关义务)的摊余成本，相关负债不得指定为以公允价值计量且其变动计入当期损益的金融负债。

(2)被转移金融资产以公允价值计量的，相关负债的账面价值等于继续涉入被转移金融资产的账面价值减去转出方保留的权利的公允价值并加上转出方承担的义务的公允价值，该权利和义务的公允价值应为按独立基础计计量时的公允价值。

转出方通过对被转移金融资产提供担保方式继续涉入的，应当在转移日按照金融资产的账面价值和担保金额两者的较低者，继续确认被转移金融资产，同时按照担保金额和担保合同的公允价值之和确认相关负债。担保金额，是指转出方所收到的对价中，可被要求偿还的最高金额。在后续会计期间，担保合同的初始确认金额应当随担保义务的履行进行摊销，计入当期损益。被转移金融资产发生减值的，计提的损失准备应从被转移金融资产的账面价值中抵减。

转出方按继续涉入程度继续确认的被转移金融资产以及确认的相关负债不应当相互抵销。转出方应当对继续确认的被转移金融资产确认所产生的收入(或利得)，对相关负债确认所产生的费用(或损失)，两者不得相互抵销。

## 第五节　套期会计

企业在经营活动中会面临各类风险，其中涉及外汇风险、利率风险、价格风险、信用风险等。对于此类风险敞口，企业可能会选择通过利用金融工具产生反向的风险敞口（即开展套期业务）来进行风险管理活动。套期会计的目标是在财务报表中反映企业采用金融工具管理因特定风险引起的风险敞口对风险管理活动的影响。

企业开展套期业务以进行风险管理，但是如果按照常规的会计处理方法，可能会产生损益更大的波动，这是因为企业被套期的风险敞口和对风险敞口进行套期的金融工具的确认和计量基础不一定相同。例如，企业使用衍生工具对某项极有可能发生的预期交易的价格风险进行套期，按照常规会计处理方法，该衍生工具应当以公允价值计量且其变动计入当期损益，而预期交易则需到交易发生时才能予以确认，这样，企业利润表反映的损益就会产生较大的波动。企业使用衍生工具进行风险管理的目的是对冲风险，减少企业损益的波动，而常规会计由于有关会计确认和计量基础不一致，在一定会计期间不仅可能无法如实反映企业的风险管理活动，反而可能会在财务报表上“扩大风险”。因此，尽管从长期角度来看，被套期项目和套期工具实现了风险的对冲，但是在套期存续期所涵盖的各个会计报告期间内，在常规会计处理方法下有可能会产生会计错配和损益波动。而套期会计方法基于企业风险管理活动，有助于处理被套期项目和套期工具在确认和计量方面存在的上述差异，并在企业财务报告中如实反映企业进行风险管理活动的影响。

## 一、套期业务的界定与分类

套期保值（Hedge），又称“对冲”，是指企业为管理外汇风险、利率风险、价格风险、信用风险等特定风险引起的风险敞口，指定金融工具为套期工具，以使套期工具的公允价值或现金流量变动，预期抵销被套期项目全部或部分公允价值或现金流量变动的风险管理活动。例如，企业运用商品期货进行套期时，其套期策略通常是，买入（卖出）与现货市场数量相当、但交易方向相反的期货合同，以期在未来某一时间通过期货合同的公允价值变动来补偿现货市场价格变动所带来的价格风险；又如，某银行为规避债券价格波动（利率）风险，开展国债期货卖空业务，以期对冲所持有债券的价格波动风险。

在套期会计中，套期可划分为三大类：公允价值套期、现金流量套期和境外经营净投资套期。

(1)公允价值套期。这是指对已确认资产或负债、尚未确认的确定承诺，或上述项目组成部分的公允价值变动风险敞口进行的套期。该公允价值变动源于特定风险，且将影响企业的损益或其他综合收益。其中，影响其他综合收益的情形，仅限于企业对指定为以公允价值计量且其变动计入其他综合收益的非交易性权益工具投资的公允价值变动风险敞口进行的套期。例如，某企业签订一项以固定利率换浮动利率的利率互换协议，对其承担的固定利率负债的利率风险引起的公允价值变动风险敞口进行套期。

(2)现金流量套期。这是指对现金流量变动风险敞口进行的套期。该现金流量变动源于与已确认资产或负债、极有可能发生的预期交易，或与上述项目组成部分有关的特定风险，且将影响企业的损益。例如，某企业签订一项以浮动利率换固定利率的利率互换协议，对其承担的浮动利率债务的利率风险引起的现金流量变动风险敞口进行套期。

(3)境外经营净投资套期。这是指对境外经营净投资外汇风险敞口进行的套期。境外经营净投资，是指企业在境外经营净资产中的权益份额。企业对确定承诺的外汇风险进行套期的，可以将其作为现金流量套期或公允价值套期处理。

## 二、套期工具和被套期项目的界定

### (一)套期工具

套期工具，是指企业为进行套期而指定的、其公允价值或现金流量变动预期可抵销被套期项目的公允价值或现金流量变动的金融工具。可以作为套期工具的金融工具包括：

(1)以公允价值计量且其变动计入当期损益的衍生工具。衍生工具通常可以作为套期工具。衍生工具包括远期合同、期货合同、互换和期权等。但是，衍生工具无法有效对冲被套期项目风险的，不能作为套期工具。例如，企业的签出期权（除非该签出期权指定用于抵销购入期权）就不能作为套期工具，因为该期权的潜在损失可能大大超过被套期项目的潜在利得，从而不能有效对冲被套期项目的风险。与此不同的是，购入期权的一方可能承担的损失最多就是期权费，而可能拥有的利得通常等于或大大超过被套期项目的潜在损失，因而购入期权的一方可以将购入的期权作为套期工具。

（2）以公允价值计量且其变动计入当期损益的非衍生金融资产或负债。但指定为以公允价值计量且其变动计入当期损益、且其自身信用风险变动引起的公允价值变动计入其他综合收益的金融负债除外。对于指定为以公允价值计量且其变动计入当期损益、且其自身信用风险变动引起的公允价值变动计入其他综合收益的金融负债，由于没有将整体公允价值变动计入损益，不能作为合格的套期工具。此外，对于以公允价值计量且其变动计入其他综合收益的非交易性权益工具投资，因其公允价值变动不计入损益，也不能作为合格的套期工具。

在企业集团内各企业的个别财务报表中，只有与该企业之外的对的手方签订的合同才能被指定为套期工具。在合并财务报表层面，只有与企业集团之外的对手方签订的合同才能被指定为套期工具。

企业在确立套期关系时，应当将前述符合条件的金融工具整体指定为套期工具，因为企业对套期工具进行计量时，通常以该金融工具整体为对象，采用单一的公允价值基础对其进行计量。

企业可以将套期工具的一定比例指定为套期工具，但不可以将套期工具剩余期限内某一时段的公允价值变动部分指定为套期工具。例如，甲公司有一项支付固定利息、收取浮动利息的互换合同，拟将其用于对该公司所发行的浮动利率债券进行套期。该互换合同的剩余期限为 10 年，而债券的剩余期限为 5 年。在这种情况下，甲公司不能将该互换合同剩余期限中某 5 年的互换合同公允价值变动指定为套期工具。

企业可以将两项或两项以上金融工具（或其一定比例）的组合指定为

套期工具。

企业通常将单项套期工具指定为对一种风险进行套期。但是,如果对套期工具与被套期项目的不同风险敞口之间有具体指定关系,则一项套期工具可以被指定为对一种以上的风险进行套期。例如,甲公司的记账本位币是人民币,其承担了一项5年期浮动利率的美元债务。为规避该金融负债的外汇风险和利率风险,甲公司与某金融机构签订了一份交叉货币利率互换合同,使该互换合同的条款与该金融负债的条款相匹配,并将该互换合同指定为套期工具。根据该互换合同,甲企业可以定期收取按美元浮动利率计算确定的利息,同时支付按人民币固定利率计算确定的利息。甲公司使用该互换合同对利率风险和外汇风险进行套期。

### (二)被套期项目

被套期项目,是指使企业面临公允价值或现金流量变动风险,且被指定为被套期对象的、能够可靠计量的项目。企业可以将下列单个项目、项目组合或其组成部分指定为被套期项目:(1)已确认资产或负债。(2)尚未确认的确定承诺。确定承诺,是指在未来某特定日期或期间,以约定价格交换特定数量资源、具有法律约束力的协议;尚未确认,是指尚未在资产负债表中确认。(3)极有可能发生的预期交易。预期交易,是指尚未承诺但预期会发生的交易。企业应当明确区分预期交易与确定承诺。(4)境外经营净投资。(5)项目组成部分。企业可以将已确认资产或负债、尚未确认的确定承诺、极有可能发生的预期交易以及境外经营净投资等单个项目整体或者项目组合指定为被套期项目,企业也可以将上述单个项目或者项目组合的一部分(项目组成部分)指定为被套期项目。

## 三、套期关系评估

### (一)运用套期会计的条件

公允价值套期、现金流量套期或境外经营净投资套期同时满足下列条件的,才能运用套期会计方法进行处理:

(1)套期关系仅由符合条件的套期工具和被套期项目组成。

(2)在套期开始时,企业正式指定了套期工具和被套期项目,并准备了关于套期关系和企业从事套期的风险管理策略和风险管理目标的书面文件。该文件至少载明了套期工具、被套期项目、被套期风险的性质以及套期有效性评估方法(包括套期无效部分产生的原因分析以及套期比率确定方法)等内容。

(3)套期关系符合套期有效性要求。套期有效性,是指套期工具的公允价值或现金流量变动能够抵销被套期风险引起的被套期项目公允价值或现金流量变动的程度。套期工具的公允价值或现金流量变动大于或小于被套期项目的公允价值或现金流量变动的部分为套期无效部分。

认定套期关系符合套期有效性要求,套期须同时满足下列条件:

(1)被套期项目和套期工具之间存在经济关系。该经济关系使得套期工具和被套期项目的价值因面临相同的被套期风险而发生方向相反的变动。

(2)被套期项目和套期工具经济关系产生的价值变动中,信用风险的影响不占主导地位。

(3)套期关系的套期比率,应当等于企业实际套期的被套期项目数量与对其进行套期的套期工具实际数量之比,但不应当反映被套期项目和套期工具相对权重的失衡。这种失衡会导致套期无效,并可能产生与套期会计目标不一致的会计结果。例如,企业确定拟采用的套期比率是为了避免确认现金流量套期的套期无效部分,或是为了创造更多的被套期项目进行公允价值调整以达到增加使用公允价值会计的目的,可能会产生与套期会计目标不一致的会计结果。

企业应当在套期开始日及以后期间持续地对套期关系是否符合套期有效性要求进行评估,尤其应当分析在套期剩余期限内预期将影响套期关系的套期无效部分产生的原因。企业至少应当在资产负债表日及相关情形发生重大变化将影响套期有效性要求时对套期关系进行评估。

### (二)套期关系再平衡

套期关系由于套期比率的原因而不再符合套期有效性要求，但指定该套期关系的风险管理目标没有改变的，企业应当进行套期关系再平衡。套期关系再平衡，是指对已经存在的套期关系中被套期项目或套期工具的数量进行调整，以使套期比率重新符合套期有效性要求。基于其他目的对被套期项目或套期工具所指定的数量进行变动，不构成套期关系再平衡。

企业在套期关系再平衡时，应当首先确认套期关系调整前的套期无效部分，并更新在套期剩余期限内预期将影响套期关系的套期无效部分产生原因的分析，同时相应更新套期关系的书面文件。

### (三)套期关系的终止

企业发生下列情形之一的，应当终止运用套期会计：(1)因风险管理目标发生变化，导致套期关系不再满足风险管理目标。(2)套期工具已到期、被出售、合同终止或已行使。(3)被套期项目与套期工具之间不再存在经济关系，或者被套期项目和套期工具经济关系产生的价值变动中，信用风险的影响开始占主导地位。(4)套期关系不再满足运用套期会计方法的其他条件。在适用套期关系再平衡的情况下，企业应当首先考虑套期关系再平衡，然后评估套期关系是否满足运用套期会计方法的条件。

套期关系同时满足下列条件的，企业不得撤销套期关系的指定并由此终止套期关系：(1)套期关系仍然满足风险管理目标；(2)套期关系仍然满足运用套期会计方法的其他条件。在适用套期关系再平衡的情况下，企业应当首先考虑套期关系再平衡，然后评估套期关系是否满足运用套期会计方法的条件。

## 四、套期的确认和计量

### (一)公允价值套期会计

公允价值套期满足运用套期会计方法条件的，应当按照下列规定处理：

（1）套期工具产生的利得或损失应当计入当期损益。如果套期工具是对选择以公允价值计量且其变动计入其他综合收益的非交易性权益工具投资（或其组成部分）进行套期的，套期工具产生的利得或损失应当计入其他综合收益。

（2）被套期项目因被套期风险敞口形成的利得或损失应当计入当期损益，同时调整未以公允价值计量的已确认被套期项目的账面价值。被套期项目分类为以公允价值计量且其变动计入其他综合收益的金融资产（或其组成部分）的，其因被套期风险敞口形成的利得或损失应当计入当期损益，其账面价值已经按公允价值计量，不需要调整；被套期项目为企业选择以公允价值计量且其变动计入其他综合收益的非交易性权益工具投资（或其组成部分）的，其因被套期风险敞口形成的利得或损失应当计入其他综合收益，其账面价值已经按公允价值计量，不需要调整。

被套期项目为尚未确认的确定承诺的，其在套期关系指定后因被套期风险引起的公允价值累计变动额应当确认为一项资产或负债，相关的利得或损失应当计入各相关期间损益。当履行确定承诺而取得资产或承担负债时，应当调整该资产或负债的初始确认金额，包括已确认的被套期项目的公允价值累计变动额。

### （二）现金流量套期会计

现金流量套期满足运用套期会计方法条件的，应当按照下列规定处理：

（1）套期工具产生的利得或损失中属于套期有效的部分，作为现金流量套期储备，应当计入其他综合收益。现金流量套期储备的金额，应当按照下列两项的绝对额中较低者确定：套期工具自套期开始累计利得或损失；被套期项目自套期开始预计未来现金流量现值的累计变动额。每期计入其他综合收益的现金流量套期储备的金额应当为当期现金流量套期储备的变动额。

（2）套期工具产生的利得或损失中属于套期无效的部分（即扣除计入

其他综合收益后的其他利得或损失)，应当计入当期损益。

现金流量套期储备的金额，应当按照下列规定处理：

(1)被套期项目为预期交易，且该预期交易使企业随后确认一项非金融资产或非金融负债的，或者非金融资产或非金融负债的预期交易形成一项适用于公允价值套期会计的确定承诺时，企业应当将原在其他综合收益中确认的现金流量套期储备金额转出，计入该资产或负债的初始确认金额。

(2)其他现金流量套期，企业应当在被套期的预期现金流量影响损益的相同期间，将原在其他综合收益中确认的现金流量套期储备金额转出，计入当期损益。

(3)如果在其他综合收益中确认的现金流量套期储备金额是一项损失，且该损失全部或部分预计在未来会计期间不能弥补的，企业应当在预计不能弥补时，将预计不能弥补的部分从其他综合收益中转出，计入当期损益。

当企业对现金流量套期终止运用套期会计时，在其他综合收益中确认的累计现金流量套期储备金额，应当按照下列规定进行处理：

(1)被套期的预期未来现金流量预期仍然会发生的，累计现金流量套期储备的金额应当予以保留，并按照前述现金流量套期储备的后续处理规定进行会计处理。

(2)被套期的未来现金流量预期不再发生的，累计现金流量套期储备的余额应当从其他综合收益中转出，计入当期损益。被套期的未来现金流量预期不再极有可能发生但可能预期仍然会发生，在预期仍然会发生的情况下，累计现金流量套期储备的金额应当予以保留，并按照前述现金流量套期储备的后续处理规定进行会计处理。

## 五、信用风险敞口的公允价值选择权

许多金融机构通过信用衍生工具管理借贷活动产生的信用风险敞口。例如，金融机构运用信用衍生工具对信用风险敞口进行套期，以将其贷款或贷款承诺的信用损失风险转移至第三方。但是根据规定，企业的信用衍生工具应当以公允价值计量且其变动计入当期损益，而贷款等则并不一定以公允价值计量且其变动计入当期损益（如按摊余成本计量）。因此，在被套期风险敞口未按与信用衍生工具相同的基础进行计量的情况下，将会产生会计错配。

但是，金融项目的信用风险无法单独识别，不属于满足被套期项目合格标准的风险成分，因此，使用信用衍生工具对信用风险敞口进行套期的企业将无法运用套期会计。为解决这一问题，并允许企业在一定程度上反映其信用风险管理活动，企业可以选择以公允价值计量且其变动计入当期损益的方式计量被套期风险敞口的套期会计替代方法。

**（一）将信用风险敞口指定为以公允价值计量且其变动计入当期损益的条件**

企业使用以公允价值计量且其变动计入当期损益的信用衍生工具管理金融工具（或其组成部分）的信用风险敞口的，可以在该金融工具（或其组成部分）初始确认时、后续计量时或尚未确认时，将其指定为以公允价值计量且其变动计入当期损益的金融工具，并同时作出书面记录，但应当同时满足下列条件：(1)金融工具信用风险敞口的主体（如借款人或贷款承诺持有人）与信用衍生工具涉及的主体相一致。(2)金融工具的偿付级次与根据信用衍生工具条款须交付的工具的偿付级次相一致。

**（二）指定为以公允价值计量且其变动计入当期损益的信用风险敞口的相关会计处理**

金融工具被指定为以公允价值计量且其变动计入当期损益的金融工具的，企业应当在指定时将其账面价值与其公允价值之间的差额计入当期损益。如该金融工具是分类为以公允价值计量且其变动计入其他综合收益的金融资产的，企业应当将之前计入其他综合收益的累计利得或损失转出，计入当期损益。

## 第六节 金融工具的信息披露

金融工具在财务报告中信息披露的技术性规范要求在《企业会计准则第 37 号:金融工具列报(2017)》及《金融工具列报应用指南(2018)》中作出详细规定。金融工具相关披露的目标,有助于财务报表使用者了解企业所发行金融工具的分类、计量和列示,以及企业所持有的金融资产和承担的金融负债的情况,并就金融工具对企业财务状况和经营成果影响的重要程度、金融工具使企业在报告期间和期末所面临风险的性质和程度,以及企业如何管理这些风险作出合理评价。

### 一、金融工具信息披露的一般要求

(1)企业在对金融工具各项目进行列报时,应当根据金融工具的特点及相关信息的性质对金融工具进行归类,充分披露与金融工具相关的信息,使得财务报表附注中的披露与财务报表列示的各项目相互对应。例如,对衍生工具进行披露时,将其分为外汇衍生工具、利率衍生工具、信用衍生工具等。

(2)企业应当按照本准则规定,并根据自身实际情况,合理确定列报金融工具的详细程度,既不应列报大量过于详细的信息从而掩盖真正重要的信息,也不得列报过于汇总的信息从而难以区分各项交易或相关风险之间的重要差异。

(3)在确定列报类型时,应当至少按计量属性将金融工具分为以摊余成本计量和以公允价值计量两种类型。企业应在此基础上做进一步分类。例如,以公允价值计量的金融工具可以进一步分为以公允价值计量且其变动计入当期损益的金融工具和以公允价值计量且其变动计入其他综合收益的金融工具。

(4)企业应当披露编制财务报表时对金融工具所采用的重要会计政策、计量基础和与理解财务报表相关的其他会计政策等信息,包括企业将金融资产和金融负债指定为以公允价值计量且其变动计入当期损益的相关信息。

## 二、资产负债表相关信息的披露

(1)企业应当在资产负债表或相关附注中列报下列金融资产或金融负债的账面价值:①以摊余成本计量的金融资产。②以摊余成本计量的金融负债。③以公允价值计量且其变动计入其他综合收益的金融资产,并分别反映:分类为以公允价值计量且其变动计入其他综合收益的金融资产;指定为以公允价值计量且其变动计入其他综合收益的非交易性权益工具投资。④以公允价值计量且其变动计入当期损益的金融资产,并分别反映:分类为以公允价值计量且其变动计入当期损益的金融资产;指定为以公允价值计量且其变动计入当期损益的金融资产;根据套期会计准则使用信用风险敞口的公允价值选择权在初始确认或后续计量时指定为以公允价值计量且其变动计入当期损益的金融资产。⑤以公允价值计量且其变动计入当期损益的金融负债,并分别反映:分类为以公允价值计量且其变动计入当期损益的金融负债;在初始确认日指定为以公允价值计量且其变动计入当期损益的金融负债;根据套期会计准则用信用风险敞口的公允价值选择权在初始确认和后续计量时指定为以公允价值计量且其变动计入当期损益的金融负债。

(2)企业将本应按摊余成本或以公允价值计量且其变动计入其他综合收益计量的一项或一组金融资产指定为以公允价值计量且其变动计入当期损益的金融资产的,应当披露下列信息:①该金融资产在资产负债表日使企业面临的最大信用风险敞口;②企业通过任何相关信用衍生工具或类似工具使得该最大信用风险敞口降低的金额;③该金融资产因信用风险变动引起的公允价值本期变动额和累计变动额;④相关信用衍生工具或类似工具自该金融资产被指定以来的公允价值本期变动额和累计变动额。信用风险,是指金融工具的一方不履行义务,造成另一方发生财务损失的风险。金融资产在资产负债表日的最大信用风险敞口,通常是金融工具账面余额减去减值损失准备后的金额。

(3)企业将一项金融负债指定为以公允价值计量且其变动计入当期损益的金融负债,且企业自身信用风险变动引起的该金融负债公允价值的变动金额计入其他综合收益的,应当披露下列信息:①该金融负债因自身信用风险变动引起的公允价值本期变动额和累计变动额;②该金融负债的账面价值与按合同约定到期应支付债权人金额之间的差额;③该金融负债的累计利得或损失本期从其他综合收益转入留存收益的金额和原因。

(4)企业将一项金融负债指定为以公允价值计量且其变动计入当期损益的金融负债,且该金融负债(包括企业自身信用风险变动的影响)的全部利得或损失计入当期损益的,应当披露下列信息:①该金融负债因自身信用风险变动引起的公允价值本期变动额和累计变动额;②该金融负债的账面价值与按合同约定到期应支付债权人金额之间的差额。

(5)企业将非交易性权益工具投资指定为以公允价值计量且其变动计入其他综合收益的,应当披露下列信息:①企业每一项指定为以公允价值计量且其变动计入其他综合收益的权益工具投资;②企业做出该指定的原因;③企业每一项指定为以公允价值计量且其变动计入其他综合收益的权益工具投资的期末公允价值;④本期确认的股利收入,其中对本期终止确认的权益工具投资相关的股利收入和资产负债表日仍持有的权益工具投资相关的股利收入应当分别单独披露;⑤该权益工具投资的累计利得和损失本期从其他综合收益转入留存收益的金额及其原因。

(6)企业本期终止确认了指定为以公允价值计量且其变动计入其他综合收益的非交易性权益工具投资的,应当披露下列信息:①企业处置该权益工具投资的原因;②该权益工具投资在终止确认时的公允价值;③该权益工具投资在终止确认时的累计利得或损失。

(7)企业在当期或以前报告期间将金融资产进行重分类的,对于每一项重分类,应当披露重分类日、对业务模式变更的具体说明及其对财务报表影响的定性描述,以及该金融资产重分类前后的金额。

企业自上一年度报告日起将以公允价值计量且其变动计入其他综合收益的金融资产重分类为以摊余成本计量的金融资产的，或者将以公允价值计量且其变动计入当期损益的金融资产重分类为其他类别的，应当披露下列信息：①该金融资产在资产负债表日的公允价值；②如果未被重分类，该金融资产原来应在当期损益或其他综合收益中确认的公允价值利得或损失。

企业将以公允价值计量且其变动计入当期损益的金融资产重分类为其他类别的，自重分类日起到终止确认的每一个报告期间内，都应当披露该金融资产在重分类日确定的实际利率和当期已确认的利息收入。

(8)企业应当披露作为负债或或有负债担保物的金融资产的账面价值，以及与该项担保有关的条款和条件。其中，对于企业(转出方)向金融资产转入方提供了非现金担保物(如债务工具或权益工具投资等)，转入方按照合同或惯例有权出售该担保物或将其再作为担保物的，企业应当将该非现金担保物在财务报表中单独列报。

企业取得担保物(担保物为金融资产或非金融资产)，在担保物所有人未违约时可将该担保物出售或再抵押的，应当披露该担保物的公允价值、企业已出售或再抵押担保物的公允价值，以及承担的返还义务和使用担保物的条款和条件。

(9)对于企业发行的包含金融负债成分和权益工具成分的复合金融工具，嵌入了价值相互关联的多项衍生工具(如可赎回的可转换债务工具)的，应当披露相关特征。

(10)对于除基于正常信用条款的短期贸易应付款项之外的金融负债，企业应当披露下列信息：①本期发生违约的金融负债的本金、利息、偿债基金、赎回条款的详细情况；②发生违约的金融负债的期末账面价值；③在财务报告批准对外报出前，就违约事项已采取的补救措施、对债务条款的重新议定等情况。

企业本期发生其他违反合同的情况，且债权人有权在发生违约或其他违反合同情况时要求企业提前偿还的，企业应当按上述要求披露。如果在期末前违约或其他违反合同情况已得到补救或已重新议定债务条款的，则无需披露。

## 三、利润表相关信息的披露

企业应当披露与金融工具有关的下列收入、费用、利得或损失：

(1)以公允价值计量且其变动计入当期损益的金融资产和金融负债所产生的利得或损失。其中，指定为以公允价值计量且其变动计入当期损益的金融资产和金融负债，以及分类为以公允价值计量且其变动计入当期损益的金融资产和分类为以公允价值计量且其变动计入当期损益的金融负债的净利得或净损失，应当分别披露。

(2)指定为以公允价值计量且其变动计入当期损益的金融负债，企业应当分别披露本期在其他综合收益中确认的和在当期损益中确认的利得或损失。

(3)分类为以公允价值计量且其变动计入其他综合收益的金融资产，企业应当分别披露当期在其他综合收益中确认的以及当期终止确认时从其他综合收益转入当期损益的利得或损失。

(4)指定为以公允价值计量且其变动计入其他综合收益的非交易性权益工具投资，企业应当分别披露在其他综合收益中确认的利得和损失以及在当期损益中确认的股利收入。

(5)除以公允价值计量且其变动计入当期损益的金融资产或金融负债外，按实际利率法计算的金融资产或金融负债产生的利息收入或利息费用总额，以及在确定实际利率时未予包括并直接计入当期损益的手续费收入或支出。

(6)企业通过信托和其他托管业务代他人持有资产或进行投资而形成的，直接计入当期损益的手续费收入或支出。

## 四、套期会计相关披露

(1)企业应当披露与套期会计有关的下列信息：①企业的风险管理策

略以及如何应用该策略来管理风险；②企业的套期活动可能对其未来现金流量金额、时间和不确定性的影响；③套期会计对企业的资产负债表、利润表及所有者权益变动表的影响。

在披露套期会计相关信息时，应当合理确定披露的详细程度、披露的重点、恰当的汇总或分解水平，以及财务报表使用者是否需要额外的说明以评估企业披露的定量信息。

（2）企业应当披露其进行套期和运用套期会计的各类风险的风险敞口的风险管理策略相关信息，从而有助于财务报表使用者评价：每类风险是如何产生的，企业是如何管理各类风险的，以及企业管理风险敞口的程度。与风险管理策略相关的信息应当包括：①企业指定的套期工具；②企业如何运用套期工具对被套期项目的特定风险敞口进行套期；③企业如何确定被套期项目与套期工具的经济关系以评估套期有效性；④套期比率的确定方法；⑤套期无效部分的来源。

（3）企业将某一特定的风险成分指定为被套期项目的，还应当披露下列定性或定量信息：①企业如何确定该风险成分，包括风险成分与项目整体之间关系性质的说明；②风险成分与项目整体的关联程度。

（4）企业应当按照风险类型披露在套期关系存续期内预期将影响套期关系的套期无效部分的来源，如果在套期关系中出现导致套期无效部分的其他来源，也应当按照风险类型披露相关来源及导致套期无效的原因。

（5）企业应当披露已运用套期会计但预计不再发生的预期交易的现金流量套期。

（6）对于公允价值套期，企业应当以表格形式、按风险类型分别披露与被套期项目相关的下列金额：①在资产负债表中确认的被套期项目的账面价值，其中资产和负债应当分别单独列示；②资产负债表中已确认的被套期项目的账面价值、针对被套期项目的公允价值套期调整的累计金额，其中资产和负债应当分别单独列示；③包含被套期项目的资产负债表列示项目；④本期用作确认套期无效部分基础的被套期项目价值变动；

⑤被套期项目为以摊余成本计量的金融工具的，若已终止针对套期利得和损失进行调整，则应披露在资产负债表中保留的公允价值套期调整的累计金额。

(7)对于现金流量套期和境外经营净投资套期，企业应当以表格形式、按风险类型分别披露与被套期项目相关的下列金额：①本期用作确认套期无效部分基础的被套期项目价值变动；②继续按照套期会计处理的现金流量套期储备的余额；③继续按照套期会计处理的境外经营净投资套期计入其他综合收益的余额；④套期会计不再适用套期关系所导致的现金流量套期储备和境外经营净投资套期中计入其他综合收益的利得和损失的余额。

(8)对于每类套期类型，企业应当以表格形式、按风险类型分别披露与套期工具相关的下列金额：①套期工具的账面价值，其中金融资产和金融负债应当分别单独列示；②包含套期工具的资产负债表列示项目；③本期用作确认套期无效部分基础的套期工具的公允价值变动；④套期工具的名义金额或数量。

(9)对于公允价值套期，企业应当以表格形式、按风险类型分别披露与套期工具相关的下列金额：①计入当期损益的套期无效部分；②计入其他综合收益的套期无效部分；③包含已确认的套期无效部分的利润表列示项目。

(10)对于现金流量套期和境外经营净投资套期，企业应当以表格形式、按风险类型分别披露与套期工具相关的下列金额：①当期计入其他综合收益的套期利得或损失；②计入当期损益的套期无效部分；③包含已确认的套期无效部分的利润表列示项目；④从现金流量套期储备或境外经营净投资套期计入其他综合收益的利得和损失重分类至当期损益的金额，并应区分之前已运用套期会计但因被套期项目的未来现金流量预计不再发生而转出的金额和因被套期项目影响当期损益而转出的金额；⑤包含重分类调整的利润表列示项目；⑥对于风险净敞口套期，计入利润表中单列项目的套期利得或损失。

(11)企业因使用信用衍生工具管理金融工具的信用风险敞口而将金融工具指定为以公允价值计量且其变动计入当期损益的,应当披露下列信息:①对用于管理被指定为以公允价值计量且其变动计入当期损益的金融工具信用风险敞口的信用衍生工具,每一项名义金额与当期期初和期末公允价值的调节表;②将金融工具指定为以公允价值计量且其变动计入当期损益时,在损益中确认的利得或损失;③当企业对该金融工具终止以公允价值计量且其变动计入当期损益时,作为其新账面价值的该金融工具的公允价值和相关的名义金额或本金金额,企业在后续期间无须继续披露这一信息,除非根据财务报表列报的规定需要提供比较信息。

## 五、公允价值相关信息的披露

(1)除特别说明外,企业应当披露每一类金融资产和金融负债的公允价值,并与账面价值进行比较。对于在资产负债表中相互抵销的金融资产和金融负债,其公允价值应当以抵销后的金额披露。

(2)金融资产或金融负债初始确认的公允价值与交易价格存在差异时,如果其公允价值并非基于相同资产或负债在活跃市场中的报价确定的,也非基于仅使用可观察市场数据的估值技术确定的,企业在初始确认金融资产或金融负债时不应确认利得或损失。在此情况下,企业应当按金融资产或金融负债的类型披露下列信息:①企业在损益中确认交易价格与初始确认的公允价值之间差额时所采用的会计政策,以反映市场参与者对资产或负债进行定价时所考虑的因素(包括时间因素)的变动;②该项差异期初和期末尚未在损益中确认的总额和本期变动额的调节表;③企业如何认定交易价格并非公允价值的最佳证据,以及确定公允价值的证据。

(3)企业可以不披露下列金融资产或金融负债的公允价值信息:①账面价值与公允价值差异很小的金融资产或金融负债(如短期应收账款或应付账款);②包含相机分红特征且其公允价值无法可靠计量的合同;③租赁负债。

对于上述(2),企业应当披露下列信息:①对金融工具的描述及其账面价值,以及因公允价值无法可靠计量而未披露其公允价值的事实和说明;②金融工具的相关市场信息;③企业是否有意图处置以及如何处置这些金融工具;④之前公允价值无法可靠计量的金融工具终止确认的,应当披露终止确认的事实,终止确认时该金融工具的账面价值和所确认的利得或损失金额。

## 六、金融工具风险信息披露

### (一)定性和定量信息

(1)企业应当披露与各类金融工具风险相关的定性和定量信息,以便财务报表使用者评估报告期末金融工具产生的风险的性质和程度,更好地评价企业所面临的风险敞口。相关风险包括信用风险、流动性风险、市场风险等。

(2)对金融工具产生的各类风险,应当披露下列定性信息:①风险敞口及其形成原因,以及在本期发生的变化;②风险管理目标、政策和程序以及计量风险的方法及其在本期发生的变化。

(3)对金融工具产生的各类风险,应当按类别披露下列定量信息:①期末风险敞口的汇总数据。该数据应当以向内部关键管理人员提供的相关信息为基础。企业运用多种方法管理风险的,披露的信息应当以最相关和可靠的方法为基础。②信用风险披露的信息。③期末风险集中度信息,包括管理层确定风险集中度的说明和参考因素(包括交易对手方、地理区域、货币种类、市场类型等),以及与各风险集中度相关的风险敞口金额。上述期末定量信息不能代表企业本期风险敞口情况的,应当进一步提供相关信息。

### (二)信用风险披露

(1)为使财务报表使用者了解信用风险对未来现金流量的金额、时间和不确定性的影响,应当披露与信用风险有关的下列信息:①企业信用风险管理实务的相关信息及其与预期信用损失的确认和计量的关系，包括计量金融工具预期信用损失的方法、假设和信息；②有助于财务报表使用者评价在财务报表中确认的预期信用损失金额的定量和定性信息，包括预期信用损失金额的变动及其原因；③企业的信用风险敞口，包括重大信用风险集中度；④其他有助于财务报表使用者了解信用风险对未来现金流量金额、时间和不确定性的影响的信息。

(2)企业应当披露与信用风险管理实务有关的下列信息：①企业评估信用风险自初始确认后是否已显著增加的方法，并披露下列信息：在资产负债表日只具有较低的信用风险的金融工具及其确定依据(包括适用该情况的金融工具类别)；逾期超过 30 日，而信用风险自初始确认后未被认定为显著增加的金融资产及其确定依据。②企业对违约的界定及其原因。③以组合为基础评估预期信用风险的金融工具的组合方法。④确定金融资产已发生信用减值的依据。⑤企业直接减记金融工具的政策，包括没有合理预期金融资产可以收回的迹象和已经直接减记但仍受执行活动影响的金融资产相关政策的信息。⑥评估合同现金流量修改后金融资产的信用风险的，企业应当披露其信用风险的评估方法以及下列信息：对于损失准备相当于整个存续期预期信用损失的金融资产，在发生合同现金流修改时，评估信用风险是否已下降，从而企业可以按照相当于该金融资产未来 12 个月内预期信用损失的金额确认计量其损失准备；对于上述金融资产，企业应当披露其如何监控该金融资产后续的信用风险是否显著增加，从而按照相当于整个存续期预期信用损失的金额重新计量损失准备。

(3)企业应当披露金融工具减值所采用的输入值、假设和估值技术等相关信息，具体包括：①用于确定下列各事项或数据的输入值、假设和估计技术：未来 12 个月内预期信用损失和整个存续期的预期信用损失的计量；金融工具的信用风险自初始确认后是否已显著增加；各金融资产是否已发生信用减值。②确定预期信用损失时如何考虑前瞻性信息，包括宏观经济信息的使用。③报告期估计技术或重大假设的变更及其原因。

(4)企业应当以表格形式按金融工具的类别编制损失准备期初余额与期末余额的调节表,分别说明下列项目的变动情况:①按相当于未来12个月预期信用损失的金额计量的损失准备。②按相当于整个存续期预期信用损失的金额计量的下列各项的损失准备:自初始确认后信用风险已显著增加但并未发生信用减值的金融工具;对于资产负债表日已发生信用减值但并非购买或源生的已发生信用减值的金融资产;应收账款、合同资产和租赁应收款的减值损失准备。③购买或源生的已发生信用减值的金融资产的变动。除调节表外,企业还应当披露本期初始确认的该类金融资产在初始确认时未折现的预期信用损失总额。

(5)为有助于财务报表使用者了解未导致终止确认的金融资产合同现金流量修改的性质和影响,及其对预期信用损失计量的影响,企业应当披露下列信息:①企业在本期修改了金融资产合同现金流量,且修改前损失准备是按相当于整个存续期预期信用损失金额计量的,应当披露修改或重新议定合同前的摊余成本及修改合同现金流量的净利得或净损失;②对之前按照相当于整个存续期内预期信用损失的金额计量了损失准备的金融资产,而当期按照相当于未来12个月内预期信用损失的金额计量该金融资产的损失准备的,应当披露该金融资产在资产负债表日的账面余额。

(6)为有助于财务报表使用者了解担保物或其他信用增级对源自预期信用损失的金额的影响,企业应当按照金融工具的类别披露下列信息:①在不考虑可利用的担保物或其他信用增级的情况下,企业在资产负债表日的最大信用风险敞口。②作为抵押持有的担保物和其他信用增级的描述,包括:所持有担保物的性质和质量的描述;本期由于信用恶化或企业担保政策变更,导致担保物或信用增级的质量发生显著变化的说明;由于存在担保物而未确认损失准备的金融工具的信息。③企业在资产负债表日持有的担保物和其他信用增级为已发生信用减值的金融资产作抵押的定量信息(例如对担保物和其他信用增级降低信用风险程度的量化信息)。

(7)为有助于财务报表使用者评估企业的信用风险敞口并了解其重大信用风险集中度,企业应当按照信用风险等级披露相关金融资产的账面余额以及贷款承诺和财务担保合同的信用风险敞口。这些信息应当按照下列各类金融工具分别披露:①按相当于未来 12 个月预期信用损失的金额计量损失准备的金融工具。②按相当于整个存续期预期信用损失的金额计量损失准备的下列金融工具:自初始确认后信用风险已显著增加的金融工具(但并非已发生信用减值的金融资产);在资产负债表日已发生信用减值但并非所购买或源生的已发生信用减值的金融资产;应收账款、合同资产或者租赁应收款。③购买或源生的已发生信用减值的金融资产。信用风险等级,是指基于金融工具发生违约的风险对信用风险划分的等级。

(8)企业本期通过取得担保物或其他信用增级所确认的金融资产或非金融资产,应当披露下列信息:①所确认资产的性质和账面价值;②对于不易变现的资产,应当披露处置或拟将其用于日常经营的政策等。

### (三)流动性风险披露

流动性风险,是指企业在履行以交付现金或其他金融资产的方式结算的义务时发生资金短缺的风险。流动性风险应披露的信息包括:

(1)企业应当披露金融负债按剩余到期期限进行的到期期限分析,以及管理这些金融负债流动性风险的方法:①对于非衍生金融负债(包括财务担保合同),到期期限分析应当基于合同剩余到期期限;对于包含嵌入衍生工具的混合金融工具,应当将其整体视为非衍生金融负债进行披露。②对于衍生金融负债,如果合同到期期限是理解现金流量时间分布的关键因素,到期期限分析应当基于合同剩余到期期限。

当企业将所持有的金融资产作为流动性风险管理的一部分,且披露金融资产的到期期限分析使财务报表使用者能够恰当地评估企业流动性风险的性质和范围的,企业应当披露金融资产的到期期限分析。

(2)企业在披露到期期限分析时,应当运用职业判断确定适当的时间段。列入各时间段内披露的金额,应当是未经折现的合同现金流量。企业可以但不限于按下列时间段进行到期期限分析：①1 个月以内(含本数，下同)；②1～3 个月；③3 个月～1 年；④1～5 年；⑤5 年以上。

(3)债权人可以选择收回债权时间的，债务人应当将相应的金融负债列入债权人可以要求收回债权的最早时间段内。债务人应付债务金额不固定的，应当根据资产负债表日的情况确定到期期限分析所披露的金额。如分期付款的，债务人应当把每期将支付的款项列入相应的最早时间段内。财务担保合同形成的金融负债，担保人应当将最大担保金额列入相关方可以要求支付的最早时间段内。

(4)企业应当披露流动性风险敞口汇总定量信息的确定方法。此类汇总定量信息中的现金流出符合以下条件之一的，应当说明相关事实，并提供有助于评价该风险程度的额外定量信息：①该现金的流出可能显著早于汇总定量信息中所列示的时间。②该现金的流出可能与汇总定量信息中所列示的金额存在重大差异。

**(四)市场风险披露**

金融工具的市场风险，是指金融工具的公允价值或未来现金流量因市场价格变动而发生波动的风险，包括汇率风险、利率风险和其他价格风险。汇率风险，是指金融工具的公允价值或未来现金流量因外汇汇率变动而发生波动的风险。汇率风险可源于以记账本位币之外的外币进行计价的金融工具。利率风险，是指金融工具的公允价值或未来现金流量因市场利率变动而发生波动的风险。利率风险可源于已确认的计息金融工具和未确认的金融工具(如某些贷款承诺)。其他价格风险，是指汇率风险和利率风险以外的市场价格变动而发生波动的风险，无论这些变动是由于与单项金融工具或其发行方有关的因素而引起的，还是由于与市场内交易的所有类似金融工具有关的因素而引起的。其他价格风险可源于商品价格或权益工具价格等的变化。对于市场风险，主要应披露如下信息：

(1)在对市场风险进行敏感性分析时，应当以整个企业为基础，披露下列信息：①资产负债表日所面临的各类市场风险的敏感性分析。该项披露应当反映在资产负债表日，相关风险变量发生合理、可能的变动时，将对企业损益和所有者权益产生的影响。对具有重大汇率风险敞口的每一种货币，应当分币种进行敏感性分析。②本期敏感性分析所使用的方法和假设，以及本期发生的变化和原因。

（2）企业采用风险价值法或类似方法进行敏感性分析能够反映金融风险变量之间（如利率和汇率之间等）的关联性，且企业已采用该种方法管理金融风险的，可不进行披露，但应当披露下列信息：①用于该种敏感性分析的方法、选用的主要参数和假设。②所用方法的目的，以及该方法提供的信息在反映相关资产和负债公允价值方面的局限性。

## 七、金融资产转移的披露

企业应当就资产负债表日存在的所有未终止确认的已转移金融资产，以及对已转移金融资产继续涉入，包括下列两种情形：将收取金融资产现金流量的合同权利转移给另一方；将金融资产整体或部分转移给另一方，但保留收取金融资产现金流量的合同权利，并承担将收取的现金流量支付给一个或多个收款方的合同义务。企业对于金融资产转移所披露的信息，应当有助于财务报表使用者了解未整体终止确认的已转移金融资产与相关负债之间的关系，评价企业继续涉入已终止确认金融资产的性质和相关风险。

此处所指的继续涉入，是指企业保留了已转移金融资产中内在的合同权利或义务，或者取得了与已转移金融资产相关的新合同权利或义务。转出方与转入方签订的转让协议或与第三方单独签订的与转让相关的协议，都有可能形成对已转移金融资产的继续涉入。如果企业对已转移金融资产的未来业绩不享有任何利益，也不承担与已转移金融资产相关的任何未来支付义务，则不形成继续涉入。下列情形不形成继续涉入：（1）与转移的真实性以及合理、诚信和公平交易等原则有关的常规声明和保证，这些声明和保证可能因法律行为导致转移无效。（2）以公允价值回购已转移金融资产的远期、期权和其他合同。（3）使企业保留了收取金融资产现金流量的合同权利但承担了将收取的现金流量支付给一个或多个最终收款方的合同义务的安排，且这类安排满足金融资产转移中的三个条件。

金融资产转移应当披露如下信息：

（1）对于已转移但未整体终止确认的金融资产，应当按照类别披露下列信息：①已转移金融资产的性质；②仍保留的与所有权有关的风险和报酬的性质；③已转移金融资产与相关负债之间关系的性质，包括因转移引起的对企业使用已转移金融资产的限制；④在转移金融资产形成的相关负债的交易对手方仅对已转移金融资产有追索权的情况下，应当以表格形式披露所转移金融资产和相关负债的公允价值以及净头寸，即已转移金融资产和相关负债公允价值之间的差额；⑤继续确认已转移金融资产整体的，披露已转移金融资产和相关负债的账面价值；⑥按继续涉入程度确认所转移金融资产的，披露转移前该金融资产整体的账面价值、按继续涉入程度确认的资产和相关负债的账面价值。

（2）对于已整体终止确认但转出方继续涉入已转移金融资产的，应当至少按照类别披露下列信息：①因继续涉入确认的资产和负债的账面价值和公允价值，以及在资产负债表中对应的项目。②因继续涉入导致企业发生损失的最大风险敞口及确定方法。③应当或可能回购已终止确认的金融资产需要支付的未折现现金流量（如期权协议中的行权价格）或其他应向转入方支付的款项，以及对这些现金流量或款项的到期期限分析。如果到期期限可能为一个区间，应当以企业必须或可能支付的最早日期为依据归入相应的时间段。到期期限分析应当分别反映企业应支付的现金流量（如远期合同）、企业可能支付的现金流量（如卖出看跌期权）以及企业可选择支付的现金流量（如购入看涨期权）。在现金流量不固定的情形下，上述金额应当基于每个资产负债表日的情况披露。④金融资产转移日确认的利得或损失，以及因继续涉入已终止确认金融资产当期和累计确认的收益或费用（如衍生工具的公允价值变动）。⑤终止确认产生的收款总额在本期分布不均衡的（例如大部分转移金额在临近报告期末发生),应当披露本期最大转移活动发生的时间段、该段期间所确认的金额(如相关利得或损失)和收款总额。

对上述定量信息的解释性说明,包括对已转移金融资产、继续涉入的性质和目的,以及企业所面临风险的描述等。其中,对企业所面临风险的描述包括以下各项:(1)对继续涉入已终止确认金融资产的风险进行管理的方法。(2)企业是否应先于其他方承担有关损失,以及先于本企业承担损失的其他方应承担损失的顺序及金额。(3)向已转移金融资产提供财务支持或回购该金融资产的义务的触发条件。

企业在披露所规定的信息时,应当按照其继续涉入所面临的风险敞口类型,分类汇总披露。例如,可按金融工具类别(如担保或看涨期权)或转让类型(如应收账款保理、证券化和融券)分类汇总披露。

# 第四章　债券投资会计核算实务

上一章我们介绍了金融工具会计准则的框架体系，主要侧重于规则框架体系的定性论述。本章在介绍 2018 年最新会计科目与财务报表格式调整的基础上，围绕具体债券投资业务，介绍具体的会计核算操作规则，配以实例进行解析。主要探讨的业务包括现券交易（分三类）、回购交易、债券借贷业务。

## 第一节　最新金融工具会计科目与财务报表格式

本节介绍金融工具业务涉及的主要会计科目，以及财政部最新修订（2018）的企业财务报表格式（报表项目），为后文探讨债券投资具体业务的会计处理提供背景知识。

### 一、金融工具业务所涉及的主要会计科目

根据最新修订的金融工具会计准则（2017）及其应用指南（2018）规定，金融工具会计处理根据需要设置以下主要科目（企业在不违反会计准则中确认、计量和报告规定的前提下，可以根据实际情况自行增设、分拆、合并或简化会计科目）。相关会计科目及其核算内容如下：

（1）“银行存款”。本科目核算以摊余成本计量的、企业存入银行或其他金融机构的各种款项。

（2）“其他货币资金”。本科目核算以摊余成本计量的、企业的银行汇票存款、银行本票存款、信用卡存款、信用证保证金存款、存出投资款、外埠存款等其他货币资金。

(3)“交易性金融资产”。本科目核算企业分类为以公允价值计量且其变动计入当期损益的金融资产。本科目可按金融资产的类别和品种,分别“成本”“公允价值变动”等进行明细核算。企业持有的指定为以公允价值计量且其变动计入当期损益的金融资产可在本科目下单设“指定类”明细科目核算。衍生金融资产在“衍生工具”科目核算。

(4)“买入返售金融资产”。本科目核算以摊余成本计量的、企业(金融)按返售协议约定先买入再按固定价格返售给卖出方的票据、证券、贷款等金融资产所融出的资金。

(5)“应收票据”。本科目核算以摊余成本计量的、企业因销售商品、提供劳务等而收到的商业汇票,包括银行承兑汇票和商业承兑汇票。

(6)应收账款”。本科目核算以摊余成本计量的、企业因销售商品、提供劳务等日常活动应收取的款项。

(7)“应收利息”。本科目核算企业发放的贷款、各类债权投资、存放中央银行款项、拆出资金、买入返售金融资产等应收取的利息。企业购入的一次还本付息的债权投资持有期间取得的利息,在“债权投资”科目核算。

(8)“其他应收款”。本科目核算分类为以摊余成本计量的、企业除存出保证金、买入返售金融资产、应收票据、应收账款、预付账款、应收股利、应收利息、应收代位追偿款、应收分保账款、应收分保未到期责任准备金、应收分保保险责任准备金、长期应收款等经营活动以外的其他各种应收、暂付的款项。

(9)“坏账准备”。本科目核算企业以摊余成本计量的应收款项等金融资产以预期信用损失为基础计提的损失准备。

(10)“贷款”。本科目核算以摊余成本计量的、企业(银行)按规定发放的各种客户贷款,包括质押贷款、抵押贷款、保证贷款、信用贷款等。

(11)“贷款损失准备”。本科目核算企业(银行)以摊余成本计量的贷款以预期信用损失为基础计提的损失准备。计提贷款损失准备的资产包括客户贷款、拆出资金、贴现资产、银团贷款、贸易融资、协议透支、信用卡透支、转贷款和垫款等。

(12)将“持有至到期投资”科目改为“债权投资”。本科目核算企业以摊余成本计量的债权投资的账面余额。本科目可按债权投资的类别和品种，分别以“面值”“利息调整”“应计利息”等进行明细核算。

(13)将“持有至到期投资减值准备”科目改为“债权投资减值准备”。本科目核算企业以摊余成本计量的债权投资以预期信用损失为基础计提的损失准备。

(14)“其他债权投资”。本科目核算企业按照本准则分类为以公允价值计量且其变动计入其他综合收益的金融资产。本科目可按金融资产类别和品种，分别以“成本”“利息调整”“公允价值变动”等进行明细核算。

(15)“其他权益工具投资”。本科目核算企业指定为以公允价值计量且其变动计入其他综合收益的非交易性权益工具投资。本科目可按其他权益工具投资的类别和品种，分别以“成本”“公允价值变动”等进行明细核算。

(16)“交易性金融负债”。本科目核算企业承担的交易性金融负债。本科目可按金融负债类别，分别以“本金”“公允价值变动”等进行明细核算。企业持有的指定为以公允价值计量且其变动计入当期损益的金融负债可在本科目下单设“指定类”明细科目核算。衍生金融负债在“衍生工具”科目核算。

(17)“应付票据”。本科目核算企业以摊余成本计量的购买材料、商品和接受劳务供应等而开出、承兑的商业汇票，包括银行承兑汇票和商业承兑汇票。

(18)“应付账款”。本科目核算企业以摊余成本计量的因购买材料、商品和接受劳务供应等经营活动应支付的款项。企业(金融)应支付但尚未支付的手续费和佣金，可将本科目改为“应付手续费及佣金”科目，并按照对方单位(或个人)进行明细核算。企业(保险)应支付但尚未支付的赔付款项，可将本科目改为“应付赔付款”科目，并按照保险受益人进行明细核算。

(19)“长期借款”。本科目核算企业以摊余成本计量的向银行或其他金融机构借入的期限在1年以上(不含1年)的各项借款。本科目可按贷款单位和贷款种类,分别以“本金”“利息调整”“应计利息”等进行明细核算。

(20)“应付债券”。本科目核算企业以摊余成本计量的为筹集资金而发行的债券本金和利息。本科目可按“面值”“利息调整”“应计利息”等进行明细核算。

(21)“应付利息”。本科目核算企业按照合同约定应支付的利息,包括吸收存款、分期付息到期还本的长期借款、企业债券等应支付的利息。本科目可按存款人或债权人进行明细核算。

(22)“衍生工具”。本科目核算企业衍生工具的公允价值及其变动形成的衍生金融资产或衍生金融负债。作为套期工具的衍生工具不在本科目核算。

(23)“信用减值损失”。本科目核算企业计提各项金融工具减值准备所形成的预期信用损失。

(24)“其他综合收益——信用减值准备”。本明细科目核算分类为以公允价值计量且其变动计入其他综合收益的金融资产以预期信用损失为基础计提的损失准备。

(25)“其他综合收益——公允价值变动”。本明细科目核算分类为以公允价值计量且其变动计入其他综合收益的金融资产的公允价值变动。

## 二、最新财务报告格式(2018)

针对2018年1月1日起分阶段实施的《企业会计准则第22号——金融工具确认和计量》(财会〔2017〕7号)、《企业会计准则第23号——金融资产转移》(财会〔2017〕8号)、《企业会计准则第24号——套期会计》(财会〔2017〕9号)、《企业会计准则第37号——金融工具列报》(财会〔2017〕14号)(以上四项简称新金融准则)和《企业会计准则第14号——收入》(财会〔2017〕22号,简称新收入准则),财政部对一般企业财务报表格式进行了修订(财会〔2018〕15 号)。新修订的财务报表格式分为“尚未执行新金融准则和新收入准则”和“已执行新金融准则或新收入准则”两个版本。

企业对不存在相应业务的报表项目可结合本企业的实际情况进行必要删减,企业根据重要性原则并结合本企业的实际情况可以对确需单独列示的内容增加报表项目。执行企业会计准则的金融企业应当根据金融企业经营活动的性质和要求,比照一般企业财务报表格式进行相应调整。

现将已执行新金融准则和新收入准则的财务报表格式简要介绍如下:

**表 4—1　　资产负债表**　　会企 01 表

编制单位:　　20××年××月××日　　单位:元

| 项　目 | 期末余额 | 期初余额 | 项　目 | 期末余额 | 期初余额 |
|---|---|---|---|---|---|
| 流动资产: | | | 流动负债: | | |
| 货币资金 | | | 短期借款 | | |
| 交易性金融资产 | | | 交易性金融负债 | | |
| 衍生金融资产 | | | 衍生金融负债 | | |
| 应收票据及应收账款 | | | 应付票据及应付账款 | | |
| 预付款项 | | | 预收款项 | | |
| 其他应收款 | | | 合同负债 | | |
| 存货 | | | 应付职工薪酬 | | |
| 合同资产 | | | 应交税费 | | |
| 持有待售资产 | | | 其他应付款 | | |
| 一年内到期的非流动资产 | | | 持有待售负债 | | |
| 其他流动资产 | | | 一年内到期的非流动负债 | | |
| 流动资产合计 | | | 其他流动负债 | | |
| 非流动资产: | | | 流动负债合计 | | |
| 债权投资 | | | 非流动负债: | | |

续表

| 项　目 | 期末余额 | 期初余额 | 项　目 | 期末余额 | 期初余额 |
|---|---|---|---|---|---|
| 其他债权投资 | | | 长期借款 | | |
| 长期应收款 | | | 应付债券 | | |
| 长期股权投资 | | | 其中:优先股 | | |
| 其他权益工具投资 | | | 永续债 | | |
| 其他非流动金融资产 | | | 长期应付款 | | |
| 投资性房地产 | | | 预计负债 | | |
| 固定资产 | | | 递延收益 | | |
| 在建工程 | | | 递延所得税负债 | | |
| 生产性生物资产 | | | 其他非流动负债 | | |
| 油气资产 | | | 非流动负债合计 | | |
| 无形资产 | | | 负债合计 | | |
| 开发支出 | | | 所有者权益(或股东权益): | | |
| 商誉 | | | 实收资本(或股本) | | |
| 长期待摊费用 | | | 其他权益工具 | | |
| 递延所得税资产 | | | 其中:优先股 | | |
| 其他非流动资产 | | | 永续债 | | |
| 非流动资产合计 | | | 资本公积 | | |
| | | | 减:库存股 | | |
| | | | 其他综合收益 | | |
| | | | 盈余公积 | | |
| | | | 未分配利润 | | |
| | | | 所有者权益合计 | | |
| 资产总计 | | | 负债和所有者权益总计 | | |

资产负债表项目修订新增说明:

(1)“交易性金融资产”报表项目,反映资产负债表日企业分类为以公允价值计量且其变动计入当期损益的金融资产，以及企业持有的直接指定为以公允价值计量且其变动计入当期损益的金融资产的期末账面价值。该项目应根据“交易性金融资产”科目的相关明细科目期末余额分析填列。自资产负债表日起超过1年到期且预期持有超过1年的以公允价值计量且其变动计入当期损益的非流动金融资产的期末账面价值，在“其他非流动金融资产”行项目反映。

(2)“债权投资”报表项目，反映资产负债表日企业以摊余成本计量的长期债权投资的期末账面价值。该项目应根据“债权投资”科目的相关明细科目期末余额，减去“债权投资减值准备”科目中相关减值准备的期末余额后的金额分析填列。自资产负债表日起1年内到期的长期债权投资的期末账面价值，在“1年内到期的非流动资产”项目反映。企业购入的以摊余成本计量的1年内到期的债权投资的期末账面价值，在“其他流动资产”行项目反映。

(3)“其他债权投资”报表项目，反映资产负债表日企业分类为以公允价值计量且其变动计入其他综合收益的长期债权投资的期末账面价值。该项目应根据“其他债权投资”科目的相关明细科目期末余额分析填列。自资产负债表日起1年内到期的长期债权投资的期末账面价值，在“1年内到期的非流动资产”行项目反映。企业购入的以公允价值计量且其变动计入其他综合收益的1年内到期的债权投资的期末账面价值，在“其他流动资产”行项目反映。

(4)“其他权益工具投资”报表项目，反映资产负债表日企业指定为以公允价值计量且其变动计入其他综合收益的非交易性权益工具投资的期末账面价值。该项目应根据“其他权益工具投资”科目的期末余额填列。

(5)“交易性金融负债”报表项目，反映资产负债表日企业承担的交易性金融负债，以及企业持有的直接指定为以公允价值计量且其变动计入当期损益的金融负债的期末账面价值。该项目应根据“交易性金融负债”科目的相关明细科目期末余额填列。

表 4—2　　**利润表**　　会企 02 表

编制单位：　　20××年××月　　单位：元

| 项　目 | 本期金额 | 上期金额 |
| --- | --- | --- |
| 一、营业收入 | | |
| 减：营业成本 | | |
| 税金及附加 | | |
| 销售费用 | | |
| 管理费用 | | |
| 研发费用 | | |
| 财务费用 | | |
| 其中：利息费用 | | |
| 利息收入 | | |
| 资产减值损失 | | |
| 信用减值损失 | | |
| 加：其他收益 | | |
| 投资收益（损失以“－”号填列） | | |
| 其中：对联营企业和合营企业的投资收益 | | |
| 净敞口套期收益（损失以“－”号填列） | | |
| 公允价值变动收益（损失以“－”号填列） | | |
| 资产处置收益（损失以“－”号填列） | | |
| 二、营业利润（亏损以“－”号填列） | | |
| 加：营业外收入 | | |
| 减：营业外支出 | | |
| 三、利润总额（亏损总额以“－”号填列） | | |
| 减：所得税费用 | | |
| 四、净利润（净亏损以“－”号填列） | | |
| （一）持续经营净利润（净亏损以“－”号填列） | | |
| （二）终止经营净利润（净亏损以“－”号填列） | | |

续表

| 项　目 | 本期金额 | 上期金额 |
|---|---|---|
| 五、其他综合收益的税后净额 | | |
| （一）不能重分类进损益的其他综合收益 | | |
| 1. 重新计量设定受益计划变动额 | | |
| 2. 权益法下不能转损益的其他综合收益 | | |
| 3. 其他权益工具投资公允价值变动 | | |
| 4. 企业自身信用风险公允价值变动 | | |
| …… | | |
| （二）将重分类进损益的其他综合收益 | | |
| 1. 权益法下可转损益的其他综合收益 | | |
| 2. 其他债权投资公允价值变动 | | |
| 3. 金融资产重分类计入其他综合收益的金额 | | |
| 4. 其他债权投资信用减值准备 | | |
| 5. 现金流量套期储备 | | |
| 6. 外币财务报表折算差额 | | |
| …… | | |
| 六、综合收益总额 | | |
| 七、每股收益 | | |
| （一）基本每股收益 | | |
| （二）稀释每股收益 | | |

利润表项目修订新增说明：

（1）“信用减值损失”报表项目，反映企业按照最新修订的金融工具会计准则（2017）的要求计提的各项金融工具减值准备所形成的预期信用损失。该项目应根据“信用减值损失”科目的发生额分析填列。

（2）“净敞口套期收益”报表项目，反映净敞口套期下被套期项目累计公允价值变动转入当期损益的金额或现金流量套期储备转入当期损益的金额。该项目应根据“净敞口套期损益”科目的发生额分析填列；如为套期损失，以“－”号填列。

(3)“其他权益工具投资公允价值变动”报表项目，反映企业指定为以公允价值计量且其变动计入其他综合收益的非交易性权益工具投资发生的公允价值变动。该项目应根据“其他综合收益”科目的相关明细科目的发生额分析填列。

(4)“企业自身信用风险公允价值变动”报表项目，反映企业指定为以公允价值计量且其变动计入当期损益的金融负债，由企业自身信用风险变动引起的公允价值变动而计入其他综合收益的金额。该项目应根据“其他综合收益”科目的相关明细科目的发生额分析填列。

(5)“其他债权投资公允价值变动”报表项目，反映企业分类为以公允价值计量且其变动计入其他综合收益的债权投资发生的公允价值变动。企业将一项以公允价值计量且其变动计入其他综合收益的金融资产重分类为以摊余成本计量的金融资产，或重分类为以公允价值计量且其变动计入当期损益的金融资产的，之前计入其他综合收益的累计利得或损失从其他综合收益中转出的金额作为该项目的减项。该项目应根据“其他综合收益”科目下的相关明细科目的发生额分析填列。

(6)“金融资产重分类计入其他综合收益的金额”报表项目，反映企业将一项以摊余成本计量的金融资产重分类为以公允价值计量且其变动计入其他综合收益的金融资产的，计入其他综合收益的原账面价值与公允价值之间的差额。该项目应根据“其他综合收益”科目下的相关明细科目的发生额分析填列。

(7)“其他债权投资信用减值准备”报表项目，反映分类为以公允价值计量且其变动计入其他综合收益的金融资产的损失准备。该项目应根据“其他综合收益”科目下的“信用减值准备”明细科目的发生额分析填列。

(8)“现金流量套期储备”行项目，反映企业套期工具产生的利得或损失中属于套期有效的部分。该项目应根据“其他综合收益”科目下的“套期储备”明细科目的发生额分析填列。

新修订的现金流量表和所有者权益变动表格式变化不大，此处从略。

# 第二节　以公允价值计量且其变动计入当期损益的债券投资(交易性金融资产)

## 一、交易性债券投资业务会计核算规则

交易性金融资产投资业务流程见图4—1。

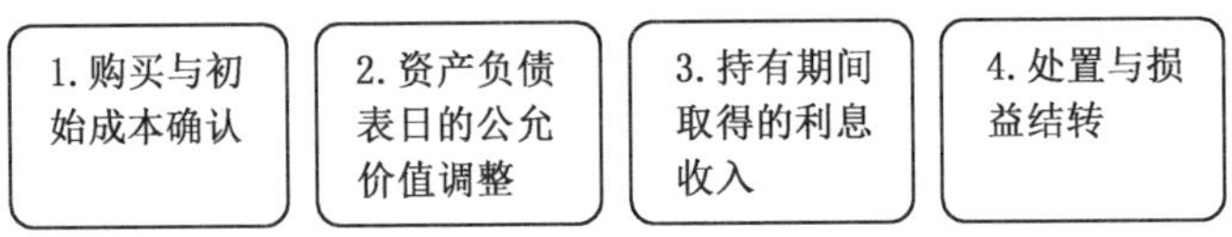


**图4—1　交易性金融资产投资业务流程**

### (一)购买与初始成本确认

该业务操作步骤涉及“交易性金融资产——成本”“交易性金融资产——公允价值变动”“投资收益”和“应收利息”等科目。

“交易性金融资产”是资产类科目，核算企业分类为以公允价值计量且其变动计入当期损益的金融资产，可按金融资产的类别和品种，分别“成本”“公允价值变动”等进行明细核算。企业持有的指定为以公允价值计量且其变动计入当期损益的金融资产可在本科目下单设“指定类”明细科目核算。“投资收益”是损益类科目，记录金融资产初始确认时的相关交易费用。期末，应将本科目余额转入“本年利润”，结转后无余额。交易费用包括支付给经纪公司、券商等的手续费和佣金及其他必要支出，不包括债券折溢价、融资费用、内部管理成本、为发行金融工具所发生的交易不直接相关的费用。

企业取得交易性金融资产时，按交易性金融资产的公允价值，借记“交易性金融资产——成本”；按发生的交易费用，借记“投资收益——交易费用”科目；按实际支付的金额，贷记“银行存款(存放中央银行款项)”等科目。购买交易性金融资产所支付的价款(全价金额)中，如果包含已

到付息期但尚未领取的债券利息(应计利息),应当在“应收利息”科目独立核算。

### (二)资产负债表日的公允价值调整

该步骤涉及“交易性金融资产——公允价值变动”“公允价值变动损益”等科目。“公允价值变动损益”科目属于损益类,核算企业交易性金融资产、交易性金融负债、衍生金融工具等因公允价值变动形成的应计入当期损益的利得或损失。期末,应将本科目余额转入“本年利润”科目,结转后无余额。当交易性金融资产的公允价值高于其账面价值时,应将其差额借记“交易性金融资产——公允价值变动”,贷记“公允价值变动损益”;公允价值低于其账面价值的差额,做相反的会计分录。

### (三)持有期间取得的利息收入

该步骤涉及“应收利息”和“投资收益”等科目。在取得交易性金融资产持有期间的利息时,应借记“应收利息”,贷记“投资收益——交易性金融资产利息收入”。

### (四)处置与损益结转

该步骤涉及“投资收益”和“公允价值变动损益”等科目。在处置交易性金融资产时,将“交易性金融资产”全部明细、“应收利息”科目核销,并将处置时的公允价值与初始公允价值之间的差额(公允价值累计变动),从“公允价值变动损益”科目全部转入“投资收益——交易性金融资产资本利得”。

对于交易性金融资产的会计核算规则,有以下几点需要特别注意:

(1)交易性金融资产不设“溢折价”(利息调整)明细科目,“交易性金融资产——成本”的初始值反映的是债券买入时的净价金额,净价不再进一步拆分为“面值”和“溢折价(利息调整)”两部分。在后续计量时,“交易性金融资产——成本”与“交易性金融资产——公允价值变动”两部分的合计值反映持有债券的最新净价金额。交易性金融资产投资不进行溢折价摊销,也不计提信用减值准备。

以上处理方法与“以公允价值计量且其变动计入其他综合收益的金融资产(其他债权投资)”以及“以摊余成本计量的金融资产(债权投资)”的核算规则不同。主要是因为交易性金融资产投资是以短期交易获取资本利得为目的,即获取公允价值(净价)变动损益,利息收入只是附带考虑因素;而溢折价及其摊销单独核算的主要目的就是为了精确计算利息收入,在持有期限较短的情况下,溢折价摊销因素对利息收入的影响程度明显降低(甚至可以忽略),因此,从重要性原则角度而言,确实无需多此一举。当然这也导致交易性金融资产按票面利率确认的利息收入只是近似值。此外,信用风险已体现在交易性金融资产的最新价格当中,在短期投资、逐日盯市计算损益的情况下,单独核算信用减值损失意义不大。

需要特别指出的是,在以摊余成本计量的金融资产(债权投资)和以公允价值计量且其变动进入其他综合收益的金融资产(其他债权投资)中,成本明细科目反映的是取得时的面值而不是净价(面值－初始溢折价),有点名不符实。在交易性金融资产中成本对应的是净价,比较合理。因此笔者建议,在债权投资和其他债权投资中,将“成本”明细科目调整为“面值”更合理些。

(2)按照最新会计准则,交易性金融资产、债权投资和其他债权投资,产生的利息收入以及实际处置时产生的资本利得,一并在“投资收益”科目核算,没有进一步分类明细核算。笔者认为,这种处理方法值得商榷和改进。利息收入与资本利得是性质完全不同的两类收入,混同在一起不利于对投资策略和投资业绩进行业绩归因分析和评价。因此,建议优化明细科目设置,将利息收入归入“投资收益——利息收入”明细科目中核算,而处置金融资产产生的资本利得(价差收入)归入“投资收益——资本利得”明细科目中核算。

(3)实务中,报价数据、实际成交数据以及后续公允价值计量时采用的外部独立第三方的权威估值数据(如中债估值等),都是采用百元面值报价或估值(保留小数点后 4 位)。将单位报价/估值数据再乘以大好几个量级的本金基数(一般至少 1 000 万元),就会造成金额数据的计算误差。从估值的计算逻辑分析，最核心的初始数据是到期收益率（根据收益率曲线），据此再按照债券定价公式推导出全价，扣除按实际天数计算的应计利息，最后得出净价。也就是说，成交或估值中的全价数据相对而言是最精确的，但在实务中大部分机构往往直接采用估值机构所提供的净价数据（精度相对要差一些）。对此，笔者的建议是，估值机构应该尽量将单位估值数据的精确度提高几个量级（如价格数据保留小数点后 6 位，收益率数据保留小数点后 8 位）；投资机构应尽量采用估值机构提供的全价数据，再扣除内部计算的更加精确的应计利息，得出相对精确的净价，作为公允价值变动数据来源。

## 二、交易性债券投资会计实例解析

2018 年 2 月 22 日，甲商业银行在银行间市场买入 10 年期国开债（170215. IB）。根据公司制定的投资策略，本次投资以短期交易获取价差收益为主要目标，因此所持债券被分类为以公允价值计量且其变动计入当期损益的金融资产（交易性金融资产）。

（1）标的债券的基本信息见表 4—3：

**表 4—3　　标的债券的基本信息**

17 国开 15[170215. IB]——基本条款（基准日：2018. 2. 22）

| 债券代码 | 170215. IB | 债券简称 | 17 国开 15 |
|---|---|---|---|
| 当前余额（亿元） | 1 680. 00 | 债券类型 | 政策银行债 |
| 上市日期 | 2017/8/28 | 摘牌日期 | 2027/8/23 |
| 交易市场 | 银行间债券 | 最新债项评级 | |
| 票面利率（当期） | 4. 24% | 债券面值（元） | 100 |
| 利率类型 | 固定利率 | 息票品种 | 附息 |
| 付息频率 | 每年付息 1 次 | 下一付息日 | 2019/8/24 |
| 计息基准 | ACT/ACT | 票息类型 | 附息 |
| 剩余期限（年） | 9. 501 4 | 期限（年） | 10 |
| 起息日期 | 2017/8/24 | 到期日期 | 2027/8/24 |
| 发行规模（亿元） | 140. 00 | 发行方式 | 公募 |

(2)与交易相关的数据见表 4—4:

表 4—4　　与交易相关的数据

| 成交日期 | 2018.2.22 | 交割日期 | 2018.2.22 |
|---|---|---|---|
| 债券名称 | 17 国开 15 | 券面总额 | 10 000 000 |
| 单位全价 | 96.337 1 | 全价金额 | 9 633 710.00 |
| 单位净价 | 94.222 9 | 净价金额 | 9 422 290.00 |
| 单位应计利息 | 2.114 2 | 应计利息总额 | 211 420 |
| 成交收益率 YTM | 5.015 7% | 手续费与中介费 | 100.00 |

注:假设成交价格与当日中债估值相同。单位价格为"元/百元面值",下同。

(3)甲银行采用中债估值作为公允价值数据来源。持有债券期间该标的债券的中债估值数据见表 4—5。

表 4—5　　标的债券的中债估值数据

中债估值——17 国开 15[170215.IB]

| 日期 | 待偿年限 | 全价 | 应计利息 | 净价 | 收益率(%) | 公允价值变动(累计) |
|---|---|---|---|---|---|---|
| 2018—02—22 | 9.501 4 | 96.337 1 | 2.114 2 | 94.222 9 | 5.015 7 | |
| 2018—02—28 | 9.484 9 | 97.197 8 | 2.183 9 | 95.013 9 | 4.906 6 | 0.791 0 |
| 2018—03—30 | 9.402 7 | 99.024 6 | 2.532 4 | 96.492 2 | 4.707 1 | 2.269 3 |
| 2018—04—28 | 9.323 3 | 100.752 3 | 2.869 3 | 97.883 1 | 4.520 5 | 3.660 2 |
| 2018—05—31 | 9.232 9 | 100.953 9 | 3.252 6 | 97.701 3 | 4.548 2 | 3.478 4 |
| 2018—06—29 | 9.153 4 | 103.010 0 | 3.589 5 | 99.420 5 | 4.316 4 | 5.197 6 |
| 2018—07—31 | 9.065 8 | 103.693 2 | 3.961 2 | 99.732 0 | 4.275 5 | 5.509 1 |
| 2018—08—24 | 9.000 0 | 99.077 1 | 0 | 99.077 1 | 4.366 2 | 4.854 2 |
| 2018—08—31 | 8.980 8 | 99.301 5 | 0.081 3 | 99.220 2 | 4.346 5 | 4.997 3 |
| 2018—09—21 | 8.923 3 | 99.004 7 | 0.325 3 | 98.679 5 | 4.421 4 | 4.456 6 |

数据来源:中债估值,Wind 资讯。

(4)2018 年 9 月 21 日,甲银行卖出全部债券获利了结。实际成交净价 98.679 5;成交收益率 4.421 4%。(注:假设成交价格与当日中债估值相同。）

该笔交易性金融资产业务会计处理如下：

(1)2018 年 2 月 22 日，买入 10 年期国开债(170215. IB)，债券面值 1 000 万元。

借：交易性金融资产——成本　　9 422 290.00

　应收利息——交易性金融资产应收利息　　211 420.00

　　贷：银行存款　　9 633 710.00

(2)确认或支付交易手续费及佣金。

借：投资收益——交易费用　　100

　　贷：银行存款(或其他应付款)　　100

(3)2018 年 2 月 28 日(资产负债表日)，根据实际持有天数，计算应收利息和投资收益(利息收入)。

本月应计利息＝券面总额×票面利率×实际持有天数/本付息周期实际总天数

＝1 000 万×4.24%×6/365＝6 969.86(元)。

为了计算方便，可直接用中债估值中的单位应计利息数据，本月应计利息＝ (2.183 9－ 2.114 2)×1 000 万/100＝6 970.00(元)。

可以发现，两种算法存在误差(0.14 元)。产生误差的主要原因是中债估值所提供的单位(每百元)应计利息数据只保留到小数点后 4 位造成的。本例为讲解方便采用中债数据算法。

借：应收利息——交易性金融资产应收利息　　6 970.00

　　贷：投资收益——交易性金融资产利息收入　　6 970.00

(4)2018 年 2 月 28 日(资产负债表日)，根据该日最新债券净价的公允价值(中债估值)，计算本期公允价值变动。公允价值变动＝(95.013 9－94.222 9)×1 000 万/100＝79 100.00(元)。

借：交易性金融资产——公允价值变动　　79 100.00

　　贷：公允价值变动损益　　79 100.00

(5)每个月末(资产负债表日)，根据最新估值和持有天数，持续计算调整公允价值变动损益和投资收益利息(利息收入)。分录同上,略。

(6)2018 年 8 月 24 日,收到兑付票息。

借:银行存款　　424 000.00

　　贷:应收利息——交易性金融资产应收利息　　424 000.00

(7)2018 年 9 月 21 日,在持有半年后卖出债券,结转并计算投资损益。

首先,根据中债估值数据,确认本月截至卖出日本期公允价值变动及应收利息(利息收入)。

本期公允价值(净价)变动=(99.004 7－99.301 5)×1 000 万/100=－54 070.00(元)

本期应计利息=(0.325 3－0.081 3)×1 000 万/100= 24 400.00(元)

借:应收利息　　24 400.00

　　贷:投资收益——交易性金融资产利息收入　　24 400.00

借:公允价值变动损益　　54 070.00

　　贷:交易性金融资产——公允价值变动　　54 070.00

然后,终止确认交易性金融资产及应收利息,同时将公允价值累计变动损益全部结转至本期投资收益。

借:银行存款　　9 900 480.00

　　贷:交易性金融资产——成本　　9 422 290.00

　　　　　　　　　　　——公允价值变动　　445 660.00

　　　　应收利息——交易性金融资产应收利息　　32 530.00

借:公允价值变动损益　　445 660.00

　　贷:投资收益——公允价值变动损益　　445 660.00

(8)资产负债表日,将投资收益结转至本年利润。

利息收入总额=债券面值(1 000 万)×票面利率(4.24%)×实际持有天数(211 天)/本付息期实际总天数(365 天)= 245 106.85(元)。

公允价值(净价)累计变动总额=[卖出单位净价(98.679 5)－(买入

单位净价(94.2229)]×券面总额(1 000 万)/100＝ 445 660.00(元)。

投资收益总额＝利息收入＋公允价值累计变动＝ 690 766.85(元)。

借:投资收益——公允价值变动损益　　445 660.00

　投资收益——交易性金融资产利息收入　　245 106.85

　贷:本年利润　　690 766.85

## 第三节　以摊余成本计量的债券投资(债权投资)

以摊余成本计量的金融资产投资业务流程见图 4－2。

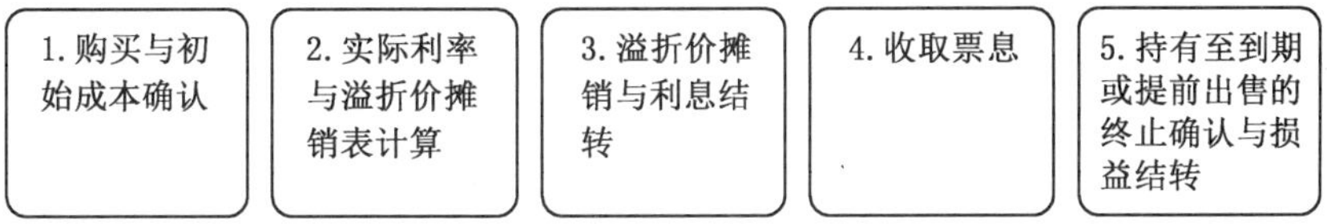


**4－2　以摊余成本计量的金融资产投资业务流程**

### 一、以摊余成本计量的债券投资会计核算规则

(1)购买以摊余成本计量的金融资产。该步骤涉及“债权投资——成本”“债权投资——利息调整”和“应收利息”等科目。其中总账科目“债权投资”下设两个明细科目,分别是“债权投资——成本”和“债权投资——利息调整”。“债权投资——成本”计量购入债券的票面价值,“债权投资——利息调整”计量购入债券的折溢价和手续费金额。如果是溢价买入,“债权投资——利息调整”发生在借方,如果是折价买入,此科目发生在贷方,其实质是调整债券的票面利率与实际利率的差额。“债权投资——成本”与“债权投资——利息调整”两者余额的合计值反映债券的净价金额。因此,对于分类为以摊余成本计量的金融资产投资(债权投资),应按取得该投资的公允价值与交易费用之和,借记本科目(成本、利息调整),贷记“银行存款(存放中央银行款项)”。企业取得债权投资所支付的价款中,包含已到付息期但尚未领取的债券利息的,应当单独确认为

"应收利息"。

(2)以摊余成本计量的债权投资在初始确认时,应当计算确定其实际利率,并在该债权投资预期存续期间或适用的更短期间内保持不变。实际利率,是指将金融资产在预期存续期间的未来现金流量,折现为该金融资产当前账面价值所使用的利率。企业在确定实际利率时,应当在考虑金融资产所有合同条款(包括提前还款权、看涨期权、类似期权等)的基础上预计未来现金流量,但不应考虑未来的信用损失。金融资产合同各方之间支付或收取的、属于实际利率组成部分的各项收费、交易费用及溢价或折价等,应当在确定实际利率时予以考虑。金融资产的未来现金流量或存续期间无法可靠预计时,应当采用该金融资产在整个合同期内的合同现金流量,比如一些带有回售权或者回购权的含权债,由于末期现金流量的时点无法预期,一般假设此类债券涵盖整个合同期间,从而计算出实际利率。因此,二级市场上从事此类债券交易,一般用净价作为谈判标的,实际收益率会因该种假设有较大误差。

(3)以摊余成本计量的债权投资的后续计量。该步骤涉及"债权投资——利息调整""应收利息"和"投资收益——债权投资利息收入"等科目。企业应在债权投资持有期间,采用实际利率法,按照摊余成本进行后续计量。债权投资的期末摊余成本=期初摊余成本+按照实际利率计算的利息收益-按照票面利率计算的票面利息-债权投资减值准备。企业按期初摊余成本和实际利率计算确定的利息收入的金额,贷记"投资收益——债权投资利息收入"科目,按票面利息借记"应收利息",按其差额,借记或贷记"债权投资——利息调整"。收到债权投资按票面利率支付的利息时,借记"银行存款(存放中央银行款项)"等科目,贷记"应收利息"科目。债权投资公允价值发生变动时,不做会计处理。

(4)资产负债表日,债权投资发生减值。该步骤涉及"债权投资减值准备"和"信用减值损失"等科目。"债权投资减值准备"属于"债权投资"的抵减项,债权投资发生减值的,应按其账面价值与预计未来现金流量现值之间的差额,借记"信用减值损失"科目,贷记"债权投资减值准备"。在到期或者处置时，将债权投资减值准备贷方余额转出。在后续计量当中，如果有客观证据表明该金融资产价值已经恢复，应在原已计提的减值准备金额内，将确认的减值损失予以转回，借记“债权投资减值准备”科目，贷记“信用减值损失”科目。

(5)债权投资到期收回本息或者处置。该步骤涉及“债权投资——成本”和“应收利息”等科目。债权投资到期后，收回本息，利息调整已经摊销完毕，企业应按收到的金额，借记“银行存款(存放中央银行款项)”科目，贷记“债权投资——成本”。处置债权投资时，应将取得价款与债权投资账面价值之间的差额，计入“投资收益——债权投资资本利得”科目。

## 二、以摊余成本计量的债券投资(债权投资)会计实例解析

背景资料1(溢价情形)：2015年10月26日，甲银行在银行间市场买入3年期中期票据“15东方园林MTN001”(101566005.IB)，根据制定的投资策略，本次投资以持有至到期获取票息(即合同现金流)为目的，因此分类为“以摊余成本计量的金融资产”(债权投资)。

(1)投资标的债券基本信息见表4—6：

**表4—6　　标的债券基本信息**

15东方园林MTN001[101566005.IB]——基本条款

| 债券代码 | 101566005.IB | 债券简称 | 15东方园林MTN001 |
|---|---|---|---|
| 当前余额(亿元) | 5 | 债券类型 | 一般中期票据 |
| 上市日期 | 2015/6/11 | 摘牌日期 | 2018/6/8 |
| 交易市场 | 银行间债券 | 海外评级 | 无 |
| 最新债项评级 | AA+(2017—06—16) | 评级机构 | 上海新世纪资信评估 |
| 票面利率(当期) | 6.10% | 发行价格/面值(元) | 100.00/100.00 |
| 利率类型 | 固定利率 | 息票品种 | 附息 |
| 付息频率 | 每年付息1次 | 下一付息日 | — |

续表

| 计息基准 | ACT/ACT | 票息类型 | 附息 |
|---|---|---|---|
| 起息日期 | 2015/6/10 | 到期日期 | 2018/6/10 |
| 发行规模(亿元) | 5 | 发行方式 | 公募 |

(2)实际成交信息见表4—7：

**表4—7　　实际成交信息**

| 成交日期 | 2015—10—26 | 交割日期 | 2015—10—26 |
|---|---|---|---|
| 债券名称 | 15东方园林MTN001 | 券面总额 | 10 000 000 |
| 单位全价 | 104.467 2 | 全价金额 | 10 446 720.00 |
| 单位净价 | 102.167 2 | 净价金额 | 10 216 720.00 |
| 单位应计利息 | 2.300 0 | 应计利息总额 | 230 000 |
| 成交收益率YTM | 5.18% | 手续费与中介费 | 1 000.00 |

各操作步骤计算分析与会计处理如下：

(1)2015年10月26日，买入债券，成交面值1 000万元，确认初始成本应收利息。

借：债权投资——成本　　10 000 000.00

　　　　　　——利息调整　　216 720.00

　　应收利息——债权投资应收利息　　230 000.00

　　贷：银行存款　　10 446 720.00

(2)确认或支付交易费用，计入债券投资初始成本(利息调整)。

借：债权投资——利息调整　　1 000.00

　　贷：银行存款(或其他应付款)　　1 000.00

(3)分析计算实际利率，编制溢折价摊销表。

表 4—8　　**实际利率法溢折价摊销表**

券面金额：10 000 000.00　　票面利率：6.10%　　实际利率：5.201 9%

| 日期 | 计息摊销天数 | 摊余成本——期初 | 溢折价——期初 | 实际利息收入 | 票面利息收入 | 溢折价——本期摊销 | 溢折价——期末 | 摊余成本——期末 |
|---|---|---|---|---|---|---|---|---|
| 2015—10—26 | | 10 217 720.00 | 217 720.00 | | 230 000.00 | | | |
| 2015—12—31 | 66 | 10 217 720.00 | 217 720.00 | 95 846.45 | 110 000.00 | (14 153.55) | 203 566.45 | 10 203 566.45 |
| 2016—06—10 | 162 | 10 203 566.45 | 203 566.45 | 234 933.59 | 270 000.00 | (35 066.41) | 168 500.04 | 10 168 500.04 |
| 2016—12—31 | 204 | 10 168 500.04 | 168 500.04 | 295 633.32 | 340 931.51 | (45 298.18) | 123 201.86 | 10 123 201.86 |
| 2017—06—10 | 161 | 10 123 201.86 | 123 201.86 | 232 279.08 | 269 068.49 | (36 789.41) | 86 412.44 | 10 086 412.44 |
| 2017—12—31 | 204 | 10 086 412.44 | 86 412.44 | 293 246.75 | 340 931.51 | (47 684.75) | 38 727.69 | 10 038 727.69 |
| 2018—06—10 | 161 | 10 038 727.69 | 38 727.69 | 230 340.80 | 269 068.49 | (38 727.69) | —0.00 | 10 000 000.00 |
| 合　计 | 958 | | | 1 382 280.00 | 1 600 000.00 | (217 720.00) | | |

初始摊余成本＝买入净价(10 216 720.00)＋交易费用(1 000)＝10 217 720.00(元)。

初始溢折价(利息调整)＝初始摊余成本－债券面值(10 000 000.00)＝217 720.00(元)

实际利率可以通过多种算法或途径取得。第一种途径是直接采用实际报价成交收益率数据,但该数据未考虑交易费用因素,存在一定误差。第二种方法是会计准则规定的算法。即严格按照债券定价公式逻辑,求解在剩余期限内未来现金流的现值等于债券投资初始账面值(初始全价＋交易费用)的贴现率(内含报酬率 IRR)。笔者称为逆推法,即保证现值等于初始成本。本例中用 Excel 中的 YIELD 公式直接求解得到的值为 5.175 7%。采用该算法在理想情形下是最合理的,但在实务中也会碰到一个令人头疼的小问题。由于付息日与资产负债表日不在同一天,而这两个时点均需要摊销溢折价以准确计算和结转利息收入(应计利息),这就会造成计算频率与实际利率中约定的付息频率不一致的情况,从而造成计算结果存在误差,在到期日无法精确摊销完溢折价(也即最终摊余成本无法精确回归至面值)。所以,在实务中只能在最后一期中将误差对利息收入做一次性修正调整。

鉴于此,笔者在这里推荐使用第三种既准确又方便的算法,称为顺推法,即保证溢折价终值等于 0(或摊余成本终值等于面值)。顺推法与逆推法在逻辑上其实是等价的,在应用于不同计息频率等更复杂的实务情形时更加简便直观(无尾差),这可以很容易通过 Excel 中的规划求解法直接计算得出。本例中采用顺推法求得的实际利率为 5.201 9%。

本计息摊销期实际利息收入＝期初摊余成本×实际利率×本计息摊销期实际持有天数/本付息周期实际天数(365 或 366 天)。以第一个计息摊销期(2015.10.26～2015.12.31)为例,该期实际持有天数为 66 天,所在付息周期实际总天数为 DAYS(2016.6.10 2015.6.10)＝366 天(闰年)。利息收入＝10 217 720.00×5.201 9%×66/366＝95 846.45(元)。

本计息摊销期票面利息收入(应收利息)＝债券面值×票面利率×本

计息摊销期实际持有天数/本付息周期实际天数。同样，以第一个计息摊销期(2015.10.26～2015.12.31)为例，该期票面利息收入(应计利息)=10 000 000.00×6.10%×66/366= 110 000.00(元)。

本期溢折价摊销额=本期实际利息收入－本期票面利息收入

期末摊余成本=期初摊余成本－本期溢折价摊销

(4)2015 年 12 月 31 日(资产负债表日)，根据溢折价摊销表，进行溢折价摊销与应计利息(利息收入)结转。

借:应收利息——债权投资应收利息　　110 000.00
　　贷:债权投资——利息调整　　14 153.55
　　　　投资收益——债权投资利息收入　　95 846.45

(5)2016 年 6 月 12 日(10 日为付息日遇法定节假日顺延)，实际收到兑付票息。根据溢折价摊销表进行溢折价摊销与应计利息(利息收入)结转。

借:应收利息——债权投资应收利息　　270 000.00
　　贷:债权投资——利息调整　　35 066.41
　　　　投资收益——债权投资利息收入　　234 933.59

借:银行存款　　610 000.00
　　贷:应收利息——债券投资应收利息　　610 000.00

(6)2016 年 12 月 31 日(资产负债表日)，根据溢折价摊销表进行溢折价摊销与应计利息(利息收入)结转。

借:应收利息——债权投资应收利息　　340 931.50
　　贷:债权投资——利息调整　　45 298.18
　　　　投资收益——债权投资利息收入　　295 633.32

(7)2017 年 6 月 12 日(付息日遇节假日递延)，实际收到兑付票息。根据溢折价摊销表进行溢折价摊销与应计利息(利息收入)结转。

借:应收利息——债权投资应收利息　　269 068.49
　　贷:债权投资——利息调整　　36 789.41
　　　　投资收益——债权投资利息收入　　232 279.08

借:银行存款　　　　　　　　　　　　　　610 000.00

　　贷:应收利息——债权投资应收利息　　　　　　610 000.00

(8)2017 年 12 月 31 日(资产负债表日),根据溢折价摊销表进行溢折价摊销与应计利息(利息收入)结转。

借:应收利息——债权投资应收利息　　　　340 931.50

　　贷:债权投资——利息调整　　　　　　　　　47 684.75

　　　　投资收益——债权投资利息收入　　　　293 246.75

(9)2018 年 6 月 10 日,债券到期,收回本金和利息,债券终止确认。

借:应收利息——债权投资应收利息　　　　269 068.49

　　贷:债权投资——利息调整　　　　　　　　　38 727.69

　　　　投资收益——债权投资利息收入　　　　230 340.80

借:银行存款　　　　　　　　　　　　10 610 000.00

　　贷:债权投资——成本　　　　　　　　　10 000 000.00

　　　　应收利息——债权投资应收利息　　　　610 000.00

背景资料 2(折价情形):接上例,由于市场基准利率以及信用利差的扩大,该债券价格持续下跌至 100 元面值以下。2017 年 6 月 12 日,甲银行再次在银行间市场买入该标的债券。交易基本信息如下:

**表 4—9　　　　交易基本信息**

| 成交日期 | 2017—06—12 | 交割日期 | 2017—06—12 |
|---|---|---|---|
| 债券名称 | 15 东方园林 MTN001 | 券面总额 | 10 000 000 |
| 单位全价 | 99.789 5 | 全价金额 | 9 978 950.00 |
| 单位净价 | 99.756 1 | 净价金额 | 9 975 610.00 |
| 单位应计利息 | 0.033 4 | 应计利息总额 | 3 340 |
| 成交收益率 | 6.36% | 手续费与中介费 | 1 000.00 |

采用类似算法,计算出该笔交易的实际利率并编制溢折价摊销表如下:

表 4—10

**实际利率法溢折价摊销表**

券面金额：10 000 000.00　　票面利率：6.10%　　实际利率：6.354 9%

| 日期 | 计息摊销天数 | 摊余成本——期初 | 溢折价——期初 | 实际利息收入 | 票面利息收入 | 溢折价——本期摊销 | 溢折价——期末 | 摊余成本——期末 |
|---|---|---|---|---|---|---|---|---|
| 2017—06—12 | 购买日，已过2天 | 9 975 607.53 | (24 392.47) | | 3 342.47 | | | |
| 2017—06—30 | 18 | 9 975 607.53 | (24 392.47) | 31 262.69 | 30 082.19 | 1 180.50 | (23 211.96) | 9 976 788.04 |
| 2017—09—30 | 92 | 9 976 788.04 | (23 211.96) | 159 806.01 | 153 753.42 | 6 052.59 | (17 159.38) | 9 982 840.62 |
| 2017—12—31 | 92 | 9 982 840.62 | (17 159.38) | 159 902.96 | 153 753.42 | 6 149.54 | (11 009.84) | 9 988 990.16 |
| 2018—03—30 | 89 | 9 988 990.16 | (11 009.84) | 154 784.02 | 148 739.73 | 6 044.30 | (4 965.54) | 9 995 034.46 |
| 2018—06—10 | 72 | 9 995 034.46 | (4 965.54) | 125 294.31 | 120 328.77 | 4 965.54 | 0.00 | 10 000 000.00 |
| 合计 | 363 | | | 631 050.00 | 606 657.53 | 24 392.47 | | |

可以看出，本摊销表为折价摊销，与之前的溢价摊销在方向上正好相反，但背后的逻辑算法是相同的，因此不再赘述。

此处需要说明的是，在本例中我们将计息摊销周期从上例中的付息日和年末资产负债表日，细化为付息日和季末资产负债表日，增加了计息摊销次数(甚至可以进一步细化至每月甚至每日计息摊销)。由于计息摊销频率的变更，与之对应的实际利率会发生微妙的变化，而不是直觉认为的固定不变(虽然变动幅度不大)。对于资产负债表日的操作性界定存在一定主观模糊性。应用指南中将其界定为每季末(因为上市公司需要编报季度财务报告)，笔者认为这一做法值得商榷。实务中，财务基本遵循月底结账的惯例，因此建议计息摊销频率按月进行，有条件的机构或者证券投资基金甚至应该逐日盯市进行计息(系统自动计算结转)。本例中，采用顺推法计算得出的按季摊销的实际利率为 6.354 9%。

各步骤会计处理分录如下：

(1)2017 年 6 月 12 日，买入债券，确认初始成本及应收利息(垫付)。

借：债权投资——成本　　10 000 000.00

　　应收利息——债权投资应收利息　　3 342.47

　　贷：债权投资——利息调整　　24 392.47

　　　　银行存款　　9 978 950.00

(2)2017 年 6 月 30 日，季末资产负债表日，根据摊销表进行折价摊销与利息收入(应收利息)结转。

借：应收利息——债权投资应收利息　　30 082.19

　　债权投资——利息调整　　1 180.50

　　贷：投资收益——债权投资利息收入　　31 262.69

(3)各季末和年末资产负债表日的折价摊销和利息结转会计处理同上，从略。

(4)2018 年 6 月 10 日，债券到期，本息兑付，终止确认。

借：应收利息——债权投资应收利息　　120 328.77

　　债权投资——利息调整　　4 965.54

　　　　贷:投资收益——债权投资利息收入　　　　125 294.31

　　借:银行存款　　　　　　　　　　　　10 610 000.00

　　　　贷:债权投资——成本　　　　　　　　　　10 000 000.00

　　　　　　应收利息——债权投资应收利息　　　　610 000.00

(5)假设于2018年1月2日提前卖出债券。成交全价103.389 2元。终止确认并结转损益。

　　借:银行存款　　　　　　　　　　　　10 338 920.00

　　　　债权投资——利息调整　　　　　　　　11 009.84

　　　　贷:债权投资——成本　　　　　　　　　　10 000 000.00

　　　　　　应收利息——债权投资应收利息　　　　340 931.51

　　　　　　投资收益——债权投资资本利得　　　　8 998.33

背景资料3(信用减值)情形:标的债券发行时(2015年6月10日)的主体评级为AA+,债项评级为AA,属于投资级别。2018年一季度末开始,宏观降杠杆政策在微观层面持续发酵。虽然东方园林公司的信用评级维持稳定,但市场开始担心其整体现金流风险和债务履约能力,造成该债券收益率大幅度攀升(价格下跌)。

本例中,我们结合市场环境变化以及公司资产负债状况判断,根据该债券市场价格(估值)推断的隐含信用利差明显扩大,因此判断存在一定的信用违约风险。由于该债券已接近到期,根据隐含信用利差情况,假设预期违约概率为5%,一旦违约,本息的回收率为80%(即损失率为20%)。因此,需要在2018年3月30日(季末资产负债表日)分析计算和确认信用价值损失。

预期信用损失等于预期未来本息现金流差额的现值。本例由于距离债券到期日不足半年,因此简化估算,不再考虑时间价值因素。预期信用损失=[本金(10 000 000)+应收利息(610 000)]×5%×20%=106 100.00(元)。

(1)2018年3月30日,季末资产负债表日,计提信用减值准备。

　　借:信用减值损失　　　　　　　　　　106 100.00

贷:债权投资减值准备 106 100.00

(2)2018 年 6 月 10 日,债权到期如期兑付本息,减值准备冲回,终止确认债权投资。

借:债权投资减值准备 106 100.00

贷:信用减值损失 106 100.00

借:应收利息——债权投资应收利息 269 068.49

贷:债权投资——利息调整 38 727.69

投资收益——债权投资利息收入 230 340.80

借:银行存款 10 610 000.00

贷:债权投资——成本 10 000 000.00

应收利息——债权投资应收利息 610 000.00

## 第四节　以公允价值计量且其变动计入其他综合收益的债券投资(其他债权投资)

### 一、其他债权投资会计核算规则

(1)购买以公允价值计量且其变动计入其他综合收益的金融资产(其他债权投资)。此步骤涉及“其他债权投资——成本”“其他债权投资——利息调整”和“应收利息”等科目。“其他债权投资——成本”科目计量购入债券的票面价值,“其他债权投资——利息调整”科目计量购入债券的折溢价和手续费金额。初始计量时,应按取得该投资的公允价值与交易费用之和,借记“其他债权投资”科目(成本、利息调整),贷记“银行存款(存放中央银行款项)”。取得其他债权投资所支付的价款中,包含已到付息期但尚未领取的债券利息的,应当单独确认为“应收利息”。

(2)资产负债表日的公允价值调整。此步骤涉及“其他债权投资——公允价值变动”和“其他综合收益——其他债权投资公允价值变动”等科目。其他债权投资在持有期间应按公允价值计量,但公允价值变动不计入当期损益,而应直接调整所有者权益科目“其他综合收益——其他债权投资公允价值变动”科目。当公允价值上升时,借记“其他债权投资——公允价值变动”,贷记“其他综合收益——其他债权投资公允价值变动”。当公允价值下降时,做相反的会计分录。

(3)在持有期间取得的利息。该步骤涉及“应收利息”“投资收益”和“其他债权投资——利息调整”等科目。在取得其他债权投资持有期间的利息的,应按票面利息借记“应收利息”,按用实际利率法计算的利息收入贷记“投资收益——其他债权投资利息收入”,按其差额计入“其他债权投资——利息调整”科目。

(4)计提其他债权投资信用减值损失。该步骤涉及“信用减值损失”和“其他综合收益——信用减值准备”等科目。如果预期信用损失大于其他债权投资当前信用减值准备的账面金额,应当将其差额确认为信用减值损失,借记“信用减值损失”科目,贷记“其他综合收益——信用减值准备”;如果资产负债表日计算的预期信用损失小于其他债权投资当前减值准备的账面金额(例如,从按照整个存续期预期信用损失计量损失准备转为按照未来12个月预期信用损失计量损失准备时,可能出现这一情况),则应当将差额确认为减值利得,做相反的会计分录。

(5)处置或持有至到期其他债权投资。该步骤涉及“其他债权投资——成本”“其他债权投资——利息调整”“其他债权投资——公允价值变动”“应收利息”“其他综合收益——其他债权投资公允价值变动”“其他综合收益——信用减值准备”和“投资收益”等科目。处置时,应将取得的价款与该金融资产账面价值之间的差额计入“投资收益”;同时,将原先直接计入其他综合收益的公允价值变动和信用减值准备的累计额全部结转至当期损益,贷记“投资收益”。

需要注意以下几点:一是以公允价值计量且其变动计入其他综合收益的金融资产(其他债权投资),计提的信用减值准备在“其他综合收益——信用减值准备”(所有者权益类)中明细核算,这一点与以摊余成本计量的金融资产(债权投资)计提信用减值准备方法不同(“债权投资减值准备”为资产背抵类科目)。二是其他债权投资的公允价值变动不直接计入当期损益,而是先计入“其他综合收益——其他债权投资公允价值变动”,等处置或到期时,再将其转至当期损益。这一点也与交易性金融资产直接将公允价值变动计入当期损益的做法不同。三是其他债权投资中的公允价值变动与交易性金融资产中的公允价值变动,在口径和算法上是不同的,非常容易误解。交易性金融资产所指的公允价值变动是指期末与期初公允价值之间的差额,实际上包含由于收益率变化导致的净价变动以及由于时间的推移而导致的净价变动(溢折价缩小)。其他债权投资中的公允价值变动在此基础上还需要再扣减溢折价摊销因素,仅包括由于市场收益率变化导致的净价变动。四是其他债权投资的溢折价摊销以及利息收入的算法与计算结果与摊余成本法(债权投资)完全保持一致。

## 二、其他债权投资会计实例解析

承前例,背景资料 1(溢价情形):2015 年 10 月 26 日,甲银行在银行间市场买入 3 年期中期票据“15 东方园林 MTN001”(101566005. IB),根据制定的投资策略,本次投资以获取票息收入和择机交易获取资本利得为双重目的,因此分类为“以公允价值计量且其变动计入其他综合收益的金融资产”(其他债权投资)。

标的债券的基本信息以及交易数据同上。实际利率以及溢折价摊销表亦相同。公允价值依据中债估值数据来源。编制公允价值变动表 4—11 如下:

**表 4—11　　公允价值变动表——15 东方园林 MTN001(101566005. IB)**

| 日期 | 备注 | 估值收益率(%) | 单位净价估值 | 公允价值 | 摊余成本——期末 | 公允价值变动——累计 | 公允价值变动——本期 |
|---|---|---|---|---|---|---|---|
| 2015—06—10 | 发行起息日 | | | | | | |
| 2015—06—11 | 上市日 | 6. 372 0 | 99. 278 0 | 9 927 800. 00 | | | |
| 2015—10—26 | 购买日 | 5. 180 1 | 102. 167 2 | 10 216 720. 00 | 10 217 720. 00 | | |
| 2015—12—31 | 资产负债表日 | 4. 979 0 | 102 483 1 | 10 248 310. 00 | 10 203 566. 45 | 44 743. 55 | 44 7473. 55 |
| 2016—12—31 | 资产负债表日 | 5. 278 1 | 101. 073 8 | 10 107 380. 00 | 10 123 201. 86 | —15 821. 86 | —60 565. 41 |
| 2017—12—31 | 资产负债表日 | 6. 244 8 | 99. 846 4 | 9 984 640. 00 | 10 038 727. 69 | —54 087. 69 | —38 265. 83 |
| 2018—06—10 | 到期日 | | 100. 000 0 | 10 000 000. 00 | 10 000 000. 00 | 0. 00 | 54 087. 69 |

数据来源：中债估值、Wind 资讯，经作者整理计算。

期末摊余成本数据来源于溢折价摊销表。

公允价值＝单位净价估值×债券面值/100

期末公允价值变动累计值＝期末公允价值－期末摊余成本

本期公允价值变动计提值＝期末公允价值变动累计值－期初公允价值变动累计值

需要特别注意的是，公允价值变动不能直接将期末公允价值减去期初公允价值得出。因为，公允价值（净价）的变动可能是由于随着剩余期限的缩短，净价必然会逐渐回归面值（即溢折价自然会随着时间推移而消失）。这部分随时间推移而发生的公允价值变动与溢折价摊销相对应，而考虑溢折价摊销后的摊余成本即剔除了该影响因素，所以真正的公允价值变动（由收益率变动引起）是公允价值与摊余成本（假设收益率不变）之间的差额。

各业务环节的会计分录如下：

（1）2015 年 10 月 26 日，买入债券，初始成本确认与计量。

| | | |
|---|---|---|
| 借：其他债权投资——成本 | 10 000 000.00 | |
| ——利息调整 | 216 720.00 | |
| 应收利息——其他债权投资应收利息 | 230 000.00 | |
| 贷：银行存款 | | 10 446 720.00 |

（2）确认或支付交易费用，计入其他债权投资初始成本（利息调整）。

| | | |
|---|---|---|
| 借：其他债权投资——利息调整 | 1 000.00 | |
| 贷：银行存款（或其他应付款） | | 1 000.00 |

（3）2015 年 12 月 31 日（资产负债表日），溢折价摊销与应计利息（利息收入）结转。

| | | |
|---|---|---|
| 借：应收利息——其他债权投资应收利息 | 110 000.00 | |
| 贷：其他债权投资——利息调整 | | 14 153.55 |
| 投资收益——其他债权投资利息收入 | | 95 846.45 |

（4）2015 年 12 月 31 日（资产负债表日），公允价值变动调整。

| | | |
|---|---|---|
| 借：其他债权投资——公允价值变动 | 44 743.55 | |

贷:其他综合收益——公允价值变动　　　　44 743.55

(5)2016 年 6 月 12 日(10 日为付息日遇法定节假日顺延),实际收到兑付票息,溢折价摊销与应计利息(利息收入)结转。

借:应收利息——其他债权投资应收利息　　　　270 000.00

贷:其他债权投资——利息调整　　　　35 066.41

投资收益——其他债权投资利息收入　　　　234 933.59

借:银行存款　　　　610 000.00

贷:应收利息——其他债权投资应收利息　　　　610 000.00

(6)2016 年 12 月 31 日(资产负债表日),溢折价摊销与应计利息(利息收入)计算。

借:应收利息——其他债权投资应收利息　　　　340 931.50

贷:其他债权投资——利息调整　　　　45 298.18

投资收益——其他债权投资利息收入　　　　295 633.32

(7)2016 年 12 月 31 日(资产负债表日),本期公允价值变动调整。

借:其他综合收益——其他债权投资公允价值变动

60 565.41

贷:其他债权投资——公允价值变动　　　　60 565.41

(8)2017 年 6 月 12 日(付息日递延),实际收到兑付票息,溢折价摊销与应计利息(利息收入)结转。

借:应收利息——其他债权投资应收利息　　　　269 068.49

贷:其他债权投资——利息调整　　　　36 789.41

投资收益——其他债权投资利息收入　　　　232 279.08

借:银行存款　　　　610 000.00

贷:应收利息——债权投资应收利息　　　　610 000.00

(9)2017 年 12 月 31 日(资产负债表日),溢折价摊销与应计利息(利息收入)结转。

借:应收利息——其他债权投资应收利息　　　　340 931.50

贷:其他债权投资——利息调整　　　　47 684.75

贷:投资收益——其他债权投资利息收入 293 246.75

(10)2017 年 12 月 31 日(资产负债表日),本期公允价值调整。

借:其他综合收益——其他债权投资公允价值变动

38 265.83

贷:其他债权投资——公允价值变动 38 265.83

(11)假设 2018 年 3 月 30 日(季末资产负债表日),计提信用减值准备,确认信用减值损失。

借:信用减值损失——其他债权投资 106 100.00

贷:其他综合收益——信用减值准备 106 100.00

(12)2018 年 6 月 10 日,债券到期,收回本金和利息,债券终止确认。

①本期溢折价摊销和利息收入结转。

借:应收利息——其他债权投资应收利息 269 068.49

贷:其他债权投资——利息调整 38 727.69

投资收益——其他债权投资利息收入 230 340.80

②本期公允价值变动调整。

借:其他债权投资——公允价值变动 54 087.69

贷:其他综合收益——公允价值变动 54 087.69

③终止确认公允价值累计变动,将其从其他综合收益结转至当期损益。本例未持有至到期按时足额收回本息,公允价值累计变动归零。

借:其他综合收益——公允价值变动 0.00

贷:投资收益——其他债权投资资本利得 0.00

④本期信用减值调整。

借:其他综合收益——信用减值准备 106 100.00

贷:信用减值损失——其他债权投资 106 100.00

⑤终止确认信用减值准备,将其从其他综合收益结转至当期损益。本例持有至到期按时足额收回本金和利息,信用减值准备余额归零。

借:其他综合收益——信用减值准备 0.00

贷:投资收益——其他债权投资资本利得 0.00

⑥终止确认其他债权投资金融资产。本例持有至到期按时足额收回本金,溢折价和公允价值余额归零。

借:银行存款　10 610 000.00

　贷:其他债权投资——成本　10 000 000.00

　　　——利息调整　0.00

　　　——公允价值变动　0.00

　　应收利息——其他债权投资应收利息　610 000.00

## 第五节　债券回购(质押式、买断式)

本节探讨债券回购业务的会计处理。根据债券回购交易的类型分为质押式回购和买断式回购两种业务。

质押式回购是一种以债券为质押品而进行的短期资金融通业务。资金融入方是正回购方,资金融出方是逆回购方,正回购方在将债券质押给资金融出方融入资金的同时,约定将在某一日期,正回购方向逆回购方返还本金,并支付按约定的回购利率计算的利息,同时逆回购方向正回购方返还原出质的债券。质押式回购的期限以隔夜、7 天、14 天、21 天、1 个月、2 个月、3 个月为主,其中隔夜和 7 天回购利率是二级机构杠杆交易的资金成本。

债券买断式回购是指债券持有人(正回购方)在将债券卖给债券购买方(逆回购方)的同时,与买方约定在未来某一日期,由卖方再以约定价格从买方买回相等数量同种债券的交易行为。买断式回购的逆回购方在期初买入债券后享有再行回购或另行卖出债券的完整权利。

买断式回购首期资金结算金额=(首期交易净价+首期结算日应计利息)×回购债券数量/100

买断式回购到期资金结算金额=(到期交易净价+到期结算日应计利息)×回购债券数量/100

可见,买断式回购计价方式与现券交易计价方法一致,均为净价交易，全价结算。买断式回购与质押式回购交易最重要的差别就在于债券的所有权在交易过程中发生了一定期限的转移，即伴随着一次现券的卖出和一次现券的赎回，实际是两次现券交易的组合。一般认为，买断式回购不仅同时具有融资、融券及远期价格发现的功能，而且为债券市场提供了利用做空和做多交易组合获得了盈利的机会。

## 一、质押式回购业务会计核算规则与实例

### （一）质押式回购业务会计处理规则

1. 正回购方

（1）企业根据质押式回购协议质押债券等金融资产，应按实际收到的金额，借记“银行存款”（存放中央银行款项）等科目，贷记“卖出回购金融资产款”科目。“卖出回购金融资产款”科目属于负债类，核算企业按照回购协议先质押再按固定价格收回债券等金融资产所融入的资金。

（2）资产负债表日，企业应按照协商的回购利率计算融入资金的利息费用，借记“投资收益——利息支出”，贷记“应付利息”。

（3）回购日按其账面余额，借记“卖出回购金融资产款”科目、“应付利息”科目，按实际支付的金额，贷记“银行存款”等科目，按其差额，借记“投资收益——利息支出”科目。

2. 逆回购方

（1）企业根据质押式回购协议买入金融资产，按实际支付的金额，借记“买入返售金融资产”科目，贷记“银行存款（存放中央银行款项）”等科目。

（2）资产负债表日，企业应按照协商的回购利率计算融出资金的利息收入，借记“应收利息”，贷记“投资收益——利息收入”。

（3）返售日，企业应按实际收到的金额，借记“银行存款”等科目，按其账面余额，贷记“买入返售金融资产”“应收利息”，按其差额，贷记“投资收益——利息收入”。

## (二)质押式回购业务实例解析

背景资料:2018 年 4 月 23 日,甲银行(正回购方)通过全国银行间市场质押式回购交易平台,与乙银行(逆回购方)达成一笔 7 天期质押式回购交易(R007)。质押券为 10 年国开债(170215)。首次结算金额 1 000 万元,实际成交的回购利率为 4.806 5%,首次结算日为 2018 年 4 月 23 日,到期结算日为 2018 年 5 月 2 日(遇到五一节假日顺延),回购期限为 7 天,实际资金占用天数为 9 天。应计回购利息 11 851.64 元,到期结算金额为 10 011 851.64 元。

该笔质押式回购(DR007)应计利息计算如下:

**表 4—12　　质押式回购利息计算表**

| 回购本金(万元) | 1 000.00 | |
|---|---|---|
| 质押式回购利率 | 4.806 5% | |
| 首次结算日 | 2018/4/23 | 清算速度:T+0 |
| 到期结算日 | 2018/5/2 | 遇节假日顺延,R007+2 |
| 实际资金占用时间(天) | 9.00 | =DYAS("2018/5/2","2018/4/23") |
| 实际资金占用时间(年) | 0.024 658 | =B6/DAYS("2019/1/1","2018/1/1") |
| 应计回购利息(元) | 11 851.64 | =B2 * B3 * B7 * 10 000 |

回购交易双方会计分录如下:

1. 正回购方会计分录

(1)2018 年 4 月 23 日,质押式回购首期结算日,融入资金:

借:银行存款　　10 000 000.00

　　贷:卖出回购金融资产款　　10 000 000.00

(2)2018 年 4 月 30 日,月末资产负债表日,计提利息支出:

借:投资收益——卖出回购利息支出　　9 217.95

　　贷:应付利息　　9 217.95

(3)2018 年 5 月 2 日,回购到期结算日,计提并结转利息支出、支付本息:

借:投资收益——卖出回购利息支出　　2 633.70
　　贷:应付利息　　2 633.70
借:卖出回购金融资产款　　10 000 000.00
　　应付利息　　11 851.64
　　贷:银行存款　　10 011 851.64

2. 逆回购方会计分录

(1)2018 年 4 月 23 日,质押式回购首期结算日,融出资金:
借:买入返售金融资产　　10 000 000.00
　　贷:银行存款　　10 000 000.00

(2)2018 年 4 月 30 日,月末资产负债表日,计提利息收入:
借:应收利息　　9 217.95
　　贷:投资收益——买入返售利息收入　　9 217.95

(3)2018 年 5 月 2 日,回购到期结算日,计提结转利息、收回本息:
借:应收利息　　2 633.70
　　贷:投资收益——买入返售利息收入　　2 633.70
借:银行存款　　10 011 851.64
　　贷:应收利息　　11 851.64
　　　　买入返售金融资产　　10 000 000.00

## 二、买断式回购业务会计核算规则与实例解析

### (一)买断式回购业务会计核算规则

1. 正回购方

(1)企业根据买断式回购协议卖出债券等金融资产,应按实际收到的金额,借记“银行存款”(存放中央银行款项)等科目,贷记“卖出回购金融资产款”科目。

(2)资产负债表日,企业应按照协商的回购利率计算融入资金的利息费用,借记“投资收益——利息支出”,贷记“应付利息”。

(3)在回购期间,由于卖出债券所有权上的主要风险与报酬并没有相

应转移给买入方，因此正回购方应该以原金融资产所属类别的计量方法进行后续计量。企业采用买断式回购方式交易，主要是能够获得债券的票面利息与回购资金成本的差额利润，当票面利息高于回购利息时会盈利，反之则为亏损，但同时还要承担金融资产公允价值的变动损益。

(4)买断式回购到期日，债券回购，按账面余额，借记“卖出回购金融资产款”科目、“应付利息”科目，按实际支付的金额，贷记“银行存款”等科目，按其差额，借记“投资收益——利息支出”科目。

2. 逆回购方

(1)企业根据买断式回购协议买入金融资产，按实际支付的金额，借记“买入返售金融资产”科目，贷记“银行存款”等科目。

(2)资产负债表日，企业应按照协商的回购利率计算融出资金的利息收入，借记“应收利息”，贷记“投资收益——利息收入”。

(3)买断式回购到期日，按提前锁定的价格返售债券，企业应按实际收到的金额，借记“银行存款”等科目，按其账面余额，贷记“买入返售金融资产”“应收利息”，按其差额，贷记“投资收益——利息收入”。

### (二)买断式回购业务实例解析

背景资料：2018 年 8 月 2 日，甲银行(正回购方)通过全国银行间市场买断式回购交易平台，与乙银行(逆回购方)达成一笔 30 天期买断式回购交易(OR30)。标的债券为 10 年国开债(180205. IB)。交易参数及回购利率基本信息如下：

**表 4—13　　买断式回购基本信息**

| 回购债券 | 18 国开 05 | 券面总额(元) | 10 000 000.00 |
|---|---|---|---|
| 买断式回购期限(天) | 30 | 实际占款天数 | 32 |
| 首次结算日 | 2018/8/2 | 到期结算日 | 2018/9/3 |
| 债券票面利率 | 4.88% | 首期收益率 | 4.159 6% |
| 首期净价 | 105.546 2 | 到期净价 | 105.467 1 |
| 首期应计利息 | 2.326 4 | 到期应计利息 | 2.754 2 |
| 首期全价 | 107.872 6 | 到期全价 | 108.221 3 |

续表

| 首期结算金额 | 10 787 260.00 | 到期结算金额 | 10 822 131.04 |
|---|---|---|---|
| 回购利息 | 34 871.04 | 买断式回购利率 | 3.687 2% |

有几点需要说明：一是虽然回购期限为30天，但由于节假日因素，实际资金占用天数为32天，相关应计利息及回购利率均须按实际占用天数计算。二是与质押式回购（本质为质押融资）中首期融出本金通常为整数（如上例中的1 000万元）不同，买断式回购中首期结算资金通常为非整数（依据首期债券全价金额而定），在融资实务中带来不方便之处，这也是买断式回购交易需求要远远小于质押式回购的原因之一。三是质押式回购报价交易的是回购利率，而买断式回购报价交易的是债券的价格，当然，回购价格（到期结算金额）一经协商确定，对应的回购利率（资金利息）同时也被锁定。所以，在交易实务中（如万得等交易信息平台）通常只关心和显示回购利率，但从交易规则上说，首期和到期债券价格信息是核心交易参数，在会计处理上也是不可或缺的核心信息。

$$\text{买断式回购利率}=\frac{\text{到期结算金额}-\text{首期结算金额}}{\text{首期结算金额}}\times\frac{\text{实际占款天数}}{365(\text{或}366)}$$

买断式回购交易中的正回购方虽然发生金融资产转移，但仍拥有该资产所产生的几乎所有收益和风险，因此不符合终止确认条件，仍须在表内持续核算。本例假设正回购方将其分类为交易性金融资产，按公允价值计量。买断式回购期间，标的债券的公允价值变动信息如下：

**表4—14　　债券公允价值表动信息**

| 日期 | 备注 | 收益率（%） | 全价 | 应计利息 | 净价 | 净价变动 |
|---|---|---|---|---|---|---|
| 2018—08—02 | 买断式回购首期日 | 4.159 6 | 107.872 6 | 2.326 4 | 105.546 2 | |
| 2018—08—31 | 月末资产负债表日 | 4.234 2 | 107.631 3 | 2.714 1 | 104.917 3 | —0.628 9 |
| 2018—09—03 | 买断式回购到期日 | 4.272 5 | 107.366 6 | 2.754 2 | 104.612 4 | —0.304 9 |

数据来源：中债估值、Wind资讯。

买断式回购交易双方会计处理如下：

1. 正回购方(资金融入方)

(1)2018 年 8 月 2 日,卖出回购首期确认。

借:银行存款　　10 787 260.00

　　贷:卖出回购金融资产款　　10 787 260.00

(2)2018 年 8 月 31 日,月末资产负债表日,按月计提交易性金融资产的应收利息、应付利息、公允价值变动损益。

①计提本月债券应收利息。

借:应收利息　　38 770.00

　　贷:投资收益——交易性金融资产利息收入　　38 770.00

②本月公允价值变动调整。

借:公允价值变动损益　　62 890.00

　　贷:交易性金融资产——公允价值变动　　62 890.00

③计提本月卖出回购应付利息。

借:投资收益——卖出回购利息支出　　31 601.88

　　贷:应付利息　　31 601.88

(3)2018 年 9 月 3 日,买断式回购到期(回购日),终止确认金融负债。

借:卖出回购金融资产款　　10 787 260.00

　　应付利息　　31 601.88

　　投资收益——卖出回购利息支出　　3 269.16

　　贷:银行存款　　10 822 131.04

2. 逆回购方(资金融出方)

(1)2018 年 8 月 2 日,买入返售首期确认。

借:买入返售金融资产　　10 787 260.00

　　贷:银行存款　　10 787 260.00

(2)2018 年 8 月 31 日,月末资产负债表日,计提应收利息。

借:应收利息　　31 601.88

贷:投资收益——买入返售利息收入　　31 601.88

(3)2018 年 9 月 3 日,买断式回购到期(返售日),终止确认买入返售金融资产。

借:银行存款　　10 822 131.04

贷:买入返售金融资产　　10 787 260.00

应收利息　　31 601.88

投资收益——买入返售利息收入　　3 269.16

## 第六节　债券借贷(融入、融出)

债券借贷,也称融券业务,是指债券融入方以一定数量的债券为质押物,从债券融出方借入标的债券,同时约定在未来某一日期归还借入标的债券并支付融券费用,债券融出方返还相应质押物的债券融通行为。

融入方融入债券的主要用途在于支持卖空策略或者期货现货套利策略等交易。融出方融出债券的主要目的是提高其持有的存量债券资产的收益,如获取借贷费、现金担保品再投资等。

债券借贷交易规则要点:

(1)采用询价交易方式;

(2)期限最长不得超过 365 天;

(3)期间如发生标的债券付息的,融入方须在付息日当日将标的债券应计利息足额划至融出方资金账户(标的债券的利息归融出方);

(4)按借贷费率进行报价,费率以年率表示,保留小数点后 4 位;

(5)应以标的债券进行交割,但是期间需要提前终止合同或进行现金交割的,交易双方应协商一致,并签订补充协议(实物交割或现金交割)。

### 一、融出方业务流程与账务处理

在债券借贷整个业务流程中,融出方涉及的业务流程如下:

**图 4—3　融出方业务流程**

## (一)(融出方)借出债券

根据金融资产转移会计准则，融出方借出债券，虽然在债券借贷期间该债券过户至融入方账户，融出方丧失对该项资产的控制权和使用权，但仍保留对该项资产所涉及的几乎所有的风险与报酬，该项金融资产转移不构成终止确认条件，因此在会计上不能终止确认该项资产，仍须按照自有债券进行持续核算[本例假设融出方将标的债券分类为以摊余成本计量的金融资产(债权投资)]。借出债券只能作为表外业务进行处理。

对于借出债券和收取质押券，融出方应在表外备查簿中登记(表外账采用单式记账法)：

借：应收借出债券(表外)——XX 券

　　贷：融入质押债券(表外)——YY 券

## (二)(融出方)期间债券收息

根据债券借贷业务交易规则，如在债券借贷期间遇到标的债券付息，该利息归属于融出方。但由于该债券已登记在融入方账户名下，债券登记机构只能据此将债券利息直接划付给融入方。因此，债券融入方应及时返还利息给债券融出方。

融出方在表内账务处理时已经对借出债券定期计提应收利息，因此，在收到融入方实际划付的利息款项时，应在表内正式做收息分录：

借：银行存款

　　贷：应收利息——债权投资(XX 券)

## (三)(融出方)到期交割：采取实物交割

债券借贷业务到期，如为实物交割，融出方收回借出债券，并将质押券解押。融出方应在表外备查簿中销记借出债券和融入质押券：

借:应收借出债券(表外)——XX 券

贷:融入质押债券(表外)——YY 券

债券借贷期间,可对质押券进行重估,经交易双方协商同意后,可对质押券进行置换。融出方在表外备查簿中进行变更处理：

借:融入质押债券(表外)——ZZ 券

贷:融入质押债券(表外)——YY 券

### (四)(融出方)到期交割:采取现金交割

债券借贷协议到期时,如经双方事先协商一致同意,可以采用现金交割形式履约。采用现金交割实质上使得债券借贷交易演变为延期支付清算的现券交易(类似于远期交易)。

现金交割时,融出方在表内做现券卖出处理：

借:银行存款

贷:债权投资——成本

应收利息——债权投资(XX 券)

投资收益——债权投资资本利得(XX 券)

同时,在表外备查簿中对借出债券和质押券(先解除质押)做销记处理：

借:融入质押债券——YY 券(表外负债终止确认)

贷:应收借出债券——XX 券(表外资产终止确认)

### (五)(融出方)债券借贷收入处理

融出方出借债券可以从融入方取得融券费,通常根据融券市场供求关系以及标的债券的特殊交易需求情况,经双方询价确定年化融券费率。借贷期限到期,按照协议中约定的费率和时间,计算债券借贷费用,融出方作为一项收入贷记“同业往来收入”,融入方作为一项支出借记“同业往来支出”。

假设甲银行向乙银行借入债券 A,面值 1 亿元,债券借贷年化费率为

0.5%(即 50BP),时间 30 天,质押券为债券 B。债券借贷费用总额为:1 亿×0.5%×30/365=4.11(万元)。

融出方在收到融券费时,确认收入:

借:银行存款

　　贷:同业往来收入——债券借贷

## 二、融入方业务流程与账务处理

融入方业务流程见图 4—4:

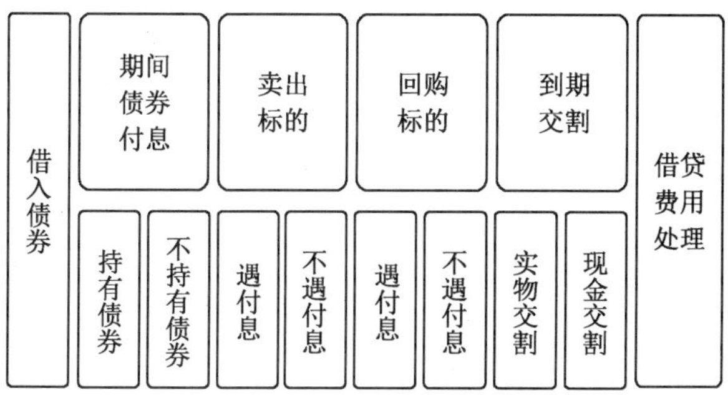


图 4—4　融入方业务流程

### (一)(融入方)借入债券

融入方借入债券并持有标的债券期间,不承担债券发行人到期不能偿付本息以及标的债券价格波动的风险(即标的券所有权上的风险与报酬未转移),因此,融入方在表内无需确认与计量相关资产与负债。

(1)融入方将借入债券面值及下一付息日应计利息总额(见成交单)在表外备忘簿中做登记(单式记账)

　　贷:应付借入债券——XX 券(表外负债)

　　贷:应付借入债券利息——XX 券(表外负债)

(2)同时,对于提供的质押债券,在表外备查簿做登记:

借:融出质押债券(表外)——YY 券(表外资产)

## (二)(融入方)期间债券付息

根据债券借贷交易规则,如债券借贷期间遇到标的债券付息,债券融入方应及时返还利息给债券融出方。如果债券付息当日,融入方持有债券,则债券等级机构将利息付给融入方,融入方在收到利息后应通过大额支付系统将利息划付给融出方。

(1)融入方收到借入债券的利息:

借:银行存款

贷:其他应付款(过渡科目)

(2)融入方将标的债券利息返还融出方:

借:其他应付款(过渡科目)

贷:银行存款

(3)同时,融入方在表外备忘簿做销账处理:

借:应付借入债券利息——XX券(表外负债终止确认)

## (三)(融入方)卖出标的(不遇付息期)

融入方借券的主要目的就是对标的债券进行卖空操作,期望通过在未来以更低的价格买回该标的债券,获取价差收益。但未来永远充满不确定性,融入方将借入的标的债券卖出,实质上承担了在债券借贷业务到期前买回该债券并交付给融出方的市场波动风险。

融入方借券卖空操作的损益来源由两部分组成:一是借券卖空期间标的债券的价差收益;二是承担借券期间的资金占用成本(融券费用)。融入方在卖出标的债券后,根据标的债券在期间是否发生实际票息支付,可分成期间不遇付息和期间遇付息两种情形。

融入方在卖空标的券期间如没有发生票息支付,则相对简单,融入方账务处理如下:

(1)融入方卖出标的债券:

借:银行存款

贷:交易性金融负债——成本

应付利息

（2）融入方从市场上买回债券之前，应逐日计提应付利息及公允价值变动损益：

借：投资收益——交易性金融负债利息支出

贷：应付利息

借或贷：交易性金融负债——公允价值变动

贷或借：公允价值变动损益

（3）债券借贷协议到期前，融入方在公开市场上买回债券，终止确认金融负债：

借：交易性金融负债——成本

借或贷：交易性金融负债——公允价值变动

借：应付利息

贷：银行存款

贷或借：投资收益——交易性金融负债资本利得

**（四）（融入方）卖出标的（遇付息期）**

如果融入方卖出所借债券，尚未买回期间，遇到标的债券付息，按照债券借贷交易规则，债券融入方应及时返还利息给债券融出方。但是在该种情形下，因为融入方已将债券卖出，因此债券登记托管机构不会把该债券利息划付给融入方，此时，融入方需要垫付资金。

（1）融入方在卖出债券时确认的交易性金融负债应计利息（A）：

借：银行存款

贷：交易性金融负债——成本

应付利息（A）

（2）融入方在卖出日至付息日期间计提的应计利息（B）：

借：投资收益——交易性金融负债利息支出

贷：应付利息（B）

（3）在债券付息日，融入方对其账面交易性金融负债做收息账务处理：

借:应付利息(A)+(B)

贷:其他应付款

(4)融入方为债券借贷业务垫付利息账务处理:

借:其他应付款

贷:银行存款

值得注意的是,融入方并非全额垫付利息资金,A 部分利息已经通过债券卖出在全价中收回;B 部分利息是融入方操作债券卖空业务需要承担的资金成本。

(5)融入方垫付利息后,应在表外备查簿中销记应付利息科目:

借:应付借入债券利息——××券(表外负债终止确认)

**(五)(融入方)回购标的(不遇付息期)**

融入方借入债券,除了进行先卖出(做空)再买回(回补空头头寸)交易外,还可进行买断式卖出回购交易。与卖出回补交易不同之处在于,买断式卖出回购交易在交易之时即已锁定交易价差。与债券借贷属于表外业务不同,债券买断式回购属于表内业务。

卖出回购交易同样遇到标的债券在期间是否发生付息情形。如交易期间无付息,则处理相对简单。

(1)融入方以借入债券进行卖出回购操作:

借:银行存款

贷:卖出回购金融资产款

(2)期间计提利息:

借:投资收益——卖出回购利息支出

贷:应付利息——卖出回购

(3)卖出回购交易到期,执行回购:

借:卖出回购金融资产款

应付利息——卖出回购

贷:银行存款

### (六)(融入方)回购标的(遇付息期)

如果融入方对借入债券进行买断式卖出回购操作,而且在卖出回购期间遇到债券付息日,按照债券借贷交易规则,债券融入方应及时返还利息给债券融出方。但是在该种情形下,因为融入方已经将债券进行买断式卖出回购,债券登记机构不会把利息划付给融入方,因此融入方需要垫付资金。

(1)确认卖出回购业务:

借:银行存款

　　贷:卖出回购金融资产款

(2)计提利息:

借:投资收益——卖出回购利息支出

　　贷:应付利息——卖出回购

(3)回购业务到期,执行回购:

借:卖出回购金融资产款

　　应付利息——卖出回购

　　贷:银行存款

　　　　其他应付款

(4)融入方为债券借贷业务垫付利息处理:

借:其他应付款

　　贷:银行存款

(5)同时,在表外备查簿中销记借入债券应付利息科目:

借:应付借入债券利息(表外)——××券

### (七)(融入方)到期交割:采取实物交割

无论是卖出标的债券再从市场上买回,还是对标的债券进行卖出回购操作,在债券借贷业务到期时,融入方手中都必须持有足量的标的债券,用于履行债券借贷协议到期时的实物交割义务,否则需要协商现金交割或者造成违约。采取实物交割时融入方的账务处理如下:

(1)融入方归还标的债券,并在表外备查簿中销记借入债券科目:

借:应付借入债券——××券(表外负债终止确认)

(2)融入方收回被解押的质押券,并在表外备查簿中销记融出质押券债:

贷:融出质押债券(表外)——××券(表外资产终止确认)

**(八)(融入方)到期交割:采取现金交割**

融出方与融入方经过协商一致,可以采用现金交割,视同融入方买入债券。

(1)融入方采取现金交割,买入标的债券(假设划分为交易性金融资产):

借:交易性金融资产——成本

应收利息

贷:银行存款

(2)同时,融入方在表外备查簿中销记借入债券科目:

借:应付借入债券——××券(表外负债终止确认)

(3)融入方收回解押的质押券,并在表外备查簿中销记融出质押券:

贷:融出质押债券——××券(表外资产终止确认)

# 第五章　投资业绩归因分析评价框架方法

本章首先探讨投资组合业绩中的两个核心维度：投资收益以及投资风险的计量。在此基础上主要讨论投资业绩评价与业绩归因分析的基本框架及各种主流分析模型，为下一章的实际案例研究提供基础知识背景。

## 第一节　投资组合业绩评价框架要素

要有效开展投资理财和资产管理业务，不论是自己管理（自营模式）还是委托他人管理投资资金（委外模式），都需要及时准确地获取投资组合的动态业绩表现信息。这里的投资组合应做广义理解，代表为开展投资而认定的专属账户、基金或专项计划等。

投资组合业绩评价回答了资产管理人和投资者最关心的三个核心问题：

（1）资产的投资收益和风险是多少？

（2）为什么投资组合会如此表现？

（3）怎样才能改善投资组合的表现？

根据美国银行管理协会（BAI，1968）的研究成果，作为投资组合业绩评价理论与实务操作的基石，以下几个核心观点被广泛接受：

（1）投资业绩评价所采用的收益应基于资产的市值而不是成本；

（2）投资收益应是总收益，即包括收入（如股票分红、债券利息等派现收入）和市值变动（实现和未实现的资本增值）；

（3）投资收益应基于时间加权；

（4）投资业绩评价应同时考虑风险和收益。

通常而言，投资业绩评价过程分为以下三个步骤：

第一步：投资业绩计量。计算投资收益率，设定比较基准。

第二步：投资收益与风险归因分析。对照比较基准和资产类别结构，进行投资收益分解、贡献度与归因分析。在收益分析的基础上，进行投资风险因子识别与风险量化分析。

第三步：投资业绩综合评价。通过对投资收益与风险（事前和事后）的综合权衡评判，评价投资政策与投资策略的有效性，并向投资经理（资管方）和客户（出资方）及时反馈业绩/风险归因与评价信息，以促进利益相关方及时有效识别、评估并控制投资风险。

## 第二节　投资组合收益率计量

投资组合的收益率计量分析是业绩归因与业绩评价的起点和关键点，这里按照复杂程度，依次解析本金固定与本金变动这两种情形下的投资收益率计量问题。

### 一、本金固定情形下（封闭式）的投资收益率计量

在投资期间本金固定（封闭式）情形下计算投资收益率相对简单。计算分为两个步骤：

第一步，计算期末与期初价值之比，简称“净值比”，数学表示为：$V_E/V_S$。

其中：$V_E$ 表示投资组合的期末价值；$V_S$ 表示投资组合的期初价值。通常情况下，价值应采用公允价值计量，而不是账面价值。净值比大于1表示投资增值（收益），反之表示投资减值（亏损）。

投资收益率（$R$）表示投资组合期末价值相对于期初价值的盈利（或亏损），数学表示为：

$$R=\frac{V_E-V_S}{V_S}=\frac{V_E}{V_S}-1$$

因此，净值比等于收益率加1。$1+R=V_E/V_S$。

在没有外部现金流的情形下（即资金封闭运作，既不增加资金，也不抽走资金），整个投资期间的收益率就是各个子区间收益率的复合（复利规则）。外部现金流，是指以现金或其他资产形式划入或划出投资组合的资产，意味着投资资金的中途追加或减少。分红、利息收入、交易等业务产生的现金流属于内部现金流，不应视为外部现金流处理。

设$V_t$表示$t$时段的投资组合期末价值，则收益率的复合算法公式为：

$$\frac{V_1}{V_S}\times\frac{V_2}{V_1}\times\frac{V_3}{V_2}\times\cdots\times\frac{V_{n-1}}{V_{n-2}}\times\frac{V_E}{V_{n-1}}=\frac{V_E}{V_S}=1+R$$

可得：

$$(1+R_1)\times(1+R_2)\times(1+R_3)\times\cdots\times(1+R_{n-1})\times(1+R_n)=(1+R)$$

通过将一系列子区间收益率进行复合计算得到整个区间收益率的方法，称为“几何平均法”或“链接法”（连乘）。

现举例说明。假定我们投资某债券基金61 500.00元，该基金单位净值为1.500 0元/单位份额，可以认购的基金单位为41 000.00（61 500.00/1.500 0）份。假定该基金于每年年末分红派现一次，且我们可以利用这些现金收入进行再投资，继续购买该债券基金单位份额。下表显示了投资该基金在各年份的价值变动情况，并且计算出该项投资的各种收益率指标。

**表5－1　　债券基金单位净值变动**

| 年份 | 期初基金单位净值 | 期初基金单位份额 | 期初基金价值 | 分红派现 | 期末基金单位净值 | 购买基金单位份额 | 期末基金单位份额 | 期末基金价值 |
|---|---|---|---|---|---|---|---|---|
| 1 | 1.5000 | 41 000.00 | 61 500.00 | 3 690.00 | 1.384 6 | 2 665.03 | 43 665.03 | 60 458.60 |
| 2 | 1.3846 | 43 665.03 | 60 458.60 | 3 929.86 | 1.525 0 | 2 576.96 | 46 241.99 | 70 519.03 |
| 3 | 1.5250 | 46 241.99 | 70 519.03 | 4 161.72 | 1.636 0 | 2 543.84 | 48 785.83 | 79 813.61 |
| 4 | 1.6360 | 48 785.83 | 79 813.61 | 4 390.60 | 1.607 0 | 2 732.17 | 51 518.00 | 82 789.42 |
| 5 | 1.6070 | 51 518.00 | 82 789.42 | 4 636.48 | 1.667 0 | 2 781.33 | 54 299.33 | 90 516.98 |

在第一年，基金单位净值下跌至 1.384 6 元。因此，我们最初的 41 000 份基金单位的价值从 61 500.00 元下降为 56 768.60 元。但是，我们于年末获得了 3 690.00 元的分红派现收入，利用该现金分红再投资获得了 2 665.03 份新增的基金单位，所以此时我们总共拥有 43 665.03 (3 690.00/1.3846＋41 000)份基金单位。在年末，这些基金的价值为 60 458.60 元。据此，我们可以分别计算出各年度的期间收益率、累积收益率、年化收益率(几何平均收益率)，以及连续复合收益率等相关指标，以及这些收益率指标之间的关系。

**表 5—2　　债券基金投资各种收益率之间的内在关系**

| 年份 | 价值比例 | 期间收益率(％) | 累积收益率(％) | 年化收益率(％)(几何平均) | 连续复合收益率(％) |
|---|---|---|---|---|---|
| 1 | 0.983 1 | －1.69 | －1.69 | －1.69 | －1.71 |
| 2 | 1.166 4 | 16.64 | 14.67 | 7.08 | 15.39 |
| 3 | 1.131 8 | 13.18 | 29.78 | 9.08 | 12.38 |
| 4 | 1.037 3 | 3.73 | 34.62 | 7.71 | 3.66 |
| 5 | 1.093 3 | 9.33 | 47.18 | 8.04 | 8.92 |
| 期间收益率算术平均值 | | 8.24 | 9.44 | | |
| 年化收益率(几何平均值)＝(1＋累积收益率)^(1/5)－1＝8.04％ | | | | | |
| 连续复合收益率的算术平均值 | | | | | 7.73 |
| (1＋几何平均收益率)的自然对数[LN(1＋8.04％)] | | | | | 7.73 |

有两点需要特别指出并予以说明：

第一，5 年投资期的平均收益率不可以用期间收益率的算术平均值直接计算。如表 5—2 所示，无论是用各年的收益率相加再除以 5 年直接计算出算术平均收益率 8.24％，还是用 5 年累积收益率除以 5 计算得出的算术平均收益率 9.44％(47.18％÷5)，两种算法都是错误的。为什么？让我们来推导一下，当用累积收益率的算术平均值 9.44％来代替实际的每年收益率，得到的累积收益率。

(1+9.44%)×(1+9.44%)×(1+9.44%)×(1+9.44%)×(1+9.44%)−1

=56.97%>47.18%

我们用累积收益率的算术平均值进行计算，得到的累积收益率却大于实际的累积收益率。出现这种对累积收益率高估现象，是因为算术平均值并没有假定收益率的构成是可复合(可连乘)的，而仅仅假定它们之间是可累加的。与复合算法相关的平均收益率叫作几何平均值，在我们的例子中等于 8.04%。这里有一个在金融领域非常重要的关系，即算术平均值一定大于(或等于)几何平均值。除非任何时期的收益率都相同，否则算术平均值和几何平均值肯定不相等，且算术平均值总是大于几何平均值。当各期的收益率相等时，算术平均值就等于几何平均值。

正确的平均收益率(即年化收益率)的计算应该采用几何平均值算法，可有效避免这种逻辑中的不一致性，且所得结果相对谨慎，更加符合实际。本例中，年化收益率(几何平均)为 8.04%。

第二，正如表 5−2 所示，年化收益率(几何平均值)与连续复合收益率之间存在一个重要的转换关系，即 1 加上几何平均收益率的自然对数，等于相应的连续复合收益率的算术平均值，本例中为 7.73%。与期间收益率不能直接计算算术平均值不同，连续复合收益率可以直接计算算术平均值，并进而可以采用数理统计学中经典的均值—方差(标准差)分析方法，这对于解决许多复杂的财务金融问题来说是至关重要的，如在金融衍生工具(如期权、期货等)的估值定价中得到广泛应用。

## 二、本金变动情形下(开放式)的投资收益率计量

在大多数实务操作情形中，为了提高资金的配置效率，投资专户或基金中的初始投资本金往往不是固定不变的，而是根据需要灵活进行本金的增减出入，即产生了外部现金流。在投资本金不固定(存在外部现金流)的情形下，给投资收益率的计算带来困难。据此，存在两种基本算法，即金额加权收益率和时间加权收益率。

## (一)金额加权收益率

顾名思义,金额加权收益率(Money-Weighted Return)就是以本金(外部现金流)增减为权重计算得出的投资收益率。具体而言,主要有两种算法:内含收益率(IRR)法、迪茨(Dietz)法。

### 1. 内含收益率算法

内含收益率(IRR)法是金融领域通用的标准方法。债券投资中最常用的指标“到期收益率(YTM)”实际上就是假设“买入并持有至到期”该债券而得到的内含收益率。对所有产生的外部现金流(本金出入),我们可以按其可用于投资的时间比例,计算投资期间累计的内含收益率($TR$)。

$$V_E = V_S \times (1 + TR) + \sum_{t=1}^{t=T} C_t \times (1 + TR)^{W_t}$$

其中,$V_E$ 表示投资组合的期末价值;$V_S$ 表示投资组合的期初价值;$C_t$ 表示 $t$ 日发生的外部现金流(本金增减);$W_t$ 表示 $t$ 日产生的外部现金流的时间权重。

$$W_t = \frac{TD - D_t}{TD}$$

其中,$TD$ 表示投资期的天数总和;$D_t$ 表示计算期起始日至 $t$ 日已过天数总和。

作为更常用的收益率指标,年化的内含收益率($IRR$)的计算方法容易出错,不能根据复利规则(链式法则),从期间累计内含收益率中推导得出。也就是说,由于外部现金流的存在,以下经典公式不成立:

$$IRR \neq \sqrt[n]{(1+TR)} - 1$$

正确的计算年化的内含收益率的公式如下:

$$V_E = V_S \times (1 + IRR)^n + \sum_{t=1}^{t=T} C_t \times (1 + IRR)^{W_t^n}$$

其中,$n$ 表示以年为时间单位计量的整个投资期间,$n = TD/365$;$W_t^n$ 表示 $t$ 日产生的外部现金流的经年化的时间权重因子,$W_t^n = (TD - D_t)/365$。

$IRR$ 法假设在整个投资期间各区段内统一采用一个单一不变的收益率。这种假设和实际情况不完全一致，因为在实际投资过程中，各子时间区段内的收益率很难保持不变。此外，采用单一收益率假设，也使得我们不能够将 $IRR$ 分解到组合内不同的资产类别，因为不同的资产类别收益率通常存在显著差异。

$IRR$ 是一个采用金额加权计算收益率的方法，在这种方法中，假设所有投资的金额不论其投资的时间，都可以达到同样的实际收益率。在任何时点，金融的权重基本都会对最终的收益率造成影响。所以，采用内含收益率法，当有大规模外部本金注入时，后续期间的投资收益必须表现良好，否则会大大拉低整个投资期间的投资收益。

2. 净资产收益率（ROE）、投资收益率（ROI）与经济增加值收益率（EVA%）之间的区别与联系

根据经济学中的投入产出原理和会计学中的配比原则，一定数量和时间占用的资本投入和占用对应着由此带来的产出和收益，两者之间在时间和规模口径上存在逻辑上的一致性和真实受益关系。

为了理解这种投入 & 产出和投资 & 回报之间的一一对应关系，我们先从规模边界角度解释投资收益率计算。在财务分析中，我们熟知的有两个收益率指标，分别为净资产（或权益、净值）收益率（$ROE$）以及投资（或投入资本、资本占用）收益率（$ROI$ & $ROIC$ & $ROCE$）。净资产收益率是从权益端（剩余收益）角度计算的投入产出关系。投资收益率是从资产端（或者总资本）角度计算的投入产出关系，两者之间由于对投入资本的界定口径存在差异，因此其对应的收益的计算口径也存在差异。

资产（总资本，$TC$）＝净资产（权益资本，$EC$）＋财务杠杆（债务资本，$DC$）

$$净资产收益率(ROE)=\frac{净利润(NI)}{净资产平均余额(\overline{EC})}\times 100\%$$

$$=\frac{(EBIT-I)\times(1-T)}{\overline{EC}}$$

$$=\frac{EBIT\times(1-T)-I\times(1-T)}{\overline{EC}}$$

$$=\frac{NOPAT-I\times(1-T)}{\overline{EC}}$$

其中，$I$：利息费用（财务杠杆资金成本）；$T$ 表示企业所得税率；

$EBIT$ 表示息税前利润；$NOPAT$ 表示税后净营业利润。

$$投资收益率(ROI)=\frac{净营业利润(NOPAT)}{投资资本平均占用(\overline{TC})}\times100\%$$

$$=\frac{NOPAT=EBIT\times(1-T)}{\overline{TC}=\overline{EC}+\overline{DC}}$$

投资收益率与净资产收益率之间的关系如下：

设定：

杠杆率($L$)=总资本($TC$)/净资本($EC$)

利息费用($I$)=债务资本($DC$)×债务资本成本($r$)

$$ROE=\frac{NOPAT-I\times(1-T)}{\overline{EC}}$$

$$=\left[\frac{NOPAT-\overline{DC}\times r\times(1-T)}{\overline{TC}}\right]\times L$$

$$=\left[ROI-\frac{\overline{DC}}{\overline{TC}}\times r\times(1-T)\right]\times L$$

$$=\left[ROI-\frac{L-1}{L}\times r\times(1-T)\right]\times L$$

$$=L\times ROI+(1-L)\times r\times(1-T)$$

令 $ROE=ROI$，代入上述公式，经整理可得：$ROI=r\times(1-T)$。

由上述推导公式可知 $ROE$ 与 $ROI$ 之间存在以下几点关系：

(1)$ROE$ 是以财务杠杆率 $L$ 为权重，税后投资收益率 $ROI$（权重为 $L$）与税后债务资金成本率 $r\times(1-T)$（权重为 $1-L$）两者之间的加权平均值。

(2)在 $ROI>r\times(1-T)$ 情形下，随着财务杠杆 $L=TC/EC$ 从 1(此

时无负债)开始不断增加,*ROE* 大于 *ROI*,且正向差异越来越大。这说明财务杠杆发挥了正面效应,对权益资本而言不断创造新增价值。

(3)在 $ROI<r\times(1-T)$ 情形下,随着财务杠杆 $L=TC/EC$ 不断增加,*ROE* 小于 *ROI*,且负向差异越来越大。这说明财务杠杆发挥了负面效应,对权益资本而言在毁灭价值。

(4)当投资收益率 *ROI* 等于税后债务资金成本率,此时,净资产收益率 *ROE* 必等于投资收益率 *ROI*。也就是说,在负债利率等于项目投资收益率情形下,调整资本结构,改变财务杠杆率,并不能有效提高权益资本收益率而创造新增价值。

**表 5—3　　ROE-ROIJ-L 三者之间关系**

| *ROI*(税前)(%) | 债务利率 *R*(税前)(%) | 所得税率 *T*(%) | 财务杠杆 $L=TC/EC$ | *ROE*(税前)(%) | *ROE*(税后)(%) |
|---|---|---|---|---|---|
| 10 | 4 | 25 | 1.00 | 10.00 | 7.50 |
| 10 | 4 | 25 | 1.50 | 13.00 | 9.75 |
| 10 | 4 | 25 | 2.00 | 16.00 | 12.00 |
| 10 | 4 | 25 | 2.50 | 19.00 | 14.25 |
| 10 | 4 | 25 | 3.00 | 22.00 | 16.50 |

**表 5—4　　ROE(税前)随债务利率和杠杆率变动的敏感性分析**

| 债务利率 | 杠杆率 | | | | | | | | |
|---|---|---|---|---|---|---|---|---|---|
| | 1.00 | 1.50 | 2.00 | 2.50 | 3.00 | 3.50 | 4.00 | 4.50 | 5.00 |
| 0.00% | 10.00% | 15.00% | 20.00% | 25.00% | 30.00% | 35.00% | 40.00% | 45.00% | 50.00% |
| 1.00% | 10.00% | 14.50% | 19.00% | 23.50% | 28.00% | 32.50% | 37.00% | 41.50% | 46.00% |
| 2.00% | 10.00% | 14.00% | 18.00% | 22.00% | 26.00% | 30.00% | 34.00% | 38.00% | 42.00% |
| 3.00% | 10.00% | 13.50% | 17.00% | 20.50% | 24.00% | 27.50% | 31.00% | 34.50% | 38.00% |
| 4.00% | 10.00% | 13.00% | 16.00% | 19.00% | 22.00% | 25.00% | 28.00% | 31.00% | 34.00% |
| 5.00% | 10.00% | 12.50% | 15.00% | 17.50% | 20.00% | 22.50% | 25.00% | 27.50% | 30.00% |
| 6.00% | 10.00% | 12.00% | 14.00% | 16.00% | 18.00% | 20.00% | 22.00% | 24.00% | 26.00% |
| 7.00% | 10.00% | 11.50% | 13.00% | 14.50% | 16.00% | 17.50% | 19.00% | 20.50% | 22.00% |

续表

| 债务利率 | 杠杆率 | | | | | | | | |
|---|---|---|---|---|---|---|---|---|---|
| | 1.00 | 1.50 | 2.00 | 2.50 | 3.00 | 3.50 | 4.00 | 4.50 | 5.00 |
| 8.00% | 10.00% | 11.00% | 12.00% | 13.00% | 14.00% | 15.00% | 16.00% | 17.00% | 18.00% |
| 9.00% | 10.00% | 10.50% | 11.00% | 11.50% | 12.00% | 12.50% | 13.00% | 13.50% | 14.00% |
| 10.00% | 10.00% | 10.00% | 10.00% | 10.00% | 10.00% | 10.00% | 10.00% | 10.00% | 10.00% |
| 11.00% | 10.00% | 9.50% | 9.00% | 8.50% | 8.00% | 7.50% | 7.00% | 6.50% | 6.00% |
| 12.00% | 10.00% | 9.00% | 8.00% | 7.00% | 6.00% | 5.00% | 4.00% | 3.00% | 2.00% |
| 13.00% | 10.00% | 8.50% | 7.00% | 5.50% | 4.00% | 2.50% | 1.00% | −0.50% | −2.00% |
| 14.00% | 10.00% | 8.00% | 6.00% | 4.00% | 2.00% | 0.00% | −2.00% | −4.00% | −6.00% |
| 15.00% | 10.00% | 7.50% | 5.00% | 2.50% | 0.00% | −2.50% | −5.00% | −7.50% | −10.00% |

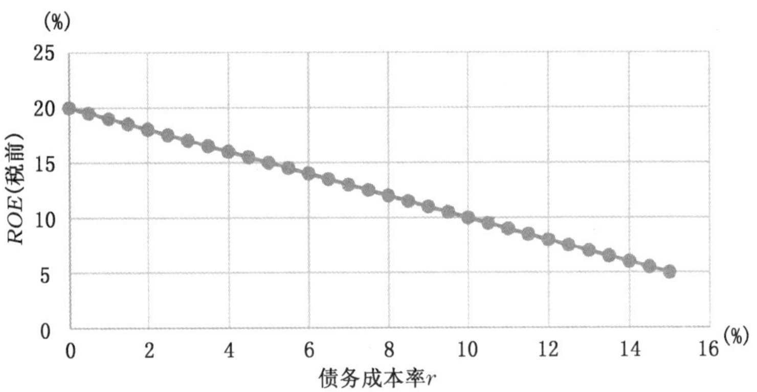


**图 5-1 *ROE* 与债务成本率之间关系(杠杆率=2;*ROI*=10%)**

经济增加值收益率(EVA%)计算公式如下:

$$EVA\%=\frac{EVA}{TC}=\frac{NOPAT-TC\times WACC}{TC}$$

$$=\frac{NOPAT}{TC}-WACC=ROI-WACC$$

$$WACC=\frac{EC}{TC}\times ROE+\frac{DC}{TC}\times r\times(1-T)$$

从经济增加值收益率计算公式可知,在投资收益率(税后)$ROI$ 大于加权平均资金成本(税后)$WACC$ 的情形下,投资创造超额收益($EVA\%$

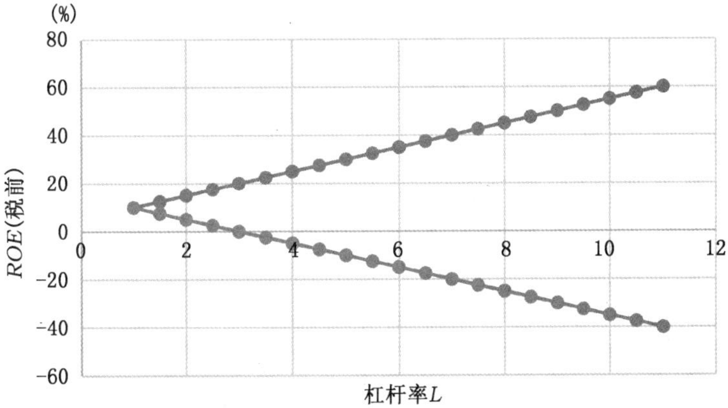


**图 5－2 ROE 与杠杆率之间关系(ROI＝10%;债务成本率 r 分别为 5%和 15%)**

＞0);反之,亦同;在 $ROI=WACC$ 情形下,投资不创造经济价值。

3. 迪茨收益率

接下来,我们分析投入产出在时间上的匹配对应关系。在收益率的迪茨算法下,对于投资期间发生的外部现金流,按照以下公式进行调整,从而计算得到更加精确的平均投资金额:

$$R=\frac{V_E-V_S-C}{V_S+\sum C_t\times W_t}$$

其中,$C$ 表示期间所有的外部现金流;$W_t$ 表示 $t$ 日产生的外部现金流的实际占用时间权重。

公式中分子代表期间投资收益,分母反映期间投资资金占用加权平均值。

$$W_t=\frac{TD-D_t}{TD}$$

其中,$TD$ 表示投资期的天数总和;$D_t$ 表示计算期起始日至 $t$ 日已过天数总和。

在实际应用迪茨算法计算有效投资资金占用时,应根据外部现金流是在日初还是日终收到来确定 $D_t$。假设现金流是在日初收到,我们可以认为投资经理应该知道并能在当天有效使用该笔资金,所以当天应该算作该笔资金的有效投资占用时间处理；反之，假设该笔现金流是在临近日终收到，该笔资金很难在当天投入运作，所以当天不应作为有效投资日处理。我国实务操作中，一般按照 $T+1$ 规则，当天流入的资金不作为有效占用时间加以处理。

有时候难以获取每笔外部现金流的确切时间，实务中为了方便计算，采用简化的迪茨算法公式：

$$R=\frac{V_E-V_S-C}{V_S+C/2}$$

公式中分母反映期间平均投资金额，表示为期初价值加上一半的外部现金流。其隐含假设为外部现金流在期间的中期划入，并以此为权重。需要注意的是，平均投资金额不是投资期初价值和期末价值的简单算术平均值，因为期末价值可能包含期间发生的外部现金流，而且期末价值中也包含期间产生的投资收益，该收益能否归本并入投资本金计算收益率，需区别对待。显然，迪茨算法也是一种金额加权的收益率计算方法，实际上是内含收益率算法的一阶近似。

**(二)时间加权收益率**

作为金融加权收益率的替代方案，时间加权收益率同样广泛应用。在时间加权收益率算法下，在计算收益率时所有时段不论投资金额的多少都采用相同的权重，因此称为“时间加权”。在时间加权算法中，对每个外部现金流之间的子时段计算简单财富比例，然后将所有子时段财富比例按链式算法得到以下公式：

$$\frac{V_1-C_1}{V_S}\times\frac{V_2-C_2}{V_1}\times\frac{V_3-C_3}{V_2}\times\cdots\times\frac{V_{n-1}-C_{n-1}}{V_{n-2}}\times\frac{V_E-C_n}{V_{n-1}}=1+R$$

其中，$V_t$ 表示 $t$ 时段的期末划入外部现金流 $C_t$ 后的价值。

因为 $(V_t-C_t)/V_{t-1}=1+R_t$，就是在收到外部现金流之前该子时段的财富比例，因此上述公式可以简化为：

$$(1+R_1)\times(1+R_2)\times(1+R_3)\times\cdots\times(1+R_{n-1})\times(1+R_n)=(1+R)$$

在开放式投资基金中，往往采用单位净值法，即时间加权法的一种变形。该方法不是采用外部现金流之间的市值比例，而是在外部现金流划入之前计算一种标准化的单位价格或“单位净值”。单位净值通过投资组合市值除以分配的单位份额计算得到。当现金流划入或划出时，组合单位会相应按照现金流时间的单位净值增加或减少。组合的期初市值通常按照一个名义单位净值(例如1或100)分配单位份额数量。

单位净值法的主要优点是，不论期间由于现金流造成的组合价值怎样变化，期末单位净值除以期初单位净值表示期间的收益率。所以，我们只要了解期初单位净值和期末单位净值，就可以计算任何期间的收益率。假设 $NAV_i$ 表示 $i$ 区间期末单位净值，则：

$$\frac{NAV_1}{NAV_S}\times\frac{NAV_2}{NAV_1}\times\frac{NAV_3}{NAV_2}\times\cdots\times\frac{NAV_{n-1}}{NAV_{n-2}}\times\frac{NAV_E}{NAV_{n-1}}=\frac{NAV_E}{NAV_S}=1+R$$

因为单位净值法能够如此快捷地计算收益率，以至于为了使用方便，采用其他方法计算收益率时也经常被转换成单位净值，这尤其适用于计算跨期较长的收益率。

### (三)金融加权与时间加权收益率之比较

我们以一个简单的例子来解析金额加权(内含收益率、迪茨收益率)与时间加权收益率(包括单位净值法)之间的异同。

**表5—5　　　　时间加权收益率与单位净值法**

| 日期 | 项目 | 金额(万元) | 单位份额净值 | 份额变动 | 总份额 |
|---|---|---|---|---|---|
| 2017/12/31 | 期初组合价值 | 74 200.00 | 1.000 0 | 74 200.00 | 74 200.00 |
| 2018/1/14 | 增资之前的当日价值 | 66 000.00 | 0.889 5 | | 74 200.00 |
| 2018/1/14 | 增资(外部现金流) | 37 100.00 | 0.889 5 | 41 709.39 | |
| 2018/1/14 | 增资之后当日价值 | 103 100.00 | 0.889 5 | | 115 909.39 |
| 2018/1/31 | 期末组合价值 | 104 400.00 | 0.900 7 | | 115 909.39 |
| | 内含收益率(*IRR*) | −7.27% | =*XIRR*(−*C*3,−*C*5,*C*7;*A*3,*A*5,*A*7) | | |
| | 迪茨收益率 | −7.30% | =(*C*7−*C*3−*C*5)/[*C*3+*DAYS*(*A*7,*A*5)/*DAYS*(*A*7,*A*3)***C*5] | | |
| | 时间加权收益率 | −9.93% | =*C*4/*C*3**C*7/*C*6−1 | | |
| | 单位净值法收益率 | −9.93% | =*D*7/*D*3−1 | | |

内含收益率(*IRR*)的计算可通过 Excel 中的 XIRR 函数直接得出，也可以通过 Excel 中的规划求解功能得出。

单位净值法下增资日的单位净值为 0.889 5(66 000/74 200)，增资导致份额增加 41 709.39(37 100/0.889 5)单位。

需要进一步解释的是，时间加权收益率法在计算收益率时由于不考虑期间投资本金的增减进出变化对收益率的影响，从而可能导致如表 5—6 所示的违反直觉的结果。

**表 5—6　　　　时间加权与金额加权收益率之比较**

| 日期 | 项目 | 金融(万元) | 收益率(%) |
|---|---|---|---|
| 2018/1/1 | 时段 1 期初价值 | 100 | |
| 2018/4/1 | 时段 1 期末价值 | 200 | 100 |
| 2018/4/1 | 增资(外部现金流) | 600 | |
| 2018/4/1 | 时段 2 期初价值 | 800 | |
| 2018/7/1 | 时段 2 期末价值 | 400 | −50 |
| | 金额加权收益率 | | −75 |
| | 时间加权收益率 | | 0 |

如表 5—6 所示，从出资方角度分析，在整个投资期间共损失了 300 万元(400—100—600)，平均投资金额 400 万元(100＋600/2)，因此，投资收益率为—75%(—300/400)。分时段分析，投资方在整个期间经历了业绩的大起大落，在时段 1 投资业绩翻倍(100%)，而在后续的时段 2 业绩却惨遭腰斩(—50%)。但不幸的是，该投资者在投资时机选择上出现严重失误，在时段 1 业绩好时投资的本金不多(100 万元)，而在大规模追加本金投入(600 万元)后却遭遇“黑天鹅”，导致本金严重受损。如果出资方在该投资期一开始时即投入全部本金，则整个投资期刚好保本，也就是实现时间加权收益率 0%(200/100×400/800—1)。

现金流划入时间的不同是两种收益率计算方法得到不同结果的原因。时间加权收益率法在对外部现金流调整时对每个时段的业绩表现平等处理，实际反映了在没有外部现金流情况下的收益率。显然，时间加权收益率法更适合用来测量不同投资经理的业绩表现，因为对于外部现金流发生的规模、频率和时间，投资经理是无法掌控的。他们的投资组合具有不同的现金流模式和不同的参考基准，实现收益率不受外部现金流的影响才能更好地评价投资经理的投资能力，这恰恰符合时间加权收益率法的特点。

因此，针对这两种方法的差异及适用条件归纳如下：如果从出资方和资本使用效率角度考察评价，则金额加权收益率更加合理，尤其是在进行业绩归因和财务分析时更是如此；如果从评价资管方（投资经理）的投资能力角度考察评价，则应选用时间加权收益率，以剔除外部现金流等不可控因素对收益率造成的不公平影响。

在实际应用中，很多机构既不采用时间加权收益率也不采用金额加权收益率，而是将两种方法进行混合使用，普遍采用的标准方法是链接修正迪茨收益率。如果测量区间以月为单位，则最简单、快捷的方法就是计算每月的迪茨收益率（金额加权），然后再将每月的迪茨收益率链接起来，每月的收益率采用等权重，所以是一种时间加权的方法。

## 第三节　投资组合风险计量

常用的投资风险计量指标有：波动率（标准差）、夏普比率、经风险调整的收益率（$M^2$）、阿尔法/贝塔、特雷诺指数、跟踪误差、信息比率、回撤率、在险价值（VAR）等。

### 一、收益率波动率（标准差 $\boldsymbol{\sigma}$）

金融投资组合管理领域通常采用标准差来衡量收益率的波动性，即各期收益率与平均收益率的偏离（或聚合）程度。标准差等于方差的平方根。标准差越大，表示收益率的波动性越大，不确定性和风险就越高。标准差的数学公式如下：

$$\text{标准差}\ \sigma=\sqrt{\frac{\sum_{i=1}^{n}(R_i-\overline{R})^2}{n}}$$

其中，$n$ 表示样本数量；$R_i$ 表示期间收益率；$\overline{R}$ 表示平均收益率。

$$\text{年化标准差}\sigma^A=\sqrt{t}\times\sigma$$

其中，$t$ 表示每年观测的数量（季度＝4；月度＝12，等）。

举例说明。假设我们运作的某投资组合及其参考基准（名义基金或基准指数）在 2 年期间（24 个月）内的月度收益率时间序列数据如表 5－7 所示，就可以分别计算两者的收益波动率（标准差）。

**表 5－7　　投资组合与参考基准收益率时间序列与波动率**

| 月份 | 投资组合 | | | 参考基准 | | |
|---|---|---|---|---|---|---|
| | 月度收益率 $R_i$（%） | 均值偏差 | 偏差的平方 | 月度收益率 $b_i$（%） | 均值偏差 | 偏差的平方 |
| 1 | 0.36 | －0.54 | 0.29 | 0.24 | －0.76 | 0.58 |
| 2 | 3.12 | 2.22 | 4.93 | 3.00 | 2.00 | 3.98 |
| 3 | 1.32 | 0.42 | 0.18 | 2.16 | 1.16 | 1.34 |
| 4 | －1.20 | －2.10 | 4.41 | －1.32 | －2.32 | 5.40 |
| 5 | 1.80 | 0.90 | 0.81 | 1.68 | 0.68 | 0.46 |
| 6 | 3.00 | 2.10 | 4.41 | 2.16 | 1.16 | 1.34 |
| 7 | 1.92 | 1.02 | 1.04 | 1.68 | 0.68 | 0.46 |
| 8 | 8.04 | 7.14 | 50.98 | 7.80 | 6.80 | 46.18 |
| 9 | －1.68 | －2.58 | 6.66 | －1.80 | －2.80 | 7.86 |
| 10 | 4.80 | 3.90 | 15.21 | 5.04 | 4.04 | 16.29 |
| 11 | －0.60 | －1.50 | 2.25 | －0.72 | －1.72 | 2.97 |
| 12 | 9.72 | 8.82 | 77.79 | 9.96 | 8.96 | 80.21 |
| 13 | 4.80 | 3.90 | 15.21 | 4.68 | 3.68 | 13.51 |
| 14 | －4.44 | －5.34 | 28.52 | －4.56 | －5.56 | 30.96 |
| 15 | －7.32 | －8.22 | 67.57 | －7.44 | －8.44 | 71.30 |

续表

| 月份 | 投资组合 | | | 参考基准 | | |
|---|---|---|---|---|---|---|
| | 月度收益率 $R_i$(%) | 均值偏差 | 偏差的平方 | 月度收益率 $b_i$(%) | 均值偏差 | 偏差的平方 |
| 16 | 2.04 | 1.14 | 1.30 | 1.80 | 0.80 | 0.63 |
| 17 | −5.88 | −6.78 | 45.97 | −5.76 | −6.76 | 45.75 |
| 18 | −2.64 | −3.54 | 12.53 | 2.52 | 1.52 | 2.30 |
| 19 | 8.40 | 7.50 | 56.25 | 7.20 | 6.20 | 38.39 |
| 20 | 6.96 | 6.06 | 36.72 | 6.72 | 5.72 | 32.67 |
| 21 | −7.80 | −8.70 | 75.69 | −8.04 | −9.04 | 81.80 |
| 22 | 2.88 | 1.98 | 3.92 | 2.28 | 1.28 | 1.63 |
| 23 | −0.60 | −1.50 | 2.25 | −0.36 | −1.36 | 1.86 |
| 24 | −1.08 | −1.98 | 3.92 | — | −1.00 | 1.01 |
| 合计 | 25.92 | 4.32 | 518.80 | 28.92 | 4.82 | 488.88 |
| 均值 | 1.08 | 0.18 | 21.62 | 1.21 | 0.20 | 20.37 |
| 年化收益率 | | | 12.32% | | | 14.08% |
| 月度标准差 | | | 4.65 | | | 4.51 |
| 年化标准差(波动率) | | | 16.11 | | | 15.63 |

## 二、夏普比率(Sharp Ratio,SR)

收益与风险是一枚硬币的两面。管理投资本质上是管理风险。风险管理不是彻底消除风险和不确定性,而是明智地承担愿意承担的风险,以追求更高的收益。在投资业绩归因和评价中最核心的一个问题是:在承担现有风险的情况下,我们能获得足够的收益吗?夏普比率就是衡量收益与风险相对性的业绩评价指标,由著名经济学家威廉·夏普(Sharp,1966)首次提出。夏普作为诺贝尔经济学奖获得者,其最大的学术贡献是提出“资本资产定价模型”(CAPM)。根据CAPM核心逻辑,在市场均衡条件下,资产收益率与其承担的风险成正相关关系,风险越大,所期望的收益率越高。

$$夏普比率\ SR=\frac{R-R_f}{\sigma}$$

其中，$R$ 表示投资（组合）收益率；$R_f$ 表示无风险收益率；$\sigma$ 表示投资（组合）风险（年化波动率，即收益率的标准差）。

如果用坐标图来表示，其中纵坐标表示收益率，横坐标表示标准差（风险）。在纵轴上的固定点，即无风险收益率，对所有投资者来说都是自然的起点。将描述某投资组合的独特的收益/风险特征的坐标轴定位点与纵轴上的无风险收益率起点相连接，得到一条直线，即夏普比率线，该直线的斜率越高，表示风险收益比越好，反之亦然。

本例中（数据见后），投资组合的收益率低于参考基准收益率，而代表风险的标准差却高于参考基准，导致投资组合的夏普比率低于参考基准。这说明与参考基准相比，该投资组合的风险收益比不佳。

### 三、经风险调整的收益率（$M^2$）

夏普比率有时被错误地描述为经风险调整的收益率，但实际上它只是一个风险收益比率。我们可以根据夏普比率将投资组合进行排序，但很难量化各组合之间业绩优劣的差异程度。因此，我们需要一个风险调整后的收益率指标来更好地衡量业绩表现。将投资组合的收益率根据参考基准的标准差进行修正调整，经风险调整后的收益率，统一以参考基准的风险水平为基础，其在比较具有不同风险程度的投资组合的收益率时非常有用。

$$M^2=R_P+SR\times(\sigma_M-\sigma_P)=(R_P-R_f)\times\frac{\sigma_M}{\sigma_P}+R_f$$

其中，$SR$ 表示夏普比率；$\sigma_M$ 表示参考基准的标准差；$\sigma_P$ 表示投资组合标准差；$R_P$ 表示投资组合收益率；$R_f$ 表示无风险收益率。

经风险调整后收益率由于具有直接可比性，因此，将 $M^2$ 减去参考基准收益率 $b$，就得到投资组合的超额收益率（$M^2-b$）。

本例中，夏普比率、经风险调整的收益率，以及经风险调整后的超额收益率指标计算结果如表 5—8 所示：

**表 5—8　普比率 *SR*、经风险调整的收益率 $M^2$、经风险调整后的超额收益率**

| | 投资组合 | 参考基准 |
|---|---|---|
| 年化收益率 | 12.32% | 14.08% |
| 年化标准差 | 16.11% | 15.63% |
| 无风险收益率 | 3.00% | 3.00% |
| 夏普比率 | 0.578 5 | 0.708 5 |
| 经风险调整的收益率 $M^2$ | 12.05% | |
| 经风险调整后的超额收益率 | −2.03% | |

## 四、信息比率（*IR*）

上述讨论的风险指标都是绝对风险指标而不是相对风险指标；也就是说，投资组合和参考基准的风险和收益率都分别计算，然后再将两者进行比较。与之不同，相对风险指标首先关注投资组合超越基准的超额收益率。其次，关注超额收益率的标准差即跟踪误差或相对风险。最后，测量信息比率指标，即将超额收益率与其跟踪误差（超额收益率的标准差）的比较结果。正的信息比率表示具有超额收益率，负的信息比率表示低于基准收益率。信息比例也称为修正夏普比率，在资管行业广泛应用，经常被用于评价投资经理能力。

$$跟踪误差\ \varepsilon=\sqrt{\frac{\sum_{i=1}^{i=n}(a_i-\bar{a})^2}{n}}$$

其中，$a_i$ 表示在 $i$ 期的超额收益率；$\bar{a}$ 表示超额收益率的均值。

$$信息比率\ IR=\frac{超额收益率\ a}{跟踪误差\ \varepsilon}$$

本例中，投资组合的年化收益率、超额收益率、跟踪误差，以及信息比率等指标计划结果如表5—9所示：

**表5—9　　投资组合超额收益率、跟踪误差与信息比率**

| 月份 | 投资组合月度收益率$R_i$(%) | 参考基准月度收益率$b_i$(%) | 超额收益率 | 均值偏差 | 偏差的平方 | 投资组合单位净值 | 参考基准单位净值 |
|---|---|---|---|---|---|---|---|
| 1 | 0.30 | 0.20 | 0.10 | 0.20 | 0.04 | 1.003 0 | 1.002 0 |
| 2 | 2.60 | 2.50 | 0.10 | 0.20 | 0.04 | 1.029 1 | 1.027 1 |
| 3 | 1.10 | 1.80 | −0.70 | −0.60 | 0.36 | 1.040 4 | 1.045 5 |
| 4 | −1.00 | −1.10 | 0.10 | 0.20 | 0.04 | 1.030 0 | 1.034 0 |
| 5 | 1.50 | 1.40 | 0.10 | 0.20 | 0.04 | 1.045 4 | 1.048 5 |
| 6 | 2.50 | 1.80 | 0.70 | 0.80 | 0.65 | 1.071 6 | 1.067 4 |
| 7 | 1.60 | 1.40 | 0.20 | 0.30 | 0.09 | 1.088 7 | 1.082 3 |
| 8 | 6.70 | 6.50 | 0.20 | 0.30 | 0.09 | 1.161 7 | 1.152 7 |
| 9 | −1.40 | −1.50 | 0.10 | 0.20 | 0.04 | 1.145 4 | 1.135 4 |
| 10 | 4.00 | 4.20 | −0.20 | −0.10 | 0.01 | 1.191 2 | 1.183 1 |
| 11 | −0.50 | −0.60 | 0.10 | 0.20 | 0.04 | 1.185 3 | 1.176 0 |
| 12 | 8.10 | 8.30 | −0.20 | −0.10 | 0.01 | 1.281 3 | 1.273 6 |
| 13 | 4.00 | 3.90 | 0.10 | 0.20 | 0.04 | 1.332 5 | 1.323 3 |
| 14 | −3.70 | −3.80 | 0.10 | 0.20 | 0.04 | 1.283 2 | 1.273 0 |
| 15 | −6.10 | −6.20 | 0.10 | 0.20 | 0.04 | 1.204 9 | 1.194 0 |
| 16 | 1.70 | 1.50 | 0.20 | 0.30 | 0.09 | 1.225 4 | 1.212 0 |
| 17 | −4.90 | −4.80 | −0.10 | 0.00 | 0.00 | 1.165 4 | 1.153 8 |
| 18 | −2.20 | 2.10 | −4.30 | −4.20 | 17.61 | 1.139 7 | 1.178 0 |
| 19 | 7.00 | 6.00 | 1.00 | 1.10 | 1.22 | 1.219 5 | 1.248 7 |
| 20 | 5.80 | 5.60 | 0.20 | 0.30 | 0.09 | 1.290 3 | 1.318 6 |
| 21 | −6.50 | −6.70 | 0.20 | 0.30 | 0.09 | 1.206 4 | 1.230 3 |
| 22 | 2.40 | 1.90 | 0.50 | 0.60 | 0.37 | 1.235 3 | 1.253 6 |
| 23 | −0.50 | −0.30 | −0.20 | −0.10 | 0.01 | 1.229 2 | 1.249 9 |
| 24 | −0.90 | — | −0.90 | −0.80 | 0.63 | 1.218 1 | 1.249 9 |
| 合计 | 21.60 | 24.10 | −2.50 | 0.00 | 21.69 | | |

续表

| 月份 | 投资组合月度收益率 $R_i$(%) | 参考基准月度收益率 $b_i$(%) | 超额收益率 | 均值偏差 | 偏差的平方 | 投资组合单位净值 | 参考基准单位净值 |
|---|---|---|---|---|---|---|---|
| 均值 | 0.90 | 1.00 | −0.10 | 0.00 | 0.90 | | |
| 年化收益率 | | | | | | 10.37% | 11.80% |
| 跟踪误差 | | | | | 0.950 6 | | |
| 年化跟踪误差 | | | | | 3.293 1 | | |
| 信息比率 | | | | | −0.434 4% | | |

## 五、风险价值(VAR)

风险价值(VAR)衡量在给定置信水平下，一段时间内在正常市场环境下，最大的预期损失。风险价值测量下行风险。VAR 有三种计算方法，分别为参数法(方差—协方差法)、历史统计模拟法(非参数法)和蒙特卡洛模拟法。

方差—协方差法假设投资组合的收益率遵循正态分布，因此我们只需要收益率的均值和方差(标准差)就可以直接计算 VAR。

在 95%置信水平下，$VAR=\bar{R}-1.65\times\sigma$

在 99%置信水平下，$VAR=\bar{R}-2.33\times\sigma$

历史模拟法下，我们可以将历史实际发生的收益率时间序列数据，从最差到最好依次排列，VAR 即为位于第 95%分位的收益率。

# 第四节　投资组合业绩归因分析 Brinson 模型

通过投资业绩归因和风险分析，我们可以识别和量化理解一个投资组合的风险与收益的驱动因素与贡献程度。有效的业绩归因分析需要我们透彻理解投资决策过程，并识别和量化投资决策过程中的核心要素。

## 一、基于风险因素的归因模型(Fama 模型)

Fama(1972)在资产资产定价模型(CAPM)基础上提出的基于风险因子分解的投资业绩分析评价模型,成为理论分析的经典模型,用公式表示为:

$$R_p - R_f = (R_p - R_{\beta f}) + (R_{\beta f} - R_f)$$

其中,$R_p$ 表示投资组合 $P$ 的收益率;$R_f$ 表示无风险组合的收益率;$R_{\beta f}$ 表示证券市场线上与投资组合 $P$ 具有相同风险组合的收益率。

因而 $R_p - R_f$ 测量投资组合的超额收益,$R_p - R_{\beta f}$ 表示组合收益率在补偿市场风险之后的剩余部分,这是由于选择的投资组合收益率高于市场平均水平所致,即选择收益率。而 $R_{\beta f} - R_f$ 是因为改变 $\beta$ 系数承担了风险后取得的收益,即风险收益率。

此外,Fama 认为风险收益率可以进一步细分为投资者风险和投资经理风险,这一分解能够体现出投资经理相对于投资者的优势,即投资者风险收益率 $R_i$ 为投资者目标风险 $\beta_i$ 下的期望收益率:

$$R_I = \beta_I (R_m - R_f)$$

投资经理风险收益率 $R_m$ 则为总风险收益率与投资者风险收益率的差值:

$$R_m = (\beta_p - \beta_I)(R_m - R_f)$$

同时,Fama 将选择收益率细分为净选择收益率和分散化能力,且认为应以净选择收益率为评估投资经理证券选择能力的标准。

Fama 模型的分解十分详细,它最早对收益展开了风险归属分析。但这一模型在实务应用中的适用性较低,因为使用时需有非常详尽的风险测量指标,而这些数据在实际中难以取得。

## 二、基于择时能力的归因模型

Treynor 和 Mazuy(1966)首次提出 T-M 模型。他们最早展开对投资经理择时能力的研究,认为一个成功的投资经理能够正确预测市场的整体走势，并相应地调整投资组合的 $\beta$ 值。投资组合的 $\beta$ 值可以用市场超额收益因子来表示：

$$\beta_p=\beta_1+\beta_2(R_m-R_f)$$

式中正的 $\beta_2$ 即表示投资经理能够随着市场的涨跌而提高或降低投资组合的 $\beta$ 值。将 $\beta_p$ 代入詹森单因素模型，即得到 T-M 模型：

$$R_{jt}-R_{ft}=\alpha_j+\beta_1(R_{mt}-R_{ft})+\beta_2(R_{mt}-R_{ft})^2+u_{jt}$$

在 T-M 模型中，若 $\beta_2$ 显著为正，则表示投资经理具有较强的择时能力；若 $\alpha_j$ 显著为正，则体现出经理较强的证券选择能力。基于此，我们能够同时对择时能力和证券选择能力进行考察。作为最为经典的模型之一，后续许多学者对 T-M 模型展开了进一步研究。它的缺陷在于，由于模型假设资产组合的风险收益曲线为开口向上的抛物线，故而当研究择时能力时会产生 $\beta$ 值偏离的问题。当这一假设偏离现实时，会导致部分实证结果不显著。

相比于 T-M 模型，Henriksson 和 Merton(1981)提出了一个相似却更为简单的模型，即 H-M 模型。这一模型的特殊之处在于他们往模型中加入了一个虚拟变量 D 来衡量择时能力。其基本思路为，投资经理只需预测市场收益率与无风险收益率的高低，而无需了解两者差额的具体数值，因而只需通过计算市场收益率区别于无风险收益率的概率即可获知投资经理的择时能力。综上，如果投资经理具有择时能力，则投资组合 $\beta$ 值的确定就只有两种选择，即当市场上行时选择较大值；反之，选择较小值。具体公式表示为：

$$R_{jt}-R_{ft}=\alpha_j+\beta_1(R_{mt}-R_{ft})+\beta_2(R_{mt}-R_{ft})\times D+u_{jt}$$

其中，虚拟变量 D 表示：当 $R_{mt}\geqslant R_{ft}$ 时，$D=1$；当 $R_{mt}<R_{ft}$ 时，$D=0$。

同样，在 H-M 模型中，显著为正的 $\beta_2$ 和 $\alpha_j$ 能够反映投资经理较强的择时能力和证券选择能力。这一方法的不足在于，研究者必须了解投资经理实际预测的情况，但这在实际中难以做到。

基于 H-M 模型存在的不足，Chang 和 Lewellen(1984)对其进一步改进，形成了 C-L 模型。他们考虑到市场在上行时期和下行时期的不同情况，提出用两个 $\beta$ 值衡量投资经理的择时能力。该模型的具体公式为：

$$R_{jt}-R_{ft}=\alpha_j+\beta_{j1}\times\max(R_{mt}-R_{ft},0)+\beta_{j2}\times\min(R_{mt}-R_{ft},0)+u_{jt}$$

其中，$\beta_{j1}$ 表示多头市场的 $\beta$ 值；$\beta_{j2}$ 表示空头市场的 $\beta$ 值。

其核心思想在于通过检验 $\beta_{j1}$ 和 $\beta_{j2}$ 的差异大小来评价投资经理的择时能力。若 $\beta_{j1}-\beta_{j2}>0$，表示投资经理具备择时能力，而显著为正的 $\alpha_j$，则体现出较强的证券选择能力。

C-L 模型相比前面两个模型，形式更加简洁，适用性更强。同时，它能够对投资组合在多头市场和空头市场的 $\beta$ 值分别进行度量，即使当 $\beta_{j1}-\beta_{j2}>0$ 的条件不成立时，也能通过两个 $\beta$ 值的本身来分析投资组合的特点。

### 三、Brinson 业绩归因模型原理

目前最广泛采用的投资业绩归因分析的基本框架为布林森模型(Brinson，1985；1986)，从自上而下角度算术分解超额收益($r-b$)的来源与贡献。模型假设投资组合和参考基准的总收益率等于其组成部分收益率之和。投资组合和参考基准收益率按照以下方式进行分解：

$$\text{投资组合收益率 } r=\sum_{i=1}^{n}w_i\times r_i$$

其中，$w_i$ 表示第 $i$ 个资产类别在投资组合中的权重，$\sum w_i=1$；$r_i$ 表示投资组合中第 $i$ 个资产类别的收益率。

$$\text{参考基准收益率 } b=\sum_{i=1}^{n}W_i\times b_i$$

其中，$W_i$ 表示第 $i$ 个资产类别在参考基准中的权重，$\sum W_i=1$；$b_i$ 表示参考基准中第 $i$ 个资产类别的收益率。

根据 Brinson 模型的核心逻辑，投资决策过程主要分解为两个自上而下展开的步骤：大类资产配置(简称“配置”)过程和具体标的交易选择(简称“择券”)过程。在资产配置过程中，投资经理在投资组合中主动采用不同于参考基准中各资产类别权重的方法来增加超额收益。如果投资组合中某资产类别的权重等于参考基准中的权重称为“标配”，超过参考

基准中相应资产类别的权重称为“超配”,低于参考基准的权重称为“低配”。

### (一)业绩分解之一:资产配置因子

为了量化资产配置因子对最终业绩的影响程度,我们必须计算一个资产配置名义收益率 $b_s$。在计算资产配置名义收益率时,我们采用实际投资组合的资产类别权重 $w_i$,同时采用参考基准中各资产类别的收益率 $b_i$。由于采用了参考基准中各资产类别的收益率,所以这个资产配置名义收益率反映了投资经理的资产配置决策因子的业绩影响,但剔除了择券因子对业绩的影响。因此,资产配置因子的业绩贡献等于资产配置名义收益率与参考基准收益率之差。

$$\text{资产配置名义收益率} b_s = \sum_{i=1}^{n} w_i \times b_i$$

$$b_s - b = \sum_{i=1}^{n} w_i \times b_i - \sum_{i=1}^{n} W_i \times b_i = \sum_{i=1}^{n} (w_i - W_i) \times b_i$$

对第 $i$ 个资产类别的配置权重的业绩贡献是:

$$A_i = (w_i - W_i) \times b_i$$

$$\sum_{i=1}^{n} A_i = b_s - b$$

### (二)业绩分解之二:择券因子

按照类似的思路,为了量化确定择券因子对业绩的影响和贡献,我们需计算择券名义收益率 $r_s$。在计算择券名义收益率时,采用参考基准的资产类别权重 $W_i$,同时采用实际投资组合中各资产类别的收益率 $r_i$。择券名义收益率反映投资经理的择券能力。由于在计算中将实际收益率应用于参考基准的权重,所以将资产配置的贡献剔除在外。择券因子的业绩贡献就是择券名义收益率与参考基准收益率之差。

$$\text{择券名义基金收益率} r_s = \sum_{i=1}^{n} W_i \times r_i$$

$$r_s - b = \sum_{i=1}^{n} W_i \times r_i - \sum_{i=1}^{n} W_i \times b_i = \sum_{i=1}^{n} W_i \times (r_i - b_i)$$

第 $i$ 个资产类别中择券因子的业绩贡献是：

$$S_i = W_i \times (r_i - b_i)$$

$$\sum_{i=1}^{n} S_i = r_s - b$$

### (三)业绩分解之三：相互作用效应

配置因子($b_s - b$)和择券因子($r_s - b$)的业绩贡献并不能完全解释或分解总超额收益($r-b$)，剩余部分的影响称为相互作用效应。

配置贡献($b_s - b$)＋择券贡献($r_s - b$)＋相互作用贡献($r - r_s - b_s + b$)
＝超额收益($r-b$)

$$r - r_s - b_s + b = \sum_{i=1}^{n} w_i \times r_i - \sum_{i=1}^{n} W_i \times r_i - \sum_{i=1}^{n} w_i \times b_i + \sum_{i=1}^{n} W_i \times b_i = \sum_{i=1}^{n} (w_i - W_i) \times (r_i - b_i)$$

可以看出，相互作用效应是配置与择券因子的综合影响。

第 $i$ 个资产类别中相互作用因子的业绩贡献是：

$$I_i = (w_i - W_i) \times (r_i - b_i)$$

$$\sum_{i=1}^{n} I_i = r - r_s - b_s + b$$

资产类别 $i$ 对超额收益率的贡献是资产配置贡献$(w_i - W_i) \times b_i$、择券交易贡献 $W_i \times (r_i - b_i)$和相互作用贡献$(w_i - W_i) \times (r_i - b_i)$三者贡献之和。

根据 Brinson 模型的分解公式可以得出以下推论：在正收益市场 $b_i > 0$ 的超配$(w_i - W_i) > 0$ 都会产生正的贡献$(w_i - W_i) \times b_i > 0$；反之，在负的收益市场的超配都会产生负的贡献。但是，在实际的配置决策过程中，决定是否需要超配某类资产，不是依据该类资产收益率是否为正，而是依据其收益率与整个基准收益率之间的比较。如果某类资产的收益率大于整体基准收益率，那么即使其收益率为负，$b < b_i < 0$，超配该类资产仍应该产生正的业绩贡献，$(w_i - W_i) \times (b_i - b) > 0$。

因此，需要对 Brinson 业绩归因模型进行修正，以体现上述逻辑。资产配置因子的业绩贡献计算公式修正如下：

$$
\begin{aligned}
b_s - b &= \sum (w_i - W_i) \times (b_i - b) \\
&= \sum w_i \times b_i - \sum w_i \times b - \sum W_i \times b_i + \sum W_i \times b \\
&= \sum w_i \times b_i - b - \sum W_i \times b_i + b \\
&= \sum (w_i - W_i) \times b_i
\end{aligned}
$$

这一步关系的推导结果非常奇妙，也即修正前后的资产配置因子的业绩贡献总数没有发生变化，但内部各类资产的贡献度却发生变化了。

第 $i$ 个资产类别中资产配置的业绩贡献是：

$$A_i = (w_i - W_i) \times (b_i - b)$$

$$\sum_{i=1}^{n} A_i = b_s - b$$

Brinson 归因模型中的相互作用因子往往含义不明。相互作用效应反映了资产配置和交易选择对最终结果的综合影响，但其作用机理或经济含义难以解释。在实际的投资决策过程中，一般首先进行资产配置决策，在资金分配至各大类资产后，具体的标的交易选择（择券）才发挥作用。因此，我们可以对 Brinson 修正模型再做进一步的归并简化，将相互作用因子归并入交易选择因子。超额收益率的业绩归因可分解为两个因子的业绩贡献，分别为：资产配置因子和交易选择因子。归并后的择券因子的业绩贡献表达式更加简明：

$$r - b_s = \sum w_i \times r_i - \sum w_i \times b_i = \sum w_i \times (r_i - b_i)$$

第 $i$ 个资产类别中择券因子的业绩贡献是：

$$S_i = W_i \times (r_i - b_i)$$

$$\sum_{i=1}^{n} S_i = r_s - b$$

## 四、Brinson 业绩归因模型应用

举例说明业绩归因模型的实际应用。2017 年度，某股份制商业银行

（以下简称甲行）的理财产品通过委外模式开展金融市场投资业务，根据资产配置计划，三大类资产，即股权投资、债券投资和货币市场工具投资（主要为票据交易）资金配置权重分别为 50%、30%、20%。参考基准分别根据三大类资产的指数收益按等权重进行加权平均。2017 年度投资组合及参考基准业绩数据如表 5—10 所示。

**表 5—10　　投资组合与参考基准业绩**

|  | 投资组合权重(%) | 参考基准权重(%) | 投资组合收益率(%) | 参考基准收益率(%) | 配置名义收益率(%) | 择券名义收益率(%) |
|---|---|---|---|---|---|---|
| 2017 年度 | $w_i$ | $W_i$ | $\sum w_i \times r_i = r$ | $\sum W_i \times b_i = b$ | $\sum w_i \times b_i = b_s$ | $\sum W_i \times r_i = r_s$ |
| 股权投资 | 50 | 33.33 | 4.76 | 4.50 | 2.25 | 1.59 |
| 债券投资 | 30 | 33.33 | −1.20 | −2.08 | −0.62 | −0.40 |
| 货币市场工具投资 | 20 | 33.33 | 11.28 | 9.20 | 1.84 | 3.76 |
| 总计 | 100 | 100 | 4.28 | 3.87 | 3.47 | 4.95 |

2017 年度，甲行的投资组合综合收益率为 4.28%，其中：票据业务贡献最大（11.28%）；股权业务贡献次之（4.76%）；债券业务业绩最差（−1.2%）。同期，参考基准收益率为 3.87%。全年实现了 0.4%的超额收益率。现在我们想进一步了解 0.4%超额收益率的原因和贡献，进行业绩归因分析。

**表 5—11　　投资组合业绩归因分析**

|  | 超额收益率(%) | 业绩归因与贡献分解 |  |
|---|---|---|---|
|  |  | 配置效应(%) | 择券效应(%) |
| 2017 年全年 | $\sum w_i \times r_i - \sum W_i \times b_i = r - b$ | $\sum (w_i - W_i) \times (b_i - b) = b_s - b$ | $\sum w_i \times (r_i - b_i) = r - b_s$ |
| 股权投资 | 0.88 | 0.10 | 0.13 |
| 债券投资 | 0.33 | 0.20 | 0.26 |
| 货币市场工具投资 | −0.81 | −0.71 | 0.42 |
| 总计 | 0.40 | −0.41 | 0.81 |

对超额收益的业绩归因分析如下：

(1)超额收益率(0.4%)的一级分解：配置因子贡献(－0.41%)；择券因子贡献(0.81%)。说明超额收益主要归因于具体交易操作层面的能力水平，而总体规划层面上的大类资产/资金配置决策不理想。

(2)资产配置因子业绩贡献(－0.41%)二级分解：

股权投资业务贡献(0.10%)。超配(50%－33.33%＝16.67%)，乘以正的基准差额收益率(4.5%－3.87%＝0.63%)。这说明在本年度股权投资机会大于风险，通过超配一定程度上把握住了投资机会。

债券投资业务贡献(0.20%)。低配(33.33%－30%＝3.33%)，乘以负的基准差额收益率(－2.08%－3.87%＝5.95%)。这说明在本年度债券投资风险大于机会，通过低配一定程度上规避了投资风险。

货币工具投资业务贡献(－0.71%)。低配(33.33%－20%＝13.33%)，乘以正的基准差额收益率(9.20%－3.87%＝5.33%)。这说明货币工具投资是本年度最大的投资机会(基准差额收益率最高)，但由于低配，一定程度上错过了良好的投资机会，因此体现为较大的负贡献。

(3)择券交易因子业绩贡献(0.81%)二级分解：

股权投资业务贡献(0.13%)。配置权重(50%)，乘以正的超额收益率(4.76%－4.50%＝0.26%)。这说明在本年度股权市场处于有利的上行空间，择券交易锦上添花。

债券投资业务贡献(0.26%)。配置权重(30%)，乘以正的超额收益率[－1.20%－(－2.08%)＝0.88%]。这说明在本年度债券市场处于不利的下行空间，择券交易虽然无法实现正的收益，但超越了市场，实现相对收益，因此产生正贡献。

货币工具投资业务贡献(0.42%)。配置权重(20%)，乘以正的超额收益率(11.28%－9.20%＝2.08%)。这说明在本年度货币工具(票据)市场处于有利的上行空间，择券交易把握住机会，并超越市场表现，实现正贡献。

## 第五节 债券投资组合业绩归因分析 Campisi 模型

Brinson 业绩归因模型在应用于以股票为代表的权益类投资业绩归因评价中取得了良好的实施效果，但在应用于以债券为代表的固定收益类投资领域时却效果不佳。究其原因，主要是因为债券的风险因素与股票不同，投资策略背后的逻辑依据迥异。对于债券投资策略，标准的 Brinson 归因模型是不合适的。债券投资组合的业绩表现主要是由利率曲线的形状及其变动情况决定的，以久期形式显示的系统风险是债券投资决策的关键部分，因此债券投资业绩归因分析实际上是一种特殊形式的风险调整后的归因分析。为了得到针对债券投资组合的业绩归因模型，需要研发设计出更有针对性的模型，目前被广泛认可并应用的债券投资业绩归因模型为 Campisi 模型。

### 一、Campisi 投资业绩归因模型分析框架

Campisi(2000)开发设计出了专门针对债券投资的业绩归因分析框架。目前，Campisi 模型成为实务中认可度最高、实用性最强的债券业绩归因模型，得到了广泛的应用。Campisi 模型分析框架如图 5—3 所示：

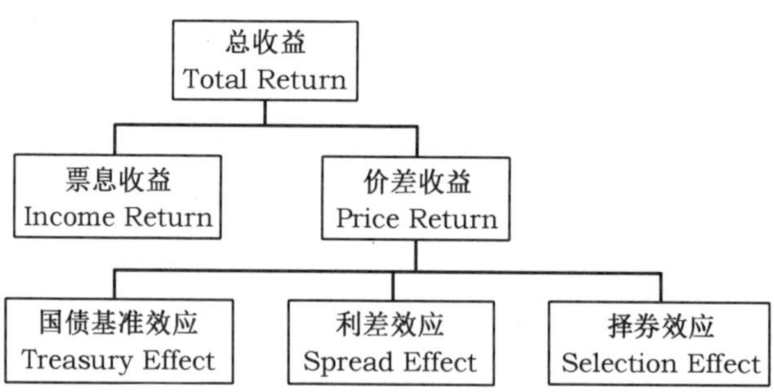


**图 5—3 Campisi 模型业绩分解框架 1**

在 Campisi 框架中，总收益被分解为两个层级：总收益＝票息收益＋

价差收益；价差收益＝国债基准效应（即国债基准利率变动产生的价差收益）＋利差效应（即信用利差变动产生的价差收益）＋择券效应。此处票息收益等于票面利率除以期初市场价格。价差收益即收益率变化的影响，可进一步分解为国债基准效应（指国债收益率变化的影响）和利差效应（来自个券平均利差的变化）。最后的择券效应是无法归因于以上因素、作为投资者主动选择与操作所带来的影响。引入相对于投资组合的对照组合，则该模型能够进一步分解出相对于对照组合而言的择券效应，即对照组合与投资组合利差效应之间的差异。

Campisi（2011）对该模型进行了进一步归纳，将息票带来的票息收益归类为静态效应，因为这在买入时就已经确定。此外，将国债基准效应称为系统效应，将利差效应归类为策略效应，具体如图 5－4 所示：

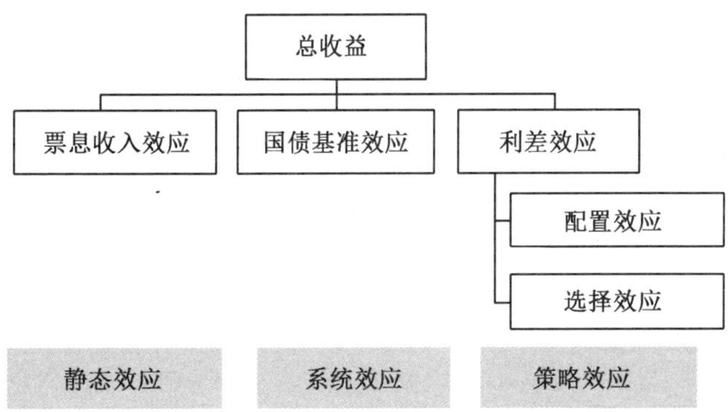


**图 5－4　Campisi 模型业绩分解框架 2**

Campisi 模型采用加权久期方法，$i$ 类别债券的投资收益率被分解为三个部分：票息收入 $I_i$；国债基准利率变化产生的价差收益 $D_i\times(-\Delta y_i)$；利差变化产生的价差收益 $D_i\times(-\Delta y_{si})$，以及无法归因的残余项 $\varepsilon_i$。用公式表示如下：

$$r_i=I_i+D_i\times(-\Delta y_i)+D_i\times(-\Delta y_{si})+\varepsilon_i$$

其中，$I_i$ 表示 $i$ 类债券的票息收入；$D_i$ 表示 $i$ 类债券的加权平均修正久期；$\Delta y_i$ 表示 $D_i$ 的国债收益率变化；$\Delta y_{si}$ 表示资产类别 $i$ 的参考基准利率变化；$\varepsilon_i$ 表示无法用三种效应解释的残差项。

作为业绩评价的对照组，基准组合的收益率可被分解为三部分，对基准组合而言没有残差项，因为票息收入效应和国债基准效应无法解释的部分应归类为利差效应。公式表示为：

$$b_i = I_{bi} + D_{bi} \times (-\Delta y_i) + D_{bi} \times (-\Delta y_{si})$$

其中，$I_{bi}$ 表示 $i$ 类的参考基准票息收入；$D_{bi}$ 表示 $i$ 类的参考基准修正久期。

目前，Campisi 模型成为实务中认可度最高、实用性最强的债券业绩归因模型，得到了广泛的应用。同样，本文将选取一只债券投资组合为例，以 Campisi 分解框架为基础展开分析，并以久期作为分析工具，进一步分析组合业绩背后投资经理的投资策略和交易风格。

## 二、Campisi 模型应用例举

某债券投资机构在 2017 年的投资组合相关信息如表 5—12 所示：

**表 5—12　　投资组合数据**

| 债券类别 | 市值权重 $w_i$(%) | 收益率 $r_i$(%) | 修正久期 $D_i$ | 票息收入 $I_i$(%) |
|---|---|---|---|---|
| 国债 | 20.00 | 6.00 | 4.75 | 0.300 0 |
| 公司债 | 65.00 | 4.40 | 3.60 | 0.520 0 |
| 高收益债 | 15.00 | 5.60 | 4.30 | 0.820 0 |
| 合计 | 100.00 | 4.90 | 3.94 | 0.521 0 |

为了对该投资组合的业绩进行归因分析和评价，所选择的对照组合基本信息如表 5—13 所示：

**表 5—13　　对照组合数据**

| 债券类别 | 市值权重 $w_i$(%) | 收益率 $b_i$(%) | 修正久期 $D_{bi}$ | 票息收入 $I_{bi}$(%) |
|---|---|---|---|---|
| 国债 | 50.00 | 6.00 | 4.75 | 0.300 0 |
| 公司债 | 40.00 | 8.00 | 5.25 | 0.570 0 |

续表

| 债券类别 | 市值权重 $w_i$(%) | 收益率 $b_i$(%) | 修正久期 $D_{bi}$ | 票息收入 $I_{bi}$(%) |
|---|---|---|---|---|
| 高收益债 | 10.00 | 5.00 | 4.00 | 0.710 0 |
| 合计 | 100.00 | 6.70 | 4.88 | 0.449 0 |

2017 年国债利率针对不同久期(剩余期限)的利率变动信息如表 5—14 所示：

**表 5—14　　国债数据**

| 国债修正久期 $D$ | 基准利率变化 $\Delta yi$(%) | 基准利率变化导致的价差收益 $Di\times\Delta yi$(%) |
|---|---|---|
| 3.60 | −1.00 | 3.60 |
| 4.00 | −1.05 | 4.20 |
| 4.30 | −1.10 | 4.73 |
| 4.75 | −1.20 | 5.70 |
| 5.25 | −1.35 | 7.09 |

从国债利率变动情况可知，本年度基准利率大幅下行，且长端利率下行幅度大于短端利率，整个国债收益率曲线呈现“牛平”走势。对资产配置策略而言，配置长端债券可充分享受长久期带来的正向业绩弹性。

根据以上基本信息，我们首先进行对照组合收益分解归因分析如表 5—15 所示：

**表 5—15　　对照组合收益分解归因分析**

| 债券类别 | 票息收益 | 基准利率变动收益 | 利差变动收益 | 择券收益 | 总收益 |
|---|---|---|---|---|---|
| 国债 | 0.30% | 5.70% | 0.00% | 0.00% | 6.00% |
| 公司债 | 0.57% | 7.09% | 0.34% | 0.00% | 8.00% |
| 高收益债 | 0.71% | 4.20% | 0.09% | 0.00% | 5.00% |
| 合计 | 0.45% | 6.11% | 0.15% | 0.00% | 6.70% |

需要解释的是，对照组合收益率中既不属于票息收益也不属于基准

利率变动收益的剩余部分收益，必然是由利差变化产生的。因为对照组合是被动组合，不存在主观择时择券等主动操作行为。进而我们可以将对照组合计算的隐含利差应用于投资组合各类别的久期，从而计算出投资组合的利差变动收益，剩余部分全部归因于主动操作的择券收益。

通过对照组合归因分析得知，对照组合总收益为 6.7%，其中：归因于票息收益为 0.45%；归因于基准利率变动产生的价差收益为 6.11%；归因于利差变动产生的价差收益为 0.15%。也就是说，对照组合的主要收益来源于国债基准利率变动因素。

然后，我们用同样的方法对投资组合收益进行分解归因分析。结果如表 5—16 所示：

**表 5—16　　投资组合收益分解归因分析**

| 债券类别 | 票息收益 | 基准利率变动收益 | 利差变动收益 | 择券收益 | 总收益 |
|---|---|---|---|---|---|
| 国债 | 0.30% | 5.70% | 0.00% | 0.00% | 6.00% |
| 公司债 | 0.52% | 3.60% | 0.23% | 0.05% | 4.40% |
| 高收益债 | 0.82% | 4.73% | 0.10% | −0.05% | 5.60% |
| 合计 | 0.52% | 4.19% | 0.17% | 0.02% | 4.90% |

归因分析结果显示，投资组合总收益为 4.9%，其中：归因与票息收益为 0.52%；归因于国债利率变动产生的价差收益为 4.19%；归因于利差变动产生的价差收益为 0.17%；归因于择券行为产生的主动管理收益为 0.02%。

最后，我们将投资组合与对照组合进行对比分析，寻找产生超额收益的来源。对比分析结果如表 5—17 所示：

**表 5—17　　投资组合业绩分解归因对照分析汇总**

| | 对照组合(%) | 投资组合(%) | 超额收益(%) |
|---|---|---|---|
| 1. 票息收益 | 0.45 | 0.52 | 0.07 |
| 2. 基准利率变动收益 | 6.11 | 4.19 | −1.92 |

续表

| | 对照组合(%) | 投资组合(%) | 超额收益(%) |
|---|---|---|---|
| 3. 利差变动收益 | 0.15 | 0.17 | 0.02 |
| 4. 择券收益 | 0.00 | 0.02 | 0.02 |
| 总收益率 | 6.70 | 4.90 | −1.80 |

对照分析结果表明，投资组合的业绩不及对照组合 1.8 个百分点。产生相对业绩不佳的主要原因是，基准利率下行变动产生的价差收益(资本利得)相对不足(−1.92%)。如进一步寻找原因，则可发现主要是由于投资组合中超配(与对照组合相比)了短久期的公司债，在基准利率大幅下行而且利差没有大幅收窄的情形下，业绩向上弹性不足。这可以通过 Brinson 业绩归因模型进行进一步细化分解分析。此处从略。

在下一章我们将结合实际案例更加详细地解析 Campisi 模型的实际应用。

# 第六章　业绩归因分析应用案例研究

本章由两个与债券投资相关的业绩归因分析案例组成，是对上一章债券投资业绩归因分析方法的实际应用。第一节是采用 Compisi 业绩归因模型，对某债券投资基金的 2017～2018 年的投资业绩进行分析评价。第二节是采用 Brinson 业绩归因模型，对某银行在债券投资过程中利用债券回购进行杠杆融资的资金成本控制的有效性进行归因分析，以及在此基础上进行的融资策略优化。

## 第一节　债券投资基金业绩归因分析案例

### 一、案例背景介绍

2015 年起，债券市场牛市的春天悄然来临，各类中长期纯债型基金得到了迅速扩张。Wind 数据显示，截至 2017 年 12 月 31 日，中长期纯债型基金由 2015 年年底的 239 只增加到 733 只，涨幅近 210%；基金份额合计 1.28 万亿份，与 2015 年年底的 0.32 万亿份相比增加 0.96 万亿份，增长约 4 倍。此外，在投资类型的二级分类中，中长期纯债型基金的占比也得到了大幅提升，由 2015 年年底的 8.89%上升至 15.62%，比重仅次于灵活配置型基金。

在中长期纯债型基金迅速扩张的背景下，如何评价其业绩表现，进而分析其背后投资经理的投资能力变得尤为重要。基于此类基金在成分构成、风险防御等方面的特殊性，依靠传统的权益类业绩归因方式难以得出准确的分析结果。我们将选取一只中长期纯债型基金，针对性地采用债券业绩归因方式对其进行业绩归因和评价，探索此类基金更加完善易行的业绩分析过程。

### (一)投资组合总体情况

ABC 基金债券投资组合是 2013 年 9 月成立的一只开放式中长期纯债型基金，具有良好的流动性，在合理风险的基础上追求资产的长期稳健增值。截至 2018 年第一季度末，基金已实现 29％的收益。

2017 年，ABC 债券投资组合业绩表现良好，保持适当的久期和适中的杠杆水平，年度回报达到 3.28％，同类排名进入前 100(总数为 761)，市场综合评级为四星级。在风险方面，该基金具备成熟的风险管理流程，有效分散风险。2017 年其下行风险为 0.493 8，低于同类平均水平 0.572 9。2018 年以来，基金业绩表现突出，截至 4 月底，年化收益率达到 4.30％，同类排名进入前 10。

本文将对 ABC 债券基金在 2017 年第四季度和 2018 年第一季度的业绩进行对比分析，了解基金经理在不同市场环境下的投资策略，以及相应策略下的业绩表现。

在风险和收益权衡的过程中，资产配置扮演了重要角色。经过合理的资产配置优化，能够有效降低组合整体的风险，获得利润最大化，而不同时期资产配置的调整也体现了基金管理人的投资策略。债券投资组合的资产配置过程是一个自上而下的过程，先考虑组合整体的资产配置，继而进行组合内部债券类别的配置，最后再考虑每一类债券内部个券的配置。

ABC 债券投资组合作为一只纯债基金，资产配置不包括股票，主要涉及债券以及少量的现金和其他资产。资产配置的第一步，是要确定组合内各大类资产的占比。若基金经理预测未来市场的利率水平上行，则应该降低债券的比例；反之，则应提高债券占比。ABC 债券基金在 2017 年第四季度和 2018 年第一季度的资产配置情况如图 6－1 所示。

由图 6－1 可知，在 2017 年第四季度到 2018 年第一季度，ABC 债券基金的债券占比由 90.75％增加到 96.32％，上升了 5.57 个百分点。这

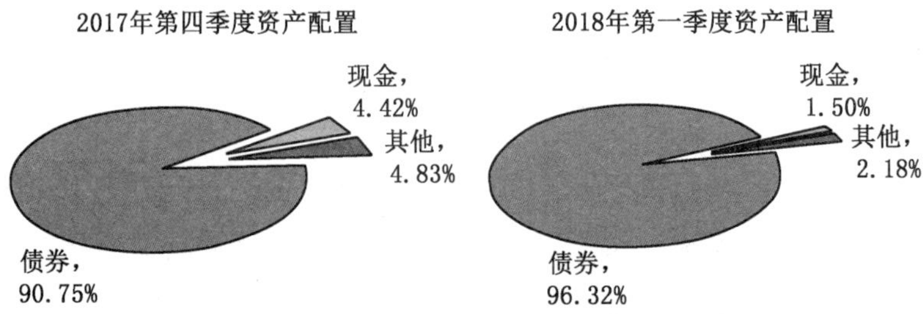


**图 6－1 ABC 债券基金两季度资产配置情况**

体现了基金经理对未来市场利率变化的预期，并积极采取了应对的措施。

## (二)债券大类资产配置情况

债券类别的配置是指基金经理选择为组合配置不同种类的债券，包括国债、金融债券、企业债券、短期融资券等，并决定各类债券的占比。对债券类别的配置过程，既是对各类债券风险收益特征的综合考虑，也受到基金经理风险偏好的影响。例如，如果经理对资产流动性的要求较高，则会多投资于国债和金融债券；如果经理有较强的风险承受能力，而对流动性没有高要求的话，则可以提高企业债券的占比。

ABC 债券基金在 2017 年第四季度和 2018 年第一季度的各类债券分布情况如图 6－2 所示。

由图 6－2 可知，ABC 债券基金对债券种类的选择较为集中，按照大类来分，涉及国债、金融债、企业债、中期票据和短期融资券。

横向对比，两个季度的债券种类主要配置为金融债、中期票据和短期融资券。对于金融债券，其资信通常较高，具有较好的安全性，有利于维持组合较低的风险。中期票据面临一定的信用风险，但相比其他债券而言更具灵活性，构成了投资组合的良好补充。短期融资券具有“短债长用”和信用评估不完备的风险，但因其期限短、流动性好，且大多得到银行授信的支持，其信用风险低于中期票据，是提高基金流动性和降低投资组合收益波动性的优质选择。

纵向来看，2018 年第一季度相比于 2017 年第四季度，新增了国债的

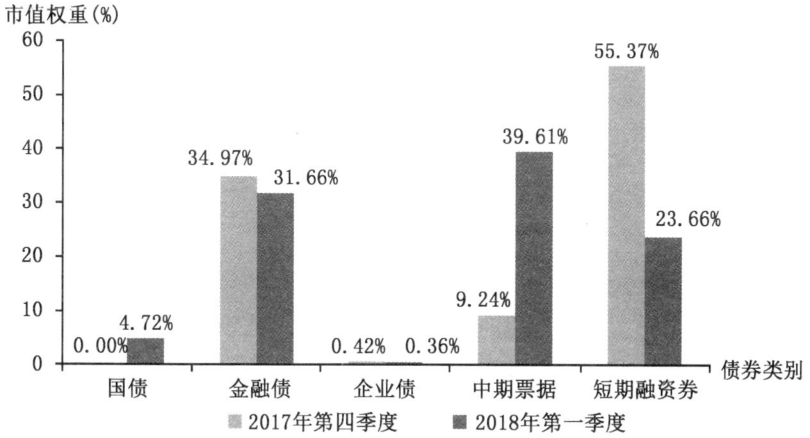


**图 6－2　ABC 债券基金两季度券种配置情况**

配置，金融债和企业债的比例基本不变。对其余两种债券的配置则发生了重大变化：中期票据由开始的 9.24%上升至 39.61%，增加了 30.36%；短期融资券的配置则大幅缩减，由上季度的 55.37%降低为 22.66%。基金经理在进行债券种类配置时，重点考虑的是债券预期利差的变化。利差反映了投资对象的流动性风险和信用风险以及提前偿还的风险。当某类债券在未来预期利差减小时，该类债券的预期价格将上升，应当加大对该类债券的配置比重。从数据来看，2018 年第一季度相比于上个季度而言，基金经理对债券类别的比重做出了较大调整，这反映了其对该类债券未来利差的判断，并对此做出了应对调整。

### （三）债券具体券种配置情况

债券类别的个券配置是指在确定各类债券及其比重后，进一步决定每类债券的个券选择及其持仓比重。对于债券而言，衡量风险的指标是修正久期（以下简称久期）。久期是指当债券收益率变动时其价格的变动率。这一指标衡量了债券组合对利率变化的敏感性，敏感性越强，风险也就越大，相应地对风险补偿的要求也就越高。

基于此，以久期作为工具来评价投资经理对债券品种内的个券配置是有意义的。通过分析 ABC 债券投资组合不同时期的久期分布，可以了解基金经理对市场的预测和把握，进而分析投资经理的投资策略，以更全面的视角来评价基金的业绩表现。经过数据的分析整理，ABC 债券投资组合在 2017 年第四季度和 2018 年第一季度的久期分布如图 6—3 所示：

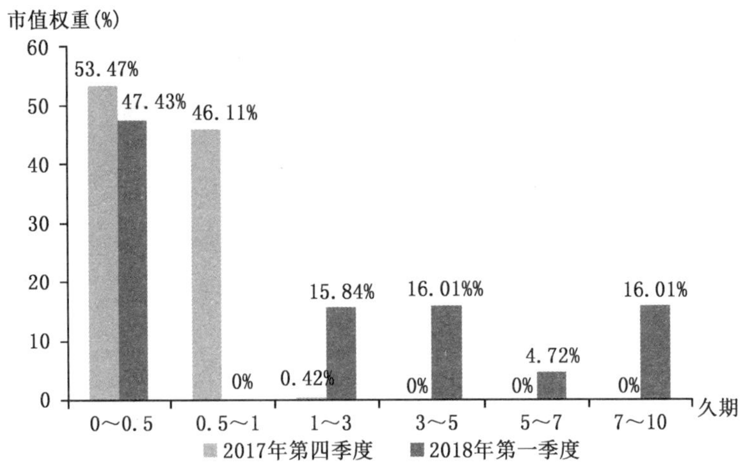


**图 6—3　ABC 债券基金两季度的久期分布情况**

从各季度内部来看，ABC 债券投资组合在 2017 年第四季度的久期分布尤为集中，几乎全部在 0～1，其中：0～0.5 的债券占比为 53.47%，0.5～1 的比重为 46.11%；其余还有少量债券的久期在 1～3。2018 年第一季度，组合的久期分布较为分散，仍有高比例的债券配置了 0～1 的短久期，比重为 47.43%，其余债券较为均匀地分布在 1～10。1～3 的范围内债券占比为 15.84%，3～5 的范围内配置了 16.01%，有 4.72%的债券配置了 5～7 范围内的久期，剩余 16.01%的部分其久期在 7～10。

纵向对比来看，ABC 债券投资组合在 2018 年第一季度对组合的久期分布做出了大幅调整。2017 年第四季度整个组合的久期配置都非常短，到了下一季度则转而配置了一定比例的中长久期债券。这是基金经理对市场的判断，并基于这样的预期对投资组合做出的相应调整。

## 二、案例研究对象、基准组合选择及数据来源

### (一)案例研究对象选择

本案例探究的是债券投资组合的业绩归因与评价,因而选择的研究对象是纯债组成的投资组合,且不考虑可转债等和权益挂钩的债券。我们选取一只中长期纯债基金 ABC 作为研究对象,同时,结合市场环境的变化和基金的业绩表现,选取 2017 年第四季度和 2018 年第一季度作为评价期间。

### (二)基准对照组合选择

投资组合在一定程度上影响了基准组合的选择。基准组合应当代表市场的平均水平,而债券指数能够反映债券市场的总体走势,是基准组合的合理选择。

目前市场上的中债指数主要分为净价指数、全价指数和财富指数。净价指数以债券的净价为基础计算,撇开了利息因素,忽视了应计利息和利息的再投资;全价指数以债券的全价为基础计算,没有考虑债券付息的影响;财富指数则基于付息日利息再投资的假设,对利息的考虑没有遗漏。因此,选择财富指数作为基准组合是合适的。其中,中债新综合财富总值指数的样本构成较为全面,且与 ABC 债券基金较为一致,指数的获得和计算也相对简单,具有可比性。同时,考虑到基金风格随着市场环境的变化,选择中性的指数作为基准组合是合理的。综上,本文选取中债新综合财富总值指数作为基准组合。

### (三)数据来源

本案例的研究期间为 2017 年第四季度和 2018 年第一季度,各季度分别选取期初和期末投资组合、基准组合以及国债收益率曲线的相关数据。

对于投资组合,以其 2017 年年报和 2018 年一季报披露的权重配置等信息为依据,分别获取各类债券的市值权重、息票率、期初期末的净价、

全价以及期初的修正久期等数据。组合持有的国债与企业债明细难以直接获取，故假设其表现与市场基准保持一致，即只关注它们的权重配置，而不考虑内部的择券影响。基于这两种债券在组合内的占比都很小，因而影响不大；且实务中对占比很小的债券品类，投资收益一般重在追求市场水平，因而这样的假设具有合理性。基准组合的数据取自 2017 年 9 月 30 日、2017 年 12 月 31 日、2018 年 1 月 2 日和 2018 年 3 月 30 日这四天中债新综合财富总值指数所有与分析相关的数据，具体包括所有成分券的代码、名称、净价、全价、剩余期限、债券面值、票面利率和修正久期等。以上数据均来自 Wind 数据库，国债收益率曲线在这 4 天的到期收益率，取自中国债券信息网披露的全市场信息，从而综合反映了整体的无风险利率水平。

投资组合和基准组合的指标是各类债券指标的加权平均值，但权重的选择存在差异。其中，票息和价格以面值权重为权数，收益率和久期以市值权重进行加权，而国债收益率的变化以及利差变化则以久期贡献率为计算的权重。

对于收益率的计算，Campisi 分解框架中没有考虑交易因素，即不考虑外部现金流和期间买卖债券的影响，故直接用简单收益率方法计算评价期间的收益率，即期末市场价值相比于期初市场价值增加的百分比。此处市场价值是通过修正后的价格来体现。市场上直接披露的收盘全价没有考虑债券付息的影响，而在业绩评价期间内可能出现付息的情况，因而对期末全价需要做进一步的修正，即用期末净价加上所有应计票息来代替市场披露的收盘全价（以下数据中涉及的价格均指按照这一方式修正后的价格）。最后，投资组合总体的收益率可通过进一步计算获得，即组合内所有单一证券收益率的加权平均值，权重为个券的市值比重。

基于以上的数据来源和处理方法，ABC 债券投资组合和基准组合的初始数据整理汇总如下：

表 6—1　　　　2017 年第四季度基准组合基础数据汇总表

| 债券类型 | 市值权重（%） | 收益率（%） | 息票率（%） | 价格 | 修正久期 |
|---|---|---|---|---|---|
| 国债 | 24.20 | −0.21 | 3.50 | 100.25 | 5.77 |
| 地方政府债 | 24.57 | 0.59 | 3.32 | 100.63 | 4.26 |
| 金融债 | 36.19 | −0.53 | 3.98 | 100.58 | 3.65 |
| 企业债 | 4.74 | 0.48 | 4.44 | 101.38 | 3.18 |
| 中期票据 | 6.17 | 0.35 | 4.82 | 101.77 | 2.49 |
| 短期融资券 | 0.59 | 0.93 | 4.60 | 100.85 | 0.56 |
| 政府支持机构债 | 3.53 | −0.20 | 4.51 | 103.09 | 5.68 |
| 合计 | 100.00 | −0.05 | 3.80 | 100.72 | 4.27 |

表 6—2　　　　2018 年第一季度基准组合基础数据汇总表

| 债券类型 | 市值权重（%） | 收益率（%） | 息票率（%） | 价格 | 修正久期 |
|---|---|---|---|---|---|
| 国债 | 24.68 | 1.34 | 3.52 | 99.23 | 5.71 |
| 地方政府债 | 25.41 | 0.73 | 3.36 | 100.71 | 4.05 |
| 金融债 | 35.14 | 1.48 | 4.00 | 99.30 | 3.55 |
| 企业债 | 4.53 | 0.72 | 4.49 | 100.83 | 3.04 |
| 中期票据 | 6.05 | 1.37 | 4.85 | 100.87 | 2.36 |
| 短期融资券 | 0.58 | 1.38 | 4.70 | 101.03 | 0.45 |
| 政府支持机构债 | 3.63 | 0.61 | 4.52 | 101.07 | 5.47 |
| 合计 | 100.00 | 1.18 | 3.81 | 99.88 | 4.17 |

表 6—3　　　　2017 年第四季度 ABC 债券基金基础数据汇总表

| 债券类型 | 市值权重（%） | 收益率（%） | 息票率（%） | 价格 | 修正久期 |
|---|---|---|---|---|---|
| 国债 | — | — | — | — | — |
| 地方政府债 | — | — | — | — | — |
| 金融债 | 34.97 | 0.79 | 3.85 | 102.89 | 0.27 |

续表

| 债券类型 | 市值权重（%） | 收益率（%） | 息票率（%） | 价格 | 修正久期 |
|---|---|---|---|---|---|
| 企业债 | 0.42 | 0.48 | 4.44 | 101.38 | 3.18 |
| 中期票据 | 9.24 | 0.72 | 4.78 | 102.60 | 0.53 |
| 短期融资券 | 55.37 | 0.97 | 4.74 | 101.37 | 0.49 |
| 政府支持机构债 | — | — | — | — | — |
| 合计 | 100.00 | 0.88 | 4.43 | 102.02 | 0.43 |

**表 6—4　　2018 年第一季度 ABC 债券基金基础数据汇总表**

| 债券类型 | 市值权重（%） | 收益率（%） | 息票率（%） | 价格 | 修正久期 |
|---|---|---|---|---|---|
| 国债 | 4.72 | 1.34 | 3.52 | 99.23 | 5.71 |
| 地方政府债 | — | — | — | — | — |
| 金融债 | 31.66 | 2.57 | 4.66 | 99.59 | 6.02 |
| 企业债 | 0.36 | 0.72 | 4.49 | 100.83 | 3.04 |
| 中期票据 | 39.61 | 1.56 | 5.11 | 102.18 | 1.17 |
| 短期融资券 | 23.66 | 1.37 | 4.62 | 101.62 | 0.40 |
| 政府支持机构债 | — | — | — | — | |
| 合计 | 100.00 | 1.82 | 4.78 | 101.08 | 2.74 |

**表 6—5　　2017 年第四季度国债收益率曲线明细表**

| 标准期限(年) | 2017/09/30 | 2017/12/31 | 收益率变化 |
|---|---|---|---|
| 0.000 | 3.242 8 | 2.537 8 | —0.705 0 |
| 0.080 | 3.245 5 | 4.150 1 | 0.904 6 |
| 0.170 | 3.247 1 | 4.022 0 | 0.774 9 |
| 0.250 | 3.161 0 | 3.829 4 | 0.668 4 |
| 0.500 | 3.354 3 | 3.906 7 | 0.552 4 |
| 0.750 | 3.425 7 | 3.793 1 | 0.367 4 |

续表

| 标准期限(年) | 2017/09/30 | 2017/12/31 | 收益率变化 |
|---|---|---|---|
| 1.000 | 3.466 0 | 3.790 9 | 0.324 9 |
| 3.000 | 3.566 9 | 3.780 8 | 0.213 9 |
| 5.000 | 3.616 6 | 3.844 5 | 0.227 9 |
| 7.000 | 3.688 0 | 3.899 8 | 0.211 8 |
| 10.000 | 3.613 6 | 3.880 7 | 0.267 1 |
| 15.000 | 4.059 6 | 4.177 1 | 0.117 5 |
| 20.000 | 4.094 4 | 4.215 9 | 0.121 5 |
| 30.000 | 4.227 4 | 4.367 1 | 0.139 7 |
| 40.000 | 4.287 0 | 4.407 1 | 0.120 1 |
| 50.000 | 4.305 3 | 4.417 5 | 0.112 2 |

**表 6—6　　　　　　2018 年第一季度国债收益率曲线明细表**

| 标准期限(年) | 2018/01/02 | 2018/03/30 | 收益率变化 |
|---|---|---|---|
| 0.000 | 2.354 8 | 2.929 7 | 0.574 9 |
| 0.080 | 3.511 8 | 3.092 1 | —0.419 7 |
| 0.170 | 3.848 0 | 3.014 8 | —0.833 2 |
| 0.250 | 3.779 7 | 2.961 3 | —0.818 4 |
| 0.500 | 3.772 5 | 3.167 0 | —0.605 5 |
| 0.750 | 3.696 8 | 3.305 3 | —0.391 5 |
| 1.000 | 3.676 7 | 3.322 1 | —0.354 6 |
| 3.000 | 3.778 6 | 3.569 7 | —0.208 9 |
| 5.000 | 3.826 2 | 3.660 9 | —0.165 3 |
| 7.000 | 3.900 0 | 3.740 2 | —0.159 8 |
| 10.000 | 3.900 8 | 3.740 7 | —0.160 1 |
| 15.000 | 4.189 3 | 4.014 0 | —0.175 3 |
| 20.000 | 4.228 1 | 4.053 0 | —0.175 1 |

续表

| 标准期限(年) | 2018/01/02 | 2018/03/30 | 收益率变化 |
|---|---|---|---|
| 30.000 | 4.372 3 | 4.174 9 | −0.197 4 |
| 40.000 | 4.412 3 | 4.213 4 | −0.198 9 |
| 50.000 | 4.422 7 | 4.229 4 | −0.193 3 |

## 三、投资业绩分解归因分析

### (一)业绩因子分解过程:一级分解

基于以上基础数据,首先采用 Campisi 分解框架对其进行业绩分解和归因。在 Campisi 模型中,共用到了 3 个权重对数据进行加权,即市值权重、面值权重和久期贡献率;将组合的收益率分解为四种效应,即票息收入效应、国债基准效应、利差效应和择券效应。

具体指标的计算方法如下:

面值权重$=W_i \div P_i \times 100$

久期贡献率$=W_i \times D_i \div D$

票息收入效应$=C_i \div P_i$

国债基准效应$=-D_i \times \Delta y_i$

基准组合利差效应=总收益−票息收入效应−国债基准效应

投资组合利差效应$=-D_i \times Y_{si}$

式中:$W_i$ 表示 $i$ 类债券的市值权重;$P_i$ 表示 $i$ 类债券的加权平均价格;$D_i$ 表示 $i$ 类债券的加权平均久期;$D$ 表示组合整体的加权平均久期;$C_i$ 表示 $i$ 类债券的持有期票息收益;$\Delta y_i$ 表示久期对应的国债收益率变化;$Y_{si}$ 表示基准组合中第 $i$ 类债券的利差变化。

以上公式中,国债收益率的变化取上表中标准期限与久期相匹配的收益率。同时,为了提高数据分析的准确性,我们以表中的数据为基础,采用线性插值法,计算更加细分期限所对应的收益率的变化。

对于利差效应的计算,基准组合与投资组合的计算方式不同。基准组合因不存在择券效应，故而其利差效应可以通过倒轧获得。这种倒轧的做法既保证了组合各部分的收益总和与总收益保持一致，同时也避免了正面计算利差效应所必须的烦琐步骤。而对 ABC 债券投资组合而言，其对债券的选择不同于基准组合，因而会产生择券效应，其利差效应不是通过倒轧的方法计算，而是用以上不同于基准的方式获得。最后，投资组合中各类债券的择券效应可通过倒轧获得。

### (二)业绩因子分解过程：二级分解

Campisi 分解框架以久期为工具，将超额收益分解到票息收入效应、国债基准效应、利差效应和择券效应上。而以 Brinson 模型为代表的权益类业绩分解是从资产配置的角度，重在关注投资组合和参考基准在权重和收益率上的差别。实践中，单一的 Brinson 模型对纯债型基金的业绩归因并不适用，因为对于债券投资组合而言，权益类的分解方法忽略了重要的久期因素。但其通过寻找组合和基准的差异来展开分解的思路，债券组合同样可以借鉴，以此使得业绩的分解归因更加完整。

因此，在 Campisi 已有分解的基础上，应当借鉴 Brinson 模型的思路，对已经分解得到的超额收益做更进一步的分解和归因，从而了解组合中每种类型债券对超额收益的具体贡献。

1. 对票息收入效应的详细归因

利用 Brinson 模型的思想，将票息收入效应细分为利息配置和利息选择。

$i$ 类债券的利息配置 $=(w_i-W_i)\times(A_i-A)$

$i$ 类债券的利息选择 $=w_i\times(a_i-A_i)$

式中：$a_i$ 表示投资组合中 $i$ 类债券的票息收入效应；$A_i$ 表示基准组合中 $i$ 类债券的票息收入效应；$A$ 表示基准组合票息收入效应的总值。

2. 对国债基准效应的详细归因

将国债基准效应细分为利率曲线平移的影响和利率曲线非平移的影响，具体的分解方式为：

利率曲线平移的影响 $=-(d-D)\times T$

利率曲线非平移的影响 $= w_i \times d_i \times (T - t_i)$

式中：$d$ 表示投资组合的加权平均久期；$D$ 表示基准组合的加权平均久期；$T$ 表示基准组合国债收益率的变化；$d_i$ 表示投资组合中 $i$ 类债券的加权平均久期；$t_i$ 表示投资组合中 $i$ 类债券国债收益率的变化。

3. 对利差效应的详细归因

对利差效应的进一步分解体现在将其分为久期的影响和利差配置，具体的计算方法为：

久期的影响 $= -(d - D) \times Y_{sb}$

利差配置 $= (w_i \times d_i - W_i \times D_i) \times (Y_{sb} - Y_{si})$

式中：$D_i$ 表示参考基准中 $i$ 类债券的加权平均久期；$Y_{sb}$ 表示基准组合总体的利差变化；$Y_{si}$ 表示基准组合中第 $i$ 类债券的利差变化。

## 四、投资业绩因子分解结果和分析

### （一）2017 年第四季度业绩分解结果和分析

1. 业绩分解结果

按照以上的业绩分解过程，将 2017 年第四季度基准组合与投资组合的业绩分解为以下四大效应，并得到了相应的超额收益：

**表 6—7　　2017 年第四季度基准组合业绩分解结果**

| | 票息收入效应 | 国债基准效应 | 利差效应 | 择券效应 | 合计 |
|---|---|---|---|---|---|
| 国债 | 0.87 | −0.32 | −0.77 | 0.00 | −0.21 |
| 地方政府债 | 0.82 | −0.24 | 0.01 | 0.00 | 0.59 |
| 金融债 | 0.99 | −0.20 | −1.31 | 0.00 | −0.53 |
| 企业债 | 1.10 | −0.17 | −0.44 | 0.00 | 0.48 |
| 中期票据 | 1.18 | −0.15 | −0.68 | 0.00 | 0.35 |
| 短期融资券 | 1.14 | −0.07 | −0.14 | 0.00 | 0.93 |
| 政府支持机构债 | 1.09 | −0.32 | −0.98 | 0.00 | −0.20 |
| 合计 | 0.94 | −0.24 | −0.76 | 0.00 | −0.05 |

表 6—8　　2017 年第四季度 ABC 债券基金业绩分解结果

| | 票息收入效应 | 国债基准效应 | 利差效应 | 择券效应 | 合计 |
|---|---|---|---|---|---|
| 国债 | — | — | — | — | — |
| 地方政府债 | — | — | — | — | — |
| 金融债 | 0.94 | −0.04 | −0.10 | 0.00 | 0.79 |
| 企业债 | 1.09 | −0.17 | −0.44 | 0.00 | 0.48 |
| 中期票据 | 1.16 | −0.07 | −0.14 | −0.23 | 0.72 |
| 短期融资券 | 1.17 | −0.07 | −0.12 | −0.01 | 0.97 |
| 政府支持机构债 | — | — | — | — | — |
| 合计 | 1.09 | −0.06 | −0.12 | −0.03 | 0.88 |

表 6—9　　2017 年第四季度 ABC 债券基金业绩归因结果

| | 基准组合(%) | ABC 债券投资组合(%) | 超额收益(%) |
|---|---|---|---|
| 票息收入效应 | 0.94 | 1.09 | 0.14 |
| 国债基准效应 | −0.24 | −0.06 | 0.18 |
| 利差效应 | −0.76 | −0.12 | 0.64 |
| 择券效应 | 0.00 | −0.03 | −0.03 |
| 合计 | −0.05 | 0.88 | 0.93 |

采用 Brinson 模型，对投资组合的业绩做出进一步因子分解，结果如下：

表 6—10　　2017 年第四季度详细的超额收益归因分析汇总

| | 利息配置 | 利息选择 | 利率曲线平移的影响 | 非利率曲线平移的影响 | 久期的影响 | 利差配置 | 择券效应 |
|---|---|---|---|---|---|---|---|
| 国债 | 0.02 | — | | — | | −0.06 | — |
| 地方政府债 | 0.03 | — | | — | | −0.19 | — |
| 金融债 | 0.00 | −0.02 | | −0.01 | | 0.22 | 0.00 |
| 企业债 | −0.01 | 0.00 | | 0.00 | | −0.01 | 0.00 |
| 中期票据 | 0.01 | 0.00 | | 0.00 | | 0.01 | −0.02 |
| 短期融资券 | 0.11 | 0.02 | | −0.02 | | −0.02 | 0.00 |
| 政府支持机构债 | −0.01 | — | | — | | 0.00 | — |
| 小计 | 0.15 | 0.00 | 0.21 | −0.03 | 0.68 | −0.04 | −0.03 |

续表

| | 利息配置 | 利息选择 | 利率曲线平移的影响 | 非利率曲线平移的影响 | 久期的影响 | 利差配置 | 择券效应 |
|---|---|---|---|---|---|---|---|
| 小计 | | 0.14 | | 0.18 | | 0.64 | −0.03 |
| 总计 | | | | | | | 0.93 |

2. 业绩归因分析

ABC债券投资组合在2017年第四季度实现了0.88%的总收益率，可以分解为1.09%的票息收入效应、−0.06%的国债基准效应、−0.12%的利差效应和−0.03%的择券效应。相比于参考基准而言，ABC债券投资组合实现了0.93%的超额收益。其中，利差效应带来的超额贡献最大，为0.64%；票息收入效应和国债基准效应的超额收益基本持平，分别为0.14%和0.18%；择券效应的超额贡献是负值，为−0.03%。

经过进一步的详细分解，首先，票息收入效应0.14%的超额收益均来自利息配置，且短期融资券做出了最大的贡献，其余类别债券的影响则微乎其微。其次，国债基准效应对超额收益的贡献0.18%中，有0.21%来自利率曲线平移的影响，其余−0.03%来自利率曲线非平移的影响，即国债基准效应产生的超额收益是利率曲线平移的结果，其余各方综合产生了轻微的负面影响。再次，分析结果将利差效应0.64%的超额收益分解为0.68%的久期影响和−0.04%的利差配置。可见，利差效应带来的超额贡献主要来自投资组合久期配置的影响，而利差配置拉低了整体的超额收益水平。从债券类别来看，金融债券对利差配置带来了较大的正面影响，地方政府债则对整体产生了较为显著的不利影响。

从资产配置的角度，可以发现ABC债券基金相比于市场基准取得超额收益的原因有：

第一，基准组合在这一季度配置了24.20%的国债和24.57%的地方政府债，而ABC债券基金在组合中没有配置这两种债券。相比其他种类债券，它们的息票率较低，因而这样的券种配置使得ABC债券基金在票息收入效应上获得了0.14%的超额收益。

第二，在债券市场价格下跌的整体环境下，ABC 债券组合的加权平均久期仅为 0.43。短久期的配置能够有效规避利率上涨带来的市场波动，使得其国债基准效应接近于零，相比于市场基准－0.24％的国债基准效应而言，取得了 0.18％的超额回报。

第三，ABC 债券基金在利差效应上较高的超额收益归因于对短期融资券和金融债券的配置。一方面，组合在这一季度投资了比例高达 55.37％的短期融资券。短期融资券的信用风险相对较低，其大额配置降低了组合整体的信用利差，使得利差效应的变化较小。另一方面，投资组合在金融债的配置上维持了 0.27 的超短久期，相比于基准组合 3.65 的久期而言，其产生的利差效应为－0.10％，远高于基准组合的－1.31％。因此，受短期融资券和金融债券的综合影响，ABC 债券投资组合在利差效应上取得了最为显著的超额收益，达到 0.64％。

第四，在择券方面，因为 ABC 债券投资组合没有选择与市场价格变化大幅背离的债券，因而没有产生显著的择券效应。

### (二)2018 年第一季度业绩分解结果和分析

1. 业绩分解结果

按照业绩分解过程，将 2018 年第一季度基准组合与投资组合的业绩分解为以下四大效应，并得到了相应的超额收益：

**表 6－11　　2018 年第一季度基准组合业绩分解结果**

| | 票息收入效应 | 国债基准效应 | 利差效应 | 择券效应 | 合计 |
|---|---|---|---|---|---|
| 国债 | 0.89 | 0.23 | 0.22 | 0.00 | 1.34 |
| 地方政府债 | 0.83 | 0.19 | －0.30 | 0.00 | 0.73 |
| 金融债 | 1.01 | 0.17 | 0.30 | 0.00 | 1.48 |
| 企业债 | 1.11 | 0.16 | －0.55 | 0.00 | 0.72 |
| 中期票据 | 1.20 | 0.15 | 0.02 | 0.00 | 1.37 |
| 短期融资券 | 1.16 | 0.07 | 0.14 | 0.00 | 1.38 |
| 政府支持机构债 | 1.12 | 0.22 | －0.73 | 0.00 | 0.61 |
| 合计 | 0.95 | 0.19 | 0.04 | 0.00 | 1.18 |

表 6—12　　2018 年第一季度 ABC 债券基金业绩分解结果

| | 票息收入效应 | 国债基准效应 | 利差效应 | 择券效应 | 合计 |
|---|---|---|---|---|---|
| 国债 | 0.89 | 0.23 | 0.22 | 0.00 | 1.34 |
| 地方政府债 | — | — | — | — | — |
| 金融债 | 1.17 | 0.24 | 0.51 | 0.65 | 2.57 |
| 企业债 | 1.11 | 0.16 | —0.55 | 0.00 | 0.72 |
| 中期票据 | 1.25 | 0.10 | 0.01 | 0.20 | 1.56 |
| 短期融资券 | 1.14 | 0.07 | 0.13 | 0.04 | 1.37 |
| 政府支持机构债 | — | — | — | — | — |
| 合计 | 1.18 | 0.14 | 0.20 | 0.30 | 1.82 |

表 6—13　　2018 年第一季度 ABC 债券基金业绩归因结果

| | 基准组合(%) | ABC 债券投资组合(%) | 超额收益(%) |
|---|---|---|---|
| 票息收入效应 | 0.95 | 1.18 | 0.23 |
| 国债基准效应 | 0.19 | 0.14 | —0.05 |
| 利差效应 | 0.04 | 0.20 | 0.17 |
| 择券效应 | 0.00 | 0.30 | 0.30 |
| 合计 | 1.18 | 1.82 | 0.64 |

采用 Brinson 模型，对投资组合的业绩做出进一步因子分解，结果如表 6—14 所示：

表 6—14　　2018 年第一季度详细的超额收益归因分析汇总

| | 利息配置 | 利息选择 | 利率曲线平移的影响 | 非利率曲线平移的影响 | 久期的影响 | 利差配置 | 择券效应 |
|---|---|---|---|---|---|---|---|
| 国债 | 0.01 | 0.00 | | 0.00 | | —0.03 | — |
| 地方政府债 | 0.03 | — | | 0.00 | | 0.08 | — |
| 金融债 | 0.00 | 0.05 | | —0.01 | | 0.05 | 0.21 |
| 企业债 | —0.01 | 0.00 | | 0.00 | | 0.02 | 0.00 |
| 中期票据 | 0.08 | 0.02 | | 0.02 | | 0.00 | 0.08 |
| 短期融资券 | 0.05 | —0.01 | | 0.01 | | 0.03 | 0.01 |

续表

| | 利息配置 | 利息选择 | 利率曲线平移的影响 | 非利率曲线平移的影响 | 久期的影响 | 利差配置 | 择券效应 |
|---|---|---|---|---|---|---|---|
| 政府支持机构债 | −0.01 | — | | 0.00 | | 0.03 | — |
| 小计 | 0.16 | 0.07 | −0.07 | 0.02 | −0.01 | 0.18 | 0.30 |
| 小计 | | 0.23 | | −0.05 | | 0.17 | 0.30 |
| 总计 | | | | | | | 0.64 |

### 2. 业绩归因分析

ABC债券投资组合在2018年第一季度取得了1.82%的总收益率，具体分解为1.18%的票息收入效应、0.14%的国债基准效应、0.20%的利差效应和0.30%的择券效应。相比于参考基准而言，ABC债券投资组合实现了0.64%的超额收益。其中，票息收入效应和择券效应产生了较为显著的贡献，分别为0.23%和0.30%；利差效应的超额收益为0.17%；而国债基准效应的超额贡献是负值，为−0.05%。

经过进一步的详细分解，首先，票息收入效应0.23%的超额收益总体上被细分为0.16%的利息配置和0.07%的利息选择，意味着这部分超额收益主要是由于投资组合各类债券的配置比例不同于基准而产生的，类别内部个券选择带来的影响则相对较小。从内部来看，中期票据和短期融资券的利息配置影响较大，而金融债券的利息选择带来的影响更为显著。其次，国债基准效应对超额收益的贡献−0.05%中，有−0.07%来自利率曲线平移的影响，其余0.02%来自利率曲线非平移的影响，即国债基准效应产生的超额收益为负是利率曲线平移导致的，其余各方综合产生了轻微的正面影响。再次，分析结果将利差效应0.17%的超额收益分解为−0.01%的久期影响和0.18%的利差配置，即利差效应产生的超额贡献几乎全部来自利差配置的因素，尤其是地方政府债和金融债的贡献相对更大。相比之下，投资组合和基准组合久期的差别并未对利差效应的超额贡献产生明显的影响。

纵向对比来看，这一季度基金取得超额收益的情况与2017年第四季度存在较大差别。究其原因，我们同样可以从资产配置的角度找到答案：

第一，这一季度 ABC 债券投资组合在票息收入效应上取得了 0.23％的超额收益，高于上个季度的 0.14％。一方面，本季度虽然低配了小比例的国债，但总体上票息率较低的国债和地方政府债比例依旧远小于基准组合，这有利于投资组合保持较高的票息收入效应。另一方面，本季度的超额收益之所以高于上个季度，得益于对金融债券和中期票据的正确选择。分析市场数据可知，本季度的选择并非是具有市场表现的金融债券和中期票据，而是选择那些在上季度受市场影响而价格下跌更多的债券，所以其期初价格更低。根据业绩分解的计算公式可知，当期初价格更低时，债券能够产生更高的票息收入效应。因而，这些因素的综合作用带来了高于上个季度的超额收益。

第二，本季度国债基准效应产生的超额收益为负，远低于 2017 年第四季度。究其原因，本季度大幅降低了短期融资券的配置，转而增加中期票据的持仓，且中期票据和金融债券的久期也相应加长。虽然如此，组合整体的加权平均久期 2.74 依然低于市场基准水平 4.17，这使得投资组合在国债基准效应上低于基准组合，因而超额收益为负。但考虑到当期市场利率下行的不连贯性和波动性，以低于市场的久期来构建投资组合是合理的，有利于防范风险。

第三，本季度基金在利差效应上取得了 0.17％的超额收益，但相比于上季度下降显著。一方面，基金本季度未持有市场基准中利差效应为负的地方政府债和政府支持机构债。同时，通过配置长久期的金融债券，使其加权平均久期高于市场基准水平，获取了较高的利差效应，达到 0.51％，高于基准组合的 0.30％。另一方面，本季度虽然取得了超额收益，但相比于上季度的 0.64％而言却下降显著，体现出该基金在市场利率环境变化时投资策略的转变未能给其带来显著贡献。

第四，ABC 债券投资组合在本季度取得了较为显著的择券效应，相比于上季度有了明显改善。其中，金融债券取得了较高的择券效应，为 0.65％；中期票据次之，为 0.20％；其余类别债券的影响很小。相比于上季度择券效应基本为零的情况，可以发现本季度该基金选择了较为优质的金融债券，带来了显著的超额回报；而持有的中期票据因其风险相对较高，受市场利率变化会引起择券效应较大的反向波动。这些因素的综合影响导致组合整体在择券效应上取得了 0.30％的超额收益。

### （三）两个季度业绩归因差异背后的投资策略分析

从 ABC 债券投资组合在 2017 年第四季度和 2018 年第一季度的资产配置情况来看，基金的投资策略发生了较大的改变。在整体的债券资产配置上，2018 年第一季度相比于前一季度提高了债券的占比，由原来的 90.75％提升至 96.32％；在债券类别的配置上，基金大幅降低了短期融资券的比重，由上季度的 55.37％降低为 22.66％，转而增加了中期票据的持仓，由 9.24％上升至 39.61％；在债券类别内个券的配置上，从久期的角度，2018 年第一季度加长了组合的加权平均久期，由上季度的 0.43 调整为 2.74，尤其是对金融债券的久期配置，达到 6.02。

资产配置的改变体现了投资策略的调整，而这种调整是基于投资经理对当前市场的判断和对未来市场的预期。此处可以借鉴权益类业绩归因模型中的“择时能力”，即成功的投资经理应当能够正确预测市场的整体走势，并相应地调整组合的久期。同样，借鉴 H-M 模型的思想，若投资经理具备较好的择时能力，则其对债券投资组合久期的确定就只有两种选择：在市场上行时配置长久期；在下行时配置短久期。虽然以上的方式存在不足之处，即难以及时了解投资经理的实际预测情况，但站在事后评价和验证的角度，分析市场的具体走向可以了解投资策略的调整是否基于了正确的判断和预期，组合业绩的本身也成为基金管理者投资能力的有效佐证。

从宏观的市场角度，影响债券组合投资策略的因素主要包括：市场利率水平、经济增长情况、通货膨胀率的变化、中国货币政策与监管政策的情况等。

首先，市场利率水平对债券价格产生直接影响。当市场利率上行时，债券价格下跌；反之，债券价格上涨。参考一年期国债收益率水平，市场利率在 2017 年第四季度整体呈现上行趋势，2018 年第一季度自 1 月 18 日起呈现波动下行，具体如图 6—4 所示。

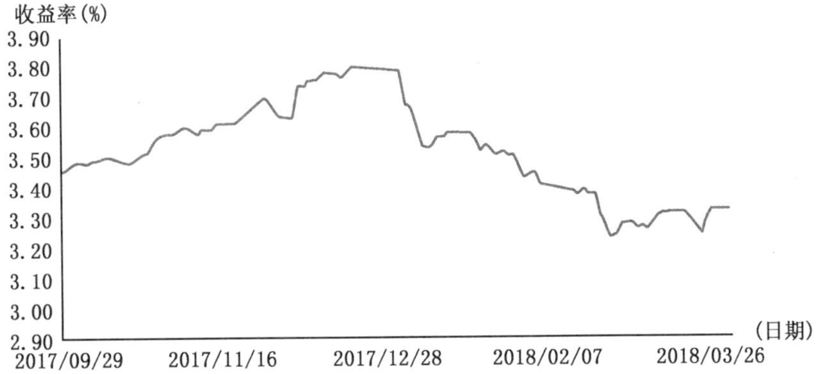


数据来源:中国债券信息网。

**图 6—4 一年期国债收益率水平变动情况**

其次,根据国家统计局的数据,2017 年国民经济维持了稳中有进的态势,四个季度的 GDP 同比增长率分别达到 6.9%、6.9%、6.8%和 6.8%,环比增长率为 1.5%、1.8%、1.8%和 1.6%。当 GDP 增长有韧性时,市场利率相对较高,而在利率上行时,价格会呈现下降趋势。进入 2018 年,GDP 增长放缓,环比增长率为 1.4%。在此背景下,利率预期下行,债券价格会受到相反的影响。

再次,2017 年的通货膨胀率维持在较高水平,这使得对利率的预期提高,利率预期上行带来债券价格的下跌。2018 年第一季度,通胀水平并未达到之前的高预期,利率水平也相应下降。

最后,从货币政策和监管政策的角度,"去杠杆,调结构"是目前的政策轴心。较高的杠杆率酝酿着较大的系统性风险,央行积极推进降杠杆,控制金融风险。2017 年,去杠杆维持较大力度,根据中国去杠杆进程报告的统计,自 2015 年提出去杠杆的目标以来,到 2017 年真正取得了成效,杠杆率增幅大幅回落。在严监控的背景下,市场倒逼债券投资组合减仓,从而对债券价格产生了不利影响。在 2018 年第一季度,央行维护市场稳定的意愿和货币政策偏宽松使得资金面相对宽松。在监管方面,1 月初依然有许多补短板的监管政策出台,包括"一行三会"发布的 302

号文、89 号文和银监会 4 号文等。进入 2 月份，金融监管的步伐有所放缓。去杠杆是一个长期的过程，为了防范过度去杠杆对实体经济的不利影响，兼顾市场发展状况和金融市场特色，政策监管上更加强调理性。

综上，2017 年第四季度，债券市场的负面影响因素多于有利因素，债券投资策略应当趋于保守。到 2018 年第一季度，综合考虑后有利影响因素多于不利因素，相对平和与充裕的流动性环境下债券价格应声上涨，债市反弹力度较大，投资策略应当随之做出积极调整。

回溯 ABC 债券基金的投资策略，2018 年第一季度相比于上季度增加了债券持仓，大幅减少短期融资券的占比，正是基于以上的市场预期。即基金经理正确预测了未来市场利率水平下行的趋势，并对持仓做出了相应的调整。此外，对久期的配置也证实了这一点。对于债券而言，衡量风险的指标是久期。久期是当债券收益率变动时其价格的变动率，它衡量了债券组合对利率变化的敏感性，敏感性越强，风险也就越大，相应地对风险补偿的要求也就越高。对久期的选择至关重要。在 Campisi 模型的分解过程中，国债基准效应和利差效应取得超额贡献的根本原因也在于选择了合适的久期。2018 年第一季度组合的久期配置明显长于上一季度，尤其是对金融债券配置了 6.02 的长久期。对久期的调整符合债券市场的整体走向，即当市场低迷时配置短久期的资产以有效规避风险，当市场回升期间，则适当加长组合久期以获取更高的收益。

结合 ABC 债券投资组合的业绩分解结果，其在两个季度业绩都跑赢了市场，取得了较高的超额收益。同时，业绩背后投资策略的改变也证实了这种良好的业绩表现并非偶然，而是基于对市场的正确预期并采取了主动管理的结果。这既是基金业绩优质的表现，同时也是对基金经理投资能力的有力证明。

## 五、Campisi 业绩归因模型的拓展与应用价值

### （一）Campisi 模型的不足与进一步完善

Campisi 分解框架作为债券投资组合业绩归因的经典模型，得到了

广泛的应用，但其本身仍存在一定局限。在分解和归因时，模型基于以下假设：投资组合的持仓在报告期内不发生改变。但在实务操作中，出于投资管理的需要和债券本身的性质，会存在一系列交易行为，使得期末和期初的持仓状态无法保持一致。这些交易因素包括现有债券的买卖和债券自然到期等。因而，Campisi 模型忽视了持仓状态的变化和造成这一现象的交易行为。本文试图从交易行为本身的特性出发，提出完善的建议和方法。

债券投资组合在持有期间发生的交易行为，其目的在于随着时间和市场的变化构建当时时点上的最优组合。这个最优组合的构建是基于投资经理对当前市场的判断和对未来市场的预期。从一个报告期来看，基于积极管理的方式，期末的持仓状态是经过反复交易后达成的最优状态，体现了基金经理对后期市场变化的合理预期。因而，在这个报告期内的所有交易行为，都有着共同的目标——达成期末的最优持仓状态。

债券投资组合的期初持仓和期末持仓往往不同，假设在报告期的期初，立即通过交易改变原有的投资组合，使其成为期末的持仓状态。不考虑此举对基金净值的影响，则此时的组合满足了 Campisi 模型的假设，可以直接使用既定的方式得出报告期的期间收益率，并将其分解为相应的四种效应。期初的交易行为对基金净值的影响是“交易成本”，体现为 Campisi 中理想收益率与基金单位份额净值增长率的差值。参考 Campisi 模型，定义交易的影响为“交易效应”，使得交易效应为交易成本的负值，则存在以下关系：

基金净值增长率＝票息收入效应＋国债基准效应＋利差效应＋择券效应＋交易效应

在一般情况下，虽然交易行为不是在期初的时点一次性完成的，但以上的关系依然成立。对交易效应，可以理解为基金经理为了达成期末的最优持仓状态，在报告期内所做的一切交易行为产生的盈亏总和。对于 Campisi 模型，其本身的假设使得组合不存在交易成本，忽视了交易效应的影响，因而对其恰当地补充，能够有效完善业绩归因的结果。

对案例本身而言，ABC债券基金在2017年第四季度和2018年第一季度的净值增长率分别为0.67%和1.88%，则两个季度对应的交易效应分别为0.21%和-0.06%。由此可见，在前一季度交易行为带来了额外的收益，投资经理的投资方式获得了回报。而在下一季度，交易行为带来了0.06%的交易成本。在市场波动较大的背景下，小比例的交易成本属于合理范畴，同样也验证了基金经理较好的投资管理能力。

在实务中，对交易成本的关注具有现实意义。对基金经理而言，交易成本衡量了管理特定投资组合所需的支出，包括运营管理费用、税收、债券交易的手续费和换仓、短期投机交易带来的盈亏等。交易成本本身可正可负，若交易成本过高，则意味着其在构建目标投资组合时付出了高昂的代价，进一步反映出投资经理的管理能力；若交易成本为负，则相当于通过交易行为获得了额外的收益。对基金投资者而言，合理的交易成本是其为了达到最优投资组合而付出的代价。若交易成本过高，则基金的投资回报会相应降低；反之，则会获得更高的投资回报。

对于交易成本，其主要受到两个因素的影响：投资经理的投资管理能力和市场的波动性。对于前者，较低的交易成本可以很好地体现基金经理的投资能力，因而可以将其作为对基金管理人业绩评价的指标之一。当然，也不应鼓励负值较大的交易成本，因其意味着基金过于频繁的主动交易甚至投机行为。这与债券投资组合稳健和规避风险的风格相违背，不利于保护投资者的利益。对于后者，市场的波动性难以避免，但可以作为参考因素，即依据市场波动性的大小来调节对交易成本的容忍程度。例如，在市场波动性大幅上升的情况下，可以容许交易成本相应地提高。

综上，对基金业绩的评价体现为两个步骤：第一，考察基金是否能够构建优于市场表现的投资组合，这通过Campisi模型的业绩分析可以实现；第二，基金经理能否有效达成这样的投资组合，以及为此付出了多少代价，这依赖于对交易成本的考量。

### （二）Campisi业绩归因模型的应用价值

完善后的Campisi业绩分解过程具有丰富的应用价值。通过以上业绩因子分解和归因分析，能够对投资组合的业绩表现和基金经理的投资能力做出适当的评价，因而不论站在投资者还是基金管理者的角度，都具有现实意义。笔者认为，完善后的 Campisi 业绩分解结果可以作为基金报告的重要补充，其价值体现在以下两个方面。

1. 全面评价基金的业绩表现

将 Campisi 业绩分解结果纳入基金报告，能够更全面地揭示基金的业绩表现，提高信息披露的质量。目前，基金报告中对业绩表现的披露仅限于组合整体的收益率，没有细化到内部具体的影响因素。而 Campisi 的业绩分解和归因分析能够向前延伸一步，对收益率做出逐层的剥离和拆解，从而使得报告的使用者得到更为精细和针对性的评价。同时，在将基金与基准对比分析时，不仅可以知道基金本身的表现是否跑赢了市场，取得超额收益，还可以了解在这一过程中是哪些因素做出了积极贡献，哪些因素则产生了不利影响。只有这样，才能达到业绩分解的最终目的，对基金经理而言也才具有现实的参考意义。

2. 有效度量基金经理的投资能力

对基金经理投资能力的评价关系到多方利益：对投资者而言，优秀的投资经理是其选择基金的考量因素之一；对投资经理本身，恰当的评价是对其成绩的肯定；对基金公司而言，业绩考核是绩效评价的基础，为业绩激励提供了依据。而 Campisi 模型能够有效衡量基金经理的投资能力，从而对其业绩形成量化的度量和评价。

目前尚未形成完善有效的业绩评价机制，业界通常根据业绩排名来了解和评价基金经理的投资能力，即所谓的“锦标赛制度”。但这种笼统的评判方式存在许多问题，尤其是在短期业绩排名的制度下，投资组合取得的良好收益既可能是经理主动投资带来的回报，也可能归因于运气的成分，又或者只是“羊群效应”下规避自身风险的结果。完善的业绩评价方式必须考虑并尽量规避这些意外因素的影响，得出相对客观的评价。

在 Campisi 模型中，对基金经理的业绩评价体现在以下三个方面：

首先，将收益拆解为四大效应，从不同层面考察了经理的投资风格和能力。例如，票息收入效应反映了基金经理对不同评级债券的选择，择券效应体现其对不同久期债券是否做出了正确选择等。通过分析这些效应在数值上的正负以及相比于基准是否取得了超额收益，能够从定量的角度给业绩评价提供参考。

其次，Campisi 的分解归因过程注重分析业绩背后的投资策略，结合市场的整体环境对业绩做出评价，并验证投资策略变动的影响。只有对市场做出了正确的判断和预期，才能有针对性地调整投资策略，这个过程正是基金经理投资能力的体现。同时，也只有考虑了市场环境变化的因素，业绩评价才能更加全面、客观。

再次，通过倒挤出来的交易效应能够量化交易成本，本质上反映了基金经理的运营管理能力和自律行为。业绩评价不能只限于组合收益率的高低，还要看达到收益率所付出的代价，即成本和风险的大小。通过交易效应的纵向对比，可以了解管理风格和策略的变换，同时结合市场波动情况识别内在风险；而对不同基金的横向比较，也能够了解行业的平均水平，为评价基金经理的业绩提供标尺。因而引入交易成本这一概念可以有效度量基金经理的投资能力，为其业绩评价提供支撑。

值得注意的是，在基金经理的业绩评价中还要注意防范过度压力带来的“行为异化”。对投资经理而言，业绩评价的结果既是对其成绩的肯定，也直接关系到职业声誉，尤其是短期业绩排名的形式给其带来了较大的压力。在压力和信息不对称的情况下，基金经理可能通过模仿他人来模糊个人能力，进而在投资失利时掩饰错误，减轻对自己的不利影响。这样的行为异化是业绩评价可能带来的负面影响，妨碍了基金经理投资能力的发挥，违背了业绩评价的初衷。为了减轻这种不利影响，需要对基金经理的业绩评价有一个正确的认识，即它是一个长期综合的过程，需要结合市场变化允许合理范围内的波动，短期的业绩表现不足以判断经理的投资能力，需要对比多期，跟踪考察。

## 第二节 银行资金成本归因分析与策略优化案例研究

银行间债券回购市场在经济金融体系中具有重要的地位，近年来受到海内外金融市场动荡的影响，银行间质押式回购利率波动率加大，市场机构在资金紧张时点均出现融资困难的情况，对机构负债端管理能力提出了更高的要求。

本案例是我们团队在实务工作过程中探索开发设计的框架模型的实际应用，具有一定的原创性和应用推广价值。笔者采用理论和实证相结合的方法，利用自上而下的分析框架，先从宏观层面对各月流动性情况进行分析，通过流动性缺口五因子模型以及质押式回购利率预测模型对下一阶段的资金市场走势定调，再根据银行自身拆借能力的量化监测，系统性地提出银行负债端管理的月度、周度融资策略，以期优化负债端成本(注：本文所涉及的资金利率均为全市场质押式回购利率R)。

### 一、货币市场研判分析

对于金融市场而言，基础货币是市场流动性的基础，是银行间市场资金的来源，而中国人民银行(简称央行)资产负债表中的资金来源与资金运用便是实现基础货币吞吐的重要工具。我们采取自上而下分析法，先从央行资产负债表出发预测每月流动性缺口，再从微观角度预测各期限质押式回购利率走势，辅以对关键时点上的资金面研究，对下一阶段的货币市场进行全方位地解析与预判。

#### (一)月度流动性缺口预测

从简单的资产等于负债(权益可以忽略不计)的会计关系中，我们可以得出决定基础货币的公式如下：

基础货币＝国外资产＋对政府债权＋对其他存款性公司债权＋对其他金融性公司债权＋对非金融性公司债权＋其他资产－不计入储备货币的金融性公司存款－债券发行－国外负债－政府存款－自有资金－其他

负债。

但为了后续更加直观、清晰地分析基础货币，需要从资产负债表中挑出对基础货币影响最大的若干项，从而对上述公式进行适度简化。

从货币当局最新的资产负债表中，可以看出在资产端国外资产占比62%，对其他存款性公司债权占比27%是最大的两个组成部分，对政府债权和其他国外资产占比4%－5%，其余部分占比较小。具体来看，国外资产是央行资产负债表资产端最重要的组成部分，自2002－2014年年初，国外资产占总资产比重直线攀升，一度达到85%，近年来虽有所下滑，但仍然有60%以上。从央行公布的数据来看，国外资产有三大组成部分，即外汇、黄金、其他国外资产（主要记录央行持有的国际货币基金组织头寸、SDR等），外汇资产占比在90%以上，是央行被动投放基础货币的主要方式；黄金占比较少，且总额保持稳定；其他国外资产也基本稳定，2007年8月央行曾要求商业银行以外汇缴存本币存款准备金，从而导致此块内容在2007年占比骤升的现象。资产端占比第二的是对其他存款性公司债权，此科目反映了央行对商业银行、政策性银行等其他存款性公司的再贴现、再贷款、逆回购操作和结构性货币政策工具余额，主要记录央行主动投放基础货币的方式。从历史上看，2010年之前，这一项变动并不大，随着基础货币投放量的增大，这一项占比持续下降。2010年之后，随着新型货币政策工具的发展与应用，对其他存款性公司债权项无论是额度还是占比都得到了大幅提升，目前该项占央行资产负债表资产端比重约为27%。

从负债端来看，央行负债85%都是基础货币（储备货币），还有约10%是政府存款，其余各项占比不超过5%。同样，具体先来看政府存款项，由于我国实行的是委托国库制度，央行经理中央国库和地方国库管理预算内收支。从环比增速来看，财政存款在1、4、5、7、10月明显上升，又在3、6、9、12月明显下降，且每年12月下降幅度尤其大。原因在于，每年4、5、10月是企业上缴企业所得税的集中时期，财政存款规模明显上升；而3、6、9、12月为财政支出集中时期，财政存款规模明显下降。

**表 6—15　　货币当局资产负债表　　单位:亿元**

| 项　目 | 2018.05 | 占比 |
|---|---|---|
| 国外资产 | 220 169 | 62% |
| 外汇 | 215 118 | 60% |
| 货币黄金 | 2 541 | 1% |
| 其他国外资产 | 2 510 | 1% |
| 对政府债权 | 15 274 | 4% |
| 其中:中央政府 | 15 274 | 4% |
| 对其他存款性公司债权 | 97 160 | 27% |
| 对其他金融性公司债权 | 5 950 | 2% |
| 对非金融性部门债权 | 54 | 0% |
| 其他资产 | 17 542 | 5% |
| 总资产 | 356 149 | 100% |
| 储备货币 | 304 487 | 85% |
| 货币发行 | 75 913 | 21% |
| 其他存款性公司存款 | 223 565 | 63% |
| 非金融机构存款 | 5 009 | 1% |
| 不计入储备货币的金融性公司存款 | 3 887 | 1% |
| 发行债券 |  | 0% |
| 国外负债 | 2 741 | 1% |
| 政府存款 | 37 394 | 10% |
| 自有资金 | 220 | 0% |
| 其他负债 | 7 421 | 2% |
| 总负债 | 356 149 | 100% |

数据来源:中国人民银行官网。

我们研究央行资产负债表的最终目的是测算基础货币缺口,前文分析了央行报表各个科目包含的内容与历史走势,对基础货币影响较大的科目为:外汇占款、对其他存款性公司债权(央行公开市场操作)以及政府存款。由此可以得到一个简化的公式：

基础货币≈外汇占款＋对其他存款性公司债权－政府存款

如果说央行报表中的储备货币是货币创造的基础，那么超额存款准备金就是真正意义上的“高能货币”。单纯聚焦银行间货币市场以及债券市场，超额存款准备金的多与少直接对应了市场中的资金丰裕度。影响超储率的因素有5个：外汇占款、央行公开市场操作、财政存款、货币发行和法定存款准备金变动。以下就是分析流动性缺口的最终等式：

Δ超额准备金≈Δ外汇占款＋Δ公开市场操作－Δ财政存款－Δ货币发行－Δ法定存款准备金

所以在月底时点预测下月各项科目的变动，对整体流动性的把握至关重要。以下以2018年7月为例，对流动性缺口进行预测。

Δ外汇占款：美联储加息、中国央行降准的货币政策背离趋势使中美利差进一步收窄，人民币资产吸引力减弱，预计7月外汇占款增量或转为负值，约为50亿元。

Δ公开市场操作：7月，公开市场将有6 300亿元逆回购到期，1 885亿元MLF到期，800亿元国库现金定存到期，共计8 985亿元。

Δ财政存款：7月为缴税大月，企业所得税季度上缴将使得财政存款上行显著。今年以来，财政收入上行较快，但随着增值税减税效应的逐步显现，财政存款上行幅度或有所趋缓，预计7月财政存款将增加9 000亿元。

Δ货币发行：从近5年情况来看，7月现金多小幅减少，预计7月现金减少规模约在50亿元。

Δ法定存款准备金：7月多为存款减少的月份，预计存款减少额在6 000亿元，同时定向降准将于7月5日生效，商业银行将释放存款准备金7 945亿元。

根据以上估算，7月资金缺口为10 040亿元，央行平均每日需要向市场投放457亿元。2017年每月资金缺口平均在20 313亿元，2018年平均在13 304亿元左右，7月得益于7月5日降准的资金释放，为缺口较小月，央行对冲压力较小。

### (二)各期限质押式回购利率的预判

由于目前市场上对资金利率走势的预判多以定性分析为主，较少有对资金利率走势的具体点位研判，然而事实上对资金利率各月的微观研究，有助于银行进行更加合理的期限错配。具体的预测方式分为两个部分：每周的资金利率均值用 ARIMA 时间序列模型进行预测；接着用过去5年类似货币环境的月份走势，对初始点进行归一化处理，拟合出各月中每天平均的资金利率变化。

#### 1. 质押式回购利率周度均值 ARIMA 时间序列模型

ARIMA 模型全称为自回归移动平均模型(Autoregressive Integrated Moving Average Model)，是由博克思(Box)和詹金斯(Jenkins)于20世纪70年代初提出的一著名时间序列预测方法，所以又称为 Box-Jenkins 模型、博克思—詹金斯法。其中 ARIMA(p，d，q)称为差分自回归移动平均模型，AR 是自回归，P 为自回归项。ARIMA 模型可分为3种：(1)自回归模型(简称 AR 模型)；(2)滑动平均模型(简称 MA 模型)；(3)自回归滑动平均混合模型(简称 ARIMA 模型)。以时间序列的自相关分析为基础，ARIMA 模型在经济预测过程中既考虑了经济现象在时间序列上的依存性，又考虑了随机波动的干扰性，对于经济运行短期趋势的预测准确率较高，是应用比较广泛的方法之一。

ARIMA 模型预测的基本程序如下：

(1)根据时间序列的散点图、自相关函数和偏自相关函数图以 ADF 单位根检验其方差、趋势及其季节性变化规律，对序列的平稳性进行识别。一般来讲，经济运行的时间序列都不是平稳序列。

(2)对非平稳序列进行平稳化处理。如果数据序列是非平稳的，并存在一定的增长或下降趋势，则需要对数据进行差分处理；如果数据存在异方差，则需对数据进行技术处理，直到处理后的数据的自相关函数值和偏相关函数值无显著地异于零。

(3)根据时间序列模型的识别规则，建立相应的模型。若平稳序列的偏相关函数是截尾的，而自相关函数是拖尾的，可断定序列适合 AR 模型；若平稳序列的偏相关函数是拖尾的，而自相关函数是截尾的，则可断定序列适合 MA 模型；若平稳序列的偏相关函数和自相关函数均是拖尾的，则序列适合 ARMA 模型。[注：截尾是指时间序列的自相关函数(ACF)或偏自相关函数(PACF)在某阶后均为 0 的性质(比如 AR 的 PACF)；拖尾是指 ACF 或 PACF 并不在某阶后均为 0 的性质(比如 AR 的 ACF)]

(4)进行参数估计，检验是否具有统计意义。

(5)进行假设检验，诊断残差序列是否为白噪声。

(6)利用已通过检验的模型进行预测分析。

ARIMA 模型构建过程如下：

(1)数据采集：数据采用 2017 年 1 月和 2018 年 4 月的周度隔夜加权利率 R001 和 7 天期限周度加权利率 R007，共计 64 个观察值。

(2)数据处理：由于 ARIMA 模型需要对数据进行平稳化处理，对原数据进行一节拆分后，平稳性检验得以通过。

(3)模型识别：通过绘制自相关函数图和偏自相关函数图发现，利用传统的 Box-Jenkins 方法难以确定模型阶数，遂采取反复对模型进行估计，比较不同模型的变量对应参数的显著性来确定模型阶数。通过 AIC、BIC 最小准则，最后得出 R001 模型为：ARIMA(3,1,4)；R007 的模型为：ARIMA(2,1,3)。

(4)模型适应性检验：参数估计后，应对拟合模型的适应性进行检验，实质是对模型残差序列进行白噪声检验。若残差序列不是白噪声，说明还有一些重要的信息没被提取，应重新设定模型。在得到残差序列后，从偏相关函数值、Q-Stat 以及 $p$ 值可知，残差序列不存在自相关，是白噪声序列，因此模型是适合的模型。

ARIMA 模型预测结果。用拟合的有效模型进行短期预测，我们根据 2017 年 1 月 3 日—2018 年 4 月 29 日的质押式回购利率数据，预测 2018 年 5 月 3—20 日三周的周度利率均值。模型拟合优度较好，且具有较高的预测精度。通过回测 2017 年至今的数据，模型在方向预测的成功率在 80%以上。

2. 日度资金利率预测

在判断完当月每周的资金均值走势之后，更加高频的日度数据预测需要借助往年的同期数据进行分析，并对原始数据进行归一化处理，使得数据更具有跨期可比性。由于资金面波动的季节性规律较为明显，往年同期的走势一般来说都会出现特定规律，差异主要体现在幅度上，而非方向上。在最后的日度数据预测中，有两种可行的处理方法：一是简单的全部往期数据平均；二是选择货币政策类似、货币市场环境相近的年份进行平均，剔除历史极端环境下的资金利率，以防某年度对整体的预测产生太大的干扰。

数据处理基本程序：

(1)采集过去 5 年的隔夜、7D、14D 日度数据，按照时间序列进行排列。

(2)将各个月份统一按照 22 个工作日进行排列，若不足 22 个工作日，即将现有序列前 $n$ 个工作日进行补充至总数 22 日为止，价格与 $n+1$ 日相同(主要考虑到月末资金面变动较大，而月初首周波动幅度较小)。

(3)以第一个工作日作为基准，类似于净值化处理的方式，将剩余工作日资金价格除以首日资金价格，得出往年某特定月份每日各期限价格在可比情况下的走势以及均值走势。

(4)(可选)剔除资金面波动异常的年份。

(5)根据月初首日各期限资金价格预判以及历史该月每日环比变化的均值数据，得出当月各期限资金价格的走势。

(6)绘制出每年某特定月份各期限价格的走势图与均值走势图。

### (三)特殊风险点说明：以缴税对 7 月份资金面的影响为例

在判断资金面的过程中，除了一些常规性的季节性影响因素之外，时常会伴随着一些新的影响点，如央行超额投放流动性、缴税时点的超预期紧张、公开市场操作利率的变化等。以下就 2018 年缴税大月作为分析范例，以期用定性与定量结合的方式，综合来看某一特殊因素对流动性的影响。

从第一部分的月度流动性缺口分析中，我们知道财政存款的吞吐会影响到每个月银行间流动性的环境，特别是在公开市场操作工具存量有限、M0 变化不大、外汇占款变化稳定的月份中，财政存款的变化很大程度上决定了当月资金市场的利率价格。

具体来看，财政性存款是财政部门代表政府掌管、存放在金融机构的财政资金。财政收支流量变动，沉淀形式以财政存款呈现。在理论上，财政存款＝税收收入＋非税收收入＋政府性基金收入＋国有资金经营收入－财政开支。从量级上来看，税收收入和支出的季节性和税收支出的进度是影响流动性的关键因素，这一点从央行的公开市场操作规律中可以得到验证。国库资金增加实质上是资金从银行体系抽离，不再参与银行体系的信用创造，体现为政府的收入；反之，国库资金减少是资金从国库释放，注入银行体系，体现为政府的财政支出。财政收入实行单一国库制度存入央行，上缴国库之前即使资金暂存于商业银行，商业银行也无权挪用占压。

从影响路径来看，缴税行为使得企业存在于商业银行的一般存款（按比例计提存款准备金）转变为财政性存款（全部上缴银行，不计入一般性存款，不计提准备金）；结果是银行体系资产负债规模下降，财政性存款上升，央行的总体资产负债规模保持不变，只是央行负债项目里政府存款增加、储备货币减少。

2018 年上半年财政收入和财政支出进度均较往年加快，但是财政收入进度依然较大幅度领先于财政支出进度，下半年财政支出进度将会加快。从财政收入进度来看，2018 年第一季度财政收入完成了预算的 28％，高于上年同期进度 2％。而从财政支出角度来看，2018 年第一季度财政支出完成全年预算的 24％，高于上年同期进度 1％。从收支进度来看，2018 年第一季度财政收入比财政支出快 4％。从 1～5 月累计财政收支来看，累计财政收入已经完成全年预算的 47％，征收进度超过了 2017

年同期 2%，高于过去 10 年同期平均数 2%。而累计财政支出已经完成 39%，高于 2017 年同期 1%，高于过去 10 年均值 5%。不管是第一季度还是 1～5 月累计，2018 年的财政收入和财政支出进度都超越了往年，但是财政收入比财政支出预算完成额领先 12%，所以下半年缴税对资金面的压力不会加大，而财政支出的进度会加快。

2018 年 1～5 月财政收入 8.67 万亿元(月均值为 1.73 万亿元)，财政支出 8.27 万亿元(月均值为 1.66 万亿元)。如果按照下半年财政收支基本符合预算的话，意味着 6～12 月财政收入仍需完成 9.65 万亿元(月均值为 1.38 万亿元)，财政支出则需要完成 12.71 万亿元(月均值 1.82 万亿元)。从财政盈余角度来看，2018 年 1～5 月份的财政盈余为 3 955 亿元(上年同期为 756 亿元)，但是较 2009 年以来同期数据，2018 年的 1～5 月的财政盈余并不出格，即 6～12 月完成政府预期目标财政赤字率所需要的财政支出节奏、压力并不会高于前两年。

另外，为应对经济下行压力和外部环境扰动，下半年多项减税降费措施将陆续落地，届时流动性方面，来自财政缴款的压力将边际降低。2018 年 5 月 30 日，国务院常务会议决定的降低多项日用消费品关税于 7 月 1 日起实施，此外自 7 月 1 日起至 2021 年 6 月 30 日，挂车减征车辆购置税。关税方面，《亚太贸易协定》第四轮降税于 7 月 1 日起实施，中国开始对进口自印度、韩国、斯里兰卡、孟加拉国和老挝 2 323 个税目的原产货物进行降税，涉及蔬菜、化工、钢铁制品等产品。

综上，从财政收支的节奏以及各项政策表现看，2018 年下半年缴税因素在其他货币市场条件不变的情况下，对资金面的冲击或小于历史同期。

进一步分析月中财政收支对资金面量级以及时间维度的冲击，则需要更多关注一些周期性因素。

财政支出在短周期上季节性特征明显，在季末月份尤其是第二、四季度末开支额通常大幅增加，财政支出和财政收入的时间错峰，导致了财政存款的周期性变化。财政支出在长周期上受财政政策调控影响，与宏观经济景气度成负相关，扩张性的财政政策需要财政支出加快，叠加财政收入在没有加速的情况下，财政存款降低；财政支出基本集中在每季季末，时间范围在季末月份的 25～31 日，在第二季度和第四季度的支出频率和支出力度往往更大。这可能与政府委托代建工程项目多数按季度或者年度结算、购买性支出多在季末统一拨划有关。

因为财政存款的投放与回笼错峰和季节效应明显，往往造成在季初到中旬期间资金面大幅收紧，到季末、年末流动性又大幅宽松，加大了流动性的波动和货币政策执行的难度。2018 年 5 月 3 日，财政部下发《关于加强地方预算执行管理加快支出进度的通知》，要求各地方政府进一步加强地方预算执行管理、加快支出进度，有利于将财政支出均匀分散到个月，盘活财政存量资金，提高财政资金的使用效率，同时降低流动性周期性波动对货币政策的掣肘。

从资金面来看，存放于央行的政府存款变化与 DR007 走势负相关性明显。财政收入的税收收入中，增值税、消费税和所得税是主体收入，这些周期性税收缴纳时间在每月 15～22 日。2017 年 6 月财政存款大幅上升，增幅高达 1 万亿元。银行间市场 7 天质押式回购利率大幅上升；2017 年 12 月份财政存款大幅降低 1.2 万亿元。银行间市场 7 天质押式回购利率从 3.1% 下降至 2.7%。在上证所 7 天质押式回购国债利率(GC007)作为流动性衡量的标准，我们发现缴税日期截止后的走势更加明显地反映了缴款对资金面的扰动作用。每月缴税完成后的 5 个交易日，GC007 呈现一致的上行趋势。

7 月为季后首月也是财政存款上缴大月，同 2018 年 4 月面临较为相似的情形，但是考虑到货币环境已经从“保持流动性合理稳定”变为“保持流动性合理充裕”边际转松，同时定向降准、6 月末的公开市场投放力度的增大以及较大的财政投放均为 7 月中旬的缴税提供了缓冲，因此，笔者认为 7 月中旬缴税影响有限，资金面显著紧张的情景大概率不会发生。

从定量分析的角度来看，我们可以通过各月缴税截止日前后的各期限资金利率变化来衡量缴税对资金面的影响程度。下文以 2017～2018

年度为例，研究税期期间资金面的变化规律。具体方法如下：

(1)统计 2017～2018 年各月份税期的资金价格，并设缴税截止日为第 T 日，罗列第 T－3～T＋7 日的各期限资金价格。

(2)以 T－4 日为起点，计算 T－4 日～T－3 日的环比变化，一直计算到 T＋7 日。

(3)(可选)剔除往年变动较大的月份。

(4)将历史各月税期价格环比变动作均值化处理。

(5)绘制 2017 年与 2018 年税期前后各期限价格的环比波动图。

由图 6－5、图 6－6 可知，2017 年与 2018 年税期前后各期限资金价格走势略有异同。

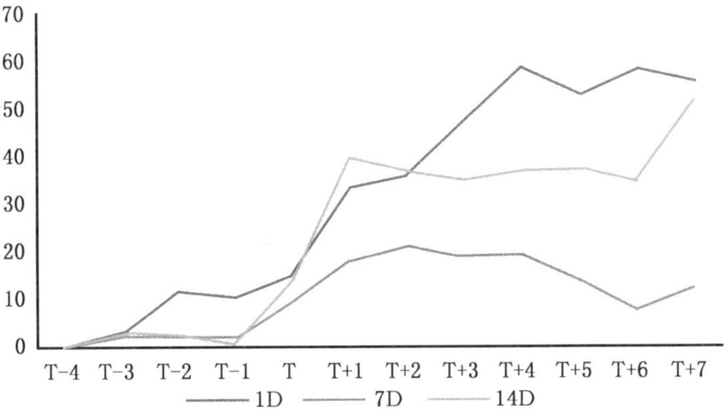


**图 6－5　2017 年税期资金价格(R)累计变动 BP 数**

相同处：以 T 为税期截止日，一般各期限价格均从 T 日开始显著抬升，至 T＋3 日达到累计升幅最高点。

不同处：2017 年资金价格自税期截止日一直到月末均维持在高位，显有回落之势；2018 年则呈现出影响 3 日之后，价格快速回到缴税期前的水平的特征(除了 14D 资金由于可以跨月，一般维持在税期价格高位)。

综合以上定性以及定量的分析方式，可以在既得月初资金价格的情

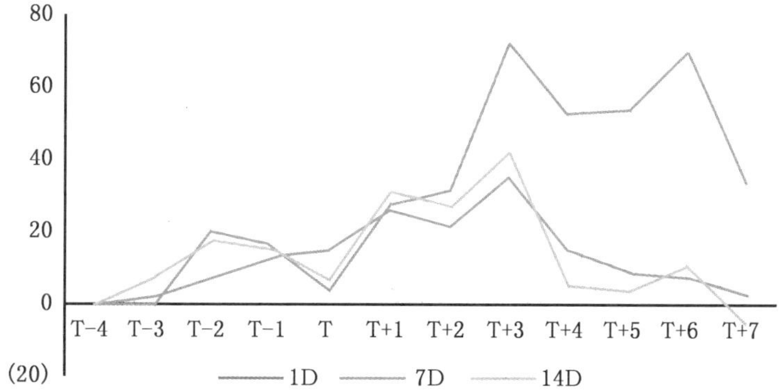


**图 6—6　2018 年税期资金价格(R)累计变动 BP 数**

况下，可以对税期资金价格走势在方向以及幅度上有比较明朗的判断，从而帮助融资方更好地应对税期的流动性变化，预先规划头寸。

## 二、银行负债端管理能力度量与融资成本归因分析

在前文完成月度的资金市场自上而下的研判之后，这里需要对融资方资金拆借的能力进行一个合理的度量。主要从两个方面去考察：一是从资金拆借的价格上去考量；二是以拆借体量上限去考量。最后，综合价格和数量金额，并应用 Brinson 归因模型，对融资方的资金拆借能力进行完备地评估。

### （一）银行回购利率分析

作为融资主体，由于银行质押式回购的期限各有不同，我们将历史融资方的成交数据进行统计分析，以月为周期，按隔夜、7D、14D、14D 以上进行分类汇总，得出融资方各期限加权资金价格。其中，期限的分类标准如下：

隔夜：1～3 天，考虑到跨周末时，虽然实际的资金占用天数为 3 天，其市场价格仍以隔夜为参考，且上限均为 SLF 1D 3.4%。

7D：4～7 天，考虑到 4 天以上、7 天以下的资金基本以 SLF 7D 3.55%为上限。

14D 与 14D+:8～14 天与 14 天以上作为长期资金的分类标准。

回购利率可以从两个维度去分析:一个是从单个期限的价格与市场进行对比;另一个维度则是从加权价格的角度与市场进行对比。关于加权价格的计算有一点需要特别说明,由于成交量为权重得出的资金成本未考虑各个期限实际的资金占用天数,比如某账户在 2017/1/1 拆借了一笔 1 亿元的 7D,价格为 3.4%的资金,在计算全年资金成本时,需要考虑到这笔 7D 期限的资金对账户的存量杠杆不只是在交易发生日当天存在影响,而是会有持续 7 天年化 3.4%的利息支出,故在计算账户整体的资金成本时,需要考虑期限的因素。

从历史数据中我们往往能发现,当融资方是中小行时,拆借价格与市场的加权价通常在货币政策收紧的周期中会有固定正差值,而在货币政策放松的周期中呈现出双方价格基本一致的情况。此差值可以作为预设参数,在之后的月度资金头寸管理中起到预测融资方月度资金成本的作用。

**(二)银行回购量分析**

对融资方回购量的分析则主要研究在不同货币政策环境下,融资方所能承载的最大单日融资量以及最大单日短期限资金融资量。具体计算方式如下:

(1)汇总历史不同时期每日隔夜的拆借总量。

(2)计算隔夜拆解量在不同区间里的天数占比,以及累计占比。

(3)绘制隔夜拆解量散点图,以及隔夜拆解量天数占比柱状图以及累积折线图。

以下就某融资方 2017～2018 年 4 月的历史拆借数据为例,衡量该融资方的融资能力。

表 6—15 中统计了融资方从 2017/1/1～2018/4/30 区间,每日达到不同隔夜拆借量区间的天数占比以及累计天数占比。从中可以发现,该融资方大多数天数中单日隔夜拆借量可以达到 60 亿～100 亿元,其中以 80 亿～90 亿元这个区间最多;从累计天数占比可以发现,只有 9%以下

的天数是不能达到30亿元以上的隔夜拆借量，在78%的天数中能拆借90亿元以下，只有10%的天数中能拆借100亿元以上。

图6—7绘制了每日隔夜拆借量的散点图，方便分析者更加直观地观察历史上不同时期的单日隔夜拆借最大值。从图中我们能得出，该融资方的平均单日隔夜拆解量在70亿元左右，在资金宽松时期单日隔夜融入可达120亿元，资金紧张时期单日隔夜融入在20亿元左右，普遍出现在月末、季末、税期。

表6—15 隔夜拆借分布统计

| 隔夜拆解量区间(亿元) | 天数占比 | 累计占比 |
|---|---|---|
| 0～10 | 2.3% | 2.3% |
| 10～20 | 2.0% | 4.4% |
| 20～30 | 4.7% | 9.0% |
| 30～40 | 3.2% | 12.2% |
| 40～50 | 2.3% | 14.5% |
| 50～60 | 7.3% | 21.8% |
| 60～70 | 17.4% | 39.2% |
| 70～80 | 18.6% | 57.8% |
| 80～90 | 19.8% | 77.6% |
| 90～100 | 11.6% | 89.2% |
| 100～100$^{+}$ | 101.8% | 100.0% |

## (三)银行负债端资金成本归因分析

负债端的归因分析方法，这里采用了Brinson业绩归因模型，将融资方的资金成本与市场的资金成本之差归结为结构因素和占比因素。

1. 负债端成本的归因分析

引用负债端成本的业绩归因，我们通过将我方拆借资金的加权价格与市场加权价格之差，拆解成占比原因与价格原因。其中，各期限占比原因=(我方该期限成交占比－市场该期限成交占比)×(市场该期限价格

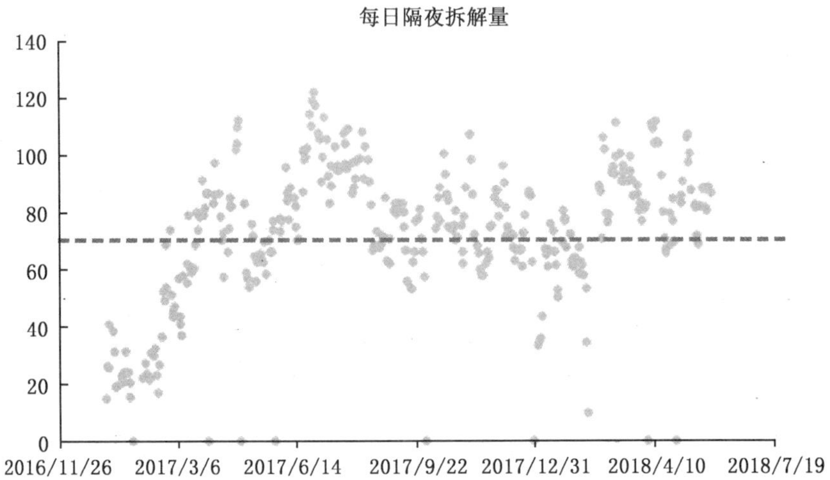


**图 6—7 隔夜拆借散点图**

—市场加权价格)；各期限价格原因＝(我方该期限价格—市场该期限价格)×我方该期限占比。我方资金的加权价格与市场加权价格之差即等于各期限占比贡献与期限贡献之和。数学化的表示方法如下：将资金期限划分为隔夜、7D 以及其他。隔夜为 1D，7D 为 2—7D，其他为 7D 以上。

**表 6—17 负债端成本的归因分析**

| 代号 | 说 明 |
|---|---|
| ASi | 我方每天借入资金的结构，即期限占比(例如：隔夜占比、7D 占比) |
| APi | 我方每天借入的各期限价格 |
| SSi | 市场每天成交资金的结构，即期限占比(例如：隔夜占比、7D 占比) |
| SPi | 市场每天成交的各期限价格 |
| CSi | 结构差值因素＝∑[(SPi－SPtotal)×(ASi－SSi)] |
| CPi | 价格差值因素＝∑[ ASi×(APi－SPi) ] |
| C | 资金成本总差值因素＝∑CPi＋∑CSi |

以下就某融资方 3 月份的资金拆借情况进行归因分析范例说明。某金融机构融资方运用以上归因分析方法，其 3 月份的资金成本归因分析

如图 6—8 所示：

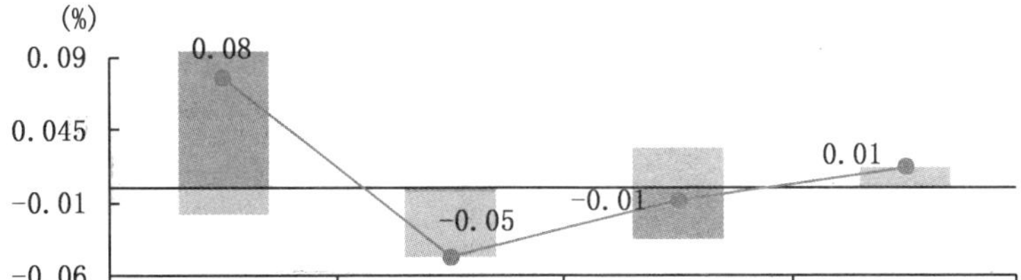


| | O/N | 7D | 14D | 14D+ |
|---|---|---|---|---|
| 占比贡献 | -0.02% | -0.05% | 0.03% | 0.01% |
| 价格贡献 | 0.09% | 0.00% | -0.04% | 0.00% |
| 总贡献 | 0.08% | -0.05% | -0.01% | 0.01% |

**图 6—8　各期限价格与成交占比贡献度**

综合占比和价格两个因素，该融资方上月加权资金价格比市场高 3bps。使差距扩大的主要原因是隔夜的价格因素，其次是 14D 的占比因素。另一方面，7D 的占比贡献和 14D 的价格贡献使得差距缩窄。具体分期限来看：

隔夜：该融资方隔夜占比高于市场，但由于价格较市场有 11bps 的差距，使得隔夜期限对加权的价格拉动影响是负面的。

7D：该融资方 7D 成交占比低于市场，对市场基准来说，7D 期限价格为 3.33%，显著高于市场加权价格 2.9%，故低于市场的成交占比对该融资方整体的加权价格影响是正面的。

14D：该融资方 14D 成交价格为 3.94%，市场为 4.59%，价格贡献是正面的，但成交占比略高于市场。综合来看，对该融资方整体的加权价格影响偏正面。

14D＋：该融资方 14D 以上期限成交价格与市场几乎一致，故价格贡献为 0，占比略高于市场，且市场 14D＋期限价格显著高于加权价格 2.9%，故占比贡献对加权价格影响是负面的。

## 三、银行负债端融资策略

在前文中我们从宏观和微观两个角度预判了下一阶段的资金面情况，并从价格、期限、体量等方面合理度量了融资方在不同市场环境下的资金拆借能力。这里需要将前文所述综合，最后得出一个合理且低成本的负债端融资策略，以便融资方更加有预防性地管理好资金拆借头寸。

以下就某融资方作为范例，进行负债端管理策略的演示。

### （一）月度头寸分布情况

首先我们要在月末得到下月的头寸分布图，了解当月的回购到期情况，该数据在每月最后一天所有资金交易完成后即可获得。

以下为某融资方在月末交易完毕之后得到的次月头寸到期分布情况图。由图6—9中可以发现，全月来看，该融资方在月初的资金到期压力较大，单日最大到期额达到25亿元以上，存量资金的成交期限也基本在14D以内，所以在下旬暂时没有资金到期压力。

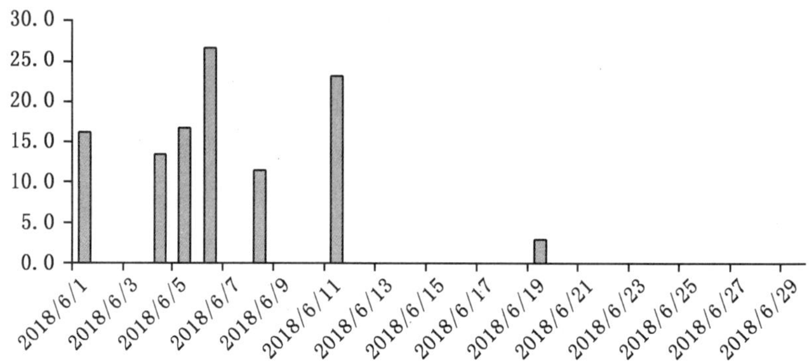


图6—9　某融资方全月头寸分布情况

### （二）资金拆借策略制定

通过以上对资金市场的预判，辅以银行拆借能力的度量和检测，提出月度以及周度频率的资金拆借策略，在保证头寸安全的情况下降低资金成本。

资金策略制定的要求如下：

(1)单日拆借总量不应超过融资方的能力最大值，月中预判资金紧张时期应适度调低资金总拆借量，如税期、月末、季末。

(2)单日隔夜拆借量的上限值将服从历史隔夜拆借量的分布，呈现月初、下旬量大，中旬、月末量小的特征。

(3)7D与14D等长期限资金的月内配比，以达到月度资金成本目标而定。

(4)各期限价格上限以融资方历史各期限与市场差值均值为准。

综合以上要求，以及前期对资金价格、拆借能力等全方位分析，即可得出以下资金拆借策略。

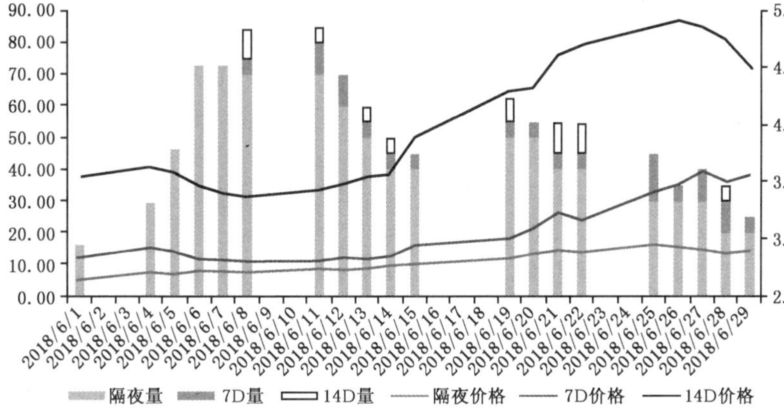


**图6—10　月度资金策略**

由于实际执行策略与预期策略会有差异，但是融资方的资金价格上限是确定的：保证与资产端成本不倒挂，比如融资方持券加权票面利率3.5%，那么该融资方的融资成本上限即是3.5%，一般目标融资成本是资产端票面利率减去一个相对公允的利差水平。为了更清晰地判定隔夜与7D期限单日拆借上限量对全月资金成本的影响，我们可以将两者作为变动参数，用敏感性分析的方法，得出全月目标融资成本和与之对应的隔夜、7D上限提升值，以观察目前资金拆借的优化提升空间。

**表 6—18　　资金拆借的优化提升空间　　单位:亿元**

| 加权资金成本 | | 隔夜上限值提升 | | | | | |
|---|---|---|---|---|---|---|---|
| | | —5 | 0 | 5 | 10 | 15 | 20 |
| 7D 上限值提升 | —5 | 3.20 | 3.18 | 3.16 | 3.15 | 3.13 | 3.11 |
| | 0 | 3.12 | 3.11 | 3.09 | 3.08 | 3.06 | 3.04 |
| | 5 | 3.06 | 3.04 | 3.03 | 3.03 | 3.01 | 2.99 |
| | 10 | 3.00 | 2.99 | 2.99 | 2.98 | 2.96 | 2.94 |
| | 15 | 2.96 | 2.96 | 2.95 | 2.94 | 2.92 | 2.90 |
| | 20 | 2.94 | 2.93 | 2.93 | 2.92 | 2.90 | 2.88 |

另外,随着时间的推移,把当月实际发生的资金成本交易更新进资金拆借模型中,我们可以得出剩余天数中的头寸分布情况,及时调整头寸管理策略,并得出在要完成全月成本目标的情况下,长期限资金的最大拆借量。比如,在 2018 年 7 月 19 日已完成资金交易的情况下,根据融资方的拆借能力,以及对下旬资金面的预判,可以得出下旬的头寸管理策略。在已知单日隔夜占比基本在 85%左右,全月拆借成本以控制在 2.8%以下为目标,后半月加权成本在最悲观预期下应控制在 3.12%以下。14D 期限资金的占比不得超过 6%,在单日平均 70 亿元拆解量的情况下,14D 等长期限资金平均不宜超过 5 亿元。

**表 6—19　　调整头寸管理策略**

| | 占比 | 悲观(20bps)价格 | 中性价格 | 乐观(—20bps)价格 |
|---|---|---|---|---|
| 隔夜 | 85% | 2.84 | 2.64 | 2.44 |
| 7D | 9% | 3.07 | 2.87 | 2.67 |
| 14D | 6% | 3.42 | 3.22 | 3.02 |
| 下旬成本 | 100% | 3.12 | 2.92 | 2.72 |
| 全月成本 | | 2.80 | 2.73 | 2.67 |

以上便是我们开发设计的银行负债端融资策略制定的主要思路和操

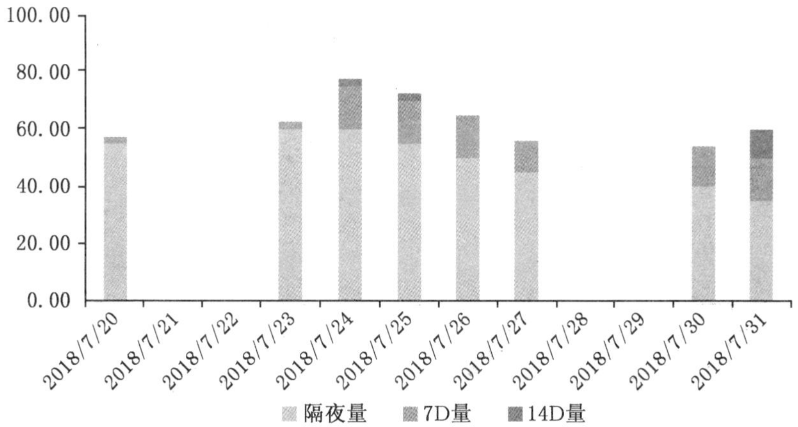


**图 6—11　下旬资金策略**

作过程。由于试运行时间较短，仍有进一步优化的空间。例如，更高频的跟踪日度拆借情况提高头寸管理精度、利用添加限制条件的规划求解等方法，以提高利率预测准确性和资金策略制定的前瞻性和有效性。

# 第七章　资产负债与金融风险管理案例研究

本章以案例研究的方式探讨两个相关主题：一是基于久期缺口的资产负债管理，以国家开发银行为例，主要涉及利率风险；二是基于资产配置策略的金融风险管理，以中信泰富衍生品交易风险为例，主要涉及外汇风险。

## 第一节　基于久期缺口的资产负债管理：国开行案例分析

本案例围绕国家开发银行（简称国开行）的资产负债结构，通过缺口分析、久期分析等量化分析工具，探讨其所面临的利率风险及其应对举措。国开行作为中国最具影响力的国家政策性银行，其资金来源大部分来自债券融资，而中长期固定利率债券由于其久期效应，其价值对利率的变化比较敏感，通过负债端的久期管理，以防范利率风险，不仅对银行等金融机构意义重大，而且对非金融企业的债务风险管理亦具有启发和借鉴价值。

### 一、案例背景简介

国家开发银行的前身系成立于 1994 年 3 月 17 日的国有政策性金融机构。经国务院批准，国家开发银行开启商业化银行改制，于 2008 年 12 月 11 日整体改制为国家开发银行股份有限公司，财政部和中央汇金投资公司共同发起设立。2017 年，国开行重新回归开发性银行定位，“国家开发银行股份有限公司”名称变更为“国家开发银行”，组织形式由股份有限公司变更为有限责任公司。

国开行以“增强国力、改善民生”为使命，致力于服务国家经济重大中长期发展战略，发挥中长期投融资和综合金融服务优势，筹集和引导社会资金，支持基础设施、基础产业和支柱产业、公共服务和管理等经济社会发展领域，新型城镇化、城乡一体化及区域协调发展领域，传统产业转型升级和结构调整以及节能环保、高端装备制造等提升国家竞争力领域，保障性安居工程、扶贫开发、助学贷款、普惠金融等增进人民福祉领域，科技、文化、人文交流等国家战略需要的领域，“一带一路”建设、国际产能合作和装备制造合作、基础设施互联互通、能源资源、中资企业“走出去”等国际合作领域，配合国家发展需要和国家经济金融改革的相关领域。

国开行财务概况。截至2016年年末，该行资产总额143 405.00亿元，同比增长13.64%。贷款是该行的核心资产，2016年年末发放贷款及垫款净额98 941.73亿元，同比增长11.60%，其中，人民币贷款净额81 107.21亿元，同比增长12.80%；外币贷款净额折合人民币17 834.52亿元，同比增长6.48%。

截至2016年年末，该行负债总额131 777.80亿元，同比增长14.10%。债券是该行最主要的融资来源，2016年年末已发行债务证券余额78 985.21亿元，同比增长7.32%，占总负债的59.94%。

**表7—1**　　**国开行核心财务数据(2016)**　　单位:人民币10亿元

| 本集团 | 2016年 | 2015年 | 2014年 | 2013年 | 2012年 |
|---|---|---|---|---|---|
| 总资产 | 14 340.50 | 12 619.70 | 10 317.00 | 8 197.20 | 7 534.90 |
| 贷款余额 | 10 318.10 | 9 206.90 | 7 941.60 | 7 148.30 | 6 417.60 |
| 不良贷款率 | 0.88% | 0.81% | 0.65% | 0.48% | 0.30% |
| 贷款拨备率 | 4.11% | 3.71% | 3.43% | 3.05% | 2.82% |
| 总负债 | 13 177.80 | 11 549.40 | 9 636.20 | 7 627.80 | 7 025.10 |
| 已发行债务证券余额 | 7 898.50 | 7 359.50 | 6 353.60 | 5 840.60 | 5 302.20 |
| 债券融资占总负债比例 | 59.9% | 63.7% | 65.9% | 76.6% | 75.5% |
| 债券融资占总资产比例 | 55.1% | 58.3% | 61.6% | 71.3% | 70.4% |

续表

| 本集团 | 2016年 | 2015年 | 2014年 | 2013年 | 2012年 |
|---|---|---|---|---|---|
| 资产负债率 | 91.89% | 91.52% | 93.40% | 93.05% | 93.23% |
| 股东权益 | 1 162.70 | 1 070.30 | 680.8 | 569.4 | 509.9 |
| 资本充足率 | 11.57% | 10.81% | 11.88% | 11.28% | 10.92% |
| 净利润 | 109.7 | 102.8 | 97.7 | 80 | 63.1 |
| 利息净收入 | 136.1 | 158.4 | 178.7 | 171.5 | 154.4 |
| 平均资产收益率 | 0.81% | 0.90% | 1.06% | 1.02% | 0.92% |
| 平均股东权益收益率 | 9.82% | 11.74% | 15.63% | 14.82 | 13.21% |

## 二、案例描述：国开行的金融风险管理体系

### （一）金融风险管理策略

国开行（集团合并报表口径）的经营活动面临各种金融风险，该行在经营过程中对这些金融风险及其组合进行识别、分析、监控和报告。承受风险是金融业务的核心特征，开展业务也不可避免地面临经营风险，因此国开行的目标是力求保持风险和回报的平衡，并尽可能减少风险因素对财务业绩的潜在不利影响。

国开行主要以发行不同期限的固定利率和浮动利率债券筹集资金，并将资金运用于“两基一支”中长期项目贷款以获得利差。在国内，中国人民银行负责制定各项存贷款业务的基准利率。国开行根据自身资产负债管理需求及用款需要力求在市场允许的情况下通过发行不同品种的债券，尽可能降低资金成本以增加利润。

因风险管理及应客户需要，国开行进行了一些相对简单的衍生金融工具交易，包括货币远期、货币和利率互换和利率下限期权等。

国开行的风险管理政策设定了适当的风险限额和控制手段，并通过可靠和及时的信息系统来监测风险和限额的执行情况，用以识别和分析此类风险。国开行定期审阅风险管理政策和系统，及时跟踪反映市场、产

品的变化，并引入最佳实践以不断完善风险管理。

国开行面临的主要金融风险类型包括信用风险、流动性风险及市场风险。

### （二）信用风险

国开行所面临的信用风险是指客户或交易对手的违约给其带来可能的潜在损失的风险。信用风险是国开行业务面临的最重要风险，因此管理层对信用风险暴露谨慎管理。信用风险主要产生于形成贷款和应收款项的信贷业务，以及对债权性投资和衍生等资金业务。表外金融工具如贷款承诺及其他信用承诺也存在信用风险。

国开行按照银监会发布的内部评级体系相关监管指引，结合国开行业务特色建立了信用评级体系，包括评级方法、政策、流程、管理、数据收集、IT 支持系统等。该体系为二维信用评级体系，即包括预测客户违约概率的客户信用评级和评估客户违约后债项损失率的债项信用评级。同时，为了保证评级的准确与全面，还制定了国家评级、主权评级、地方政府评级、地区评级和行业评级等的标准。

1. 信用风险的计量

对于“发放贷款和垫款”的信用风险计量，国开行基于银监会制定的《贷款风险分类指引》管理贷款质量。该指导原则将贷款分成 5 个资产质量等级，即正常、关注、次级、可疑和损失，其中分类为次级、可疑和损失类的贷款被认定为不良贷款。

正常：借款人能够履行合同，没有足够理由怀疑贷款本息不能按时足额偿还。

关注：尽管借款人目前有能力偿还贷款本息，但存在一些可能对偿还产生不利影响的因素。

次级：借款人的还款能力出现明显问题，完全依靠其正常营业收入无法足额偿还贷款本息，即使执行担保，也可能会造成一定损失。

可疑：借款人无法足额偿还贷款本息，即使执行担保，也肯定会造成较大损失。

损失:在采取所有可能的措施或一切必要的法律程序之后,本息仍然无法收回,或只能收回极少部分。

国开行以风险为基础评估资产质量,分类方法采用上述贷款质量分类定义、信用评级及损失事件判断相结合的原则。分类综合考虑定量与定性因素,考虑各类财务因素、非财务因素、行业地区差异以及国开行自身管理水平等对资产风险水平的影响。国开行对信贷资产质量实施动态管理,定期审阅信贷资产质量,由信贷管理局和国际金融局集中监控,并定期向管理层报告。

对于"债权性投资及衍生金融工具"的信用风险计量,国开行依据内部评级,并参考标准普尔评级或者其他类似外部评级来管理债权性投资的信用风险暴露。投资于这些债务工具是在获得较好信用质量资产的同时,保持充裕的流动性以满足资金需求。国开行将衍生金融工具的信用风险纳入对客户及对手方的统一授信管理中。

对于"贷款承诺、开出保函、开出信用证和银行承兑汇票"的信用风险计量,与贷款的管理方法一致,国开行通常使用五级分类制度和内部评级体系来管理贷款承诺、开出保函、开出信用证和银行承兑汇票的信用风险。

2. 信用风险限额控制和缓释政策

国开行对所有可识别的信用风险进行限额管理和集中度控制,特别是单个交易对手和集团,以及行业和地理区域。

国开行已建立相应的限额管理体系,对单个法人客户和集团客户进行综合授信管理,对行业和分支机构开展经济资本配置,同时设立国家限额。国开行定期监控上述风险水平的状况,并定期上报风险管理行长办公会审阅。

对任何单个客户的授信额度将进一步细分到表内和表外业务的每一个品种,并且每天对资金业务交易及非交易组合的风险限额进行更新。同时,对于限额使用的实际情况也进行定期监控。

国开行制定和执行严格的贷款发放程序并逐步完善信用风险管理流

程，通过对现有和潜在客户偿还本息能力的定期分析对信用风险暴露进行管理。同时，获取抵质押物以及取得担保亦是国开行管理信用风险的方式。

其他具体的控制及信用风险缓释措施如下：

对于“抵质押物”，国开行制定了一系列信用风险缓释的政策和措施，最为普遍采用的，也是最传统的措施是要求借款人提供抵质押物。国开行对具体特定抵质押物的可接受性或信用风险缓释程度制定了操作指引，并定期审阅抵质押物评估结果。

抵质押物主要为权利及商业资产，例如收费权、房地产、土地使用权、权益证券、现金存款以及机械设备。除发放贷款和垫款之外的其他金融资产的抵质押物，由金融工具本身的性质决定。通常情况下，除以金融工具组合提供信用支持的资产支持性证券或类似金融工具外，债券、国债和其他合格票据没有担保。

对于“信贷相关承诺”，信贷相关承诺的主要目的是确保客户能够获得所需的资金。财务保函及开出信用证做出了不可撤销的保证，即国开行将在客户无法履行其对第三方的付款义务时代为支付，国开行承担与贷款相同的信用风险。在一些情况下，国开行会收取保证金以减少提供该项服务所承担的信用风险。保证金金额依据客户的信用能力按承诺金额的一定百分比收取。

信贷相关承诺是指已授信但未发放的贷款、银行承兑汇票、保函和信用证等。国开行面临的潜在信用风险总金额为全部未使用的信用承诺总和。然而，由于绝大多数信用承诺的履行取决于客户是否保持特定的信用等级，国开行实际承受的该潜在信用风险金额要低于全部未使用的信贷相关承诺总金额。由于长期信贷承诺的信贷风险通常高于短期信贷承诺，国开行对信贷承诺到期状况进行监控。

### 3. 减值及准备金计提政策

年末资产负债表中列报的减值准备是以资产质量分类为基础确定的。这种分类协助管理层分析判断是否存在会计准则所规定的减值客观证据。

国开行的政策规定至少按季对于单项金额重大的金融资产进行审阅，当然，如有特殊需求，审阅可以更加频繁。对全部单项金额重大的资产，单项评估的减值准备是通过逐项评估已发生损失而确定的。评估对象通常涉及国开行持有的抵质押物以及其他可变现资产的预期可回收金额。

组合评估包括：单项金额不重大且具有同质性的资产组合；以及单项金额重大的已发生但尚未被识别的损失，通过运用可获得的历史经验、经验判断以及统计技术进行评估。

**（三）市场风险**

市场风险是指因市场价格（利率、汇率、股票价格和商品价格）的不利变动而使银行表内和表外业务发生损失的风险。国开行面临的市场风险主要包括银行账户与交易账户的利率、汇率风险。

国开行市场风险管理的目标是将市场风险管理控制在一个可接受的范围内，以取得理想的风险回报，其目的是确保国开行能在一个合理的市场风险水平下安全稳健地运作，并且承担与国开行市场风险管理能力和资本承受能力相匹配的市场风险。

国开行按照董事会及其所属委员会授权的风险限额来管理市场风险。风险管理行长办公会及资产负债管理委员会监督整体市场风险，通过定期举行会议并审阅风险监控报告，确保各种市场风险的有效管理。

**1. 交易账户与银行账户的划分及管理**

国开行面临的市场风险主要存在于交易账户与银行账户中。交易账户是指为交易目的或对冲其他项目的风险而持有的可以自由交易的金融工具和商品头寸。银行账户是指为非交易目的而持有，表内外所有未划入交易账户的投资组合或业务合约。

交易账户和银行账户的市场风险由风险管理局和资金局在各自的职责范围内进行管理和监控。其中，风险管理局负责全面风险管理，并定期向风险管理行长办公会提交市场风险报告；资金局是本行资产负债管理职能归口部门，其中包括银行账户汇率风险和利率风险管理，定期向资产负债管理委员会提交银行账户汇率风险和利率风险管理报告。

市场风险通过限额管理、市值重估、久期分析、缺口分析、敏感性指标等方式进行控制。

对交易账户，国开行采用交易限额控制、风险限额控制、止损限额控制、敏感性分析等手段跟踪控制各类风险状况。国开行采用压力测试对发生极端情况时可能造成的潜在损失进行模拟和估计，识别最不利的情况。针对金融市场变动，国开行不断调整和完善交易账户压力测试情景和计量方法，捕捉市场价格和波动率的变化对交易市值影响，提高市场风险识别能力。国开行考虑市场风险的各项风险管理能力和资本承受能力等因素设定相关限额，同时针对每个风险类别、交易组合设定合适的风险限额。风险管理局负责交易账户各类市场风险敞口的识别、计量、监控和报告。

对银行账户，国开行主要通过对汇率风险、利率风险的敏感性分析，全面监控市场风险状况。其中，风险管理局通过市值重估、久期分析等方式向风险管理行长办公会报告风险计量情况；资金局使用包括缺口、敏感性和在险收益（EaR）法等方法对利率风险和汇率风险进行准确识别、计量，并按季度向资产负债管理委员会递交资产负债分析报告。

2. 利率风险管理

银行账户利率风险是指利率水平、期限结构等要素发生不利变动而导致银行账户整体收益和经济价值遭受损失的风险。

国开行在中国大陆地区的各项业务须执行中国人民银行的利率规定。中国人民银行对人民币基准利率作出了规定，允许金融机构根据商业原则自主确定贷款利率水平。一般而言，同一币种、相同期限的生息资产和付息负债的利率同向变动。

银行账户利率风险管理主要从收益和经济价值两个角度评价利率变化对经营的影响，综合运用缺口分析、久期分析、基点价值分析、净利息收入模拟法等，通过主动调整资产负债结构及对冲交易等工具进行银行账户利率风险缓释。交易账户的利率风险主要通过各种利率限额及敏感性分析、分币种的风险敞口分析、盯市和盈亏分析进行管控。

在计量和管理利率风险方面，国开行定期计量利率重定价缺口、久期等指标，评估在不同利率情景（模拟模型）下净利息收入和净市值对利率变动的敏感性。

3. 汇率风险管理

国开行承担外币汇率变动产生的汇率风险，该风险将影响其财务状况和现金流量。国开行的大部分业务是人民币业务，此外有美元、欧元、日元和其他小额外币业务。通过购买货币互换合约，国开行的汇率风险主要集中在美元。2016 年度，人民币对美元汇率贬值 0.443 4 元/1 美元（2015 年度贬值 0.374 6 元/1 美元）。

国开行主要通过外汇敞口、汇率敏感性分析和在险收益（EaR）法等衡量汇率变化对银行经营的影响，并通过主动调整资产负债币种结构及对冲交易等工具进行汇率风险缓释。

**（四）流动性风险**

流动性风险是指国开行虽有清偿能力，但无法及时以合理成本获得充足资金以应对资产增长或支付到期债务的风险。流动性风险可能造成无法履行偿还债权人、存款人的义务以及无法按照承诺提供贷款资金的后果。

国开行建立一整套流动性管理政策和模式，包括对未来各期限内现金流的定期预测监控、压力测试分析以及应急计划等，有效规避流动性风险。

2016 年，国开行继续通过发行金融债券以满足融资要求。根据银监会的批复文件，国开债的债信长期视同政策性金融债的债信，使本行能够通过在市场上以国家信用发行新债的方式持续融资。

1. 流动性风险管理的目标和流程

国开行面临各类日常现金提款的要求，其中包括活期存款、到期的定期存款、偿还债券、贷款发放、履行担保及其他现金结算的衍生金融工具的付款要求。

将资产负债到期日错配和现金流错配控制在合理范围内是国开行流

动性风险管理的重要目标。由于业务具有不确定的期限和不同的类别，国开行保持资产和负债项目的完全匹配是不现实的。未匹配的头寸可能会提高收益，但同时也存在产生损失的风险。国开行努力将未匹配的资产负债头寸控制在合理范围内。

资产负债管理委员会是流动性风险的管理机构，资金局是流动性风险的具体归口管理部门。国开行的流动性管理流程包括：

(1)预测主要货币的现金流，并相应考虑流动资产的水平；

(2)监控资产负债流动性缺口；

(3)管理债务到期日的集中度和特征；

(4)维持债务融资计划。

国开行因其能够通过在市场上发行新债的方式进行再融资以补充流动性，无需持有满足所有付款要求的流动性。此外，根据历史经验，相当一部分到期的负债，如定期存款，并不会在到期日提走，而是继续留存该行；但为确保应对不可预见的资金需求，国开行保持了适度规模的高流动性资产。

通常情况下，国开行并不认为第三方会按担保或开具的信用证所承诺的金额全额提取资金，因此提供担保和开具信用证所需的资金一般会低于所承诺的金额。同时，部分信用承诺可能因过期、中止或达不到约定的放款条件而无须实际履行，因此信用承诺的合同金额并不必然代表未来所需的全部资金需求。

2. 金融工具流动性分析

国开行定期审阅流动性来源，以保持流动性提供方、产品、期限、币种和地域的分散性。国开行的融资政策是力图通过保持债务资本市场的参与及对债务资本市场的经常性回报，以达到融资需求和投资者需要的长期健康平衡，进而达到根据不同的融资方案获取所需资金的目的。国开行通过发行固定利率或者浮动利率债券满足各年度融资需求。这些债券可能嵌入选择权，以便国开行或者债券持有人在债券到期之前赎回。但是，嵌入选择权的债券仅占国开行发行债券中的很少部分。

### (五)金融资产和金融负债的公允价值

金融工具公允价值的最佳证据是相同资产或负债在活跃市场上未经调整的报价。当无法从活跃市场上获取报价时,国开行通过估值技术来确定金融工具的公允价值。估值技术将最大限度地运用可观测到的市场数据,同时尽可能少地依赖国开行自身数据,即国开行所采用的估值技术将综合考虑市场参与者在定价过程中能参考的所有因素,并与公认的金融工具定价经济理论保持一致。

国开行划分为第一层次的金融工具主要包括在交易所交易的证券及基金,采用相同资产在活跃市场中的报价计量(未经调整)。

国开行划分为第二层次的金融工具主要包括证券投资、衍生合约、指定为以公允价值计量且其变动计入当期损益的保本理财产品投资资产及保本理财募集资金等。人民币债券的公允价值按照中央国债登记结算有限责任公司的估值结果确定,外币债券的公允价值按照彭博的估值结果确定。衍生合约采用折现现金流法和布莱尔—斯科尔斯模型等方法对其进行估值。保本理财产品投资资产及保本理财募集资金采用折现现金流法对其进行估值。所有重大估值参数均为市场可观察。

国开行划分为第三层次的金融工具主要为国开行持有的某些未上市股权,管理层使用估值技术确定公允价值。相关的估值技术主要包括现金流折现法、净资产法、可比公司法。

上述公允价值的计量采用了对估值产生重大影响的不可观察参数,这些参数主要包括国开行和交易对手的信用风险、加权平均资本成本、永续增长率、流动性折扣、市场可比公司倍数等。

### (六)资本管理

国开行进行资本管理时的资本概念比资产负债表中的“权益”项目更为广泛,其目的主要是:

(1)满足国开行经营所在地银行监管机构设定的资本要求;

(2)保证国开行持续经营能力,以便能够持续为股东提供回报;

(3)保持雄厚的资本基础以支持业务发展。

国开行管理层基于巴塞尔委员会的相关指引,以及银监会的监管规定,实时监控资本的充足率和监管资本的运用情况。国开行每季度向银监会上报所要求的资本信息。

## 三、案例分析:利率风险的久期缺口分析与债务结构优化

### (一)利率敏感性(利率重置)缺口分析

按合同利率重定价日和到期日中较早者分类,国开行各项金融资产及金融负债利率风险敞口分布以账面价值如表 7—2 所示:

**表 7—2　国开行利率重置缺口**　单位:人民币百万元

| 本集团,2016/12/31 | 3 个月以内 | 3～12 个月 | 1～5 年 | 5～10 年 | 10 年以上 | 非生息 | 合计 |
|---|---|---|---|---|---|---|---|
| 金融资产: | | | | | | | |
| 现金及存放中央银行款项 | 275 361 | 0 | 0 | 0 | 0 | 108 | 275 469 |
| 存放同业款项 | 632 419 | 21 315 | 0 | 0 | 0 | 33 119 | 686 853 |
| 拆出资金 | 145 403 | 17 260 | 0 | 0 | 0 | 0 | 162 663 |
| 以公允价值计量且其变动计入当期损益的金融资产 | 112 309 | 132 696 | 15 829 | 929 | 79 | 913 926 | 1 175 768 |
| 衍生金融资产 | 0 | 0 | 0 | 0 | 0 | 25 486 | 25 486 |
| 买入返售金融资产 | 673 982 | 6 321 | 91 | 0 | 0 | 0 | 680 394 |
| 发放贷款和垫款 | 4 801 380 | 3 041 957 | 110 215 | 245 551 | 1 695 070 | 0 | 9 894 173 |
| 可供出售金融资产 | 217 762 | 242 213 | 91 336 | 55 345 | 3 265 | 16 164 | 626 085 |
| 持有至到期投资 | 0 | 200 | 936 | 0 | 0 | 0 | 1 136 |
| 应收款项类投资 | 254 | 2 632 | 257 469 | 320 734 | 0 | 0 | 581 089 |
| 其他金融资产 | 8 297 | 1 494 | 2 | 0 | 0 | 44 142 | 53 935 |
| 金融资产合计 | 6 867 167 | 3 466 088 | 475 878 | 622 559 | 1 698 414 | 1 032 945 | 14 163 05 |
| | | | | | | | |
| 金融负债: | | | | | | | |
| 同业及其他金融机构存放款项 | 154 022 | 2 306 | 2 052 801 | 0 | 0 | 3 262 | 2 212 391 |
| 向政府和其他金融机构借款 | 169 357 | 181 916 | 7 708 | 2 199 | 684 | 0 | 361 864 |

续表

| 本集团，2016/12/31 | 3个月以内 | 3～12个月 | 1～5年 | 5～10年 | 10年以上 | 非生息 | 合计 |
|---|---|---|---|---|---|---|---|
| 拆入资金 | 49 732 | 15 761 | 0 | 0 | 0 | 0 | 65 493 |
| 以允公价值计量且其变动计入当期损益的金融负债 | 50 303 | 78 475 | 0 | 0 | 0 | 139 | 128 917 |
| 衍生金融负债 | 0 | 0 | 0 | 0 | 32 150 | 32 150 | |
| 卖出回购金融资产款 | 5 259 | 3 419 | 3 911 | 0 | 0 | 0 | 12 589 |
| 吸收存款 | 1 975 888 | 97 082 | 91 501 | 6 104 | 6 297 | 1 620 | 2 178 492 |
| 已发行债务证券 | 1 175 802 | 1 417 550 | 2 621 323 | 2 024 432 | 659 414 | 0 | 7 898 521 |
| 其他金融负债 | 2 410 | 3 986 | 1 162 | 647 | 123 | 199 132 | 207 460 |
| 金融负债合计 | 3 582 773 | 1 800 495 | 4 778 406 | 2 033 382 | 666 518 | 236 303 | 13 097 877 |
| 利率重新定价缺口合计 | 3 284 394 | 1 665 593 | (4 302 528) | (1 410 823) | 1 031 896 | 796 642 | 1 065 174 |

我们根据实务操作惯例，将1年以内(含1年)到期或者进行利率重置(重定价)的资产负债界定为利率敏感性项目。因此，尽管剩余到期期限长于1年，但其在1年以内进行利率再调整的资产负债项目，分类为利率敏感性项目。利率敏感性缺口计算公式：

利率敏感性缺口($GAP_{RS}$)＝利率敏感性资产($RSA$)－利率敏感性负债($RSL$)

根据利率敏感性缺口，以及未来利率变动$\Delta r$，可以计算分析一个会计年度的净息差变动情况($\Delta NII$)。

净息差变动($\Delta NII$)＝利率敏感性缺口($GAP_{RS}$)×利率变动($\Delta r$)

显然，净息差变动与利率变动和利率敏感性缺口三者之间存在以下关系，如表7—3所示：

**表7—3　　利率敏感性缺口与净息差之间的关系**

| 利率敏感性缺口方向 | 利率变动对净息差的影响方向 | |
|---|---|---|
| | 利率上升 | 利率下降 |
| 正缺口 | ＋ | － |
| 零缺口 | 0 | 0 |
| 负缺口 | － | ＋ |

根据表 7－2 的数据显示，2016 年度国开行的利率敏感性缺口（$GAP_{RS}$）为 49 500 亿元，为正缺口，这意味着当处于利率上升期时，其当期净息差增加；反之亦然。

利率敏感性缺口的方向为我们判断净息差相对于利率变动的影响方向提供了方便，但其对净息差影响程度的具体数值的估计不够精确。为此，我们通过久期缺口进行计算分析。

### （二）利率期限结构分析

要计算久期，需要获取各类资产负债金融工具的利率，因此需要获取利率期限结构数据。各类资产和负债金融工具，由于其到期期限不同，所对应的利率也不同，在某个观察日将这些不同剩余期限的利率连接起来构成利率曲线。

1 年以内的利率曲线，我们采用 2016 年 12 月 31 的日 SHIBOR 利率曲线。中长端利率曲线，我们直接采用中债登的国开债到期收益率曲线。因为国开债是我国交易最活跃的债券品种，交易圈有“小国债”之称。

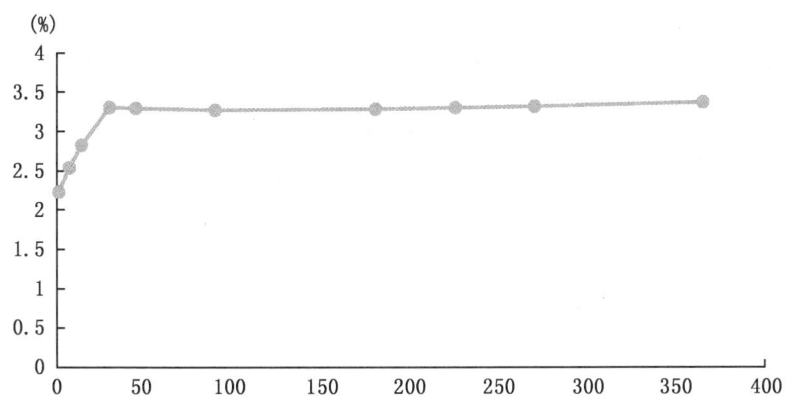


**图 7－1　SHIBOR 利率曲线（2016 年 12 月 31 日）**

以此利率曲线为基准，通过插值法，构建用于分析国开行各类资产负债利率参数，具体结果如表 7－4 所示：

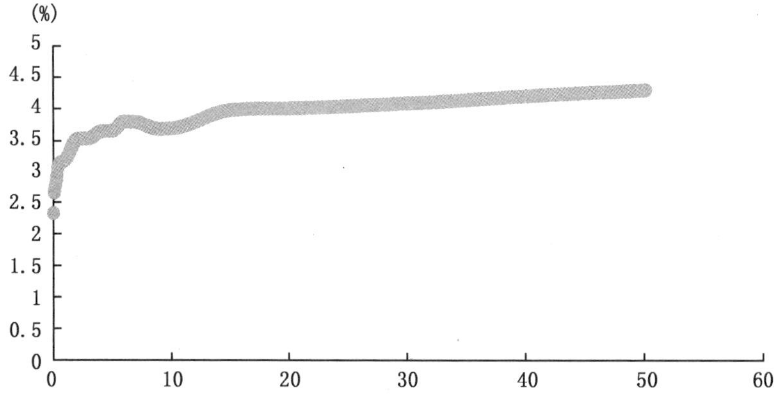


**图 7—2 国开债到期收益率 YTM 曲线(2016 年 12 月 31 日)**

**表 7—4　　国开行各类资产负债利率参数**

| 国开行<br>2016/12/31 | 3 个月以内 | 3～12 个月 | 1～5 年 | 5～10 年 | 10 年以上 |
|---|---|---|---|---|---|
| 剩余期限 | 0.125 | 0.625 | 3.000 | 7.500 | 20.000 |
| 到期收益率曲线<br>2015/12/30 | 3.023% | 3.225% | 2.642% | 3.144% | 0.038 |
| 到期收益率曲线<br>2016/12/31 | 3.298% | 3.303% | 3.522% | 3.759% | 4.003% |

### (三)久期缺口分析

久期是计算分析资产负债所面临的利率风险敏感度的常用指标,主要有两种表现形式,即麦考利久期(D)和修正久期($D^*$)。与剩余期限和投资回收期等常用指标不同,麦考利久期反映了资产或负债所产生的未来现金流的加权平均期限。一般而言,麦考利久期越大,则该项资产负债的价值对利率波动的反应程度也就越大;修正久期则更加直接地表示为资产负债针对利率微小变动下的价值百分比变化。

某项资产 $A_i$ 的麦考利久期($D_{Ai}$)可表示为:

$$D_{Ai}=\frac{\sum[t\times C_{At}/(1+r_i)^t]}{\sum C_{At}/(1+r_i)^t}$$

其中，$t$ 表示资产现金流产生的时间，$C_{At}$ 表示资产现金流的大小，$r_i$ 表示资产现金流的折现率(对应期限的到期收益率)。

其修正久期($D_{Ai}^*$)与麦考利久期之间的关系可表示为：

$$D_{Ai}^*=D_{Ai}/(1+r_i)$$

考虑一种简化的情形，假设资产收益率等于其到期折现率($c=r$)，在付息日($t/T=0$)，资产的麦考利久期可表示为：

$$D_{Ai}=\frac{(1+r_i)^T-1}{r_i\times(1+r_i)^{T-1}}$$

其中，$T$ 表示年化剩余期限。

根据久期的线性可加性，所有资产汇总而成的资产组合的麦考利久期($D_A$)可表示为：

$$D_A=(\sum A_i\times D_{Ai})/\sum A_i$$

同理，某项负债($L_i$)的麦考利久期($D_{Li}$)可表示为：

$$D_{Li}=\frac{\sum[t\times C_{Lt}/(1+r_j)^t]}{\sum C_{Lt}/(1+r_j)^t}$$

其中，$t$ 表示负债现金流产生的时间，$C_{Lt}$ 表示负债现金流的大小，$r_j$ 表示负债现金流的折现率(对应期限的到期收益率)。

所有负债汇总而成的负债组合的久期 $D_L$ 可以表示为：

$$D_L=(\sum A_j\times D_{Lj})/\sum A_j$$

根据以上计算公式，我们采取按期限分段计算的办法，计算出各期限下的麦考利久期和修正久期。

**表 7—5　　麦考利久期和麦考利修正久期**

| 国开行，2016/12/31 | 3个月以内 | 3～12个月 | 1～5年 | 5～10年 | 10年以上 |
|---|---|---|---|---|---|
| 剩余期限(年) | 0.125 | 0.625 | 3.000 | 7.500 | 20.000 |
| YTM麦考利久期D | 0.126 8 | 0.628 8 | 2.899 1 | 6.673 3 | 14.168 6 |
| YTM修正久期D* | 0.122 7 | 0.608 7 | 2.800 4 | 6.431 5 | 13.627 7 |
| 贷款麦考利久期D | 0.127 3 | 0.630 0 | 2.866 0 | 6.454 0 | 13.184 4 |
| 贷款修正久期D* | 0.122 0 | 0.603 7 | 2.736 1 | 6.152 5 | 12.568 6 |

以分期限久期参数为基础，对各类资产负债按照其在各期限结构下的金额为权重进行加权平均，得出各项资产负债类别的久期以及资产组合和负债组合的久期数据。

**表 7—6　　久期指数**

| 国开行，2016/12/31 | 麦考利久期缺口 DG | 修正久期缺口 D* G | 利率敏感性麦考利久期缺口 DGRS |
|---|---|---|---|
| 金融资产： | | | |
| 现金及存放中央银行款项 | 0.126 8 | 0.122 7 | 0.126 8 |
| 存放同业款项 | 0.143 1 | 0.138 6 | 0.143 1 |
| 拆出资金 | 0.180 1 | 0.174 3 | 0.180 1 |
| 以公允价值计量且其变动计入当期损益的金融资产 | 0.576 3 | 0.557 3 | 0.398 7 |
| 衍生金融资产 | 0.000 0 | 0.000 0 | 0.000 0 |
| 买入返售金融资产 | 0.131 8 | 0.127 6 | 0.131 4 |
| 发放贷款和垫款 | 2.880 1 | 2.581 2 | 0.321 5 |
| 可供出售金融资产 | 1.410 5 | 1.361 5 | 0.391 1 |
| 持有至到期投资 | 2.499 4 | 2.414 6 | 0.628 8 |
| 应收款项类投资 | 4.970 8 | 4.793 5 | 0.584 6 |
| 其他金融资产 | 0.203 9 | 0.197 4 | 0.203 4 |
| 资产久期： | 2.486 5 | 2.250 2 | 0.295 2 |
| | — | | |
| 金融负债： | | | |
| 同业及其他金融机构存放款项 | 2.703 4 | 2.611 5 | 0.134 2 |
| 向政府和其他金融机构借款 | 0.504 5 | 0.487 9 | 0.386 8 |
| 拆入资金 | 0.247 6 | 0.239 7 | 0.247 6 |
| 以公允价值计量且其变动计入当期损益的金融负债 | 0.432 7 | 0.418 9 | 0.432 7 |
| 衍生金融负债 | 0.000 0 | 0.000 0 | 0.000 0 |
| 卖出回购金融资产款 | 1.124 4 | 1.086 6 | 0.324 6 |
| 吸收存款 | 0.324 7 | 0.313 7 | 0.150 3 |
| 已发行债务证券 | 3.987 1 | 3.843 1 | 0.401 2 |
| 其他金融负债 | 1.469 9 | 1.418 5 | 0.439 6 |

续表

| 国开行,2016/12/31 | 麦考利久期缺口 DG | 修正久期缺口 D* G | 利率敏感性麦考利久期缺口 DGRS |
|---|---|---|---|
| 负债久期 | 2.989 7 | 2.882 9 | 0.294 7 |
| 久期缺口: | (0.442 0) | (0.573 7) | 0.000 5 |
| 权益久期: | (21.61) | (28.05) | |

其中,利率敏感性资产麦考利久期($D_{RSA}$),即利率重置或剩余期限1年以内的资产的加权平均剩余期限为0.295 2年,利率敏感性负债久期($D_{RSL}$)为0.294 7年。两者之差即利率敏感性久期缺口($DGAP_{RS}$)为0.000 5年。为正缺口,因此,净息差变动与利率变动同向变动。

对未来利率波动的情景假设。2002～2017年,1年期和10年期国开债的到期收益率(YTM)的历史走势如图7—3、图7—4、图7—5及表7—7所示。

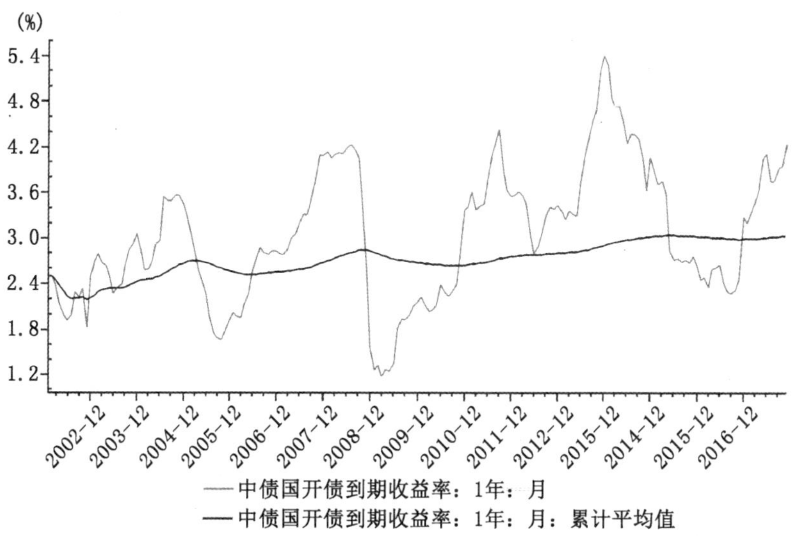


数据来源:中国债券信息网、Wind资讯。

**图7—3　1年期到期收益率历史走势**

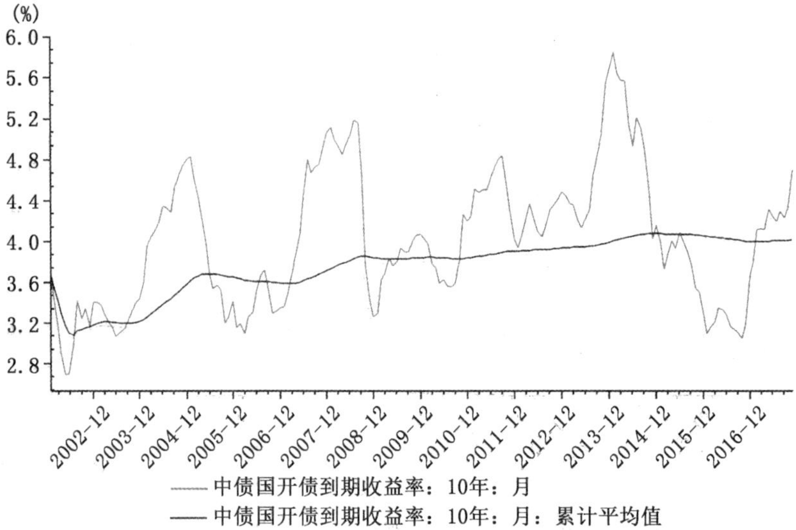


数据来源：中国债券信息网、Wind资讯。

**图7—4　10年期到期收益率历史走势**

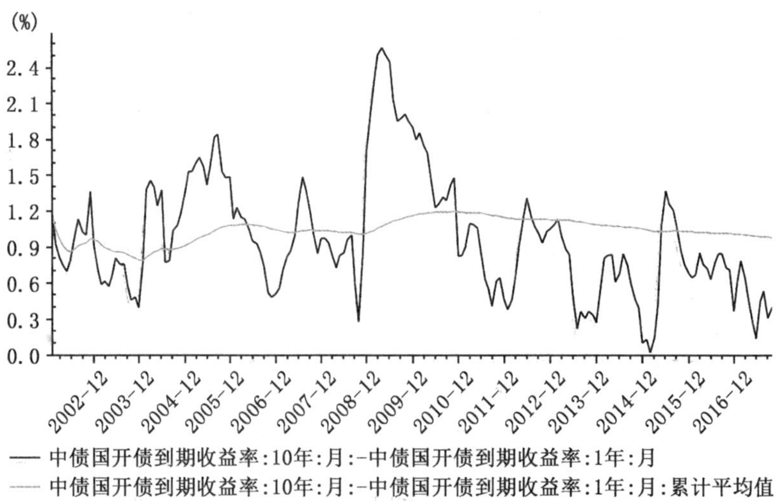


数据来源：中国债券信息网、Wind资讯。

**图7—5　10年期到期收益率历史走势**

表 7—7　　国开债 YTM:1Y、YTM:10Y、YTM:10Y—1Y 利率

| 开指标名称 | 国开债 YTM:1Y | 国开债 YTM:10Y | 国开债 YTM:10Y—1Y |
|---|---|---|---|
| 均值 | 3.03% | 4.01% | 0.98% |
| 标准差 | 0.87% | 0.66% | 0.50% |
| 置信度 | 95% | 95% | 95% |
| 5%分位利率 | 1.60% | 2.92 | 0.15% |
| 95%分位利率 | 4.47% | 5.10 | 1.80% |
| 2016 年年末利率 | 3.28% | 3.65% | 0.37% |
| 2017 年年末利率 | 4.25% | 4.70% | 0.45% |

统计期间，国开债 YTM(1Y)历史均值为 3.03%，标准差为 0.87%；YTM(10Y)均值为 4.01%，标准差为 0.66%；10Y－1Y 利差均值为 0.98%(98BP)，标准差为 0.50%。2016 年年末 YTM(1Y)为 3.28%，YTM(10Y)位 3.65%，利差 0.37%(37BP)。

设定置信度为 95%，则 YTM(1Y)上分位利率为 4.47%，下分位利率为 1.6%；YTM(10Y)上分位利率为 5.10%，下分位利率为 2.92%。

通过观察 2017 年年末的利率，可以发现 2017 年的利率处于上升周期，YTM(1Y)实际上升了 97BP，YTM(10Y)上升 105BP，与上分位利率接近。因此，我们通过考察在未来 1 年利率上升 100BP 情形下，对国开行净息差和权益净值的影响。

情景分析：假设未来利率上升 100BP 下，净息差的影响。

$$\Delta NII = [RSA \times (1-D_{RSA}) - RSL \times (1-D_{RSL})] \times \Delta r$$
$$= DGAP_{RS} \times \Delta r$$

其中：$RSA \times (1-D_{RSA})$为利息收入；$RSL \times (1-D_{RSL})$为利息支出；$[RSA \times (1-D_{RSA}) - RSL \times (1-D_{RSL})]$为净息差；$\Delta r$ 为利率变动，假设为 100BP。

计算可得，在未来利率上升 100BP 情形下，年度净息差变动额

($\Delta NII$)为 34 863 百万元。显然,在维持目前利率敏感性久期缺口($DGAP_{RS}$)为正的情形下,未来利率上升会带来净息差的上升。

### (四)权益久期分析

我们除了关注净息差变动外,还需要关注银行权益净值对利率变动的敏感性,可以通过权益久期($D_E$)进行分析。

根据会计恒等式,权益($E$)=资产($A$)-负债($L$),可得:

$$\Delta E=\Delta A-\Delta L$$

根据久期公式:

$$\Delta A=-A\times D_A^*\times\Delta r$$

$$\Delta L=-L\times D_L^*\times\Delta r$$

$$\Delta E=-E\times D_E^*\times\Delta r$$

经整理可得:

$$D_E^*=\frac{A\times D_A^*-L\times D_L^*}{E}=\frac{A}{E}\times\left(D_A^*-\frac{L}{A}\times D_L^*\right)=LEV\times D_{GAP}^*$$

其中,$LEV=A/E$ 为财务杠杆率;$D_{GAP}^*$ 为资产负债修正久期。

根据国开行 2016 年相关数据计算可得,资产负债修正久期($D_{GAP}^*$)为-0.573 7,权益修正久期($D_E^*$)为-28.05。权益久期为负数,表明其净资产价值变动与利率变动同向,也即当未来利率上升 1%,其净资产价值上升约 28%。

国开行的权益久期出现负值值得进一步探究。通常而言,保险公司的权益久期经常出现负值,这与其商业和盈利模式相关。保险公司的负债端主要依靠长久期的保单进行融资,而资产端的资产配置的久期相对较短,从而造成其权益久期为负值。因此,对保险公司而言,未来利率的上升通常意味着保险公司的增值,构成利好;而利率下降,则不利于其保值增值。

与保险公司相反,商业银行的权益久期经常为正值,银行主要靠活期存款等短久期的负债进行融资,而资金运用则主要靠中长期的贷款,从中赚取利差。但与西方国家采取固定利率贷款惯例不同,我国由于历史等制度因素，商业银行的权益久期普遍要小得多，主要是因为我国银行的中长贷款普遍采取浮动利率规则，随着央行的基准利率调整，银行贷款利率往往在次年进行相应浮动调整（利率重置），导致虽然是中长期贷款，资产剩余期限很长（超过 1 年），但久期很短（小于 1 年），成为利率敏感性资产（贷款类似于投资持有至到期的长期限浮息债）。我国商业银行的久期特征，虽然普遍存在期限错配（短融长投），但以短久期资产匹配短久期负债，使得商业银行自然形成对利率风险的对冲免疫。相对而言，我国商业银行的信用风险成为更加重要的因素。

与我国一般商业银行不同，国开行的负债端主要不是靠吸引储蓄存款和活期存款等短久期债务工具进行融资，而是依靠在银行间市场发行金融债券进行融资；而债券发行的方式又主要采取固定利率付息型，债券一经发行，利率锁定，从而造成其负债端的久期相对较长。就此而言，国开行作为政策性银行，又有点类似于保险公司的负债长久期特征，从权益价值的角度而言，资产负债存在与利率同向变动的久期错配。

按照之前的情景分析假设，未来利率上升 100BP。计算得到国开行 2017 年预期的权益价值变动（VAR）为 75 328 百万元，大幅度增值，其中：资产价值变动－295 453 百万元、负债价值变动－370 782 百万元。这表明随着利率大幅度上升，负债减值幅度大于资产价值幅度，从而导致权益价值增值。

值得注意的是，以上计算的权益久期以及权益价值变动是基于经济价值视角的分析，也是主流教材所采用的观点。但如果我们从会计价值的角度分析，情况会有所不同。金融资产由于普遍采用公允价值计量（以摊余成本计量的金融资产除外），确实会随利率上升而减值；但金融债务在会计实践中大部分划分为以摊余成本计量。因此，利率变动对金融债务的账面价值影响不大，即不确认由于利率上升而带来的负债价值减少的会计影响，由此造成会计报表中的权益价值反而是减值的。

### （五）资本结构优化

以上分析是基于国开行的负债资本结构维持不变的静态情形假设，

利率上升对其净息差和权益净值均带来有利影响。但现实中我们要解决的问题是,假如预期到未来利率大幅度上升,在利率尚未大幅度上升前,债务资本结构如何主动优化调整?在利率已经大幅度上升后,又该如何应对债务资本结构调整?

对利率上升之前的资本结构优化问题,假设资产以及除债券之外的其他负债结构维持不变,探索从债券期限结构优化角度构建一个简化的最优规划模型。

最优目标函数:实现权益价值变动(资本利得)和净息差之和的最大化。

$$\mathrm{Max}Z=\Delta E+\Delta NII$$

约束条件:各期限债券余额之和不变。

通过规划求解,得出的最优解是,短端债券(利率敏感性)降为0,而长端债券(长久期)增加至极限。这与我们的定性分析判断逻辑得出的结果是相一致的。如果判断未来利率上升,在利率敏感性久期缺口为正,则意味着净息差增加;权益久期为负,则意味着权益净值也会增加。前者代表着利息收入,后者代表着价差收入(资本利得)。因此,应对利率即将上升的最佳策略就是,主动加大负债端(债券)久期,在不改变利率敏感性久期缺口的前提下,加大权益久期,从而享受即将到来的资本利得。

另外一个问题,假如未来利率已经大幅度上升(如100BP),又该如何应对?这确实会面临两难困境。此时的利率已处于高位,如继续发行长久期债券,融资成本高,而且一旦未来利率下行,则可能面临负债价值扩大的尴尬局面。此时,如果预期未来的利率处于稳定状态或者预期利率下行,则可以选择发行短久期的债券作为过渡,以防范潜在的利率风险。

## 第二节　基于资产配置的金融风险管理:中信泰富案例分析

资产配置策略和资金管理是投资组合管理中的核心环节和研究重点。与主流的"均值—方差"分析方法不同,"几何均值"分析方法追求的是资金的长期动态增长。动态资金配置公式具有直观的经济含义和简便的应用价值。为了取得长期的风险与收益的最佳平衡，需做出科学合理的投资决策，要谨防顾此失彼的心理倾向，从成功（与失败）可能性、风险收益比率、资金配置比率（头寸规模）三个方面进行统筹考量。中信泰富在外汇期权交易中的失败案例充分说明了保持合理的资金配置头寸在风险控制中的重要性。

## 一、案例分析工具：动态资产配置模型

资产配置（Asset Allocation）和资金管理（Fund or Money Management）是投资组合管理中的核心环节和研究重点。布林森等人（Brinson，1986/1991）的研究表明：资产配置策略是影响投资组合绩效的决定性因素。这充分证明资金配置策略在投资领域中的重要地位。所谓资金配置策略，就是指如何在一系列投资机会中有效分配资金和控制头寸规模（Position Size），在有效降低风险的基础上，实现收益最大化。

在关于资金配置优化技术方法领域，主流的研究范式是由马科威茨（Markowitz，1952/1959）所提出的“均值—方差”（Mean-Variance）分析方法。以该方法为核心的投资组合理论被认为是现代金融学的一次革命。但“均值—方差”研究范式的内在缺陷也是不容忽视的，因为从本质上来说它是一种静态的分析方法，因而难以符合现实世界中的投资过程是一个持续进行的动态叠加过程这一事实。如何实现资产配置的动态化仍是一个有待突破的前沿研究领域。

与主流的“均值—方差”分析方法并存的是另一种以“对数效用”为鲜明特征的专门研究长期资金配置优化的技术路线，通常被称为“凯利标准”（Kelly’s Criterion），因其强调长期性和动态特征，也被称为“几何平均值标准”。该方法经伯努利（Bernoulli，1954）、凯利（Kelly，1956）、拉坦内（Latane，1959）、布雷曼（Breiman，1960、1961）、马科威茨（Markowitz，1976）、索普（Thorp，1962、1984、1997）等人的不断发展和完善，已显示出巨大的应用价值。其核心思想是：与“均值—方差”分析方法注重算术平

均值(即均值)相比,几何平均值(Geometric Mean)对长期投资的绩效来说更为重要。

需要特别指出的是,研究长期动态资金优化的几何平均分析方法由于种种原因,一直未得到学术界应有的重视和深入研究。尤其是在我国,相关学术研究成果非常稀缺。有鉴于此,本文尝试对动态资金配置技术方法进行初步探讨,解析动态资金配置公式的形成过程,及其现实经济意义,并从资金配置角度来分析和评估风险控制问题。最后,理论联系实际,通过对中信泰富在外汇累计期权交易中失败案例的计算分析,从资金配置规模这一新的视角,分析得出导致其失败的技术性根源,借此说明动态资金配置技术方法所具有的应用价值。

**(一)动态资金配置公式推导与解释**

考虑一项重复进行的投资,为了分析方便,假设每次投资均有成功和失败两种可能,且每次投资的风险/收益特征服从独立同分布。目标是:如何在此动态过程中,选择最优资金配置策略,以保证在无破产风险的前提下,实现资金的最大增值(也即实现期末资金最大化)。

资金配置策略通常可以用每次所投入的资金占可用资金的百分比来表示。通过数学模型不难得出,资金配置比例 $k$ 的最优值为①:

$$k^{*}=\frac{pr_1-qr_0}{r_1r_0(p+q)}=\frac{pr_1-qr_0}{r_1r_0}=\frac{m}{r_1r_0} \tag{1}$$

其中:$m=pr_1-qr_0$(即每次投资的期望收益率);$X_0$ 表示初始投资本金;$X_i$ 表示第 $i$ 次投资后的资金余额,$i=1,2,3\cdots n$;$k$ 表示每次投资金额占可投资总额的固定比例,$0\leqslant k\leqslant 1$;$r_1$、$-r_0$ 表示分别表示第 $i$ 次投资中,成功和失败情况下的收益率;$S$、$F$ 表示分别表示 $n$ 次投资中成功和失败的次数,因此,$S+F=n$;$p$、$q$ 表示分别表示每次投资成功和失败的概率,因此,$p+q=1$。

最优资金复合平均增长率 $GM^{*}$ 及 $g^{*}(k)$(对数形式)为:

① 动态资金配置公式的详细数学推导过程见文后的附录部分。

$$g^*(k)=p\log(1+k^*r_1)+q\log(1-k^*r_0) \tag{2}$$

$$GM^*=e^{g^*}-1 \tag{3}$$

为使用方便，考虑进一步简化的情形。假设一旦投资失败，则实际投入的资金全部赔光（$-r_0=-100\%$）。那么，在投资成功情况下的收益率 $r_1$ 可直接理解为“赔率”（Odds，用符号 $R$ 表示），$R=r_1:1$，即“押 1 赔 $R$”。

在此简化情形下，最优投资比例 $k^*$ 可简化为：

$$k^*=\frac{m}{R}=\frac{pR-q}{R}=\frac{p(1+R)-1}{R} \tag{4}$$

这就是著名的“凯利公式”（Kelly's Formula）。利用该公式可方便地进行资金配置比例的计算，以做到风险与收益的有效平衡。具体而言：

1. 当拥有优势机会时才投资。我们说某项投资机会对参与者是有利的，或者说参与者拥有优势（Favorable），是指该投资机会的期望收益率为正（$m>0$）。因此，根据凯利资金配置公式，只有当拥有优势的情况下，才应该参与投资（$k>0$）。

2. 胜算概率与资金投入比例成正比关系。当判断投资的成功把握性 $P$ 越大（也即失败的可能性 $q$ 越小）时，应加大投资的比例以获取更大的收益；反之则应降低投资比例。

3. 赔率与资金配置比例成反比关系。当判断潜在收益相对于潜在亏损越高时，应加大投资比例；反之则应降低投资比例。

**（二）应用举例**

为了理解动态资金配置公式的实际应用，试以猜硬币游戏为例加以说明。规则如下：①抛硬币前可自由下注 X；②如猜对正反面，则获得 2X；如猜错，则失去 X，即赔率为 2∶1。请问长期而言采取何种下注策略才能使本金增长最快？最快增长率为多少？

显然，该游戏的期望收益率为正值（$m=50\%\times2-50\%\times1=0.5>0$），因此存在机会优势，值得参与。但如何参与（即采取不同的下注策略）所能得到的结果是完全不同的。以全部下注策略为例，这是最大胆的策略，虽然刚开始的几次或许由于运气较好，每次能得到最大的收获，但随后只要赌输一次就会把之前所有的积蓄和老本全部赔光。因此，从长远看，该策略冒险有余而谨慎不足，平均复合增长率(几何平均增长率)为负值，难以避免破产命运。

正确的下注策略可通过凯利公式计算得出：

(1)根据公式(4)，最优下注比例 $k^*=\frac{50\%\times(1+2)-1}{2}=25\%$；

(2)根据公式(2)，$g^*=50\%\times\log(1+25\%\times2)+50\%\times\log(1-25\%)=5.89\%$；

(3)根据公式(3)，最优复合增长率 $GM^*=e^g-1=e^{0.05889}-1=6.066\%$。

因此，在该游戏中，最优的下注策略是：每次投入可用资金的 1/4。假设初始本金为 100，那么第一次可下注 25。如赌赢，则本金增加到 150，下一回合将相应增加赌注金额至 37.5；如赌输，则本金减少到 75，下一回合将相应减少赌注金额至 18.75，如此继续进行下去。长期平均而言，采取凯利策略预期可实现约 6%的平均复合增长率目标(每次约 6%的复利增长)。

### (三)重要推论

我们可以从动态资金配置公式中得到一些有启发意义的结论。

推论一：只有在该项投资的期望收益率为正($m>0$)的情况下，才值得投资($k^*>0$)；反之($m<0$)，则不值得参与($k^*<0$)。该观点已在上文论述。

推论二：在一旦失败就赔光的情形下($-r_0=-100\%$)，只要失败的概率不管多低始终存在($q=1-p>0$)，那么，采取每次全部投入的冒险策略就是不明智的，因为它终将以破产收场。这一点也可以从前文所举的全部下注策略的例子中看出。在没有十足把握的情况下，凯利标准建议采取部分投入的谨慎策略($k^*<1$)，可以有效防止破产的可能性。

推论三：如果每次投资比例超过最优资金配置比例的 2 倍($k\geq 2k^*$)，长期而言，复合平均收益率为负[$g(k)\leq 0, GM\leq 0$]，这意味着资金将越投越少，并终将难逃破产厄运$[E(X_n)\leqslant 0]$。

我们可以根据公式绘制资金配置比例($k$)与资金增长率[$GM$ 或 $g(k)$]之间的关系曲线图(见图7—6)。该曲线类似于一条开口向下的抛物线，从中我们可以看出，增长率 $g(k)$ 先随着资金配置比例 $k$ 的增加而单调递增，并在 $k^*$ 处达到最大值 $g^*$。随后，$g(k)$ 便随着 $k$ 增加而单调递减，并于 $2k^*$ 处降至0值，此后便进入负值区域。

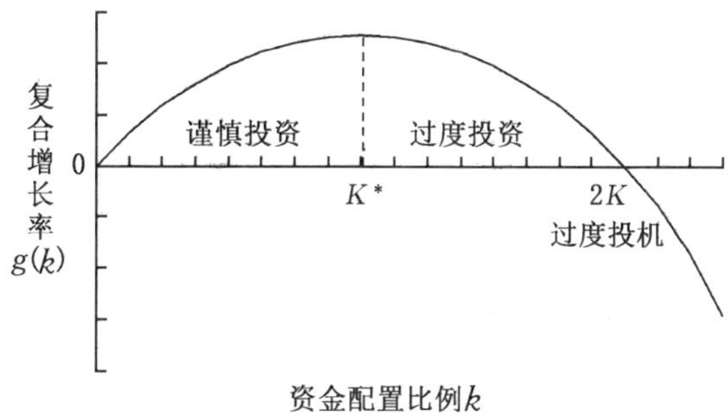


**图7—6　复合增长率曲线**

为了便于理解和使用，我们进一步将曲线划分成以下三个区域。

区域1:($0\sim k^*$)属于“谨慎投资区域”。资金配置比例以接近 $k^*$ 为最理想。如采取过度谨慎的超低配置比例策略，虽然风险大为降低，但同时也会丧失收益机会，往往得不偿失。在实际应用中，为了降低风险，谨慎投资者也可采取 $k^*/2$ 比例策略(即半凯利标准)来配置资金，虽然可能牺牲部分收益(下降约1/4)，但资金风险下降的幅度更大(下降约1/2)。

区域2:($k^*\sim 2k^*$)属于“过度投资区域”。越接近 $2k^*$ 这一警戒线，风险相对于收益比重增大，资金增长的稳定性也越来越差(波动率大幅增加)。与处于区域1的谨慎投资策略相反，处于区域2的过度投资策略，随着赌注越下越大，所能取得的回报却不升反降，从资金利用率和风险防范角度来讲都是不利的。

区域3:超过 $2k^*$ 的区域属于“过度投机区域”。为了追求好运气下的高回报而忽视潜在的风险，近乎疯狂赌博行为。由于所下赌注过大，随着参与次数的增加，大数定律取代运气因素发挥作用，资金不断缩水而破产，所谓的“久赌必输”就是这个道理。

从上述的分析可以得知，动态资金配置公式（凯利公式）的最大价值在于，它将资金管理策略（通过资金配置比例的控制）和收益/风险管理的两个核心要素——成功概率判断（及失败概率判断）和风险收益率（潜在盈利与潜在亏损之比较）——有机地整合到一个逻辑框架之中，所反映的关系既形象直观，又浅显易懂，便于理解和使用。

当然，任何一个数学公式，其适用性主要取决于假设条件的现实性，凯利公式也不例外。因此，在实际应用过程中，我们不应该将结论当成必然而盲目遵从，而应该把它看作一个非常有价值的思维方式和思考框架。

当我们需要做出一项科学合理的投资决策，进行风险与收益最佳平衡的时候，要时刻提醒自己谨防人类固有的顾此失彼的心理倾向，紧紧围绕“资金配置比例（头寸规模控制）——胜算把握度（成功与失败的可能性）——赔率（潜在收益与潜在损失之比较）”这三个方面（5 个要素）进行统筹考量。忽视其中任何一个要素，对投资决策而言都是欠周全的，尤其是对风险控制而言。

## 二、案例分析：中信泰富金融衍生品交易风险

### （一）背景知识：累计期权业务的基本操作思路

累计股票期权（Accumulator），是一种投资者与对家订立的结构性金融衍生产品，买家按约定的条件承诺购买股票或外汇。其基本操作思路如下：（1）假设某标的资产（如股票）当时的市价是 100 元，投资者可以按折让价 80 元（即折扣 20%），定期购入 X 份；（2）若市价升过 105 元的赎回价（市价升值 5%），合约便即时终止；（3）若市价跌穿 80 元，投资者仍要以 80 元的折扣价格，定期持续购入 2X 份（即双份），直至完成合约中约定的累积数量为止。

显然，累计股票期权的“收益—风险特征”是不对称的，潜在盈利空间锁定，但亏损空间成倍放大，赔率明显对购买方不利。那么，为什么还有

那么多人被糖衣炮弹击中而卷入其中呢？问题恰恰出在参与者对胜算概率与赔率的错误判断上，认为十拿九稳地赚点蝇头小利也是划算的，忽视“黑天鹅事件”（小概率但事态严重）的发生。在面对抛来的诱饵[一是看似便宜（折价购买）、二是看似稳赚不赔（根据历史趋势得出过度自信的预期）]时，丧失了对优势条件和失败概率应有的审慎判断。由于此类业务欺骗性强，隐含的风险极大，因此被业内人士戏称为“回头我会杀了你”（I kill you later）。

### （二）中信泰富事件回顾

据中信泰富公告宣称，公司为投资和经营在澳大利亚的铁矿石项目以及从欧洲进口部分设备，需要大量澳元与欧元。为对冲澳元、欧元、人民币升值的风险，从2007年8月至2008年8月的一年间，中信泰富分别与汇丰银行、花旗银行、摩根士丹利资本、美国银行、巴克莱银行、瑞信国际、法国巴黎银行等13家银行签订了24份外汇远期合约，做多澳元、欧元与人民币。

在中信泰富签订合约时，澳元对美元已长期运行在上升通道中，中信泰富几乎是“稳赚不赔”。而且，美国次贷危机的爆发似乎也证明做空美元的合理性。然而世事难料，随着金融危机的逐步深入，首先崩溃的竟然不是美元，而是澳元和欧元！在2008年8～11月短短4个月里，澳元兑美元的汇率从0.98美元这一历史峰值，一路下挫至0.60美元历史低点，较中信泰富购入澳元兑美元的汇率平均价0.87美元，最高贬值达30%。同时，欧元兑美元的汇率也持续下降。中信泰富由于做反了方向，终酿成巨额损失。

给中信泰富带来灭顶之灾的外汇远期合约全称为“累计目标可赎回远期合约”，类似于公司卖出了外汇的看跌期权，是一种变异了的外汇累计期权。公司共签订了4种该类合约，分每日结算和每月结算两种结算方式。根据条款，中信泰富承诺以合同约定的价格在未来的特定时期内持续买入特定数量的澳元、欧元与人民币。从涉及的规模上统计，其中尤以澳元合约为最。

以澳元累计目标可赎回远期合约(即澳元累计期权)为例。由于合约只考虑对冲澳元升值影响(同时看空美元),没有考虑其贬值的可能性,故只设有“止盈条款”,每份合约都规定 150 万～700 万美元不等的利润封顶线。当中信泰富因澳元汇率升值而获利时,一旦获利水平触及封顶线,合约就自行终止。由于“止盈条款”的存在,中信泰富在这一系列澳元累计期权合约下最多可获利 5 150 万美元,按当时的汇率 7.75 港元/美元计,潜在盈利空间约合 4 亿港元。

但另一方面,如果澳元市场汇率跌至 0.87 美元(中信泰富平均购入价)以下,合约中却没有设定“止损条款”。不仅如此,按照合约条款,中信泰富每月仍须按 0.87 美元的约定汇率,购入双倍数量的澳元,直到总量达到累计目标为止。在市场呈现单边下跌的情形下,损失将以成倍的杠杆放大。

2008 年 10 月 20 日,中信泰富在资金耗尽的情况下发布盈利预警公告[①],宣告公司因投资外汇产品而致亏损高达 155 亿港元！其中包括约 8.07 亿港元的已实现亏损和 147 亿港元的估计亏损(根据仍生效的合约统计,中信泰富须购入的最高金额为 94.4 亿澳元),而且亏损有可能继续扩大,同时表示母公司中信集团同意安排 15 亿美元备用信贷以解公司流动性危机。

2008 年 11 月 12 日,中信泰富公布中信集团拯救方案,后者将购买中信泰富 116.25 亿元换股债券,并接手一批潜在亏损的澳元合约。2008 年 12 月 24 日,中信集团行使换股债券,使得持有中信泰富股权从 57.56%增至 70.46%。

2009 年 3 月 25 日,中信泰富公布 2008 年度业绩,净利润亏损达 126.62 亿元,其中澳元外汇合约亏损 146.32 亿元。

---

① 据悉,中信泰富在 2008 年 9 月 7 日就已发现外汇合同的亏损。此时,澳元兑美元的汇率已跌至 0.84 美元以下,中信泰富澳元合约的公允价值损失已经超过 20 亿港元,构成了重大损失,应即时披露该信息。然而,公司迟至 10 月 20 日才披露,此时以公允价值计算的损失已经达到 155 亿港元。

受此案影响，包括公司董事局主席和总裁在内的4位高管先后黯然引咎辞职。截至目前，此案仍在中国香港证监会和警方商业罪案调查科的调查之中。

### （三）通过计算来剖析风险

根据上述披露的相关数据信息，我们利用动态资金配置公式对中信泰富所从事的外汇累计期权交易业务逐步计算分析如下：

（1）潜在最大获利＝0.515 0亿美元×7.75港元/美元≈4亿港元。

（2）假设当时在做投资决策时，估计三种情况下的赔率：[①]

情景A：乐观的赔率估计R1＝1∶2＝0.5（即潜在亏损8亿港元）。

情景B：中性的赔率估计R2＝1∶5＝0.2（即潜在亏损20亿港元）。

情景C：悲观的赔率估计R3＝1∶10＝0.1（即潜在亏损40亿港元）。

作为对照，按案件曝光时的市场汇率计（2008年10月20日的汇率为0.7美元/澳元），亏损约合155亿港元。[②] 按此计算，实际宣布的赔率R≈4亿/155亿≈0.026（1∶38.8）！也就是说，每1元盈利，要以38元的损失风险作为代价。

（3）假设当时在判断澳元升值的胜算概率时，也分三种情况分别进行估计：[③]

情景1：乐观估计的胜算概率为90％。

情景2：中性估计的胜算概率为70％。

情景3：悲观估计的胜算概率为50％。

较高的胜算概率估计反映了当事人当时对澳元相对于美元升值判断

---

① 实际上这里所做的悲观估计一点也不悲观，我们姑且假设这是当事人在当时较乐观情绪下所做出的估计。

② 该估计数值为2008年10月20日发布盈利预警公告时，按照当时的市场汇率而计算的浮亏而非实际认赔亏损。实际上，澳元汇率于2008年11月探底至0.6美元后企稳回升，截至2009年8月17日，已回升至0.82美元一线，如上述合约没有平仓继续履行，则浮亏已大部分消除。

③ 在当时形势下，判断澳元相对于美元升值是无可厚非的，因此，将悲观的胜算概率估计设定为50％底线。

的信心。

(4)根据上述的情景假设，计算在当时做出交易决策时的期望收益如表 7—8 所示：

**表 7—8　　当时做出交易决策时的期望收益**

| 期望收益率 $m$ | 乐观胜算概率估计 | 中性胜算概率估计 | 悲观胜算概率估计 | 盈亏平衡概率估计 |
|---|---|---|---|---|
| 乐观赔率估计 | 0.35 | 0.05 | −0.25 | $P=0.67$ |
| 中性赔率估计 | 0.08 | −0.16 | −0.4 | $P=0.83$ |
| 悲观赔率估计 | −0.01 | −0.23 | −0.45 | $P=0.91$ |
| 盈亏平衡赔率估计 | $R=0.11$ | $R=0.43$ | $R=1.0$ | |

期望收益为正的组合表示掌握优势，参与交易是有利可图的，用浅灰色表示；期望收益为负的组表示处于劣势，参与交易对己方不利，用黑色表示。从表 7—8 可以看出，在共 9 种不同的组合情形下期望收益存在显著差异：①对中信泰富不利的情形共有 6 种，占了 2/3 的比例；②在胜算概率和赔率的估计均为中性的组合情形下，期望收益也为负值，说明基准条件不利；③在拥有优势的 3 种组合情形中，除了“双乐观”组合可取得不错的收益外，其他两种组合情形的期望收益非常有限，而在处于劣势的 6 种组合情形中，可能的亏损相对而言要大得多。以上所有特征都表明，参与此类交易明显对中信泰富不利。但这还不是问题的关键。

(5)计算不同组合情形下的最佳资金配置比例如表 7—9 所示：

**表 7—9　　不同组合情形下的最佳资金配置比例**

| 最佳资金配置 $k^*$ | 乐观胜算概率估计 | 中性胜算概率估计 | 悲观胜算概率估计 |
|---|---|---|---|
| 乐观赔率估计 | 70% | 10% | −50% |
| 中性赔率估计 | 40% | −80% | −200% |
| 悲观赔率估计 | −10% | −230% | −450% |

从表 7—9 中可以得出相对一致的结论：(1)在“双中性”组合情形下，以及任何含有一项悲观估计的其他 5 个组合中，最大的资金配置均是负

值，而且悲观情景下，配置比例为负值。也就是说，在这些不利情形下，不应该参与，甚至应该做反向交易才对。(2)在乐观胜算概率估计的3种情形中(第一数据列)，也不是稳赚不赔的。在悲观赔率估计下，哪怕是有9成把握，交易优势同样完全丧失(－10%)。

考虑到公司对当时形势相对乐观的估计，我们选择对公司相对有利的4种情形(矩阵左上角的4个组合)计算平均值，作为决策依据，得到平均最优资金配置比例上限为10%。这说明，中信泰富当时即使要参与该类风险性较高的交易，作为“谨慎投资者”，所投入的资金最多也不应该超过自有资金的1/10；作为“过度投资者”，最多也不能超过其2倍水准(20%)。

计算结论：从公司如此大规模参与对赌的行为来看，可以大致推断出一个结论：公司决策者当时对该类业务的胜算概率的估计似乎比“十拿九稳”还乐观，几乎没有考虑失败的可能性，而且对赔率的估计(隐含的风险)存在严重偏差。

此案，中信泰富实际参与的资金投入比例和规模远远超过上述分析得出的警戒线水平。从其所下赌注的规模来判断，早已超过谨慎投资区域和过度投资区域所允许的资金规模，只能归类为“过度投机”类型。赌注规模过大是导致中信泰富惨败最根本的技术性原因。

### (四)启示与教训

第一，制度根源：公司治理结构和内部控制的缺失。案发时，公司董事局主席对外宣称，他对事件毫不知情，问题在于财务董事未遵守公司对冲风险的政策，进行交易前又未得主席批准。对此问题的探究已超出本文研究范围。

第二，技术根源：过度对赌。这是此案最严重也是最关键的失策之处。中信泰富当时买入外汇金融衍生产品，据称是为了对冲投资澳洲矿业一个涉及16亿澳元矿业项目的外汇风险，但在外汇衍生投资，实际上最终持有90多亿澳元，炒汇金额比实际矿业投资额高出4倍多，早已超出投资范围，属于过度投机。平心而论，在当时的市场环境下，公司选择做多澳元做空美元的决策并没有错，但错就错在规模上，而非方向判断上。过度的资金配置比例和头寸规模，在面临不利市况下导致危局，这才是问题的关键所在，也是本文所一再强调的核心观点。

第三，心理根源：缺乏止损（风险熔断）机制。用做实业的心态来做投机生意，坐视亏损越滚越大。作为杠杆式金融衍生产品交易，一旦出现单边不利局面，需要不断追加资金以弥补缺口，造成公司资金逐渐枯竭。当公司最终因资金链断裂，就会被强制性平仓而永久认赔。此次中信泰富事件之所以引爆，压倒骆驼的最后一根稻草就是因为公司耗尽所有资金，导致出现流动性危机。如果没有母公司及时出手相救，公司将面临破产结局。因此，在从事此类高风险交易时，事前就应设定好最大的风险承受度（止损点），一旦触及底线，即应果断终止，以防亏损的进一步扩大从而危及全局。

## 三、附录：凯利公式数学推导

对数学模型做如下设定：

$X_0$：初始投资本金；

$X_i$：第 $i$ 次投资后的资金余额，$i=1,2,3,\cdots,n$；

$k$：每次投资金额占可投资总额的固定比例，$0\leqslant k\leqslant 1$；

$r_1$、$-r_0$：分别表示第 $i$ 次投资中，成功和失败情况下的收益率；

$S$、$F$：分别表示 $n$ 次投资中成功和失败的次数，因此，$S+F=n$；

$p$、$q$：分别表示每次投资成功和失败的概率，因此，$p+q=1$。

求解期末资金最大化问题 $\underset{k}{\mathrm{Max}}E(X_n)$；或求解复合平均增长率最大化问题（$\underset{k}{\mathrm{Max}}GM$），两者是等价的问题。

根据上述符号，通过递归迭代关系，可得：

$$X_n=X_0(1+kr_1)^S(1-kr_0)^F$$

等式两边同除以 $X_0$，并实施 $1/n$ 次方，然后再取对数，得：

$$G_n(k)=\log\left[\frac{X_n}{X_0}\right]^{1/n}=\frac{S}{n}\log(1+kr_1)+\frac{F}{n}\log(1-kr_0)$$

等式两边进行期望值运算，得：

$$g(k)=E\left\{\log\left[\frac{X_n}{X_0}\right]^{1/n}\right\}=E\left\{\frac{S}{n}\log(1+kr_1)+\frac{F}{n}\log(1-kr_0)\right\}$$

当 $n\to\infty$ 时，$\operatorname*{Lim}_{n\to+\infty}(\frac{S}{n})=p$，$\operatorname*{Lim}_{n\to+\infty}(\frac{F}{n})=q=1-p$，可得：

$$g(k)=p\log(1+kr_1)+q\log(1-kr_0)$$

对 $g(k)$ 的现实经济意义的认识是理解整个数学模型的关键环节。从上述公式中我们不难得知，$E\left[\frac{X_n}{X_0}\right]^{1/n}$ 实际上就是初始投资本金 $X_0$ 在 $n$ 次投资后的几何平均增长毛率，它等于几何平均增长率 $GM+1$。因此，由公式可以得知：

$$g(k)=\log(1+GM)$$

经变形得：

$$GM=e^g-1$$

也就是说，$g(k)$ 实际上就是几何平均增长率 $GM$ 的另一种相对简便的表达方式，也可称之为对数形式的增长率。

如此一来，原先的求解复合平均增长率 $GM$ 最大化问题实际上等价于求解 $g(k)$ 最大化问题。对此，我们也可以从另一个角度来加以理解，由公式可得：

$$g(k)=(1/n)E(\log X_n)-(1/n)\log X_0$$

而 $n$ 为固定值，因此，最大化 $g(k)$ 值等价于最大化 $E(\log X_n)$。而最大化 $E(\log X_n)$ 等价于最大化 $E(X_n)$。所以，求解 $\operatorname*{Max}_k E(X_n)$ 问题，或求解 $\operatorname*{Max}_k GM$ 问题与求解 $\operatorname*{Max}_k g(k)$ 问题是等价的。这就是我们为什么要从 $g(k)$ 入手的原因。

为求得 $g(k)$ 最大值的解，对公式分别求 $k$ 的一阶和二阶导数，并使之满足以下条件：

一阶条件为：$g'(k)=\dfrac{pr_1}{1+kr_1}-\dfrac{qr_0}{1-kr_0}$

$$=\frac{pr_1(1-kr_0)-qr_0(1+kr_1)}{(1+kr_1)(1-kr_0)}=0$$

二阶条件为：$g''(k)=-\frac{pr_1^{\ 2}}{(1+kr_1)^2}-\frac{qr_0^{\ 2}}{(1-Kr_0)^2}<0$

经简化后即可求得资金配置比例 $k$ 的最优值为：

$$k^*=\frac{pr_1-qr_0}{r_1r_0(p+q)}=\frac{pr_1-qr_0}{r_1r_0}=\frac{m}{r_1r_0}$$

其中：$m=pr_1-qr_0$（此即每次投资的期望收益率）。

考虑一种简化情形。假设 $-r_0=-100\%$。此时，在每次投资成功情况下的收益率 $r_1$ 可直接理解为风险收益率，或赔率（Odds，$R=r_1:1$），即“押 1 赔 $R$”。此时，最优投资比例 $k^*$ 可简化为：

$$k^*=\frac{m}{R}=\frac{pR-q}{R}=\frac{p(1+R)-1}{R}$$

这就是著名的动态资金配置公式，或称凯利公式（Kelly's Formula）。

推导完毕。

# 第八章　宏观利率与信用风险分析框架专题研究

本章对债券投资计量分析过程中非常重要的两个主题做专题性研究，梳理主要的分析框架逻辑，以可量化的模型计量为债券投资实务操作提供依据。这两个主题分别为：宏观层面的利率分析框架；微观层面的企业信用评级分析框架体系。

由于宏观利率分析的复杂性，我们主要从经济周期分析、利率分析、宏观审慎监管框架三个方面分三节进行梳理介绍；第四节我们选择国际主流评级机构（标准普尔）与国内主流评级机构（中诚信）两家结构的评级框架体系和方法进行对比分析，为信用债投资提供分析思路。

## 第一节　经济周期分析框架

现代社会的经济活动周期性波动变得愈发明显。经济周期（business cycle）主要指包括产出、收入、通胀、就业等在内的总体经济活动所经历的有规律的扩张与收缩，其交替或周期性波动变化，一般可以划分为衰退、复苏、扩张和减速四个阶段。

经济学家们不断努力探究，希望从已有资料和经济数据中提炼和识别出经济运行的周期，并预判趋势的拐点。迄今为止，经济学家已经发现并被普遍认同和应用的经济周期类型，根据其周期长度和经济特征的不同，可以概括出以下几个主要的经济周期类型。

表 8—1　　经济周期的主要类型

| 周期名称 | 周期本质 | 周期时长 | 观测指标 |
|---|---|---|---|
| 1. 基钦周期 | 库存周期 | 3～4 年 | 工业企业产成品库存 |
| 2. 朱格拉周期 | 设备投资周期 | 9～10 年 | 设备投资增速 |
| 3. 库兹涅茨周期 | 建筑周期 | 15～25 年 | 房地产投资 |
| 4. 康德拉季耶夫周期 | 创新周期 | 50～60 年 | 技术、制度创新 |

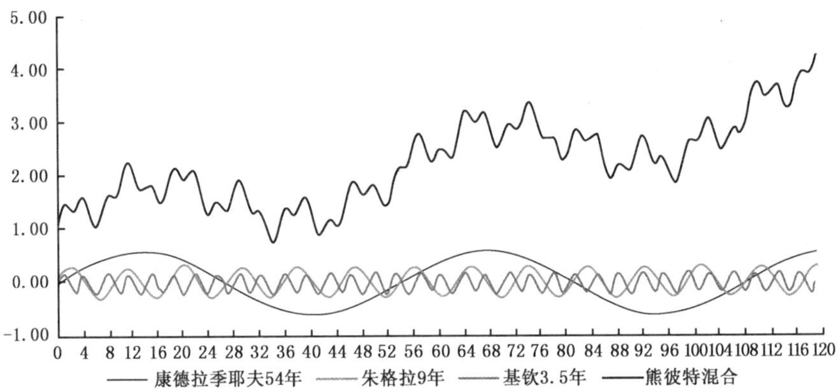


图 8—1　周期类型曲线图

如果先只看最上面的曲线，它是否具有周期性？好像没有。而事实上，它正是下面 3 条周期波动的叠加结果(加入了一个简单的技术生产率增长影响)。事实上，可以利用数学软件来模拟各种复杂的傅立叶级数叠加(正余弦级数)。当然，现实中实际发生的看似经济周期，未必就是几个正余弦级数的叠加，也未必是振幅一致周期恒定的具有某种简单可解析形式的因子运动叠加。但是，我们可以直观地理解到，各种因子的运动叠加结果，可以产生各种各样的现实结果，以及蕴含着不同因子的周期性。

最上面的不规则曲线可以看作“熊彼特周期”，于 1936 年由约瑟夫・阿洛伊斯・熊彼特以“创新理论”为基础，对各种周期理论进行了综合分析后提出，他认为，每一个长周期包括 3 个中周期，每一个中周期包括 3 个短周期，以各个时期的主要技术发明和它们的应用，以及生产技术的突出发展，作为各个“长波”的标志。下面 3 条中的最长周期波动为 1926 年俄国经济学家康德拉季耶夫提出的一种为期 50～60 年的经济周期，称作“康德拉季耶夫周期”。另外两条中的稍长周期波动为 1860 年法国经济学家朱格拉提出的一种为期 9～10 年的经济周期，该周期是以国民收入、失业率和大多数经济部门的生产、利润和价格的波动为标志加以划分的，称为“尤格拉周期”（或朱格拉周期）。而最短的那条周期波动为 1923 年英国经济学家基钦提出的一种为期 3～4 年的经济周期，称为“基钦周期”。此外，1930 年美国经济学家库茨涅茨也曾提出一个以建筑业兴旺和衰落的周期为基准的经济周期，约为 15～25 年。

## 一、关于经济周期的理论

经济周期的本质和成因一直以来都是凯恩斯主义和新古典主义等诸多经济学派争论的核心问题和主要分歧。

凯恩斯主义认为经济分为长期和短期、长期经济趋势取决于长期总供给（制度、资源、技术、人口等），相对稳定，被单独作为经济增长理论研究；而短期经济波动取决于短期总需求，因为市场机制并不完善，所以短期经济会受市场调节的内因影响，而围绕长期趋势变动，被单独作为经济理论研究。

新古典主义学派中的真实经济周期理论（RBC）认为，经济并不存在所谓长期和短期之分，决定经济总供给和总需求在长期和短期均发挥了作用，所以经济周期并不是所谓的短期经济围绕长期趋势波动，而是经济趋势本身在市场机制完善的基础上受到外部冲击（技术进步等）影响所导致的波动。

与新古典主义学派相对应的是新凯恩斯学派。在 20 世纪 70 年代后期，斯坦利·费希尔（Stanley Fischer）、埃德蒙·菲尔普斯（Edmund Phelps）、约翰·泰勒（John Taylor）为新凯恩斯经济学建立了基础，通过严谨的经济学理论和数学方式，有效解决了凯恩斯学派的两大缺陷：缺乏微观基础；理性预期与卢卡斯批判造成政策失效。但在核心观点上，新凯恩斯学派仍坚持短期内的价格黏性和货币非中性观点，认为政府通过货币政策与财政政策对市场的适度干预是有效的。这一学派也是当前宏观经济学中的主流学派。

无论是主张国家干预的凯恩斯主义还是主张自由放任的新古典主义各自的立场，不可否认的是，经济周期真实且清晰地存在于宏观经济运行的轨迹当中，为我们从周期角度进行利率预测提供了理论依据。

## 二、中国历史经济周期分析

根据各主要经济周期理论，可从长、中、短三个维度对中国经济的历史周期进行回顾与分析。由于最长维度的康德拉季耶夫周期为期 50～60 年，而中国市场经济制度建立时间尚不足以支持该周期的验证，故本文将分别采用库兹涅茨周期、朱格拉周期和基钦周期来分析中国的长、中、短三种周期。

### （一）中国经济长周期

库兹涅茨长周期（15～25 年，平均 20 年）。从建筑业和房地产业角度观察，以房地产开发投资增速为指标，可对中国 1999 年房改以来的库兹涅茨周期描绘，如图 8－2 所示。

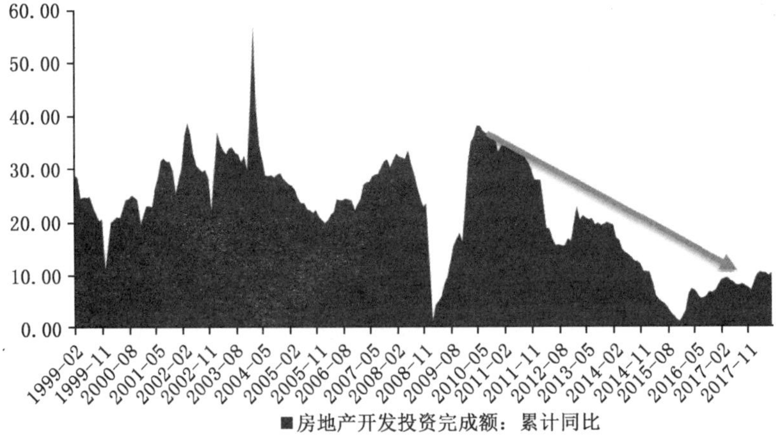


**图 8－2 中国的库兹涅茨周期，房地产投资开发增速**

可以看出，排除金融危机、调控政策和货币政策等中短期因素的干扰，中国本轮从 1999 年开始的库兹涅茨长周期的顶部出现在 2010 年，此后不管调控政策和货币政策如何改变，整个周期大趋势都坚定不移地向下波动。若以平均 20 年的周期长度来看，当前中国经济正处于库兹涅茨周期下行的后半段。

### (二)中国经济中周期

朱格拉中周期(9～10 年，变形 7～11 年)。从设备更替和资本投资角度观察，以设备投资增速为指标，可对中国 1992 年以来的朱格拉周期描绘，如图 8—3 所示。

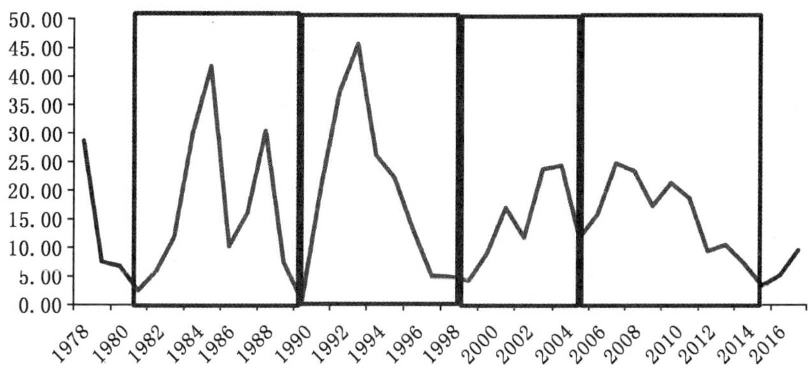


图 8—3　中国的朱格拉周期，固定资产形成总额同比增速

可以看出，从 1998～2008 年，中国经济经历了一轮朱格拉周期，为期约 10 年左右；从 2009 年开始，中国经济进入了新一轮朱格拉周期，从平均 10 年的周期长度来看，当前中国经济正处于朱格拉周期下行的尾部。还可以用固定资本形成同比增速作为指标，绘制更长历史时期的朱格拉周期。可以看出，自 1978 年市场经济制度逐渐建立以来，中国经济共经历了大致四轮朱格拉周期，分别是 1981～1989 年、1989～1999 年、1999～2006 年、2006～2015 年，周期长度平均为 10 年左右，而当前朱格拉一轮新的朱格拉周期似已形成，这也是市场热议新周期的基础。

### (三)中国经济短周期

基钦短周期(3～4 年,约 40 个月)。从厂商库存角度观察,以工业企业产成品存货增速为指标,并辅以工业生产者出厂价指数 PPI 增速来区分"主动补库存、被动补库存、主动去库存、被动去库存约 4 个阶段,可对中国库存周期加以描绘,如图 8—4 所示。

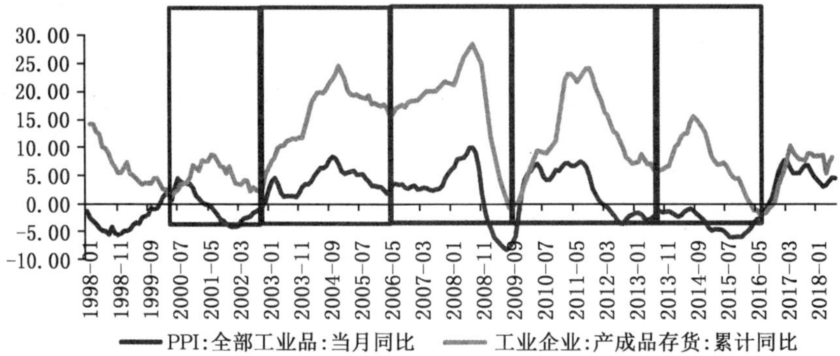


**图 8—4　中国库存周期**

可以看出,2000 年以来中国经济共经历了 5 轮完整的库存周期,若以每轮周期高点水平和补库存时长来衡量周期强弱,可以将其分为 2000～2002 年(弱周期)、2002～2006 年(强周期)、2006～2009 年(强周期)、2009～2013 年(强周期)及 2013～2016 年(较弱周期)。本轮库存周期开始于 2016 年 6 月左右,随着 PPI 见顶回落,主动补库存周期结束而进入被动补库存周期,且产成品存货累计同比也已到达高点,故本轮大概率已经开始走弱。

### (四)中国利率周期

中国长端利率走势有着明显的周期性特征,我们选取 10 年期国债(中债)到期收益率的月均值作为观测指标,样本区间为 2002～2018 年,利率总共经历了 4 轮完整的波谷—波谷周期,平均周期长度为 40 个月,与库存周期的长度基本相同,如图 8—5 所示。

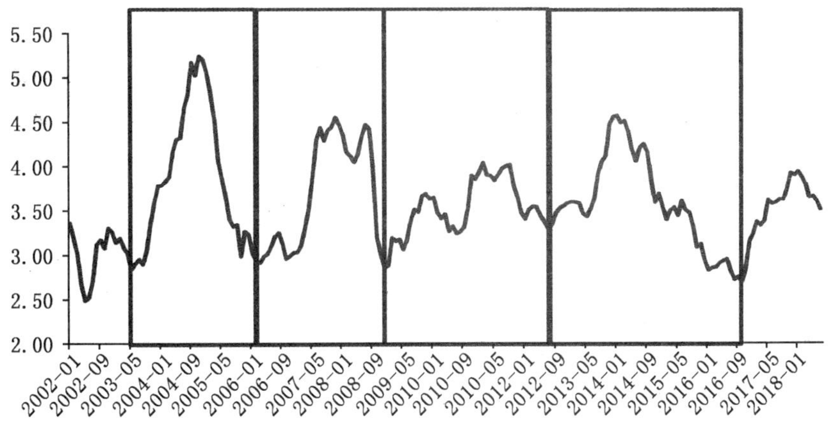


**图 8—5　中国的利率周期，中债 10 年期国债到期收益率**

可以发现，我国利率走势基本取决于短周期影响而非中长周期，也符合新凯恩斯主义中的短期内货币非中性而长期中性的理论根据。

## 三、经济周期分析研究方法

在经典的凯恩斯学派 IS－LM 理论框架中，当短期经济增长（实际产出）偏离中长期增长趋势（潜在产出）时，产生产出缺口。而产出缺口正是驱动短期经济周期的因素，同时也是需要宏观政策调控熨平的。

当短期经济增长超过中长期增长趋势时，经济出现过热，投融资需求旺盛，通胀上升，从而诱发货币政策收紧以及利率上升。上升的利率将抑制投融资和消费需求，从而导致产出和通胀水平下降。

当短期经济增长低于中长期趋势时，投融资和消费需求下降，储蓄增多，货币政策宽松，利率下降。较低的利率将刺激投融资需求和消费，使得产出提高、储蓄减少。

在一个典型经济周期的 4 个阶段中，在衰退阶段，实际产出小于潜在产出，并且实际产出持续下滑，产出缺口为负并且向下扩张；在随后的复苏阶段中，实际产出逐步回升，但仍然小于潜在产出，产出缺口为负但逐步收敛；当实际产出高于潜在产出的时候，经济进入扩张阶段，产出缺口

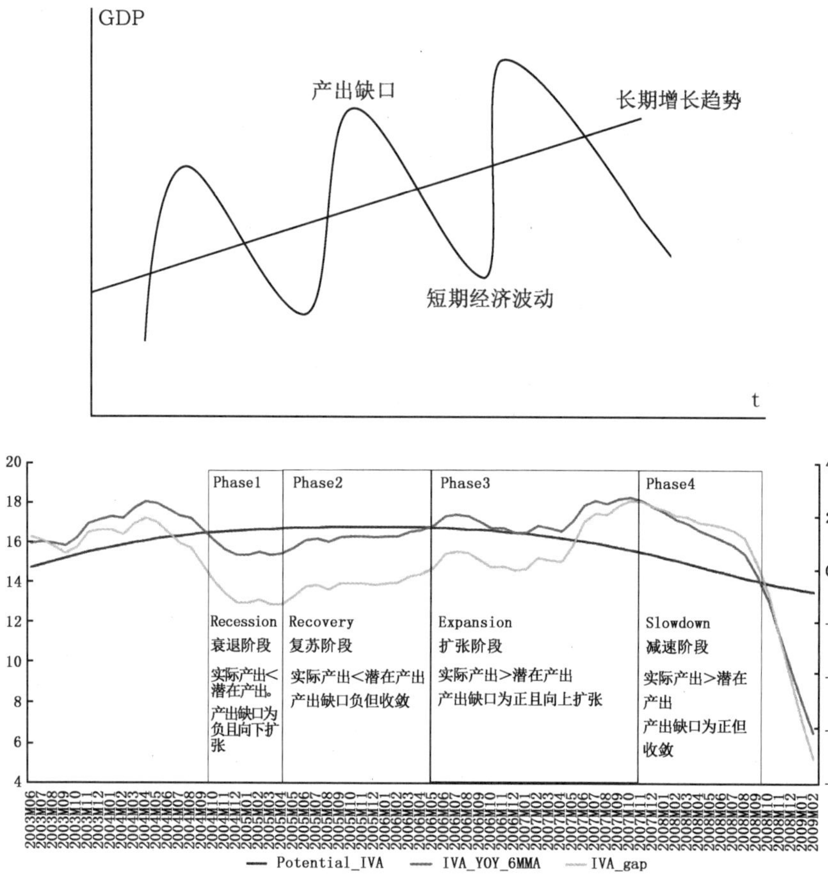


**图 8—6 典型经济周期的 4 个阶段**

为正并且持续扩张；最后实际产出高位回落，开始进入减速阶段，虽然产出缺口为正，但逐步向潜在产出靠拢；当实际产出继续下滑，并且低于潜在产出时，经济再次进入衰退阶段，周而复始。

另外，对于产出缺口不能理解为供求关系。有些人将产出缺口为正时，理解为供过于求，将产出缺口为负理解为供不应求。这是不准确的。在任何一个瞬时的点上，供求是平衡的。当产出缺口为正时，产出除了满足当期的消费需求，还同时满足库存需求和投资需求；但与消费需求不同，库存和投资需求在当期是需求，却在未来会变成供给，因此当前产出扩张就为未来的产出收缩埋下了伏笔。

**(一)经济周期分析方法:HP 滤波法**

在宏观经济的时间序列分析中,通常需要将特定的时间序列分解为4个主要部分:长期趋势部分、季节性波动部分、循环波动部分、不规则波动部分。而对时间序列中特定成分的分离提取需要借助包括滤波在内的数据处理方法。常用的滤波法包括 HP 滤波法、BP 滤波法和卡尔曼滤波法。在此,我们主要使用 HP 滤波法。

HP 滤波法由 Hodrick 和 Prescott(1980)提出,其基本原理是时间序列的谱分析,即时间序列中包含较高的频率成分(中短期波动)和较低的频率成分(长期趋势),HP 滤波提供了一个高通滤波器(High-Pass Filter),高频部分通过,低频部分滤出,将两者分离出来。

具体方法:设时间序列 Y,趋势成分 T,求解损失函数最小值:

$$\mathrm{Min}\{\sum_{i=1}^{n}(Y(i)-T(i))^2+\lambda\sum_{i=2}^{n-1}[(T(i+1)-T(i))-(T(i)-T(i-1))]^2\}$$

参数 $\lambda$ 决定了趋势成分的平滑程度,即 $\lambda$ 越小则趋势成分对原序列的追踪程度越好($\lambda$ 为 0 则等于原序列),$\lambda$ 越大则趋势成分越平滑($\lambda$ 趋于无穷大则近似线性)。通常而言,参数 $\lambda$ 的取值与样本频率有关,100、1 200、14 400 分别对应年度、季度、月度数据样本。

**(二)观测指标选取:工业增加值**

工业企业产成品库存数据直观地描绘了库存周期,但在分析的过程中,数据质量存在一定问题。首先,产成品库存是存量值,而我们所直接关注的是经济增长(GDP)是增加值;其次,产成品库存作为名义数据,受到价格影响较大,难以合理地剔除价格影响;最后,工业企业产成品库存按月度累计值公布,导致存在滞后和年初数据失真的问题。

鉴于上述问题,我们选用季调后月度工业增加值作为经济短周期波动的观察变量。在观测经济的短周期波动中,有领先、同步、滞后等多种指标可以进行观测,而短周期其被称为库存周期的主要原因是当初通过观察库存而发现这一周期现象,并不是经济短周期波动就是由库存驱动的;换言之,库存是果不是因。而且在大多数情况下,库存也是滞后于短周期的,而与利率周期同步。

工业增加值作为观测经济周期的主要指标的好处在于与实际经济波动有着较强的同步性,与经济增长(GDP)的口径基本相同,虽然只代表工业产出,但消费和农业在短周期内变化相对平稳,并不会对短周期产生较大的影响。

### (三)数据处理:季节性调整

以月份作为时间观测单位的经济时间序列通常具有一年一度的周期性变化,这种周期变化是由于季节因素的影响造成的,在经济分析中称为季节性波动。经济时间序列的季节性波动是非常显著的,它往往遮盖或混淆经济发展中其他客观变化规律,以致给经济增长速度和宏观经济形势的分析造成困难和麻烦。因此,在进行经济增长分析时,必须去掉季节波动的影响,将季节要素从原序列中剔除,这就是所谓的"季节调整"。

在我国,对月度经济时间序列作季节调整还有其特殊情况。例如,在我国春节法定假日 3 天,但春节有些年份在 1 月,有些年份在 2 月,还有 1 月、2 月里都有的春节假日,这对春节放假期间不生产或不营业的行业的某些统计指标影响就很大。因此,为了使季节调整后的数据能反映经济运行状况,在做季节调整前我们需要对数据进行月份调整,即剔除春节因素对数据造成的影响。

先验月份调整(Prior Monthly Adjustment)是在季节调整之前,根据工作日数进行调整,主要是去掉节假日或其他原因造成的给定月份在不同年份之间工作日数多少的差别,这项调整只针对月度数据。

进行这一调整,需要给定月份调整因子序列 P(Prior Monthly Adjustment Factors),这里,$P=\{p_1,p_2,\cdots,p_n\}$,其中 $p_j$ 为第 $j$ 月的调整因子,$n$ 为总月数。设经济时间序列 $Y=\{y_1,y_2,\cdots,y_n\}$,调整后的序列为 $\widetilde{Y}$,则

$$\widetilde{y}_t=y_t/p_t \quad t=1,2,\cdots,n$$

例如，我国元旦放假1天、春节放假3天、"五一"放假1天、国庆节放假3天，还有某年某月份因某种原因停产或停止营业的天数，从相应的月中扣除这些天数，就得到实际工作天数的序列，可作为月度调整因子序列 $P$。

最后，我们再利用X—12季节调整法对经过月度调整因子调整后的序列进行常规季节性调整，能够得到较为平滑的经济增长数据序列。

从结果上看，通过上述方式得到的月度产出缺口时间序列数据与10年期国债到期收益率有着较强的相关性，同时领先于扣除价格变动后的实际库存周期。这意味着工业增加值产出缺口与经济周期有着较强的同步性。

**表8—1　　月度产出缺口时间序列数据**

| 周期 | 起点 | 终点 | 持续时间 |
|---|---|---|---|
| 1st | 1999年7月 | 2001年6月 | 23个月 |
| 2nd | 2001年7月 | 2004年9月 | 38个月 |
| 3rd | 2004年10月 | 2008年9月 | 47个月 |
| 4th | 2008年10月 | 2012年4月 | 42个月 |
| 5th | 2012年5月 | 2015年1月 | 32个月 |
| 6th | 2015年2月 | 2018年3月 | 37个月 |

### （四）局限性

采用滤波法对时间序列进行处理时具有局限性。无论是HP滤波法、卡尔曼滤波法还是BP滤波法，数据样本的选取的时间区间会影响最终的结果。在实际操作中，随着时间的推移，将新的观察值加入时间序列样本数据中，新的样本会影响滤波得出的趋势项的值(所有往期的趋势项都会受到影响)，会导致过往的周期项数据同时出现变动，使得无法得到一个实时可靠的结论。

例如在2007年时，包括OECE、IMF和世界银行在内的几乎所有的知名研究机构都观测到产出缺口仍在向上扩张，所以各国决策者对经济

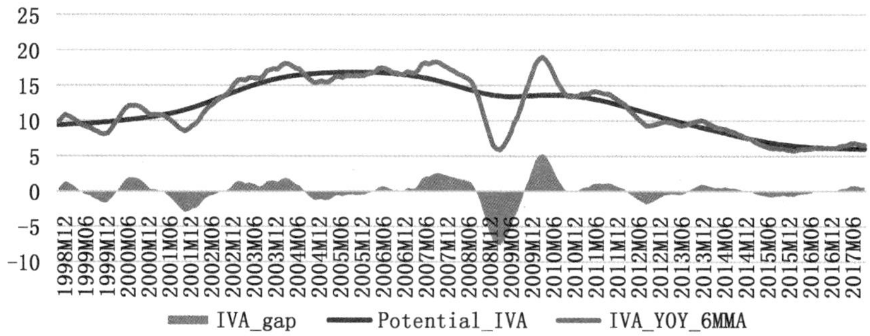


**图 8—7　1999 年以来的六轮周期**

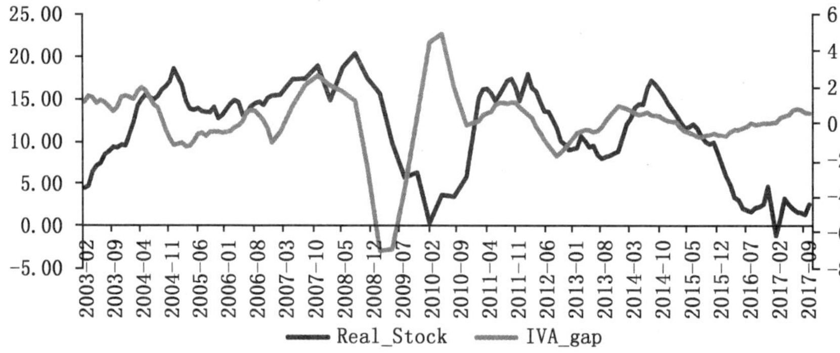


**图 8—8　产出缺口领先于实际库存变动**

充满信心，货币当局持续收紧货币政策，最终引发泡沫破裂，并导致自大萧条以来最严重的经济衰退。几年后，重新回看 2007 年的经济周期，会发现其实当时产出缺口已经出现了拐点，潜在产出更是在 2006 年年末便开始出现下滑。但由于时间序列滤波的特性，导致无法实时地进行观测。

所以在分析中，我们通常使用工业增加值的季调滤波后得到的产出缺口对过往周期的频率和时间进行确认，因为在过往的周期中，产出缺口和经济周期是基本同步的。

因此，在对最近一轮周期进行判断的时候，需要借助其他周期性指标来帮助我们确认当前周期所处的位置，例如：领先指标中的景气指标，同步指标中的利润指标和信贷冲量，滞后指标中的核心 CPI 和库存，等等。

比如，在最近一轮经济周期中，在 2016 年上半年产出缺口已经向上攀升，但 2016 年年中的英国脱欧却明显刺激了市场的避险情绪，使得债券收益率出现非理性下行。在 2017 年下半年，产出缺口出现拐点向下，但由于偏紧的货币政策和严格的监管政策，投资者情绪悲观，收益率出现进一步上行，直到 2018 年年初收益率才有所下行。经过 2018 年上半年收益率下行近 100 个基点后，产出缺口开始出现钝化，也导致了近期整个债券市场处于震荡格局，但并不能由此认为债券市场会一直处于震荡格局，因为实时的产出缺口衡量是很容易出现误差的。

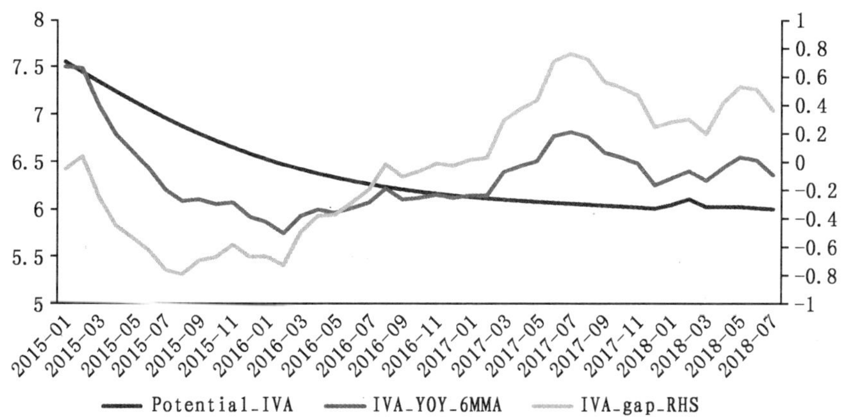


**图 8—9　本轮经济周期末端出现钝化**

最后，当我们确定了当前周期所处的位置后，便可以依据美林时钟、信用—货币框架等确定大类资产配置策略或债券投资策略。

## 四、经济周期与利率周期

经济的周期性变化与利率的变化相互作用，通过贴现率和风险偏好等因子向资产价格传递。作为同一个系统内的不同组成部分，我们很难像自然科学实验一样通过完美的控制变量法来找出其中清晰的因果关系，但从形式逻辑上来看，供求关系决定价格，经济周期理应是利率变化

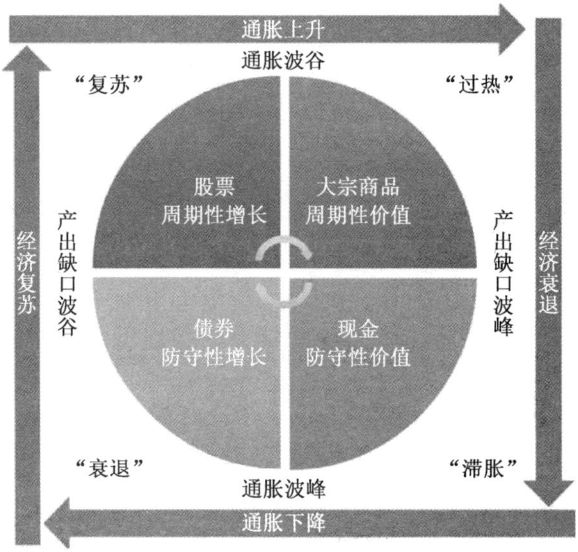


图 8—10 经济周期所处位置与美林时钟

的因;而从分析方法来看,我们能从宏观、微观上的观测来判断经济目前所处的周期环境,甚至预测未来,但却很难单独通过利率或某一资产的价格来预测未来,至多是与经济周期相互印证。

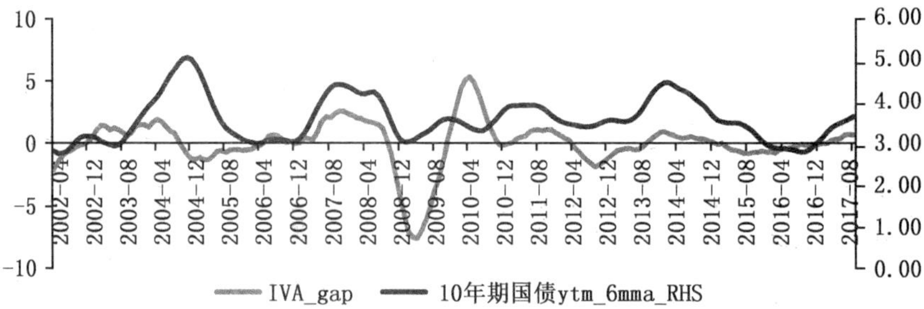


图 8—11 产出缺口与十年期国债到期收益率

经济周期除了通过直接的投融资影响利率外,还会通过对通胀的传导来对利率产生影响。一般而言,当产出缺口为正时,投融资需求旺盛,通胀及其预期上升;反之,则通胀预期回落。从格兰杰因果检验的分析来

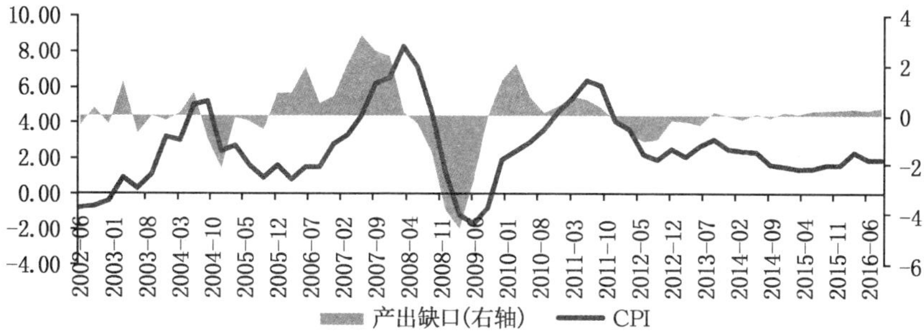


Sample: 2013—02 2017—05
Lags: 5

| Null Hypothesis: | Obs | F-Statistic | Prob. |
|---|---|---|---|
| CCPI does not Granger Cause GCGAP | 40 | 0.61431 | 0.6898 |
| GCGAP does not Granger Cause CCPI | | 3.42897 | 0.0148 |

**图 8—12　产出缺口领先于通胀**

看，产出缺口领先核心 CPI 约 5～6 个月的时间。因此，在经济周期的运行过程中，总会有一个阶段出现，即在产出缺口下降的同时，通胀因为滞后于产出缺口仍在上升，市场中有许多分析师称之为“滞胀”。真正意义上的滞胀是由于外部供给冲击导致国内物价水平急剧升高，例如“石油危机”，货币当局为控制通胀，大幅提高利率水平，抑制了国内的生产，但又无法影响外部的供给，最终导致了滞胀的发生。显然我们在经济周期中所观察到产出缺口收缩与通胀上升仅仅是一种滞后现象，与“滞胀”有着明显的不同。如在 2015 年时市场曾出现对“滞胀”的讨论，而近期又再次出现，正好对应了 3 年左右一轮的经济周期而已。

**表 8—2　　　　　　　经济周期变化与利率变化周期**

| 周期 | 衰退 | 复苏 | 扩张 | 减速 |
|---|---|---|---|---|
| 2nd | | +38bps in 8m | +104bps in 18m | +70bps in 5m |
| 3rd | −118bps in 6m | −85bps in 13m | +146bps in 18m | −63bps in 10m |
| 4th | −75bps in 7m | +51bps in 7m | −18bps in 5m | +8bps in 24m |

续表

| 周期 | 衰退 | 复苏 | 扩张 | 减速 |
| --- | --- | --- | --- | --- |
| 5th | −6bp in 5m | +58bps in 12m | +51bps in 4m | −106bps in 14m |
| 6th | −7bps in 8m | −8bps in 17m | +22bps in 6m | +17bps in 8m |
| 月均值 | −8.8bps/m | +1.2bps/m | +6.4bps/m | −1.7bps/m |
| 平均 YTM | 3.69% | 3.22% | 3.56% | 3.95% |
| CPI 均值 | 2.77% | 1.13% | 1.82% | 4.33% |

从表 8−2 中我们可以看到，在经济周期的变化中，以 10 年期国债到期收益率为代表的利率周期大体上符合经济周期的变化规律。在衰退期，到期收益率大幅下滑，而在复苏期收益率小幅上升，进入扩张期时收益率快速上升，在随后的减速期时，收益率又开始出现缓慢下行。

同时，我们也发现，尽管从平均数来看，经济周期与利率周期的协同性是符合理论的，但在每个周期独立来看，则不完全符合理论。这一方面由于对经济周期的观测方法尚不够准确，数据处理不够完善；另一方面利率并不仅仅受到经济周期的影响，也受到其他诸多因素的干扰，如市场情绪、货币政策、监管政策和外部环境等。尤其是政策方面的影响，政策的制定与传导具有惯性和滞后性，常常导致利率周期滞后于经济周期。

## 第二节　货币与利率政策分析框架

### 一、货币政策简述

货币政策是中央银行运用各种政策工具来逆周期调控宏观经济的各种措施的总和，其目的是为宏观经济平稳运行创造良好的货币金融环境。货币政策的中介目标则是结余操作工具和最终目标之间的指标。Bindseil(2004)认为，中介目标是中央银行可以在适当的时滞和精度下加以控制的经济变量，它是货币政策最终目标的先行指标，与后者之间存在相对稳定或至少可以预测的联系。典型的终结目标包括诸如货币总量、汇率，或是一些中期或长期利率。通常假定通过操作目标的设定，中介目标能够被控制或至少受到显著影响。由于中介目标具有重要的传导和调控"枢纽"作用，可为货币政策的实施及时提供量化操作依据，同时也能够准确地监测货币政策的作用效果。因此，科学地选择中介目标是成功实现货币政策最终宏观目标的重要条件。

换言之，中央银行需要进行逆周期调节，但与市场中所有参与者一样，中央银行也无法直观地观察目前经济周期所处的位置。而在货币政策施行之后，由于经济周期反应的滞后性，也无法确认逆周期政策的干预力度是否足够。因此，中央银行需要确立中介目标，同时选取与之对应的操作目标，并保证操作目标到中介目标的传导通畅，货币政策才能起到预期的效用。

**表 8-3　　国外货币政策**

| | 美联储 | 欧洲央行 | 日本央行 | 韩国央行 | 中国央行 |
|---|---|---|---|---|---|
| 货币政策目标 | 多种目标 | 单一目标 | 多种目标 | 单一目标 | 多种目标 |
| 物价稳定 | √ | √ | √ | √ | √ |
| 充分就业 | √ | | | | √ |
| 经济增长 | | | | | √ |
| 收支平衡 | | | | | √ |
| 其它 | √ | | √ | | √ |
| | 长期利率适度稳定 | | 金融系统稳定 | | 金融稳定（以及结构性改革） |
| 中间目标或操作目标 | | | | | |
| | 联邦基金利率 | 再融资利率 | 基础货币量 | 基准利率 | 广义货币供应量（M2） |
| 是否把通胀作为目标 | 否 | 不完全 | 否 | 是 | 否 |
| 目标CPI | 个人消费支出(PCE)物价指数2% | 调和消费者物价指数（HICP）低于但接近2% | 消费者物价指数（CPI）2% | 2.5~3.5% | 不超过3.5% |
| 货币政策工具 | | | | | |
| 公开市场操作 | √ | √ | √ | √ | √ |
| 准备金要求 | √ | √ | √ | √ | √ |
| 借款工具 | √ | √ | √ | √ | √ |
| | （贴现窗口） | （常备融资工具） | | | （SLO，SLF，MLF，再贷款，再贴现） |
| 基准利率 | | | | | √ |
| 窗口指导 | | | | | √ |
| 其它 | 定期存款工具 | | | | |
| 货币政策传导 | | | | | |
| 利率 | √√√ | √√√ | √√√ | √√√ | √√ |
| 信贷 | √√ | √√√ | √√ | √√ | √√√ |
| 资产价格 | √√√ | √√√ | √√√ | √√√ | √ |
| 汇率 | √√√ | √√√ | √√√ | √√√ | √ |
| 预期 | √√√ | √√ | √√√ | √√√ | √√ |

物价稳定是所有货币当局的第一职责所在，而其他可选择的宏观目标包括充分就业、经济增长、国际收支平衡以及保持金融系统稳定等目标。

随着信用体系和金融市场的日渐庞大，金融对经济的影响越来越显著，中央银行对经济的影响力超过了其他政策。其他公共政策的制定往

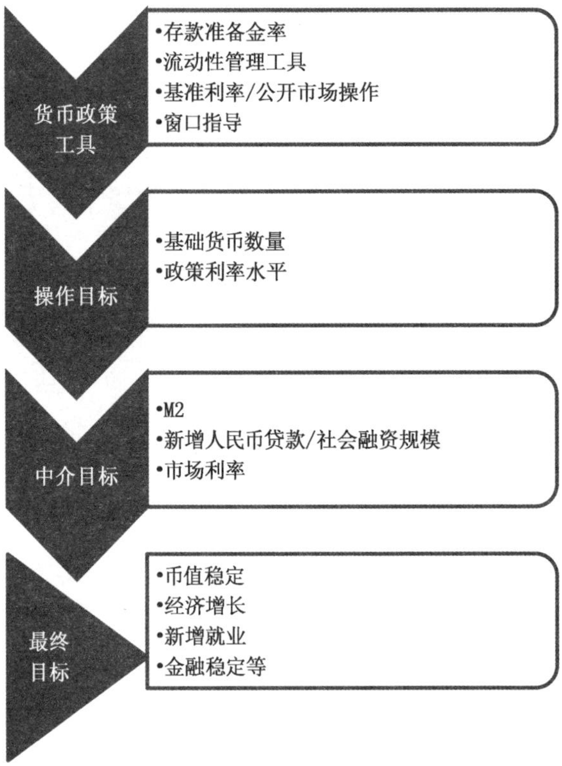


图 8—13　货币政策目标

往可以通过国会或者人大等民主方式实现，然而货币政策制定则是基于一般公众难以理解的宏观经济学和货币银行学，由此引发对货币政策透明度和制定规则的要求。

尽管货币政策制定的过程可能相当复杂，需要考虑众多因素，但仍有学者将其归纳成简单易懂的规则。货币政策的规则主要分为两种：一是价格型规则，通过控制政策利率，向市场利率进行传导，最终影响宏观经济；二是数量型规则，通过控制货币供应量来直接影响整个市场的流动性，最终影响宏观经济。

根据操作目标或中间目标的不同，货币政策大体可分为数量调控和价格调控两种方式。

理论上，货币的数量和价格是一枚硬币的两面。在流动性效应下，货币数量的变化将影响价格调整，货币价格的调整也将引发数量相应变化。因此，在金融市场发育健全、价格机制有效发挥的条件下，对物价产出等货币政策最终目标而言，货币政策数量调控和价格调控的政策效果也应是等价的。不过，从政策机制来看，货币数量调控主要是根据变量间的宏观总量关系进行调控，政策效果直接且明显，但容易扭曲价格机制并干预微观主体行为。货币价格调控主要是微观经济主体根据宏观经济信号调整自身行为，通过价格机制间接发挥作用，对市场发育程度和货币传导机制要求较高，政策链条较长，效果并不直接明确。可见，金融市场发育程度和货币政策传导机制对不同货币调控方式的政策有效性具有非常重要的影响，直接决定了一国货币政策调控框架及其转型进程。特别是，金融市场发展的广度深度与金融产品的价格形成（利率水平）和市场主体的风险管理能力密切相关，影响着货币传导和利率调控机制的畅通有效，对一国货币调控方式的选择至关重要。从国际经验来看，金融体系发育健全、货币政策利率传导机制通畅的发达经济体，货币政策主要采用以利率为主的价格调控方式，而新兴发展中经济体的货币政策则主要以数量调控为主。

20 世纪 70 年代以来，正是在利率市场化浪潮的推动下，金融创新和金融脱媒迅猛发展，货币政策信贷传导渠道重要性明显下降。各国中央银行在不断修改货币供应目标的同时，不得不多次修改货币统计口径，货币数量作为中间目标的可控性、可测性及与最终目标的相关性效果并不理想。货币数量目标制的实践效果远不及预期，即使弗里德曼本人也不得不承认这一点。事实上，20 世纪 70 年代之前，各国货币政策一直是以利率调控为主，只是传统凯恩斯主义指导下相机抉择的货币政策使各国在 60 年代后期普遍陷入痛苦的“滞胀”，金融市场功能和经济平稳发展都受到了严重损害，各国才不得不接受货币主义主张。发达经济体货币政策最初就是以利率调控为主，这与其中央银行源自传统商业银行并一直在相对成熟完善的金融市场进行货币政策操作的历史密切相关。在放松利率管制和金融创新浪潮推动下，各国金融市场广度深度进一步提高，以货币总量关系稳定为理论前提的货币数量调控的政策效果自然是越来越差。正如加拿大中央银行行长 Gerald Bouey 所说的，“我们从未放弃货币总量，而是它们放弃了我们”。随着利率市场化改革的完成，20 世纪 80 年代中期以来主要发达国家普遍转向以利率为主的货币价格调控，普遍采用以稳定通货膨胀为最主要目标（之一）并在一定规则指导下（隐含地遵循泰勒规则）仅调节短期（隔夜）市场利率的货币政策框架。

2008 年发生的全球金融危机严重损害了金融市场功能，为此各国央行迅速将政策利率降至非常低的水平。由于零利率下界约束，各国不得不转向量化宽松非常规货币政策。同时，全球金融危机表明，物价稳定并不意味着经济金融稳定，危机后各国普遍加强了中央银行宏观审慎和系统性风险防范职责。不过，与 2001～2006 年日本银行的零利率与量化宽松政策类似，数量目标仅仅是各国非常规货币政策的第二位操作目标，为恢复金融市场功能和刺激经济复苏而保持超低（零）利率甚至名义负利率仍是各国中央银行权宜性的操作目标。近年来，随着金融市场逐步稳定和经济强劲复苏，美英欧等主要央行都开启或着手加息缩表并重回利率调控的货币政策正常化进程。

## 二、价格型货币政策——泰勒规则

美国经济学家约翰·泰勒（John Taylor，1993）提出利率是对通胀和实际产出的反应。货币政策工具和政策利率的制定应围绕“通胀缺口”（实际与目标偏离）和“产出缺口”（实际与潜在 GDP 的偏离）这两大核心目标，央行货币政策应保持中性，营造稳定的利率环境。

泰勒规则基本公式：

$$i_t=\bar{r}+\tilde{\pi}_t+\alpha(\pi_t-\pi^*)+\beta y_t$$

其中，$i_t$ 为央行操作目标利率，$\bar{r}$ 为长期均衡利率，$\tilde{\pi}_t$ 是前四季度的平均通胀率，$\pi_t$ 为实际通胀率，$\pi^*$ 为目标通胀率，$y_t$ 为产出缺口，$\alpha$、$\beta$ 分别为通胀缺口反应系数和产出缺口反应系数。

泰勒规则由于其简单明了的特征，迅速被大众接受，尽管在实际货币政策制定过程中，中央银行的决策者们通常需要考虑更多的因素并采用更加复杂的模型，但由于泰勒规则脍炙人口的知名度，中央银行的决策者们倾向于使用这一规则向市场进行沟通，增加市场对货币政策的信任度。但正如前文提到的，凡是涉及产出缺口的规则都会存在明显的滞后性，即回溯时效果显著，但在判断当下和未来时则显得乏力。下面是几种关于泰勒规则的变形。

泰勒的原始赋值（通胀采用 GDP 平减指数）：

$$i_t = 2 + \pi + 0.5(\pi_t - 2) + 0.5y_t$$

伯南克规则（通胀采用 PCE 物价指数，赋予产出缺口更大的权重）：

$$i_t = 2 + \pi + 0.5(\pi_t - 2) + 1y_t$$

耶伦规则（将劳动参与率引入其中，更加强调充分就业）：

$$i_t = 2 + \pi + 0.5(\pi_t - 2) + 0.5y_t + 0.5(l - 66.5)$$

中国泰勒规则（加入 M2 缺口）：

$$i_t = \bar{r} + \tilde{\pi}_t + \alpha(\pi_t - \pi^*) + \beta y_t + \gamma(M - M^*)$$

真正具有突破意义的拓展是引入利率平滑（King，2000）的泰勒规则。这主要考虑到货币政策具有惯性，实际的利率调整一般都是比较平滑的，以防止利率大幅变动可能带来的冲击。在数学表达式上利率平滑一般通过引入利率滞后项来完成，即：

$$i_t = \bar{r} + \tilde{\pi}_t + \alpha(\pi_t - \pi^*) + \beta y_t + y_{t-1}^i$$

还有学者在泰勒规则中引入前瞻型规则（Clarida，Gali & Gertler，1999，2000）。这主要是考虑中央银行的利率调整可能是对未来产出或通胀形势的预判，政策上具有前瞻性，需要将此纳入公式进行考察，即将公式中通胀和产出缺口变化用预期值来替代。

另外一些学者研究在开放经济下的泰勒规则。如 Ball（1999）指出，在开放经济中应采用包含汇率因素的货币条件指数（MCI）来代替利率作为货币政策指标。当然，这种做法的一个难点是如何确定货币条件指数中的权重，并且对于施行自由浮动汇率制度的经济体，汇率水平也并非中央银行直接调节和控制的目标，而往往只是中央银行利率政策在汇率方面做出的反应而已。

泰勒规则的实施有效性应符合以下前提：(1)具有高效流动的银行间市场；(2)具有期限完备且高效流动的政府债券二级市场；(3)具有充分竞争的金融中介体系；(4)具有大量且上规模的机构投资者；(5)中央银行的独立性得到充分保证；(6)企业和居民有市场化的直接融资市场；(7)采用浮动汇率体制；(8)物价能及时对产出缺口作出反应。

中国不仅存在“自然利率”缺失和“目标通胀率”软约束问题，而且由于央行与市场沟通的不畅使市场不易形成远期利率和通胀率的稳定预期，从而降低短期利率向长期利率传导的效率；同时，中国各银行之间竞争力的不足会导致负债端利率向贷款利率传导有效性的下降，融资约束、无风险利率过高、信用未分化和居民收入较低等因素也会弱化利率对总需求的影响。更为重要的是，中国的有管理的汇率体制会严重削弱本国利率自主性，只用“利率”这一个货币政策工具同时盯住通货膨胀和汇率(可能还包括经济增长或失业率)，其政策效果会大打折扣。另外，泰勒本人认为，凯恩斯主义“相机抉择”和“大政府思想”也会对“泰勒规则”形成制约。

虽然泰勒规则生效的前提在我国市场中尚难以全部满足，但货币政策主要目标为经济增长(产出缺口)和通货膨胀(通胀缺口)的大方向仍与世界主要发达国家的目标相一致，因此泰勒规则在一定程度上也能解释中国的货币政策变化。

我们在这里采用最基本的泰勒规则公式作为基准模型。用季调后的季度 GDP 进行 HP 滤波得到产出缺口，用实际 CPI 减去 CPI 目标值作为通胀缺口。样本区间为 2000 年第一季度～2018 年第二季度。对泰勒规则的计量处理目前一般采用 GMM 和 OLS 两种处理方式。GMM 有利于克服误差预期与模型信息集正交的问题，但其中工具变量选择对参数估计结果可能有明显影响，从而降低了计量结果的信息含量。而 OLS 可

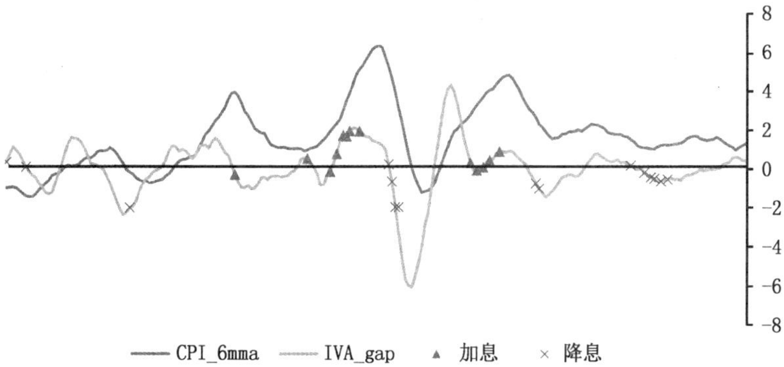


**图 8—14 产出缺口、通胀与货币政策**

以通过采用 Newey-West 检验方法来克服与时间序列相关所带来的 T 检验失效问题。因此，我们仍选用 OLS 方法进行计量处理。

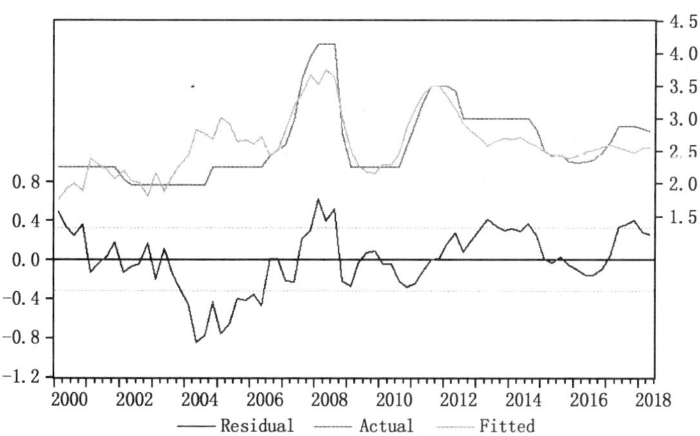


Sample: 2000Q1 2018Q2
Included observations: 74

| Variable | Coefficient | Std. Error | t-Statistic | Prob. |
|---|---|---|---|---|
| RR | 1.072889 | 0.036150 | 29.67920 | 0.0000 |
| PAIE | 0.244141 | 0.024222 | 10.07922 | 0.0000 |
| GDPGAP | 0.176923 | 0.040796 | 4.336803 | 0.0000 |
| CPIGAP | 0.063342 | 0.025113 | 2.522214 | 0.0139 |

**图 8—15 OLS 计量处理**

通过使用泰勒规则对我国货币政策进行拟合，我们发现，我国货币政策对产出缺口的响应大于对通胀缺口的响应，说明在货币政策制定的过程中，决策者更注重产出而非通胀，并且对通胀的响应系数过低，导致货币政策并非一个稳定的政策，因为利率提升的幅度并不能有效遏制通胀。但在分段拟合中我们又发现，2002～2007 年的货币政策对通胀的响应系数明显高于产出，而在其他时间段则是产出系数高于通胀的系数。

## 三、数量型货币政策——麦卡勒姆规则

麦卡勒姆规则（McCallum Rule）又称为基础货币—名义 GDP 目标规则。与泰勒规则一样，它也是一个适应性政策主张，但具有不同的政策工具及其背后的不同的货币政策传导机制。麦卡勒姆规则的政策工具是基础货币而不是联邦基金名义利率。根据这一规则，基础货币增长率依名义 GDP 增长率（或水平值）与设定的目标之间的偏差而变动。这一规则中也包含了基础货币增长率的变化，在基础货币增长率变化不是很大时，名义 GDP 目标和基础货币目标可以说是等同的。

麦克勒姆规则包含三个主要部分：名义 GDP 增长目标；货币流通速度变化的移动平均值（即相对于名义 GDP 的货币需求的变化）；名义与实际 GDP 之差。

麦卡勒姆规则：

$$\Delta b_t = \Delta x^* - \Delta v_t^* + \lambda(\Delta x^* - \Delta x_t)$$

其中，$\Delta b_t$ 是基础货币对数值的变化，即基础货币在 $(t-1)$ 至 $t$ 期之间的增长率；$\Delta x^*$ 是名义 GDP 目标增长率；$\Delta v_t^*$ 是前 16 个季度基础货币流通速度平均增长率；最后一项是误差校正项，该项表明当前一期名义增长率 $\Delta x_{t-1}$ 低于目标增长率 $\Delta x^*$ 时，基础货币的增长速度就要调高以弥补目标的误差，麦卡勒姆选择其系数 $\lambda=0.5$.

从 19 世纪 70 年代初开始，美国货币当局采用弗里德曼的政策主张，以保持稳定的货币增长率。从实际效果看，在此后近 10 年的时间内，货币增长率相对稳定，但产出和通货膨胀却出现了剧烈波动。于是，人们便

怀疑货币供应量目标的有效性。面对这些问题，麦卡勒姆认为弗里德曼规则是在假定货币需求和货币流通速度不变的前提下保持货币供应量以固定的比例增长，显然，这些前提并不能得到满足。因此，基础货币应根据货币流通速度和目标变量的变化进行阶段性调整，才能使该规则具有更强的适应性。

麦卡勒姆规则是在弗里德曼规则(Friedman，1982)的基础上发展起来的，它对后者作了三个重要修正。一是以基础货币(而不是弗里德曼主张的货币供应量)为工具。因为货币供应量既不是货币政策的最终目标，也不是中央银行可直接控制的政策工具，因此，在发生重大制度变迁时，中央银行不能使其达到预定目标；而基础货币则不然，在一定条件和相关的财政政策配合下，调控基础货币可能达到预定目标。二是考虑了基础货币流通速度的变化。

基础货币应当根据流通速度的变化进行阶段性调整，即两者呈反方向变化。如果基础货币以不变的比率增长，则不但达不到合意的目标，反而会加剧货币供应量和实际经济的波动。三是把稳定名义收入作为货币政策的最终目标。因而，基础货币必须根据名义收入的实际增长率与目标增长率之间的差距进行阶段性调整。由于名义收入与价格水平和真实产出之间存在恒定的关系，所以，以名义收入为目标的优点之一便是可间接地控制通货膨胀。

麦卡勒姆规则被提出后，一些经济学家利用货币政策的实践对其进行了实证检验，以考察使用麦卡勒姆规则(或它的扩展形式)在稳定通货膨胀和实际产出方面的影响。麦卡勒姆本人(1987)利用美国1954～1985年的历史数据，对麦卡勒姆规则的原式进行了回归分析，结果显示，使用该规则可使名义国民生产总值(GNP)非常紧密地靠近目标路径。同时，模型还考察了名义收入缺口的反应系数如取不同值时的情况，相比较而言，原式的效果更好。Croushore 和 Stark(1995)选择了三种宏观经济模型(凯恩斯主义模型、PSTAR＋模型和理性预期模型)来模拟运用麦卡勒姆规则时经济的运转情况。从模拟的结果看，如果按麦卡勒姆规则进行操作，平均真实产出可接近其潜在水平，同时模拟的价格大大低于历史水平。

## 四、泰勒规则与麦卡勒姆规则的比较

麦卡勒姆规则与泰勒规则的区别在于，操作工具和目标变量的不同。两种规则中，究竟选择哪一种？这依赖于具体的经济情况。

按照正统的观点，1995～1998 年日本货币政策难以刺激经济，因为利率已经很低。而按照麦卡勒姆规则，基础货币仍处于紧缩过程，表明期间货币政策过于紧缩。

对于美国的货币政策，按照泰勒规则，20 世纪 70 年代实际利率已经低于规则所拟合的水平；而麦卡勒姆规则表明，70 年代货币政策过于放松，实际基础货币增长高于麦卡勒姆规则所拟合的水平，而且这种差异在 1981～1987 年有所缩小。这里，名义 GDP 增长作为目标变量要比利率规则更有效。

利用泰勒规则对于英国 20 世纪 70 年代过于放松的货币政策进行评价，结果表明，建议的政策利率为 38%，而当时的实际利率为 10.4%。1983～1987 年货币政策过于紧缩，1987 年以来的政策取向是对的。然而，麦卡勒姆规则的解释则有所不同，70 年代的政策过于宽松，而且直到 1990 年大多时候仍过于宽松。

对于日本经济来说，泰勒规则表明，1972～1974 年货币政策应该紧缩，而在 1982～1987 年大多数时候货币政策过于紧缩。麦卡勒姆规则表明，90 年代中期货币政策过于紧缩。

如果从过去实证分析方面考虑，与泰勒规则相比，麦卡勒姆规则更加适合于中国的现实。这是因为：第一，麦卡勒姆规则以基础货币为控制工具，这和中国中央银行的政策工具是相同的。第二，麦卡勒姆规则无需分别估计通货膨胀缺口和真实产出缺口，只需估计名义 GDP 缺口。这与中国 2000 年以前每年只公布名义 GDP 目标（即产出目标）而没有相应的通货膨胀目标和实际产出目标的情况相吻合。正是从这种角度出发，选择麦卡勒姆规则对中国的货币政策操作进行实际检验。但在实际运用过程中，需要根据中国的实际情况对一些变量和参数进行相应的调整。首先，对于麦卡勒姆规则反应函数的具体形式，包括工具和目标变量的选择以及参数的取值，都没有统一的看法。由于真实GDP的潜在增长率的可预测性较弱，在模型中剔除了这一变量，仅考虑名义GDP及其增长率。同时，根据已有数据估计反应函数的参数值，并计算出规则模拟的基础货币及其增长率，以便于比较其与实际值的偏差。其次，麦卡勒姆规则原本是建立在浮动汇率制的基础上，但中国曾实行的是盯住美元的汇率制度，包括现在也未能完全放开汇率自由浮动。为维持汇率稳定，中央银行必须在市场进行外汇买卖操作，而这一过程又会导致基础货币投放量的变化。因此，在建立反应函数时，需考虑固定汇率制度的影响。麦卡勒姆规则考虑到了货币流转速率这个重要因素，而泰勒规则没有考虑到。但随着金融市场的发展，基础货币向广义货币传导过程愈发不可控制，货币乘数难以监控，与之相反，利率传导却越来越通畅。最后，尽管许多学者认为将利率降至零甚至负数与利率为正数时是等效的，但考虑到公众和金融机构的接受能力，泰勒规则可能面临利率零下限的约束，当经济和通胀出现大幅下滑，即使名义利率为零，实际利率仍可能高企。数量型货币政策此时就能有效地刺激通胀回升，将实际利率降低，美日欧等央行施行的量化宽松政策的背景就属于此类情况。

## 五、中国货币政策的转型

### （一）由计划直接管理向数量为主的货币政策调控（1984～1998）

计划经济体制下，我国主要依靠计划手段人为干预的方式管理经济运行，即使在改革开放后的很长一段时期，我国并未建立现代意义的市场化宏观调控框架，也不存在现代意义的金融业，银行是最主要的金融机构，主要发挥监督资金使用的社会出纳功能。虽然改革开放后我国开始尝试通过利率价格杠杆引导信贷资源配置，通过“拨改贷”提高资金使用效率，但这期间我国金融资源价格及其配置主要通过计划方式进行，在

"大一统"管理模式下即使重新组建的专业银行也都相当于中国人民银行的分支机构。1984年专门行使中央银行职能后，中国人民银行主要通过现金发行和信贷规模管理直接控制方式进行货币信贷调控。1994年，中国人民银行开始缩小信贷规模管理范围，公布不同层次货币供应量；1996年，正式将货币供应量作为中间目标并将现金发行转为监测指标。同时，我国还将各地分散的拆借市场统一为全国银行间拆借市场，大力发展银行间债券市场并将其作为公开市场操作的重要场所。由于银行间市场属于同业批发市场，风险相对较低，因此我国率先放开了同业拆借和债券市场利率。1998年，以取消信贷规模管理并重启人民币公开市场业务为标志，我国货币政策正式实现由直接控制向数量为主的间接调控模式转型。

**(二)通货紧缩和流动性过剩时期的货币政策调控**

1998年取消信贷规模控制后，公开市场操作成为中国人民银行最主要的常态化货币调控手段。在当时通货紧缩的背景下，主要通过逆回购投放基础货币。2001年下半年，由于当时通货紧缩形势，在进行逆回购的同时大量开展现券买断业务，增加基础货币投放。

2001年年底加入WTO之后不久，中国经济逐步走出了亚洲金融危机的冲击和通货紧缩的影响，进入新一轮上升周期。除全球金融危机的短暂冲击外，我国面临长达近10年国际收支持续双顺差和流动性过剩局面。由于正回购和现券卖断业务受到中央银行持有债券资产规模的约束，并且会导致债券市场流动性减弱，不利于资本市场发展，2003年4月中国人民银行正式发行中央银行票据并将其作为对冲流动性的最主要手段。随着国际收支持续顺差和流动性过剩失衡加剧，我国开始频繁上调存款准备金率，将存款准备金率打造为常规的、与央票发行相互搭配的流动性管理工具，迅速锁定了长期流动性，有效降低了货币乘数和货币信贷扩张。同时，中国人民银行还通过再贷款(再贴现)、窗口指导等方式优化信贷投放结构和节奏，结合存贷款基准利率上调和人民币稳步渐进升值，较好地实现了产出物价等货币政策的最终目标。

### （三）经济新常态和流动性格局变化下的货币政策调控

在全球金融危机后不久，我国的外汇占款和流动性过剩格局明显改变。从2011年开始，经常账户顺差占GDP比重首次回落并始终处于国际认可的4%以下合理区间。跨境资本呈现双向流动态势，2012年资本和金融账户（不含储备资产）首次出现自1999年以来的小幅逆差，2014年第二季度末外汇储备达到近4万亿美元的阶段性高点后，直至2016年第四季度资本和金融账户始终保持逆差。为此，2012年中国人民银行停止央票发行并重启逆回购操作，2013年以来开展了包括SLO、SLF、MLF、PSL等在内的短期流动性管理工具创新和中长期基础货币投放工具，将公开市场操作由每周两次扩展至每日操作，增强了市场利率的引导能力。

## 六、货币政策的传导

货币政策的制定规则需要与一个国家的经济金融发展阶段向匹配。目前我国已从高增速的发展阶段迈向高质量发展阶段，货币政策也从数量型调控转向价格型调控。价格型的货币政策需要一个微观基础坚实、市场规则统一、功能健全有效的金融市场才能够将政策利率有效传导至宏观经济运行的每个角落中。

在理想的货币政策框架下，存款市场、贷款市场、债券市场和中央银行为商业银行提供基础货币的短期资金市场会达到一般均衡。在帕累托最优解下，分别使得商业银行利润最大化、居民投资收益最大化、企业融资成本最小化和中央银行的政策利率目标同时实现。

理论上，中央银行改变向商业银行投放基础货币的量或者价格；商业银行在追求利润最大化的目标下，在贷款或债券之间进行选择资金投向；而厂商基于融资成本最小化在向商业银行贷款或者发行债券中进行选择；而居民则根据投资回报收益最大化来选择购买债券或者存款。

央行研究局通过动态随机一般均衡模型研究分析发现，在没有摩擦的条件下，货币政策传导机制是有效的，政策利率的变动对实体经济的影

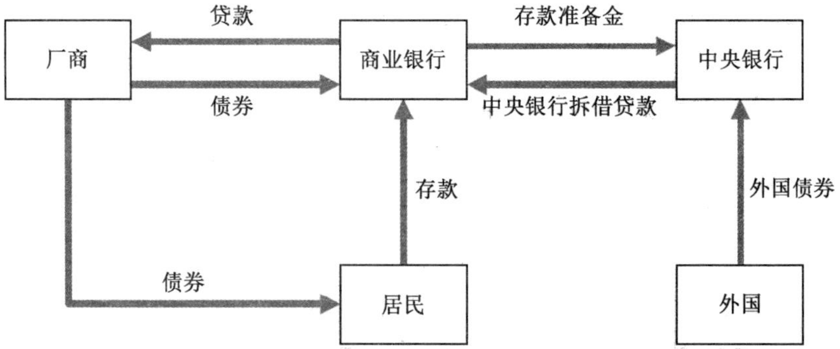


**图 8—16　货币政策框架**

响与理论预期结果相一致，各经济部门都能对政策利率变动做出正确反应。但是在加入我国存在的实际情况后，政策传导效率明显降低，具体表现在：

(1)存款准备金：存款准备金率会影响政策利率对债券收益率和银行存贷款利率的传导，其中对存款利率传导的影响更为显著。

(2)贷存比：贷存比会弱化政策利率对贷款利率的传导。贷存比对政策利率向存款利率传导的影响是不确定的。贷存比使得政策利率对债券收益率的传导变得更敏感。

(3)对贷款的数量限制：在贷款数量限制对所有银行都有约束力的情况下，政策利率完全不影响贷款利率，也就是说，政策利率对贷款利率的影响完全消失了。如果贷款数量限制只对部分银行有约束力，政策利率可以继续向贷款利率传导但效果会弱化。与此同时，政策利率对存款利率和债券收益率的传导将变弱。

(4)债券发行成本高和债券发行限额：企业债券发行成本上升和发行规模受限，都会使市场利率对政策利率变得更为敏感。直观上理解，这是因为当债券发行变得困难时，企业更加看重数量，而不得不接受更高的债券利率。虽然这表现为债券利率对政策利率更为敏感，但是从另外一个角度来说，企业债券发行成本提高和发行规模受限会使得债券市场规模变小，政策利率对实体经济的传导可能被弱化。

（5）债券交易成本高：债券交易成本高，会导致居民持有债券的收益率下降，居民将更多资产配置到银行存款上，政策利率上升对存款利率的影响变弱。同时，因为贷款与债券市场的总体资金供给减少（居民配置更多存款导致银行向央行缴纳更多的存款准备金），政策利率对贷款与债券价格影响变强。

（6）企业预算软约束：由于政府的（隐形）担保，预算软约束企业可以得到利率较低的贷款，贷款数量也会增加。由于预算软约束，政策利率对贷款利率、存款利率、债券利率和再贷款规模的传导均被弱化。

（7）债券市场流动性不足：在一个流动性不足的债券市场中，虽然政策利率对债券市场的影响增大了，但政策利率对银行的存贷款利率的影响会减弱。

（8）银行资产证券化：银行资产证券化会使政策利率向贷款利率和债券利率的传导减弱，但对存款利率的传导会增强。因为资产证券化从本质上来说是增加了直接融资渠道，居民减少存款的供给而导致存款利率对政策利率变得更敏感。

目前银行的定价系统中，针对同业、理财和外币产品的定价基本上已经市场化（即市场利率的变动会及时、有效地传导这些产品的利率），但由于人民币存贷款的FTP系统仍然主要以央行公布的存贷款基准利率为基础，存贷款的定价事实上仍然是在存贷款基准利率上加点或减点来确定的，这些利率与市场利率的相关性较差。从2002年1月～2015年6月，我国贷款基础利率和银行间回购利率、5年期国债利率的相关性分别为0.41和0.46，而美国典型贷款利率（如初次抵押贷款利率）与联邦货币基金利率、5年期国债利率的相关性分别为0.83和0.941。从央行工作论文的研究实证结果来看，我国短期市场利率能在一定程度上传导至贷款利率，但传导效率可能只有美国的20%～80%。

可以看到，债券市场是政策利率向实体经济传导的一个重要渠道，不完善的债券市场将严重降低货币政策的传导效率。

## 七、期限利差

货币政策通常而言只能影响短期利率，长期利率则受到商业银行和其他经济主体行为与预期的共同作用。而长期利率和短期利率之间的差值通常称为期限利差，不同期限的不同利率在同一时间表现为期限结构。

预期假说(Expectations Hypothesis)是出现最早、影响最大的解释利率期限结构形成机制的理论。该理论具有四个前提假设：金融市场是完全竞争的；所有市场参与者有着共同的预期；投资者对市场中的债券没有期限偏好；各种不同期限的债券是完全替代的。在这些假设下，追求利润最大化的市场参与者都会在不同期限的债券之间进行无成本的套利活动，最终使各种债券的利差减少到无利可图的地步，市场实现均衡。此时，无论是选择一次性长期投资还是多次重复短期投资，预期收益都是相同的。这样就得到了预期假说的基本命题：长期利率的预期值是期限内各短期利率预期值的几何平均数。因此，收益率曲线是对所有市场参与者理性预期的综合反映，即收益率曲线的形态是由市场预期所决定的。当投资者预期短期利率将保持不变或只发生微小变化时，收益率曲线是平坦的；当投资者预期短期利率将会升高时，收益率曲线是向上倾斜的；当投资者预期短期利率将会降低时，收益率曲线是向下倾斜的。

流动性偏好假说(Liquidity Preference Hypothesis)在强调预期重要性的前提下，认为风险也是影响利率期限结构的一大因素。在该假说中债券不再是完全替代的，短期债券由于流动性较长期债券高，在不可预测的事件发生时更容易变现，故在大多数投资者风险厌恶的市场条件下，对高流动性债券的偏好将使得短期债券的利率水平低于长期债券的利率水平。此外，由于利率在短期内发生波动的可能性较小，短期利率的风险小于长期利率的风险。因此，长期债券投资需要获得一些额外的收益以补偿投资过程中的潜在损失，这部分额外收益称为流动性补偿或期限溢价，即长期利率包括短期利率的预期值与流动性补偿两部分。只有流动性补偿为正，投资者才愿意持有长期债券，因此，现实金融市场中的收益率曲线大多呈向上倾斜形态。但是，在投资者预期未来短期利率将大幅度下降的情况下，即使流动性补偿为正，长期利率也会低于短期利率，收益率曲线将会向下倾斜。

从实证角度来看，短期利率与期限利差存在一种较为可靠的负相关性，即当短期利率较高时，期限利差较小；而当短期利率较低时，期限利差较大。这种关系一是因为长期利率的波动率小于短期利率，期限利差受到短期利率的影响较大；二是因为短期利率大幅高于自然利率时人们预期短期利率将很快下降，反之亦然。

对于债券投资者而言，无风险利率的期限利差主要是用于对更高的价格波动的一种风险溢价。因此，当投资者在债券投资中选择期限品种时可以参考期限利差是否给予了足够高的风险溢价来抵补投资者所承受的流动性风险和估值波动风险。

例如在图 8－17 中，我们以 1 年期国开债到期收益率作为自变量，10 年期国开债与 1 年期国开债的期限利差作为因变量，进行线性回归并得到趋势线。在既定的 1 年期国开债收益率下，若期限利差高于趋势线，则说明长债在当前的安全边际高于历史平均水平；反之，则低于历史平均水平。对于风险偏好更低的投资者，更加稳妥的方式是当期限利差大于残差的 1 倍标准差再买入长债。

## 八、利率变化的外部约束

在前文中，我们主要讨论国内经济金融环境对货币政策和利率的影响；但作为一个日益开放的经济体，贸易和资本的流动规模日渐扩大，我国的货币政策和利率走势同样也面临着外部环境约束。

### （一）蒙代尔三元悖论（Mundellian Trilemma）

欧元之父蒙代尔所提出的三元悖论，是指在开放的经济条件下，本国的货币政策的独立性、固定汇率制和资本自由流动，这三者之间不能同时实现，只能同时满足两个目标，而放弃另一个目标。

货币政策的独立性是指央行可根据本国经济的实际情况制定货币政

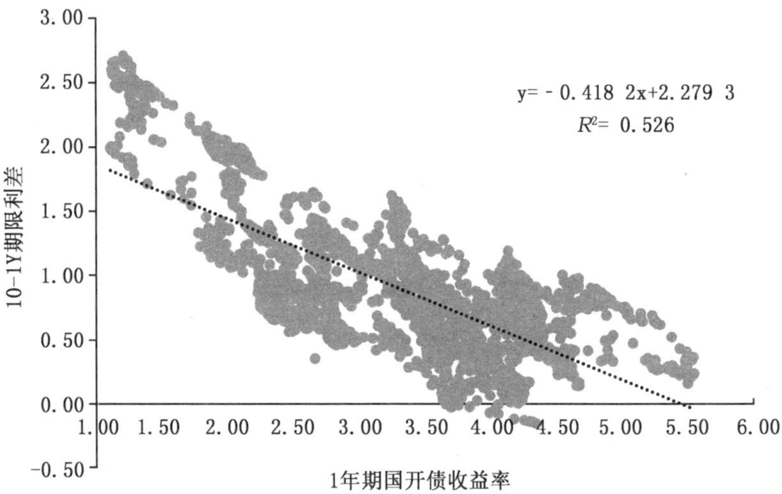


**图 8—17　线性回归得到趋势线**

策；固定汇率制是指本国货币汇率锚定某一货币或某一篮子货币；资本自由流动是指境内外资本可以不受限地进出国内市场。这三个目标对于宏观经济都有着积极的意义，但政策制定者不得不根据实际情况舍弃其中一项。从实证角度来看，美、日、欧等发达大型经济体，均选择放弃固定汇率制；而例如中国香港这样的小型经济体则选择放弃货币政策独立性。

出现三元悖论的原因十分简单。因为汇率和利率本质上是某一种货币在不同维度下的两个价格。利率是货币在时间维度下的价格，例如当折现率为 10%时，1 年后的 100 元就约等于现在的 90.9 元。汇率是货币在空间维度下的价格，例如 100 元人民币约等于 14.61 美元。根据无风险套利的原理，同一资产（货币）在不同的市场（时间与空间）下应当价格相同，否则将会出现无风险套利机会。

所以在理论上，当货币的时间价值（利率）被确定，那么该货币的汇率也会随之被确定，主要取决于两种货币间的利差；反之，如果两种货币的兑换比例被确定，那么两种货币间不应当存在利差。再或者，可以通过某种方式提高无风险套利的成本，那就是资本管制。

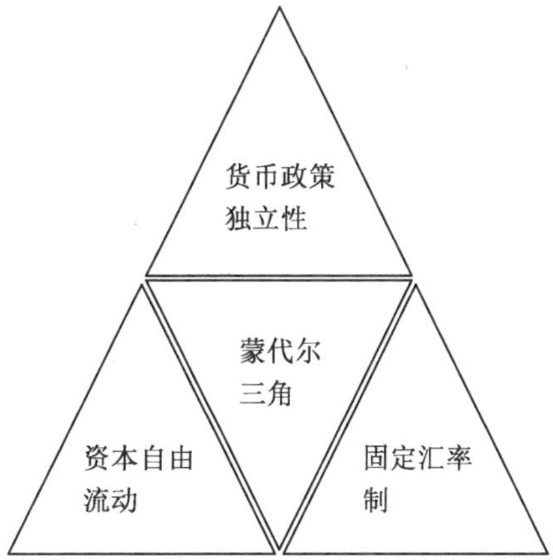


**图 8—18　蒙代尔三元悖论**

对于小型开放经济体，经济自主性较差，主要依赖外部环境变化。比如，中国香港作为金融和贸易港口，自身的经济情况主要取决于全球贸易和金融最发达的国家；换言之，中国香港的经济周期与某个大型经济体基本同步。所以对于中国香港这样的港口型经济体来说，资本自由流动必不可少，固定汇率能稳定贸易，而货币政策的独立性并不重要，只需要紧密跟随某个大型经济体即可。还有许多出口导向型经济体同样也采取这样的政策组合。但是这样看似稳定的政策组合下却暗藏风险，因为资本流动时不仅会带动生产和消费，同样会对资产价格产生巨大的影响。

对于大型经济，自身的经济周期主要取决于内需，货币政策的独立性就显得尤为重要。同时，由于自身产业链比较完整，对外贸依存度较低，并且该国货币受到世界其他国家认可度较高、金融市场较为完善，因此对固定汇率诉求较小，所以美、日、欧等大型开放经济体选择放弃固定汇率制。

对于我国而言，过去很长一段时间处于放弃资本自由流动的环境。因为我国曾经是一个外贸导向型的大型经济体，意味着无论是对货币政策的独立性还是固定汇率都有较大诉求，只得通过资本管制的方式来实现。随着经济发展阶段的变化，我国经济对外贸依存度降低，并且亟需提高资产配置效率，资本项目开放势在必行。

从别国经验来看，转型时期尤为关键，成功的经济政策转型能使经济稳步增长至发达国家行列，若转型失败则会落入中等收入陷阱。因此，我国在政策转型并不是直接在三元悖论的环境下一步到位的选择，而是选择逐步过渡。将二维的三元悖论加入时间维度，就会变成一个柱状体，货币政策可选择的空间就得到了扩展。

先逐步放开人民币汇率的波动，从固定汇率制到爬行盯住，再到有管理的浮动汇率制度(dirty floating)，资本管制也逐步开放，货币政策既保持一定程度的灵活性，也要考虑到外部环境的变化。伴随着人民币国际化，最终形成货币政策独立、资本自由流动和浮动汇率的组合。

**(二)中美利差的传导及影响**

从 2016 年开始，我们就开始持续关注美国债券收益率对中国债券市场的影响和传导机制。对于国别间利率联动分析的标准范式是利率平价。利率平价理论也是利用无风险套利的原理，即两国间某期限的利差水平将被在这一期限内的汇率变动抹平，比如中美之间的表达式可以写成：中国利率－美国利率＝(即期美元兑人民币－远期美元兑人民币)/远期美元兑人民币×100。若上述等式不相等时，无风险套利的机会就会出现。但是利率平价必须建立在资本市场自由流动的基础上才能够有效。

可以看到，当利率平价变化时，也会导致资本流动发生同向变化，从而带来人民币的贬值压力。根据中信证券的计算，在汇率不剧烈波动的情况下，中美利差每压缩 10 个基点就有可能对应 300 亿～400 亿美元的资本外流，对于中国的外汇储备和将来的人民币国际化都造成非常不利的影响。尽管从实证来看，利率平价对我国外汇占款的变动确有相关。但事实上我国资本账户尚未完全开放，资本不能自由流动，利率平价成立的前提条件并不充分，也并不能完全解释美国利率对中国利率的影响。

从图 8－20 中可以观察到，中美长期利率存在显著的相关性，相关系数达到 0.63。但我们从图 8－21 观测到，中美之间短期利率几乎毫无相关，统计上的相关系数也仅有 0.000 7。

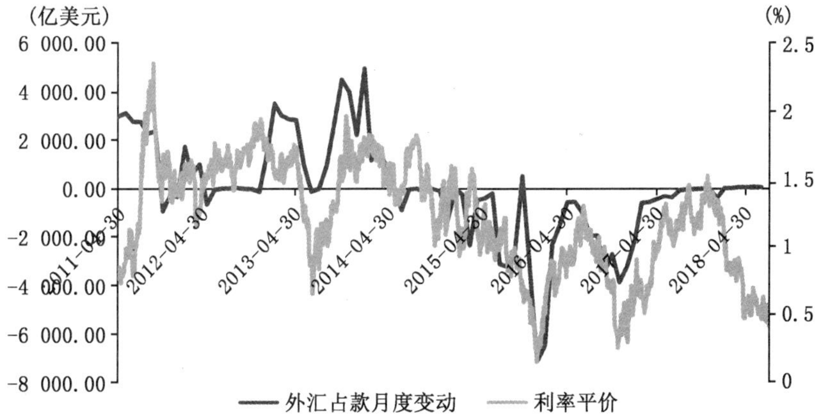


图 8－19　利率平价与资本外流情况

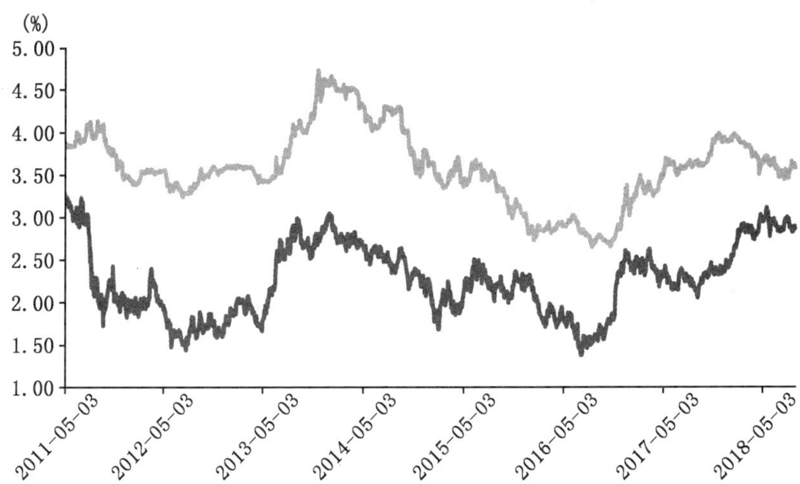


图 8－20　中国长期国债与美国长期国债间有明显的相关性

如果利率平价成立，短端的跨国套利应当比长端套利更加安全，易于对冲汇率，然而中美利差表现出长期具有强相关性，而短端则毫无相关性，利率平价假说很难在此成立，反而证明我国在一定程度上依靠现有的资本开放程度和汇率制度的组合可以让货币政策在短期利率操作上保持

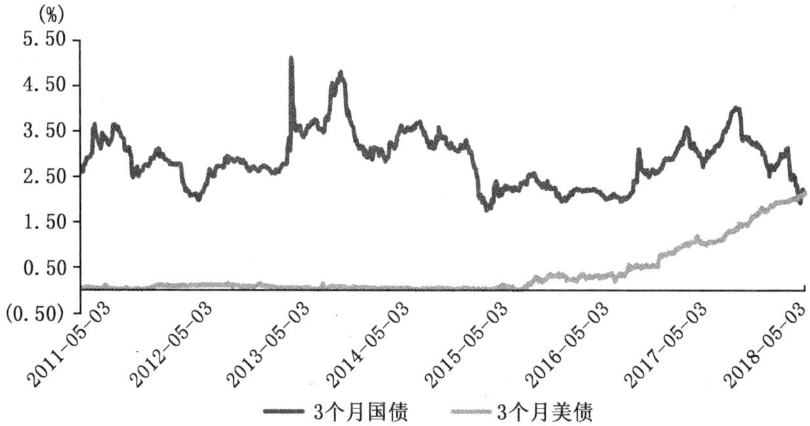


**图 8—21 中美短端利率几乎没有相关性**

独立性。

长短期利率之间的关系通常可以用利率期限结构理论加以表述。根据利率期限结构理论，长期利率不仅仅与当期短端有关，还与未来短期利率以及期限溢价相联系。在识别期限溢价时变特征的模型中，仿射期限结构模型的运用十分广泛。该类模型假设存在若干个因子，这些因子遵循一定的规律（如向量自回归过程），短期利率是这些因子的仿射函数（因子的线性组合加上一个常数），并假定"定价核"的具体形式以及风险价格是因子的仿射函数，在这些假定下，模型最终可以推导出其他期限的利率同样是这些因子的仿射函数，最后基于推导的长期利率和未来短期利率预期值可以分离出期限溢价。

北京大学经济研究院通过对模型的估计显示出，中美长期利率之间的相关性主要来自期限溢价而非短期利率预期值的部分。而期限溢价为持有长期国债的风险溢价，主要用来向投资者补偿利率上升的风险，有时也包含主权违约风险和流动性风险，其大小与风险偏好有关，即与投资者的风险偏好以及投资约束有关。中美长期利率通过期限溢价产生联系，意味着投资者的风险偏好和投资约束的跨境传递可能是中美长端利率（以及包括其他风险资产价格）产生联系的主要途径之一。

当美国等发达国家的金融条件宽松时，融资成本降低，资产价格上升，投资者的在险价值（VaR）约束因此得到放松，投资者会放大自身杠杆，表现为市场风险偏好的增加，这种杠杆行为和风险偏好会传递到他国，引起他国金融条件的宽松；而当金融条件紧缩时，则是相反的过程，即投资者会减少杠杆，表现为市场风险规避的增加，从而引起他国金融条件收紧；而且，在这一过程中，汇率变动会起到强化这一过程的作用。例如，当美国金融条件放松时，他国货币即期汇率会升值，他国资产价值会因此升高，该国机构在国际市场上的抵押品价值上升，面临的 VaR 约束进一步放松，结果是进一步放大自身杠杆，进一步引起该国金融条件的放松。因此，并不像利率平价关系描述的那样，即期汇率升值会引起未来汇率预期贬值，进而可以抵消对两国利差的套利活动，反而会加强机构的资产组合调整和杠杆调整。也就是说，只要金融市场开放，汇率自由浮动并不能阻止两国金融市场发生联系。由此可见，中美长期利率通过期限溢价发生联系，从侧面印证了中美金融市场之间通过风险偏好进行传递的机制。这也可从中美短期利率并不相关的事实进一步判断：由于短期利率中并不包含或基本不包含期限溢价，如果期限溢价作为目前中美利率产生联系的主要来源，那么在汇率浮动的环境下，中美短期利率之间并不会有显著的联系；而实际的结果也确实表明中美短期利率之间并没有显著的相关性，正好印证上述推断，进一步说明中美利率通过期限溢价发生联系，支持国家间通过“风险偏好”进行传递的全球金融经济周期机制。

我们在研究中美利差对中国货币政策和债券市场影响的时候，重点不应在中美货币政策的联动上，而应该着重关注全球风险偏好的变化及其跨境传递。例如，未来美联储仍保持渐进式加息的步伐，我国央行加息与否并不是直接冲击人民币汇率与利率的关键因素，而是美联储加息冲击到较为脆弱的新兴市场国家，引发全球投资者风险偏好变化，中国作为新兴市场国家的一员遭到了连带冲击。

因此，只要在适合汇率制度和资本流动制度的配合下，美国利率并非对中国利率的硬约束。短期来看，通过宏观审慎监管对跨境风险传递进行有效隔离，中国的货币政策可以保持相对独立性；长期来看，随着人民币国际化的进展，中美利差也并非决定中国债券市场的核心变量。

我们运用月度基本面数据拟合 10 年期国债走势，卡方值 $R^2$ 达到 0.53。发现仅仅运用基本面数据已经能够较好地解释我国长期国债的利率变化，并不需要引入美债利率等海外变量。所以，中国长期利率与美国长期利率的相关性更有可能是通过两国间同步的经济周期进行传递的。

并且，我们发现当拟合残差高于 1 倍残差标准差时，是长债的卖出信号；而当残差小于 1 倍残差标准差时，则是较好的买入信号。虽然该拟合模型仅能以月度频率观测，但仍能够对投资者起到一定的判断作用。

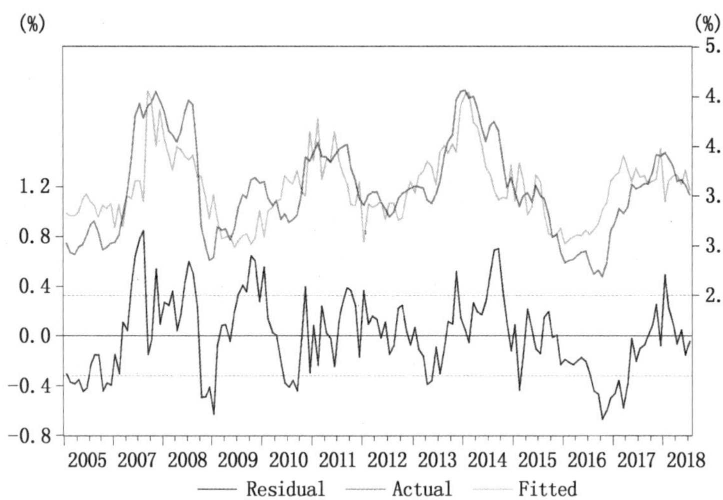


**图 8－22 我国长期国债的利率变化**

# 第三节 宏观审慎监管框架

## 一、宏观审慎的理论发展

宏观审慎政策理论的发展以 1997 年和 2008 年两次金融危机为分界

点,大致可分为三个阶段:第一阶段是20世纪70年代~1997年,第二阶段是1997~2008年,第三阶段是2008年至今。

20世纪70年代,国际清算银行(BIS)就认识到如果监管当局的注意力只集中在单个金融机构的稳健运行上,并只对单个银行进行严格的监管,很可能会忽视维护整体金融稳定这一更重要的任务。70年代末,库克委员会(巴塞尔委员会前身)强调了宏观审慎管理的重要性:“当微观经济问题开始形成宏观经济问题时,微观审慎性问题变成了所谓的宏观审慎性问题。”宏观审慎最早是作为一种关注防范系统性金融风险的监管理念。

### (一)第一阶段(20世纪70年代~1997年):理念萌芽,未获重视

1986年,宏观审慎监管的概念出现在BIS的《国际银行业的创新活动》报告中,该报告将其定义为促进“广泛的金融体系和支付机制的安全和稳健”的一种政策。但由于当时金融全球化程度不高,且金融风险主要集中在银行,发生系统性金融风险的可能性较小,对银行业的微观审慎监管足以维护整个金融体系的稳定,因而宏观审慎监管的提出未能引起国际社会足够的重视,其概念和目标也未能被明确界定。在随后的几年内,微观审慎监管依然是当时金融监管的主流。

### (二)第二阶段(1997~2008年):危机爆发,重入视野

1997年亚洲金融危机后,“宏观审慎”被重新提及。1998年,国际货币基金组织要求对银行进行持续有效地监管,并指出这主要通过微观审慎和宏观审慎的非现场监管来实现。2000年,时任国际清算银行行长、金融稳定论坛主席的科罗克特首次对宏观审慎的监管目标和政策含义进行了界定与阐述,认为金融稳定主要包括微观层面的稳定和宏观层面的稳定,为保持微观层面的稳定需要以单个金融机构为监管对象进行微观审慎监管,而为防范金融体系的系统性风险则需要宏观审慎监管。

2001年6月,IMF有关部门提出了金融稳健指标体系(FSI)的初步方案和框架,并于2003年完成了FSI的基本编撰工作。FSI分为微观审

慎和宏观经济指标，大部分符合《巴塞尔协议》的要求，主要考察资本充足性、资产质量、盈利能力、流动性、市场风险的敏感程度这五个方面内容，通过 14 个核心指标对银行面临的不同风险状况进行监测。

**（三）第三阶段（2008 年至今）：监管转向，快速推进**

宏观审慎监管真正引起广泛关注是在 2008 年金融危机之后。2008 年金融危机之前，中央银行往往选择单一盯住通货膨胀的货币政策目标，并辅以微观审慎监管来防范金融风险。2008 年金融危机恰恰说明在信贷和资产价格高速增长的背景下，金融机构的风险暴露高度相似并集中在相同的领域，导致金融失衡不断扩大，系统性金融风险不断增加，人们开始认识到以控制通货膨胀为目标的货币政策加上以资本监管为核心的微观审慎监管不足以维护金融市场的稳定。因此，监管方向开始从市场主体主导转向强监管，从货币政策为主导转向宏观审慎。

2009 年年初，BIS 对“宏观审慎”进行定义，并指出要用宏观审慎政策解决经济危机中“大而不能倒”、顺周期性、监管不足和标准不高等问题。2009 年 4 月，G20 伦敦峰会报告《强化合理监管，提高透明度》指出，各国应该将宏观审慎监管作为微观审慎监管和市场一体化监管的重要补充，加强宏观审慎监管。峰会同时宣布成立金融稳定理事会（FSB），其主要负责评估全球不同金融体系的风险，并要求各国监管机构之间加强信息沟通，推动全球范围内的宏观审慎监管合作。2010 年 11 月，G20 首尔峰会表决通过了强调宏观审慎监管理念的《巴塞尔协议Ⅲ》。《巴塞尔协议Ⅲ》强调了跨系统监管和跨周期监管（逆周期）的重要性，提出了风险敏感性的资本要求和非风险敏感性杠杆率要求相结合、资本监管与流动性监管相结合、微观审慎监管与宏观审慎监管相结合。

2016 年 8 月，IMF、FSB 和 BIS 正式发布了《有效宏观审慎政策要素：国际经验与教训》，对宏观审慎政策进行定义：宏观审慎政策利用审慎工具来防范系统性风险，从而降低金融危机发生的频率及其影响程度。同时，明确了宏观审慎政策双维度的中间目标：一是时间维度，包括建立缓冲地带、减缓资产价格、信贷顺周期等；二是空间维度，包括降低金融体系内部风险等。但是在该报告中没有提及宏观审慎政策的操作工具，并未形成完整框架。

## 二、宏观审慎在中国的实践

2009 年 3 月，中国加入巴塞尔委员会。2009 年年中，开始研究强化宏观审慎管理的政策措施。2010 年，在《中共中央关于制定国民经济和社会发展的第十二个五年计划建议》中提出“构建逆周期的宏观审慎管理制度框架”。2008 年世界金融危机爆发后，中国人民银行根据党中央和国务院的有关部署并结合 G20、FSB 对国际金融危机教训的总结，在宏观审慎政策框架建设方面进行了全面深入地探索。

2010 年 11 月颁布的《金融业发展和改革“十二五”规划》，首次将“建立健全金融宏观审慎政策框架”放到了首要位置，要求进一步构建和完善逆周期的宏观审慎政策框架。该报告确定了金融监管体制未来的改革方向。

2011 年，为配合危机期间刺激政策逐步退出，我国正式引入差别准备金动态调整机制。差别准备金动态调整机制实施了 5 年，与利率、公开市场操作、存款准备金率等货币政策工具相配合，有力地促进了货币信贷平稳增长，维护了整个金融体系的稳定性。

随着经济形势和金融业的发展变化，中国人民银行不断完善政策框架。2016 年，实行五年之久的差别准备金动态调整机制升级为宏观审慎评估体系（MPA）。MPA 从资本和杠杆、资产负债、流动性、定价行为、资产质量、跨境融资风险、信贷政策执行情况七个方面对金融机构的行为进行多维度的引导和严格的监管。宏观审慎资本充足率是整个 MPA 体系的核心，央行主要通过宏观审慎资本充足率来调控银行信贷增长。

自 2016 年 5 月起，央行将全口径跨境融资宏观审慎管理范围扩大至全国范围的金融机构和企业，并对跨境融资进行逆周期调节，控制杠杆率和货币错配风险。自 2017 年第一季度起，央行将表外理财纳入宏观审慎评估的广义信贷指标。

2017 年 10 月 18 日，党的十九大报告中正式提出健全货币政策和宏观审慎政策双支柱调控框架。

## 三、宏观审慎与货币政策比较

表 8—4　　宏观审慎政策与货币政策比较

| | 宏观审慎政策 | 货币政策 |
|---|---|---|
| 定义 | 宏观审慎政策是指以防范金融风险为目标，主要采用审慎工具，且以必要的治理架构为支撑的相关政策 | 货币政策是指中央银行为实现既定的经济目标，运用各种工具调节货币供应量和利率，进而影响宏观经济的方针和措施的总和 |
| 中介目标 | 因其传导机制尚不明确，中介目标无法准确量化定义。 | 数量型中介目标：M2、信贷、社会融资规模等<br>价格型中介目标：回购利率走廊、存贷款基准利率等 |
| 目标 | 防范系统性金融风险。 | 在维持人民币币值稳定的前提下促进经济增长和充分就业 |
| 工具 | 1. 时间维度<br>1.1 通用资本工具：逆周期资本缓冲、动态拨备等<br>1.2 流动性工具：准备金要求、流动性覆盖率等<br>1.3 资产侧工具：资本要求、风险敞口上限等<br>2. 结构维度<br>2.1 识别系统重要性银行和保险机构，加强其损失吸收能力、增强可处置性<br>2.2 增强金融市场基础设施抗风险能力，制定恢复和处置计划等 | 1. 常规型货币政策工具<br>1.1 存款准备金制度<br>1.2 再贴现政策<br>1.3 公开市场业务<br>2. 选择性货币政策工具<br>2.1 金融市场信用控制<br>2.2 不动产信用控制<br>2.3 优惠利率等。<br>3. 补充型货币政策工具<br>3.1 直接干预<br>3.2 利率限制<br>3.3 窗口指导<br>4. 创新型货币政策工具<br>4.1 短期流动性调节工具 SLO<br>4.2 常备借贷便利 SLF<br>4.3 中期借贷便利 MLF<br>4.4 抵押补充贷款 PSL<br>4.5 临时流动性便利 TLF |

### （一）定义比较

宏观审慎政策是指以防范系统性金融风险为目标，主要采用审慎工具，且以必要的治理架构为支撑的相关政策。

货币政策有狭义和广义之分。狭义的货币政策是指中央银行为实现既定的经济目标(物价稳定、经济增长、充分就业和国际收支平衡),运用各种工具调节货币供应量和利率,进而影响宏观经济的方针和措施的总合。广义的货币政策是指政府、中央银行和其他有关部门所有有关货币方面的规定和采取的影响金融变量的一切措施。

从定义来看,双支柱的侧重点存在差异。宏观审慎政策侧重于金融监管,核心目标是控制金融机构杠杆率,防范系统性金融风险,维护金融稳定;而货币政策侧重于宏观调控,核心目标是控制通货膨胀,促进宏观经济持续增长。

### (二)政策中介比较

宏观审慎政策因目标量化程度不够,传导机制尚不明显,目前无法准确定义宏观审慎的政策中介指标。

我国货币政策以数量型调控为主,中介指标通常使用M2、信贷与社会融资规模等。近年来,我国货币政策逐渐由数量型向价格型调控框架转变,更多地关注价格型中介指标,如回购利率、央票利率、国债收益率等。

### (三)目标比较

宏观审慎政策的最终目标是防范系统性金融风险,具体包括时间和跨行业两个维度的中间目标。中间目标旨在增强金融系统的稳健性,控制金融系统的过度繁荣。

时间维度的中间目标包括建立缓冲地带、减缓资产价格和信贷顺周期等。在经济上升期,充足的信贷供给、资产价格的快速上涨、杠杆和期限的错配加剧了金融体系风险的积累。如果在经济上升周期没有将金融杠杆控制在合理水平,一旦周期逆转,经济衰退引发金融危机的风险很高。因此,对金融杠杆进行逆周期调节是宏观审慎政策的一个重点。

跨行业维度的中间目标主要是降低系统性风险集中。近年来,金融机构混业经营,资管产品层层嵌套,宏观审慎政策旨在加强系统重要性机构监管,扩大监管范围,改善交易对手风险管理,防范金融机构共同风险的暴露。

货币政策目标是物价稳定、经济增长、充分就业和国际收支平衡，再加上金融危机以来一直颇受争议的金融稳定目标。实践中，我国当前实行的是多目标制的货币政策，追求经济增长、币值稳定、增加就业、经济结构均衡、稳定汇率、国际收支平衡等多重目标，并根据不同时期的具体情况，在不同目标之间有所侧重。最终目标是在维持人民币币值稳定的基础上促进经济增长。

**(四)工具比较**

宏观审慎政策工具分为两个维度:时间维度和结构维度。

从时间维度看，金融机构在系统性风险积累时建立风险缓冲，在面临冲击时释放缓冲。主要政策工具包括通用资本工具(逆周期资本缓冲、动态拨备等)，流动性工具(准备金要求、流动性覆盖比率、核心融资比率、存贷比上限等)，资产侧工具(针对特定行业的资本要求、风险敞口上限等)。

从结构维度看，宏观审慎政策提高 SIFIs 抗风险能力，降低金融体系的相互关联度。主要政策工具包括识别系统重要性银行和保险机构，加强其损失吸收能力，增强可处置性;增强金融市场基础设施抗风险能力，制订恢复和处置计划等。

货币政策工具包括常规性货币政策工具、选择性货币政策工具、补充性货币政策工具、创新型货币政策工具四大类。

(1)常规性货币政策工具。即一般性货币政策工具，指中央银行所采用的、对整个金融系统的货币信用扩张与紧缩产生全面性或一般性影响的手段，是最主要的货币政策工具。常规性货币政策工具包括存款准备金制度、再贴现政策和公开市场业务，主要是从总量上调节货币供应量和信贷规模。

(2)选择性货币政策工具。这是指中央银行针对某些特殊的信贷或某些特殊的经济领域而采用的工具，以某些个别商业银行或整个商业银行的资产运用与负债经营活动为对象，侧重于对银行业务活动质的方面进行控制，是常规性货币政策工具的必要补充。常见的选择性货币政策工具主要有证券市场信用控制、不动产信用控制、消费者信用控制、优惠利率、预缴进口保证金、其他政策工具等。

(3)补充性货币政策工具。中央银行有时还运用一些补充性货币政策工具,对信用进行直接控制和间接控制。具体包括:一是信用直接控制工具,指中央银行依法对商业银行创新信用的业务进行直接干预而采取的各种措施,主要有信用分配、直接干预、流动性比率、利率限制、特种贷款;二是信用间接控制工具,指中央银行凭借其在金融体系中的特殊地位,通过与金融机构之间的磋商、宣传等,指导其信用活动,以控制信用,其方式主要有窗口指导、道义劝告。

(4)创新型货币政策工具。2013 年以来,央行货币政策调节手段日趋丰富,货币政策调控框架由数量型向价格型转变,新增了短期流动性调节工具(SLO)、常备借贷便利(SLF)、中期借贷便利(MLF)、抵押补充贷款(PSL)和临时流动性便利(TLF)等创新型货币政策工具。

## 四、双支柱框架

综上可见,无论是数量型还是价格型的货币政策都是通过控制基础货币的数量或者价格,以达成相应的宏观调控目标。但随着金融市场的深化,中央银行难以通过基础货币的数量来直接控制银行的信贷派生,因此转向价格型货币政策。理论上,基础货币的价格与整个经济体的投资回报率相互作用,起到宏观调控作用,但对于市场中的投资者而言,除了投资生产产生的现金流回报外,还存在资产价格上涨带来的估值回报。

在低利率环境下,廉价的货币未必总是直接投放至生产活动中,反而更倾向于通过推升存量资产价格来获取回报,如股票、债券、房地产等资产价格的上涨。而资产价格的持续上涨提高了人们的账面资产,形成财富效应,使人们的风险偏好提升,加大投资与消费,从而带动经济发展。对于财富效应的实际效果,学界莫衷一是。部分学者认为资产价格上涨带来的财富效应集中在边际消费倾向较低的富人群体中,而穷人因为本就持有资产较少,无法享受到资产价格上涨所带来的财富效应,反而扩大了贫富差距，导致民粹主义兴起。

无论资产价格的上涨是否有助于推动消费和投资，资产价格的上涨总是伴随着隐患。当实体经济开始出现好转，通胀回升，央行开始收紧货币政策提高利率水平，消费品价格在短期内并不会受到直接的冲击，但资产价格变化会较为剧烈。我们知道，价格对利率的敏感度可以通过久期来衡量，消费品久期非常低，当利率上升时反应较慢，而久期最长的资产莫过于地产，因此地产对于利率变化的反应会非常敏感，这也就是为什么货币政策永远是房地产调控的“大杀器”。当资产下跌时，财富效应会减退，但更重要的是，金融机构持有大量这样的资产在资产端作为抵押品，往往越长久期的资产是越优质的抵押品；抵押品价格迅速下跌，金融机构将面临资不抵债的风险，并且这种风险在市场间交叉传染，最终形成金融危机，信贷投放大幅下降，引发经济危机。

无论是散户还是专业金融机构，趋利避害是天性，具体表现为在市场中追涨杀跌的行为。当资产价格上涨时，金融机构账面资产质量不断好转，利润高企，可以投放更多信贷，持有或接受抵押更多资产，进一步推升资产价格；相反，当资产价格持续下跌时，金融机构账面资产质量不断恶化，为保证机构的生存，开始抛售表内“不良资产”，使得资产价格进一步下跌。无论是 2008 年的金融危机还是 2015 年的股灾，都有类似的正反馈循环。

从上述分析可以看到，仅通过货币政策可以熨平经济增长和通货膨胀的波动，但无法保证金融系统的稳定，金融机构的微观理性行为（追涨杀跌）反而会造成整个金融体系的不稳定，最终波及经济增长和通货膨胀。所以，宏观审慎监管正是为了避免这一情况而生。

宏观审慎政策与货币政策相互独立、互为补充，但有时也会存在一些冲突。比如，当实体经济下行时期，需要解决融资难、融资贵问题，以刺激总需求增长，但这可能造成利率水平过低和流动性过于宽松的情况，以至于引发潜在的金融泡沫；反过来，为了维护长期的金融稳定，可能需要推动去杠杆，约束金融系统的扩张，提高利率水平等紧缩措施，会影响到实

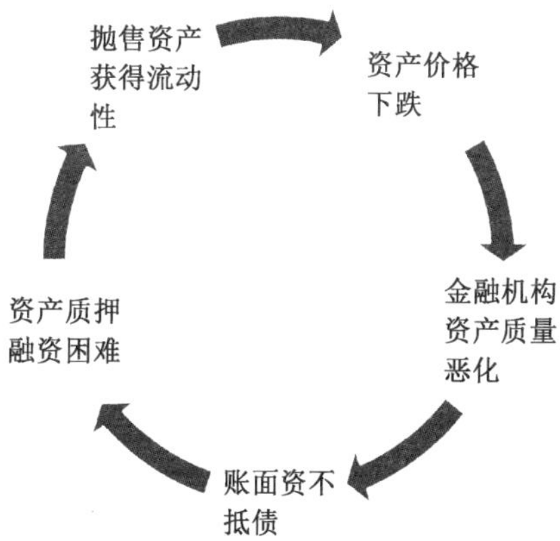


**图 8—22　资产价格持续下跌时的恶性循环**

体经济的融资成本，短期内给经济增长带来一定压力。

宏观审慎监管和微观审慎监管虽然在维护金融体系稳定方面共同发挥重要作用，但是两者的出发点不同。宏观审慎监管通过控制系统性风险，最大限度地降低金融危机对宏观经济的破坏，关注整个金融系统的稳定，重视金融系统风险的内生性部分，而不仅仅重视外生性风险；微观审慎则是通过防范和控制单个金融机构风险，以保护机构和投资者的利益。

在传统监管框架中，微观审慎监管长期占据主导地位。但随着近年来金融一体化发展，不同金融机构和金融市场之间的联系不断增强，金融工具和业务的创新也大大增加了风险的相关性和复杂程度，即：总体金融风险并不等于个体金融机构风险的总和，金融市场的内在关联性使风险的传播和扩散非常迅速和难以控制。21 世纪以来的几次区域性或全球性的经济危机就暴露了传统微观审慎监管的缺陷。

宏观审慎监管的运行方式可以从两个方面加以考察。一是横截面维度，在任意时点上风险在金融体系中的分布及各金融机构之间的相互作用，其关键在于处理特定时间内金融机构的公共风险暴露，关注金融体系汇总具有相似的风险暴露的机构，以及这些机构之间的相互关系。这需要通过审慎工具对单个金融机构的系统性进行校准，衡量其对整体风险的贡献。二是时间维度,即关注风险随时间推移的变化,尤其考察金融机构风险与经济金融周期之间的关系,不仅要注意整体风险随时间推移的积累,更要考虑系统性风险如何通过金融体系内部及金融体系和实体经济间相互作用而扩散传播,也就是金融系统固有的顺周期性。因此,在时间维度方面的监管更重在抑制金融体系的顺周期性。

## 五、宏观审慎评估体系(MPA)

宏观审慎评估体系 Macro Prudential Assessment(MPA)是宏观审慎监管体系的具象化。根据央行相关报告的内容,MPA 的考核十分全面。它在 7 个方面具有一套完整的评估指标,如表 8—5 所示。

**表 8—5　　宏观审慎评估体系**

| 7 个方面 | 14 个指标 |
| --- | --- |
| 资本和杠杆情况 | 资本充足率(80)<br>杠杆率(20) |
| 资产负债情况 | 广义信贷(60)<br>委托贷款(15)<br>同业负债(25) |
| 流动性 | 流动性覆盖率(40)<br>净稳定资金比例(40)<br>遵守准备金制度情况(20) |
| 定价行为 | 利率定价(100) |
| 资产质量 | 不良贷款率(50)<br>拨备覆盖率(50) |
| 跨境融资风险 | 跨境融资风险加权资产余额 |
| 信贷政策执行 | 信贷政策评估结果(40)<br>信贷政策执行(30)<br>央行资金运用情况(30) |

MPA 考核的核心在于广义信贷。随着社会融资模式的多样化,当前商业银行的资产也更加多元化,信贷在其中的占比不断下降,微观上看,商业银行也越来越重视同业业务和金融市场业务的发展。因此,狭义贷款的变化已经无法完整反映整个社会信用规模的变化。广义信贷包括各项贷款、债券投资、股权及其他投资、买入返售资产、表外理财(扣除现金

和存款)、应收及预付款、存放非存款类金融机构款项余额。

可以发现,除了传统业务外,MPA 中的广义信贷关注了投资类科目和同业类的科目,体现出了对资产价格波动风险和金融机构间风险传染的关注。换言之,广义信贷考核的所有科目都是商业银行能够派生出广义货币的业务行为,这与传统货币银行学中仅有贷款能派生出存款不同。

货币创造的传统渠道包括发放贷款、购买外汇和债券。但除了这些传统渠道之外,理论上商业银行增加其他资产业务的活动,也有可能在其负债方创造出货币。例如,近年来金融创新业务发展较快,一些有规避监管考虑的新业务,如隐匿贷款规模、同业代付等都有可能在银行体系的负债方创造出存款来,从而计入货币统计。

以银行通道业务为例。所谓银行同业渠道,是指商业银行向实体企业提供类似于贷款的融资,并创造等量货币,但是通过两家银行间的操作,将本应计入贷款或投资的资金运用计入同业科目,从而规避了信贷总量调控和资本充足率监管。常见的三种操作方式分别是“买入返售银行承兑汇票”“同业代付”和“买入返售信托收益权”。

以买入返售信托受益权为例,其操作步骤如下:

第一步,信托公司设立由公司 A 投资于公司 B 的信托产品 E。

第二步,银行 C 从公司 A 购买信托产品 E 的受益权,在购买的同时与银行 D 签订远期购买协议,由银行 D 承诺在未来某一时间以固定的价格购买信托产品 E 的受益权。

第三步,在入账时,由于银行 D 承诺远期购买,银行 C 就将信托产品 E 的受益权按同业资金运用计入“买入返售资产”,而银行 D 仅将购买承诺计入表外,达到消除规模的目的。两家银行资产负债表如下:

**表 8—6　商业银行 C 资产负债表**

| 资产 | 负债 |
|---|---|
| 买入返售＋100 | 公司 A 存款＋100 |

**表 8—7　商业银行 D 资产负债表**

| 资产 | 负债 |
|---|---|
| 没有变化 | 没有变化 |

可以看出,在上述过程结束后,银行 C 在资产方增加了一笔同业运

用，同时在负债方派生了等额存款，从而直接增加了广义货币供给，同时银行D的资产负债表没有变化。当我们观察金融机构合并报表时，银行同业渠道创造的货币会在“人民币信贷收支表”上反映到“其他”项中。该表的其他项是合并报表后资金来源和运用的“轧差”项。

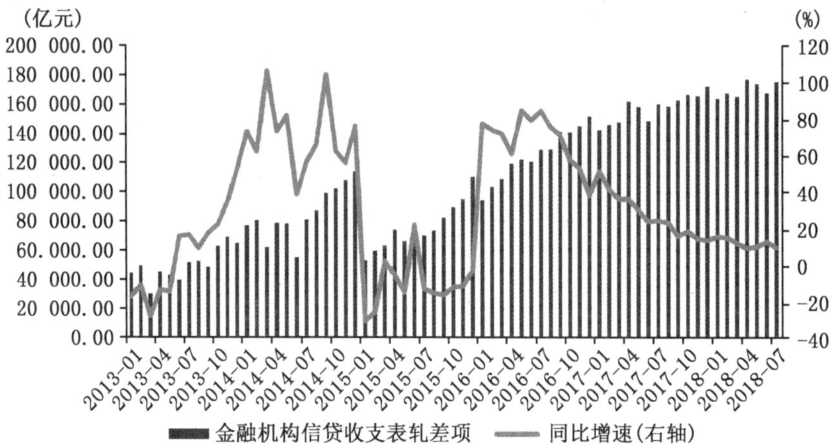


**图 8－24　MPA 考核实行以来，“其他”项增速显著下降**

MPA 中另外一个重要考核项目宏观审慎资本充足率还体现了对逆周期的调控的重视。与银监会《商业银行资本管理办法（试行）》对资本充足率最低要求 10.5%（系统性重要银行 11.5%）不同，首先要计算一个宏观审慎资本充足率（$C_i^*$），然后拿实际资本充足率与 $C^*$ 进行比较，如果不低于 $C^*$ 得 80 分（满分）；如果低于，但不低过 4 个百分点，可以得 48～80 分，如果低至 $C^*-4$ 个百分点，则得 0 分。如果容忍度 $T$ 取消，资本充足率就两档，一档达标 80 分，一档不达标 0 分。

宏观审慎资本充足率（$C_i^*$）＝$\alpha_i$×（最低资本充足率＋储备资本＋系统重要性附加资本＋逆周期缓冲资本）

结构性参数 $\alpha_i$ 通常为 1(±0.05)，最低资本充足率为 8%，储备资本按季度调整，由央行公布。系统性重要附加资本＝0.5%＋(1%－0.5%)×机构 i 资产规模/最大机构资产规模。逆周期资本缓冲＝Max{$\beta_i$×[机

构 $i$ 广义信贷增速－(目标 GDP 增速＋目标 CPI)],0}。其中,$\beta_i$ 为机构 $i$ 对整体信贷顺周期贡献度参数,按以下方法确定:$\beta_i$ ＝宏观经济热度参数($\beta_{i1}$)×系统重要性参数($\beta_{i2}$)。

宏观审慎监管政策实施对利率的影响方向是显而易见的,抑制了货币派生的顺周期性,尤其通过同业业务派生的渠道进行抑制,会使较严格的宏观审慎监管政策将推升利率,而宽松的监管环境将使得利率降低,这一效果类似于价格型的货币政策。

量化的观测指标笔者认为可以选用"其他存款性公司金融机构资产负债表"中的"对其他存款性公司债权"＋"对其他金融机构债权"的同比增速,来衡量宏观审慎监管政策的松紧程度,以及对利率的影响。

## 第四节 中外信用评级方法比较分析

发债主体及其发行的债券的信用等级与其融资成本及该债券的利率有着密切相关性。信用等级越高,该债券的信用利差就越小。信用评级分为内部评级和外部评级。企业发行债券一般需要经过外部第三方信用评级机构进行独立评级。本节选取了国际三大评级机构之一的标准普尔和国内的主流评级机构之一的中诚信国际,进行评级标准和评级方法的比较分析,以期为信用债投资提供信用风险分析评估提供参考框架。

### 一、信用评级类别与等级划分含义

#### (一)信用评级的基本内涵

两家评级机构信用评级内涵大致相同。信用评级对受评对象偿还债务的能力及意愿进行综合评价,核心是评价受评对象的偿债能力和意愿,侧重于揭示受评对象的信用风险。

信用评级评价的是与债务相关的偿付能力,不是评价受评对象的价值或业绩。受评主体的经营业绩或价值构成是信用分析中的一个重要因素,但评级结果却不完全和直接反映企业价值或业绩的好坏。信用评级是针对发行主体或债项信用状况的一种独立专家意见，为投资者提供决策参考之用，不构成投资或财务意见，也并非对买入、出售或持有特定证券的推荐。信用评级并不就一项投资对任何特定投资者的合适程度做出评论。

对于债项评级而言，如果发行主体发行的债券受到特殊保护，如较强的担保或资产抵押等，则对该债券的评级可能高于主体等级。

### （二）信用评级原则

**表 8—8　　标准普尔与中诚信国际评级原则对比**

| 标准普尔公司 | 中诚信国际 |
| --- | --- |
| 独立性、客观性、可信度、充分披露 | 真实性、独立性、客观性、公正性、稳健型、一致性、前瞻性 |

### （三）信用评级类型

1. 标准普尔信用评级分类

标准普尔全球评级公司将评级类型按照评级目的分为通用目的评级和特殊目的评级。通用目的评级涵盖最广泛的信用风险因素，不受范围限制。通用目的评级又分为发行信用评级和发行主体信用评级。

发行信用评级：发行信用评级是标准普尔关于债务人在特定类别的财务义务或特定财务计划（包括中期票据和商业票据）方面的信誉的前瞻性意见。它考虑了担保人，保险公司或其他形式的对债务的信用增强作用，并考虑了债务的计价货币因素。该意见反映了标准普尔全球评级对债务人到期时履行其财务承诺的能力和意愿的看法；该意见可能会评估抵押品担保和从属关系等条款，这些条款可能会影响违约时的最终付款情况。发行信用评级可以是长期的，也可以是短期的。中期票据适用于长期信用评级。

发行主体信用评级：发行主体信用评级是标准普尔对债务人整体信誉的前瞻性意见。该意见侧重于债务人在到期时履行其财务承诺的能力和意愿。它不适用于任何特定的财务义务，因为它没有考虑义务的性质和规定，其在破产或清算中的地位、法定优先权或义务的合法性和可执行性。企业信用评级和主权信用评级均为发行人信用评级的形式。

特殊目的评级适用于资本市场交易或交易实体（如保险公司）。另一种特殊用途评级是回收评级，与传统发行主体信用评级十分不同。某些评级受限于信贷类型，如基金或市政短期票据评级。其他特殊用途评级适用于特定类型的交易结构，如具有嵌入式看跌期权的交易结构。

**表 8—9　　标准普尔评级分类**

| | |
|---|---|
| 通用目的评级 | 发行信用评级（长期和短期）、发行主体信用评级（长期和短期） |
| 特殊目的评级 | 回收评级、双重评级（含有看跌期权或要求特征的债务）、债券基金评级、基金波动率评级、保险公司财务增强评级、保险公司财务实力评级、市政短期票据评级、货币市场基金评级、中间市场评估评级、交换风险评级、交易对手工具评级、金融机构决议交易对手评级 |

2. **中诚信国际信用评级分类**

中诚信国际将评级按照评级对象分类，详细分类如表 8—10 所示：

**表 8—10　　中诚信国际信用评级分类**

| | | |
|---|---|---|
| 银行间市场 | 企业融资评级服务 | 企业债券、中小企业集合债券、私募债券评级；短期融资券、超短期融资券、中期票据、非公开定向债务融资工具、中小企业集合票据评级；区域集优票据、永续票据、可转换票据；项目收益票据、项目收益债券等 |
| | 政府相关发行人评级 | 地方政府信用实力研究与分析。政府及相关发行人评级，地方政府一般性债券和专项债券评级，融资平台债务融资工具评级 |
| | 金融机构评级 | 金融机构综合财务实力评级（或主体评级）；金融机构债项评级 |
| | 结构融资评级服务 | 对公贷款证券化（CLO），汽车贷款证券化项目（Auto loan-ABS），个人住房抵押贷款证券化（RMBS），商用房抵押贷款证券化（CMBS），中小企业贷款证券化（SME-ABS），融资租赁款证券化（Lease-ABS），信用卡证券化（Credit Card ABS），不良资产证券化（NPL Backed Security），资产支持票据（ABN），保险债权投资计划，项目资产支持计划，等等 |
| | 熊猫债评级服务 | 在中国各银行间市场发行的熊猫债券境外发行主体及债券评级，包括主权类熊猫债券评级、金融类企业熊猫债评级和非金融类企业熊猫债评级 |

续表

| | | |
|---|---|---|
| 交易所市场 | 公司评级服务 | 公司债债券评级、可转换公司债券评级、可交换公司债券评级、次级债评级、优先股评级、并购私募债评级、金融债券评级、企业主体评级。 |
| | 资产证券化评级服务 | 企业债权类资产支持证券评级，企业收费收益权类资产支持证券评级，不动产类、资产支持证券评级，其他资产证券化品种评级 |
| | 熊猫债评级服务 | 外国公司在中国交易所发行的人民币债券，包括金融类企业熊猫债评级、非金融类企业熊猫债评级 |

### （四）信用评级等级含义

在标准普尔的各种类型的等级分类中，都有一个对应的等级符号含义表格。这里只列出 4 种通用目的评级，即长期信用发行主体评级、短期信用发行主体评级、长期信用评级和短期信用评级作为比较。

中诚信的等级符号含义对照表有主体信用等级、中长期债项信用等级、短期融资券信用等级、影子评级、资产证券化产品等级、信托受益权信用等级、商业银行金融债券和二级资本债券信用行及等级、金融机构主体信用等级、资产管理机构基本素质评级等级、政府债券信用等级、主权信用等级。这里仅列出主体信用等级、中长期债项信用等级和短期融资券信用等级符号及其含义作比较。

另外，两家公司都会根据评级对象未来信用的发展趋势及变动概率做出评估，并得出评级展望结论。此外，标准普尔公司还会在违约情况发生时对债务的最终回收情况做出评估，得出回收评级。

1. 标准普尔公司评级等级符号及其含义

发行信用评级考虑的因素有：支付的可能性，即债务人根据义务条款履行对义务的财务承诺的能力和意愿；财务义务的性质和规定，以及相关承诺条款；在具体债务条款中，破产、重组或其他影响债权人权利事件发生时的相关制度规定。

发行评级是对违约风险的评估，还包含发生违约时对相对优先等级或最终回收的评估。如前所述，初级债务的评级通常低于高级债务，以反映破产的优先级较低(当实体既有高级和次级债务、担保和无担保债务、经营公司和控股公司义务时,也可以适用这种区别)。

发行信用评级分为长期信用评级和短期信用评级,见表 8—11,表 8—12。

**表 8—11　　　　　　　　标准普尔长期信用评级**

| 级别 | 等级 | 含义 |
|---|---|---|
| 投资级别 | AAA | 最高评级,债务人履行财务承诺能力极强 |
| | AA | 与最高等级差别很小,债务人履行财务承诺能力很强 |
| | A | 履行能力很强,但较易受经济环境影响 |
| | BBB | 具有足够的保护参数,但经济环境恶化会使履行义务能力变弱 |
| 投机级别 | BB | 不像其他投机债券容易违约,但是面临的不确定性会导致债务人履行能力不足 |
| | B | 有履行财务义务能力,但是持续的不确定性会削弱其意愿 |
| | CCC | 较易违约,对债务的偿还取决于面临的商业、金融和经济形势 |
| | CC | 违约风险很高 |
| | C | 违约风险很高,相对于 CC 级资历更低或有更低的回收评级 |
| | D | 实际发生违约或债务人有类似破产申请行动时才会使用 |

说明:(1)从 AA 到 CCC 级别可以用"+"或"—"进行微调;(2)投资级别并不代表某只债券值得投资,因为每个投资者对风险的偏好都不同。

**表 8—12　　　　　　　　标准普尔短期信用评级**

| 等级 | 含义 |
|---|---|
| A—1 | 最高评级,债务人履行财务义务能力很强。可以用"+"微调,表示债务人履行能力极强 |
| A—2 | 受评对象履行财务义务能力可以接受,但较易受不利经济环境影响 |
| A—3 | 短期义务具有足够的保护参数,经济环境的恶化或形势改变可能会削弱债务人履行其财务义务的能力 |
| B | 债务人具有履行义务能力,但面临着持续的、较大的不确定风险,会使债务人履行能力不足 |
| C | 违约风险较大,履行与否依赖于良好的商业、金融和经济环境 |
| D | 实际发生违约或债务人有类似破产申请行动时才会使用 |

注:只有 A—1 级别可以用"+"微调。

同样地,发行主体的信用评级也有长期和短期之分,见表 8—13,表 8

—14。

**表 8—13　　　　　标准普尔长期主体信用评级**

| | | |
|---|---|---|
| 投资级别 | AAA | 最高评级,债务人履行财务承诺能力极强 |
| | AA | 与最高等级差别很小,债务人履行财务承诺能力很强 |
| | A | 履行能力很强,但较易受经济环境影响 |
| | BBB | 债务人具有足够的能力履行义务,但经济环境恶化会使其能力变弱 |
| 投机级别 | BB | 不像其他投机债券容易违约,但是面临的不确定性会导致债务人履行能力不足 |
| | B | 有履行财务义务能力,但是持续的不确定性会削弱其意愿 |
| | CCC | 债务人很脆弱,对义务的履行取决于面临的商业、金融和经济形势 |
| | CC | 债务人非常脆弱 |
| | R | 债务人财务状况处于监管之下 |
| | SD&D | 债务人在所承担的财务义务上存在违约行为时 |

说明:(1)SD&D 评级中,债务人有一项或更多金融义务(包括评级和未评级)违约时就会被评为 SD 或 D。D 级别适用于债务人的普遍性违约,即标准普尔认为债务人不能偿还所有或者绝大部分债务。SD 级别用于债务人的部分违约,即标准普尔认为该债务人不能偿还某一特定或特定类别债务。(2)AA—CCC 级别可以用“+”或“—”进行微调。

**表 8—14　　　　　标准普尔短期主体信用评级**

| | |
|---|---|
| A—1 | 最高评级,债务人履行财务义务较强。可以用“+”微调,表示债务人履行能力极强 |
| A—2 | 受评对象有贸易的履行财务义务能力,但较易受不利经济环境影响 |
| A—3 | 债务人有足够的能力履行其财务义务,经济环境的恶化或形势改变可能会削弱债务人的履行能力 |
| B | 债务人具有履行义务能力,但面临着持续的较大的不确定风险,会使债务人履行能力不足 |
| C | 违约风险较大,履行与否依赖于良好的商业、金融和经济环境 |
| R | 发行人财务状况处于监管之下 |
| SD&D | 债务人在所承担的金融义务上存在违约行为时 |

说明:只有 A—1 级别可以微调,SD&D 级别定义与长期主体信用评级一致。

### 2. 中诚信国际评级等级符号及其含义

在中诚信国际评级标准中，主体评级是对发债主体如期按约还本付息的能力和意愿的综合评价，见表8－15；债项评级主要是针对发债主体发行的特定债务工具的信用评级，见表8－16，表8－17。

**表8－15　　中诚信国际主体信用评级**

| | |
|---|---|
| AAA | 受评对象偿还债务能力极强，基本不受不利经济环境影响，违约风险极低 |
| AA | 受评对象偿还债务能力很强，受不利经济环境影响较小，违约风险很低 |
| A | 受评对象偿还债务能力较强，较易受不利经济环境影响，违约风险较低 |
| BBB | 受评对象偿还债务能力一般，受不利经济环境影响较大，违约风险一般 |
| BB | 受评对象偿还债务能力较弱，受不利经济环境影响很大，有较高违约风险 |
| B | 受评对象偿还债务能力较大地依赖于良好的经济环境，违约风险很高 |
| CCC | 受评对象偿还债务能力极度地依赖于良好的经济环境，违约风险极高 |
| CC | 受评对象在破产或重组时可获得的保护较小，基本不能保证偿还债务 |
| C | 受评对象不能偿还债务 |

说明：从AA到B级的每个级别都可以用"＋"或"－"进行微调，表示略高或略低于本等级。

**表8－16　　中诚信国际长期债项信用评级**

| | |
|---|---|
| AAA | 债券安全性极强，基本不受不利经济环境影响，违约风险极低 |
| AA | 债券安全性很强，受不利经济环境影响较小，违约风险很低 |
| A | 债券安全性较强，较易受不利经济环境影响，违约风险较低 |
| BBB | 债券安全性一般，受不利经济环境影响较大，违约风险一般 |
| BB | 债券安全性较弱，受不利经济环境影响很大，有较高违约风险 |
| B | 债券安全性较大地依赖于良好的经济环境，违约风险很高 |
| CCC | 债券安全性极度地依赖于良好的经济环境，违约风险极高 |
| CC | 基本不能保证偿还债务 |
| C | 不能偿还债务 |

说明：从AA到B级的每个级别都可以用"＋"或"－"进行微调，表示略高或略低于本等级。

表 8—17　　中诚信国际短期融资券信用等级

| A—1 | 最高级短期融资券，还本付息风险很小，安全性很高 |
| --- | --- |
| A—2 | 还本付息风险较小，安全性较高 |
| A—3 | 还本付息风险一般，安全性易受不利环境变化影响 |
| B | 还本付息风险较高，有一定的违约风险 |
| C | 还本付息风险很高，违约风险较高 |
| D | 不能按期还本付息 |

说明：每个信用等级均不进行微调。

比较来看，在等级分类方面，标准普尔公司比中诚信国际分类更细，在长期债项的等级分类中，标准普尔公司的 AA 到 CCC 级均可以进行微调，比中诚信的可调级别多了一个 CCC 级别。另外，标准普尔公司在主体信用级别中比中诚信多了 R 级别。信用级别中比中诚信多了 D&SD 级别。这个级别比较特殊，只有在实际违约时才会做出，而不是预计违约。中诚信的信用评级主要基于理性信用行为的未来可预测性假设而展开，信用评级结果包含了对违约概率和预期损失的关键预测和评价，因此不设 D 等级。两家公司的短期信用分类等级相同，但标准普尔的 A—1 级别可以进行符号微调，中诚信则均不可以。

从等级符号含义来看，标准普尔对于符号定义更为具体些，并且尤其强调等级之间的可比性，即等级较高的信用风险一定要比等级较低的风险小；而中诚信的定义中并没有强调这一点。

### (五)信用评级展望

评级展望是指信用评级变更的潜在动向。在标准普尔的信用评级标准中，所有长期债务发行主体都有评级展望。评级展望并不一定意味着评级变化和被列入信用观察单。中诚信国际的评级展望期间更短一些。

表 8－18 标准普尔和中诚信国际评级展望等级分类及含义

| 标准普尔公司 | | 中诚信国际 | |
|---|---|---|---|
| 展望期 | 6 个月～两年 | 展望期 | 12～18 个月 |
| 正面 | 受评对象的信用等级在展望期内有较大的概率被调高 | | |
| 负面 | 受评对象的信用等级在展望期内有较大的概率被调低 | | |
| 待决 | 受评对象的信用等级在展望期内的变动概率及趋势有待进一步观察确定 | | |
| 稳定 | 受评对象的信用等级在展望期内有较大的概率被维持 | | |

### (六)回收评级

回收评级是标准普尔对投机型发行主体进行的回收率的评估，该评级估计了公司债务工具假设违约时可收回本金和利息的比例，它可以帮助评级机构得出最后的信用评级结果。

表 8－19 标准普尔回收级别

| 回收评级 | 回收情况 | 回收率 |
|---|---|---|
| 1+ | 完全回收 | 100% |
| 1 | 绝大部分回收 | 90%～100% |
| 2 | 大部分回收 | 70%～90% |
| 3 | 基本上回收 | 50%～70% |
| 4 | 基本上回收 | 30%～50% |
| 5 | 小部分回收 | 10%～30% |
| 6 | 几乎不能回收 | 0%～10% |

## 二、信用评级框架与方法体系

### (一)标准普尔评级框架

在标准普尔信用评级标准中，不同的行业适用的方法并不完全相同。这里仅列示工业企业和公用事业的标准。此标准涵盖范围最为广泛，适用于所有非金融公司发行信用评级。此外，标准普尔公司还有银行信用评级标准、非银金融机构评级等标准。

具体评级框架分为以下几个步骤：第一步，分析公司的商业风险状况；第二步，分析公司的财务风险状况，再结合一些修正因子进行综合考虑，得出发行主体信用评级；第三步，对具体的债项进行分析，得出债项评级和回收评级。

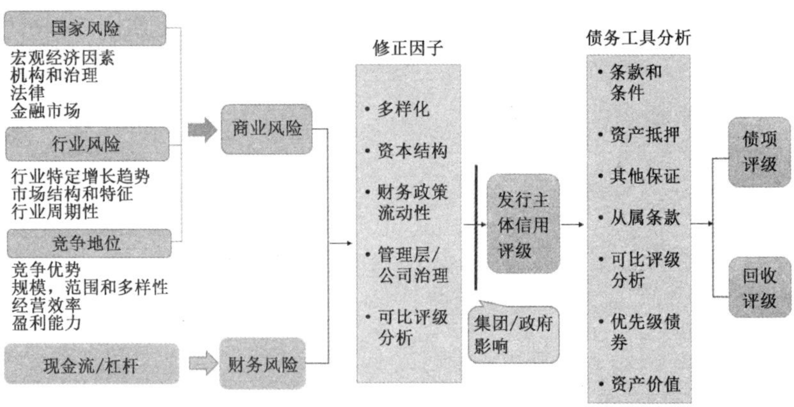


**图 8－25 标准普尔评级体系框架**

## （二）标准普尔具体评级方法

1. 国家与行业风险综合评估

商业风险评级的三个分析因素通常是定性分析和定量分析相结合，如：在分析竞争地位时就要用定性分析来分析企业的竞争优势，而在行业风险中分析收入和利润的历史波动性时就要用定量分析。商业风险状况评估分为 6 个级别，风险状况从好到差用数字 1～6 表示。

国家风险涉及公司经营所在国家的经济风险、制度和治理有效性风险，金融系统风险以及有关支付的文化或法律风险。国家风险分为 6 个级别，风险从低到高用数字 1～6 表示。

行业风险是信用分析的一个组成部分，它涉及公司经营所在市场的健康程度和稳定性。行业风险分为 6 个级别，风险从低到高用数字 1～6

表示。

对国家风险和行业风险的综合评估被称为国家与行业风险综合评估（CICRA）。

**表 8—20　　国家与行业风险综合评估（CICRA）矩阵**

| 确定 CICRA | 国家风险评估 | | | | | |
|---|---|---|---|---|---|---|
| 行业风险评估 | 1（风险很低） | 2（低风险） | 3（中等偏低风险） | 4（中等偏高风险） | 5（高风险） | 6（风险很高） |
| 1（风险很低） | 1 | 1 | 1 | 2 | 4 | 5 |
| 2（低风险） | 2 | 2 | 2 | 3 | 4 | 5 |
| 3（中等偏低风险） | 3 | 3 | 3 | 3 | 4 | 6 |
| 4（中等偏高风险） | 4 | 4 | 4 | 4 | 5 | 6 |
| 5（高风险） | 5 | 5 | 5 | 5 | 5 | 6 |
| 6（风险很高） | 6 | 6 | 6 | 6 | 6 | 6 |

2. 商业风险评估

对企业竞争地位的评估是判断这家公司在其经营活动中能取得多大成功的关键因素，竞争地位分为 6 个级别，状况从好到差用数字 1～6 表示。

**表 8—21　　商业风险状况评估矩阵**

| 确定商业风险状况 | 国家与行业风险综合评估 CICRA | | | | | |
|---|---|---|---|---|---|---|
| 竞争地位评估 | 1（风险很低） | 2（低风险） | 3（中等偏低风险） | 4（中等偏高风险） | 5（高风险） | 6（风险很高） |
| 1（极强） | 1 | 1 | 1 | 2 | 3 | 5 |
| 2（强） | 1 | 2 | 2 | 3 | 4 | 5 |
| 3（中等偏强） | 2 | 3 | 3 | 3 | 4 | 6 |
| 4（中等偏弱） | 3 | 4 | 4 | 4 | 5 | 6 |
| 5（弱） | 4 | 5 | 5 | 5 | 5 | 6 |
| 6（极弱） | 5 | 6 | 6 | 6 | 6 | 6 |

### 3. 确定信用级别类别

评估财务风险状况主要是分析企业的现金流量和杠杆，侧重于量化措施。财务风险评估的评估也分为6个级别：数字1～6代表杠杆率从小到大。

表8—22 商业风险/财务风险矩阵

| 确定信用级别类别 | 财务风险状况 | | | | | |
|---|---|---|---|---|---|---|
| 商业风险状况 | 1(风险很低) | 2(低风险) | 3(中等偏低风险) | 4(中等偏高风险) | 5(高风险) | 6(风险很高) |
| 1(极好) | AAA/AA+ | AA | A+/A | A− | BBB | BBB−/BB+ |
| 2(好) | AA/AA− | A+=/A | A−/BBB+ | BBB | BB+ | BB |
| 3(中等偏优) | A/A− | BBB+ | BBB/BBB− | BBB−/BB+ | BB | B+ |
| 4(中等偏差) | BBB/BBB− | BBB− | BB+ | BB | BB− | B |
| 5(差) | BB+ | BB+ | BB | BB− | B+ | B/B− |
| 6(极差) | BB− | BB− | BB−/B+ | B+ | B | B− |

说明：(1)商业风险/财务风险矩阵只适用于级别为AAA－B信用级别。C级别和更低级别在商业风险/财务风险状况更差时适用；(2)评估盈利能力和财务风险涉及的相关指标详见6评级关键性指标；(3)这里得出的信用级别类型只是一个大致定位，具体级别需要将修正因子考虑进去后再进行调整。

## (三)中诚信评级框架

中诚信的评级方法体现了个体评级与支持评级相结合、质的分析与量的分析相结合、历史考察、现状分析与长期展望相结合的信用评级基本特征。

个体评级与支持评级相结合，是指发行人的主体信用等级综合体现了发行人个体信用品质和股东或政府的支持作用。中诚信评级在考虑个体基本偿债能力和偿债意愿的前提下，基于国情实际切实考量受评主体获得个体以外信用支持的可能性、稳定性程度的评估，最终得到受评主体的综合信用实力评价。一些具有相同或相近个体信用品质的发行人，由于已获得或可能获得的外部支持力度不同，或者支持方的实力不同，其最终获得的主体信用等级有可能不同。

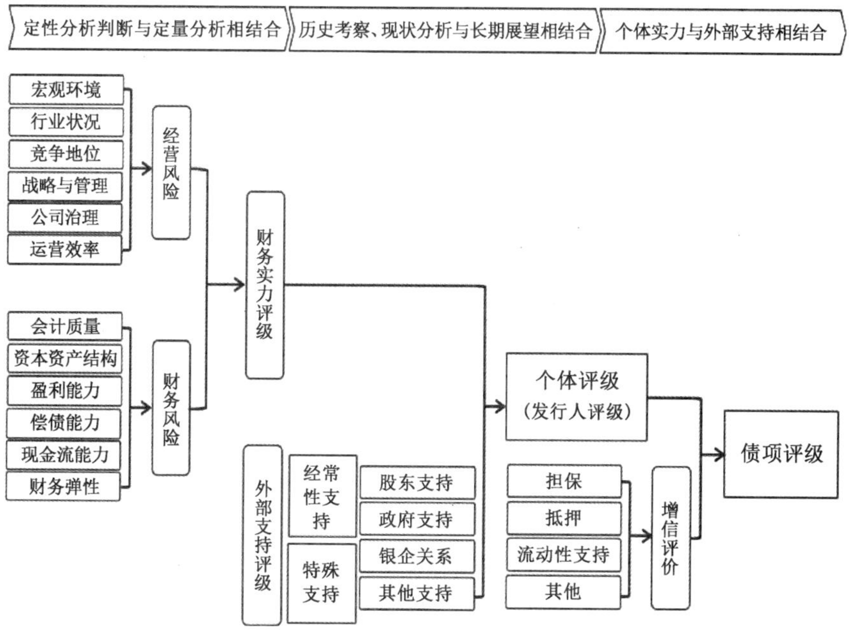


**图 8—26　中诚信信用评级方法体系框架**

质的分析与量的分析相结合，是指在评价发行人主体信用品质时，中诚信综合运用定量分析与定性分析的方法。对于那些能够量化分析的因素（如财务指标、违约记录等），中诚信评级通过计量模型予以客观评价，而对一些难以量化的因素（如政策因素、管理策略等），则运用定性的方法进行评价。

历史考察、现状分析与长期展望相结合，是指在分析影响发行人主体信用品质的风险因素时，中诚信不仅分析发行人的历史表现，而且要在合理假设的前提下重点分析预测其未来的信用表现趋势，并且在对主体进行长期信用分析时往往贯穿跨越经济周期的考虑。

此外，中诚信评级方法体系还侧重于对评级对象未来偿债能力的分析和评价、注重现金流的水平和稳定性、以同类企业作为参照，强调评级的一致性和可比性以及“看透”不同准则下的会计数字等重要特征。

比较来看，两家评级公司对于商业风险或者经营风险考虑的评级要素相当一致。不同的是，标准普尔将盈利能力的分析纳入了商业风险中，而中诚信则将其纳入了财务风险中。笔者认为，盈利能力分析应该属于对经营效率的考察，财务风险分析则是对公司财务政策（杠杆运用）效率的考察，所以标准普尔的分类更为合适。

中诚信在主体信用评级中比标准普尔多了一项外部支持评级，主要考虑股东、政府、银行等对发行主体的支持力度。股东的支持意愿和能力、政府在项目批准、税收优惠等方面的政策支持和银行等金融机构的合作，这些因素本身与企业偿还债务能力无关，但是却可以是企业评级的正面因子。标准普尔在得出最终评级前也会考虑支持作用，但仅限于集团和政府支持。

## 三、主体信用评级指标体系

### （一）标准普尔评级指标体系

标准普尔评级方法中涉及指标计算的，主要在盈利能力和财务风险的分析中。盈利能力考察两个方面：盈利水平和盈利能力的波动性。盈利水平的核心指标是资本回报率（ROC）和 EBITDA 利润率；波动性是利用企业历史 ROC 和 EBITDA 利润率做统计而得出的波动率。盈利水平分为 3 个级别：高于行业平均水平；与行业水平相当；低于行业水平。盈利水平的波动性用数字 1～5 表示波动性从小到大。

财务风险即现金流/杠杆的分析有两个标准核心指标和 5 个标准补充比率。核心指标：营运现金流 FFO/债务和债务/EBITDA；补充比率包括 3 个回报比率：经营活动现金流 CFO（cash flow from operations）/债务、自由经营现金流 FOCF（free operating cash flow）/债务、可自由支配现金流 DCF（discretionary cash flow）/债务；两个覆盖率：（FFO＋利息）/现金利息和 EBITDA/利息。评估结果用数字 1～6 表示，从小到大代表杠杆率越来越高。

表 8—23 **标准普尔指标相关定义**

| | |
|---|---|
| 金融负债 | 非经营性质的负债，包括银行贷款、债务资本市场工具和融资租赁等项目 |
| 资本 | 金融负债＋非流动性递延税＋股东权益 |
| 利息 | 报告中的利息数字，利息支出－利息收入（不包括股息） |
| 现金利息 | 对金融债务的现金利息支付 |
| 净利息支出 | 利息支出－利息收入（包括股息收入） |
| 资本支出 | 用于购建固定资产、无形资产和其他长期资产的支出（扣除资本化费用） |
| 息税前利润（EBIT） | 扣除利息、所得税之前的利润 |
| 息税折旧摊销前利润（EBITDA） | 扣除利息、所得税、折旧和摊销前的利润 |
| 经营活动现金流（CFO） | 企业除融资和投资活动以外产生的现金流 |
| 营运现金流（FFO） | EBITDA－净利息支出－当期税费 |
| 自由经营现金流（FOCF） | CFO－资本支出 |
| 可支配现金流（DCF） | FOCF 减去普通股和优先股支付的现金股息 |

表 8—24 **标准普尔评级关键性指标**

| | | |
|---|---|---|
| 盈利能力 | EBIT 利润率 | 息税前利润/销售收入 |
| | EBITDA 利润率 | 息税折旧摊销前利润/销售收入 |
| | 资本回报率 | 息税前利润/（年初资本＋年末资本）/2 |
| 现金流/杠杆 | 核心债务偿还比率 | FFO/金融负债 |
| | | 金融负债/EBIT |
| | | CFO/金融负债 |
| | | FOCF/金融负债 |
| | | DCF/金融负债 |
| | | EBITDA/利息费用 |
| | | （FFO＋利息费用）/现金利息 |

对于指标的权重问题，标准普尔并不进行规定，因为每个企业由于所处的行业环境以及自身特征不同，权重不尽相同。例如，对于资本密集型公司而言，EBITDA 和 FFO 可能夸大财务实力，而 FOCF 可能更准确地反映其与财务义务相关的现金流量。标普通常将资本密集型公司视为持续的资本支出占销售额超过 10%，或折旧占销售额超过 8%。对于这些公司而言，标普更加重视 FOCF 与债务的补充比率。对于营运资本密集型公司而言，EBITDA 和 FFO 也可能夸大财务实力，而 CFO 可能更准确地衡量公司与其财务风险状况相关的现金流量。根据该标准，如果一家公司的营运资本占销售额比率超过 25%，或者营运资本存在重大的季节性波动，我们通常认为它是营运资本密集型的。对于这些公司，标普更加强调 CFO 对债务的补充比率。

对于与计算相关比率的时间范围的选择问题，通常考虑公司过去 1～2 年的盈利比率和信贷比率，当前年度预测以及随后的两个预测财务年度。权重比例情况通常是：前 2 年、当前年份和预测 2 年的权重分别为 10%、15%、25%、25%和 25%。

### （二）中诚信国际评级关键性指标

**表 8－25　　中诚信指标相关定义**

| | |
|---|---|
| 短期债务 | 短期借款＋交易性金融负债＋应付票据＋1 年内到期的非流动负债 |
| 长期债务 | 长期借款＋应付债券 |
| EBIT（息税前盈余） | 利润总额＋计入财务费用的利息支出 |
| EBITDA（息税折旧摊销前盈余） | EBIT＋折旧＋无形资产摊销＋长期待摊费用摊销 |
| 利息支出 | 计入财务费用的利息支出＋资本化利息支出 |
| 总债务 | 长期债务＋短期债务 |
| 经营活动现金流（CFO） | 企业除融资和投资活动以外产生的现金流 |
| 营运资本 | 流动资产－流动负债 |

续表

| | |
|---|---|
| 资本支出 | 用“构建固定资产无形资产和其他长期资产所支付的现金＋取得子公司及其他营业单位支付的现金净额”代替 |
| 营运现金流(FFO) | 经营活动净现金流－营运资本的减少 |
| 自由现金流(FCF) | 经营活动净现金流－现金股利－资本支出 |
| 留存现金流(RCF) | 营运现金流(FFO)－现金股利 |

**表 8－26　　　　　　　　中诚信评级关键性指标**

| | |
|---|---|
| 盈利能力指标 | (主营业务收入－主营业务成本)/主营业务收入 |
| | EBITDA/主营业务收入 |
| | 经营活动所得现金/销售收入 |
| | EBIT/平均总资产 |
| 资本结构指标 | 总债务/(总债务＋所有者权益) |
| | 负债总额 / 资产总额 |
| | 长期债务/(长期债务＋所有者权益) |
| 财务实力指标 | CFO/总债务 |
| | CFO/利息 |
| | 总债务/EBITDA |
| | EBITDA/利息支出 |
| | FFO/总债务 |
| | FFO/(总债务＋利息) |
| | RCF/总债务 |
| | RCF/利息 |
| | RCF/资本支出 |
| | FCF/总债务 |
| | FCF/利息 |

续表

| | |
|---|---|
| 流动性指标 | 主营业务收入净额/应收账款平均余额 |
| | 主营业务成本/存货平均余额 |
| | 流动资产/流动负债 |
| | (流动资产－存货)/流动负债 |
| | (货币资金＋应收票据＋短期投资)/流动负债 |

说明:表中列出的指标体系为通用指标体系,各指标权重不是确定的,各行业有各自的权重。

从整个指标体系来看,中诚信的评级指标体系更加立体些,涵盖的指标也比较全面;而标准普尔主要由盈利能力指标和财务风险指标构成,重视现金流指标,对一些流动性指标没有涉及。但是在考察盈利能力指标时,还会根据历史数据对盈利能力的波动性进行测算。

从具体指标上来看,在测算财务实力指标时,标准普尔计算时用的都是金融债务,即有息负债,而中诚信用的是债务总额。

从选取的时间范围来看,除了波动率的考察,标准普尔一般选取 5 年数据,且其中只有 2 年是历史数据,当年和预期 2 年都为预期数据,而中诚信大部分采取的是近 3 年或近 1 年历史数据。但是,历史数据是否能反映未来的偿债能力这是一个值得商榷的问题。这也从侧面体现出标准普尔对于财务数据的预测分析方法应该是比较成熟的。

## 四、债项评级主要考虑因素

通过分析发行主体的经营风险和财务风险之后,评级机构会得出一个主体信用评级。它代表了发行机构对发行主体支付其财务义务的总体能力的评价,表示发行主体违约的可能性。而对债项的评级则需要考虑具体的债务工具类型、债务条款等来对发行主体信用评级进行调整。下面分别说明两家评级机构债项评级的相关标准。

### (一)标准普尔公司债项评级主要考虑因素

1. 债务偿付顺序

某些债务在公司资产上有一定程度的优先索偿权，级别较低的债务只能要求剩余索求权。比如，合约式的从属债券，指债券的条款明确提出债务持有者在重组或清算中的索偿权在其他债权人之后；还有一种是具有结构型次级属性的债券，指当同一集团下多个实体都有负债时，各债权人会因其在该集团内所处的位置不同而在破产程序中处于不同的清算地位。显而易见，当发行债券的公司资不抵债时，偿付权顺序越靠后，面临的违约风险越大。

2. 担保和抵押

如果某项债务工具得到担保或抵押的支持，相关的债权人则被称为有担保的债权人。担保和抵押能够对债务偿还能力产生一定的正面效应。可抵押的资产可以是实物资产，也可以是无形资产，不同的抵押资产的质量各不相同。

一般来说，对于有担保的债项，主体信用评级越高，可增加的微调级别越小，这也是可以理解的。越优秀，进步的空间越小。

3. 其他具体条款

对债项评级的判定需要针对不同的债务工具类型进行综合考量，债务文书中的很多条款都能影响评级机构的判断。比如，发行人按时支付的承诺、触发性条款等，一名合格的分析师应该对发行的债项进行综合考量，做出客观公正的判断。

需要说明的是，标准普尔会对投机发行主体进行回收评级来帮助其得出最终的债务工具评级结果。具体调整级别不仅与预计的回收情况有关，还与发行主体所在的司法管辖区有关。标准普尔根据破产制度的不同，将司法管辖区分为A、B、C组。在A组司法管辖区，回收评级不受限制，发行信用评级可能高出主体信用评级3个等级到低于主体信用评级2个等级不等。在B组司法管辖区，回收评级有一定限制，发行信用评级可能高于主体信用评级1个等级到低于主体信用2个等级不等。

表 8—27 标准普尔回收级别

| 回收评级 | 回收情况 | 回收率 | | 发行信用评级较主体信用评级的变化 |
|---|---|---|---|---|
| | | A组司法管辖区 | B组司法管辖区 | |
| 1+ | 完全回收 | 100% | N/A | 3 |
| 1 | 绝大部分回收 | 90%～100% | N/A | 2 |
| 2 | 大部分回收 | 70%～90% | 90%～100% | 1 |
| 3 | 基本上回收 | 50%～70% | 50%～90% | 0 |
| 4 | 基本上回收 | 30%～50% | 30%～50% | 0 |
| 5 | 小部分回收 | 10%～30% | 10%～30% | −1 |
| 6 | 几乎不能回收 | 0%～10% | 0%～10% | −2 |

### (二)中诚信国际债项评级考察因素

1. 债务偿付的优先次序

债务偿付的优先次序对不同债权人面临的违约损失有较大程度的影响,因此这一因素需要在债券信用评级时重点考虑。同时,如果某些债券中的特定限制性条款也可能会影响到债券的信用评级。

2. 担保措施

如果发行的公司债券为有担保的债券,则担保人的信用品质也将成为债项信用评级时需要重点考察的因素。担保人的信用品质可能会对债券信用等级有提升作用,这种提升作用的大小取决于担保人自身的信用等级以及担保人与发行人之间的相关性等因素。

3. 抵押措施

如果发行的公司债券为设置抵押的债券,则对债券的信用评级还需考虑抵押品的价值、变现能力以及相应可能遇到的法律问题。最终,债券的信用等级取决于发行人的主体信用等级和抵押对债券的增级程度,这种增级程度又取决于发行人违约后,对抵押品的处置能在多大程度上降低债券持有人的违约损失。

比较具体债项评级方法,不难发现,两家评级机构在债项评级时考虑的因素大致相同;不同的是,标准普尔对投机发行主体加入了一项回收评级来帮助进行债项评级,来辅助得出最后的信用等级结论。

## 五、信用评级方法点评

综上比较，我们可以发现，中外两家评级公司在评级框架方法乃至评级指标体系等主要方面都大同小异。事实上，中诚信在成立之初基本上就选择了标准普尔等国际评级机构的框架方法体系，再结合中国实际情况和传统惯例，做了部分修正。现将两家评级机构的不同之处概括为以下四点：

(1)在等级分类及其含义方面的定义上，标准普尔尤其强调等级之间的可比性。在标准普尔评级标准中，多次提到可比性这个目标，即无论哪个行业，只要其适用的等级符号分类相同，较高级别的一定比较低级别的信用高、违约风险小。

(2)在评估框架方面，中诚信在债项评级时更加注重外部支持对于债项评级的积极作用，而标准普尔并没有将其作为一个类别单独列出。同时，对主体信用为投机型的公司，标准普尔会对其进行回收评级作为最终发行信用评级的辅助分析。

(3)在评估过程中，标准普尔的量化程度更高。标准普尔会将涉及商业风险的各个因素根据风险的大小用数字来代表，包括行业竞争地位、国家风险、行业风险，并且会建立这些风险之间的矩阵；而中诚信在分析主体经营风险时主要采用的是定性分析，并没有进行量化。

(4)在指标体系的构建方面，主要不同点：一是标准普尔非常强调现金流，而中诚信则更为全面立体地测算主体的多项财务指标；二是在计算偿债比率和利息覆盖率指标时，标准普尔用的是金融债务作为分子或分母，而中诚信用的是债务总额；三是在盈利能力的测算中，标准普尔将历史年度盈利能力的波动性作为分析盈利能力的指标之一，中诚信没有提到此点；四是在各指标的时间测算范围上，标准普尔多用 2 年历史＋3 年预测形式，而中诚信多用 3 年历史数据进行测算。[①]

---

① 标准普尔公司官网，https://www.standardandpoors.com；中诚信国际公司官网，http://www.ccxi.com.cn.

# 参考文献

[1]财政部. 企业会计准则及其应用指南系列:金融工具确认和计量(准则第22号,2017;应用指南,2018);金融资产转移(准则第23号,2017;应用指南,2018);套期会计(准则第24号,2017;应用指南,2018);金融工具列报(准则第37号,2017;应用指南,2018);公允价值计量(准则第39号,2014).

[2](美)法博齐(Fabozzi). 债券市场:分析与策略(第9版)[M]. 北京:中国人民出版社,2016.11.

[3](美)法博齐(Fabozzi). 固定收益数学:分析与统计技术(第3版)[M]. 上海:上海人民出版社,2005.

[4](美)史密斯(Smith). 债券计算:公式背后的逻辑(第2版)[M]. 北京:机械工业出版社,2015.9.

[5](美)塔克曼(Tuckman),塞拉特(Serrat). 固定收益证券(第3版)[M]. 北京:机械工业出版社,2013.10.

[6](美)凯利森(Kellison). 利息理论(第2版)[M]. 上海:上海科学技术出版社,1995.

[7](英)培根(Bacon).投资组合绩效测评实用方法(第2版)[M].北京:机械工业出版社,2014.12.

[8](美)甘吉林(Ganguin),比拉尔代洛(Bilardello). 公司信用风险分析基础[M].上海:上海财经大学出版社,2007.5.

[9](美)吉布森(Gibson). 资产分配:投资者如何平衡金融风险(第3版)[M]. 北京:机械工业出版社,2006.5.

[10](美)马科威茨(Markowitz). 资产选择:投资的有效分散化(第2版)[M]. 北京:首都经济贸易大学出版社,2000.3.

[11]陈松男. 固定收益证券与衍生品:原理与应用[M]. 北京:机械工业出版社,2014.1.

[12]谢多. 中国银行间市场固定收益产品交易实务[M]. 北京:中国金融出版社,2015.4.

[13]中央国债登记结算有限公司. 债券会计处理与估值[M]. 北京:经济科学出

版社，2008. 9.

[14]中国注册会计师协会. 会计[M]. 北京：中国财政经济出版社，2018. 3.

[15]王铁锋. 中国债券市场投资分析及组合管理[M]. 北京：经济科学出版社，2005.

[16]石峰. 我国债券投资组合业绩归因方法研究[D]. 南京大学，2012.

[17]胡艳. 基金业绩持续性与择时选股能力的实证研究[J]. 经济论坛，2015(05)：56—61.

[18]尚虹. 证券投资基金业绩评价方法比较研究[J]. 商业时代，2008(15)：73—74.

[19]沈维涛，黄兴李. 我国证券投资基金业绩的实证研究与评价[J]. 经济研究，2001(09)：22—30.

[20]王聪. 证券投资基金绩效评估模型分析[J]. 经济研究，2001(09)：31—38.

[21]王庆芳. 固定收益组合的业绩归因分析模型构想[J]. 经济师，2005(05)：130—131.

[22]周茂彬. 债券组合收益分解及业绩归因分析模型[J]. 债券，2017(07)：54—57.

[23]Benninga，Simon. *Financial Modeling* (Fourth Edition) [M]. MIT Press，2014.

[24]Focardi，S. M. & F. J. Fabozzi. *The Mathematics of Financial Modeling and Investment Management*[M]. John Wiley & Sons，2004.

[25]Subramani，R. V. *Accounting for Investments Volume 2 Fixed Income Securities and Interest Rate Derivatives—A Practitioner's Guide*[M]. John Wiley & Sons，2011.

[26]Feibel，B. J. *Investment Performance Measurement*[M]. John Wiley & Sons，2003.

[27]Bacon，C. R. *Practical Portfolio Performance Measurement and Attribution* (Second Edition) [M]. John Wiley & Sons，2008.

[28]G. P. Brinson，L. R. Hood，G. L. Beebower. Determinants of Portfolio Performance[J]. *Financial Analysts Journal*，1986(7—8)：40—44.

[29]S. Campisi. Primer on Fixed Income Performance Attribution[J]. *Journal of Performance Measurement Summer*，2000：14—25.

[30]S. A. Campisi. Sector Based Approach to Fixed Income Performance Attribution [J]. *The Journal of Performance Measurement*，2011：23—42.

[31]E. C. Chang. W. G. Lewellen. Market Timing and Mutual Fund Investment Performance[J]. *Journal of Business*，1984，57(1)：57—72.

[32]T. D. Coggin. F. J. Fabozzi S. Rahman. The Investment Performance of US Equity Pension Fund Managers and Empirical Investigation[J]. *Journal of Finance*, 1993,48(1): 1039—1055.

[33]E. F. Fama. Components of Investment Performance[J]. *Journal of Finance*, 1972(27): 551—567.

[34]T. H. Goodwin. The Information Ratio[J]. *Financial Analysts Journal*, 1998,54(54): 34—43.

[35]R. D. Henriksson. R. C. Merton. On Market Timing and Investment Performance. Ⅱ. Statistical Procedures for Evaluating Forecasting Skills[J]. *Journal of Business*, 1981,54(4): 513—533.

[36]M. C. Jensen. The Performance of Mutual Funds in the Period 1945—1964 [J]. *Journal of Finance*, 1968,23(2): 389—416.

[37]B. Leerink. Multi-Period Performance Attribution: Framework for an Allocation Effect Taking Active Weight Drift into Account[J]. *The Journal of Performance Measurement*, 2015: 34—51.

[38]J. Lintner. The Valuation of Risk Assets and the Selection of Risky Investments in Stock Portfolios and Capital Budgets[J]. *Review of Economics and Statistics*, 1965(1): 13—37.

[39]H. M. Markowitz. Portfolio Selection[J]. *Journal of Finance*, 1952(1): 77—91.

[40]Muralidhar, Arun. Investment Style Index Performance: The Correlation Correction[J]. *Financial Analysts Journal*, 2000,9(88): 63—71.

[41]W. F. Sharpe. Mutual Fund Performance[J]. *Journal of Finance*, 1966,39 (4): 25—32.

[42]W. F. Sharpe. Mutual Fund Performance[J]. *The Journal of Business*, 1966,39(1): 119—138.

[43]D. Spaulding. Risk-Adjusted Performance Attribution: Why It Makes Sense and How to Do It[J]. *The Journal of Performance Measurement*, 2016: 42—56.

[44]R. A. Stephen. The Arbitrage Theory of Capital Asset Pricing[J]. *Journal of Economic Theory*, 1976(13): 341—360.

[45]J. L. Treynor. How to Rate Management of Investment Funds[J]. *Harvard Business Review*, 1965(43): 63—75.

[46]W. H. Wagner. & D. A. Tito. Definitive New Measures of Bond Performance and Risk[J]. *Pension World May*, 1977: 17—26.

# 致　谢

光阴似箭，点滴成文，写书是一个艰辛的过程，从前期构思到最终完稿，前后历时近两载。完稿之时，感慨良多，脑海中不禁浮想起那些助我之人，没有他们，就不会有此书。

首先，我要感谢工作单位曾经给予我支持和帮助的领导和同事。上海国家会计学院整体氛围正如花园般的校园一样，充满生机活力，追求卓越，领导开明，同事互协。在注重科研考核的同时，也给足了我们自由的发挥空间。非常感谢教研部杨艺老师，不断提醒我写作的时间节点进度，还帮我联系出版社事宜。

其次，我要感谢在实务和教学工作中曾经给予我帮助的同事和学生们。在从事债券投资顾问实务工作中的同事：裘索，协助我承担了宏观利率分析框架的整理和实证研究工作；李靖悦怡，协助我承担了资金成本业绩归因分析模型与案例研究工作。在教学研究工作中的学生：刘易萌，协助我承担了债券投资组合业绩归因评价模型与案例研究工作；刘淑婷，协助我承担了信用评级标准方法对比分析资料整理工作；许雅星，协助我承担了随机利率定价模型的整理计算工作。

我还要感谢上海财经大学出版社的王永长老师，从书稿初审到接受签约，再到校稿出版，王老师都鼎力相助使得本书得以顺利出版。

最后，我把埋藏在心底的感恩留给家人。在写作的关键时期，父亲经历了人生中最大的一次病变以及随之而来的大手术，我无法自始至终相伴床前，母亲昼夕操劳，所幸父亲预后良好，让我做儿子的稍减几分愧疚。为了给我分忧，妻子主动承担了烦琐家务，岳父岳母周末亲自辅导小孩功课。书成之时，惊喜发现女儿已逆袭成为一名小学霸！亲情大如天，谨以此书献给最无私奉献的长辈们！

余　坚

2018 年 11 月 17 日